GRAMATYKA JĘZYKA FILMOWEGO

Daniel Arijon

GRAMATYKA JĘZYKA FILMOWEGO

Przekład
Feliks Forbert-Kaniewski

Wydawnictwo Wojciech Marzec

Warszawa 2008

Tytuł oryginału
Grammar of the film language

Published by arrangement with Silman-James Press

Tłumaczenie
Feliks Forbert-Kaniewski

Korekta
Paweł Nowak

Projekt okładki
Paweł Rosołek

Manager wydania
Alicja Maras

ISBN 978-83-922604-7-9

Skład
Wydawnictwo Verso

Druk
Drukarnia Narodowa S.A.

Wydawnictwo Wojciech Marzec
www.w-wm.pl

SPIS TREŚCI

1

JĘZYK FILMU JAKO SYSTEM KOMUNIKACJI WIZUALNEJ

Przez otwarte drzwi mojego biura widać sprzęt montażowy używany przez kilka tygodni do poskładania naszego ostatniego filmu. Zza biurka mogę dostrzec fragment małego ekranu stołu montażowego. Teraz wygląda jak biała prostokątna kropka, bezduszny kawałek matowego szkła. Wiedziony nagłym impulsem zerwałem się i poszedłem do tamtego pokoju. Stanąłem w progu i spojrzałem pod innym kątem. Wszystko jest tu znajome – puszki z filmem, kubły pełne celuloidowych ścinek, nożyczki, sklejarka. Na małych wieszakach tkwi wciąż mnóstwo kawałków taśmy, niektóre liczą sobie zaledwie po parę klatek, inne mają wiele metrów i zwisają swobodnie do puszek.

Wziąłem na chybił trafił jeden z takich fragmentów i włożyłem go do movioli. Po dotknięciu kilku przełączników film ożył. Na małym ekranie pojawiły się obrazy i znalazłem się nagle w ascetycznym wnętrzu wielkiego, nowoczesnego kościoła. W moją stronę idzie młoda, niewinna dziewczyna. Obserwuję ją aż do chwili, gdy pojawi się inna postać. To aktor ubrany w ciemny kombinezon kosmiczny i dziwny, błyszczący hełm. Jeden błysk szyby na froncie kasku i kończy się ujęcie. Mały ekran znów staje się pustą szybką, odbijającą padające światło.

Zobaczyłem fragment filmowej rzeczywistości. Rzeczywistości starannie zaaranżowanej pod okiem kamery. Podobne sceny były rejestrowane na pozostałych kawałkach taśmy. Tu rzeczywistość pocięto na małe klatki, a ja, stojąc w sali montażowej, zastanawiałem się nad aspektami mego rzemiosła.

Te wybrane przeze mnie fragmenty filmu, naświetlone w kamerze przez operatora, poddano działaniu chemikaliów w laboratorium, aż obraz został wywołany i utrwalony na celuloidowym nośniku. Miały stać się cieniami, nieuchwytną, zmienną grą światła, kiedy będą je wyświetlać na ekranie movioli, kina, bądź milionów telewizorów w całym kraju.

Cóż zatem robiliśmy w owym pokoju przez kilka ostatnich tygodni? Bawiliśmy się fragmentami zarejestrowanego czasu, układając cienie i dźwięki w opowieść. Próbowaliśmy odnaleźć chwile prawdy, przekazać uczucia, a także stworzyć klucz dający tym obrazom moc przyciągania uwagi i emocji publiczności, która zawsze pozostawała dla nas bezimienna. Jak chcieliśmy to osiągnąć? Odpowiedź jest niejednoznaczna. Opiera się na jednym, mocnym, a zarazem chwiejnym założeniu – dzięki *znajomości naszego rzemiosła*. Opracowanie filmu, montaż, cięcia. Tymi właśnie słowami usiłuje się to objaśnić. Istnieje jednak prostsza definicja tej czynności: łączenie dwóch pasków celuloidu. Dobre opracowanie filmu zaczyna się od napisania scenariusza, który zostanie potem utrwalony na taśmie. Gdzie się tego uczyliśmy? Jak ewoluował ten proces? Jakie są jego zagmatwane reguły?

Początki języka filmowego

Język filmu powstał w chwili, kiedy twórcy filmowi pojęli różnicę pomiędzy dowolnym łączeniem kadrów przedstawiających różne stadia ruchu, a ideą, że owe serie obrazków mogą pozostawać do siebie w określonym kontekście. Odkryli, że przez połączenie dwóch różnych symboli osiąga się nowe znaczenia, zyskując inny sposób przekazywania emocji bądź idei. Fakt, że jeden dodać jeden równa się trzy, stworzył nowe sposoby komunikowania się. Teoretycy zaczęli eksperymentować. Nie istniały żadne drogowskazy prowadzące w kierunku języka, którego poszukiwali. Wiele koncepcji było tak wymyślnych i abstrakcyjnych, że nie miały żadnego związku z rzeczywistością. Pomimo swych błędów, złudzeń i fałszywych odkryć, ci twórcy byli bardzo pracowitymi ludźmi. Największą wartością wypracowanych przez nich reguł było to, że powstały w wyniku eksperymentów i potwierdziły się w codziennej praktyce rzemiosła filmowego. Te reguły naprawdę działały w tamtej epoce. Ich wadą było natomiast ograniczone stosowanie i niemożność przetworzenia w trwałe zasady. Kilku filmowców zdołało jednak przekształcić swój proces twórczy w pisemną formę analizy teoretycznej.

Wszystkie języki są formą przyjętej konwencji. Społeczeństwo jest skłonne nauczyć się interpretacji pewnych symboli o znaczeniu ustalonym dla członków danej grupy. Gawędziarze, ludzie idei, najpierw muszą poznać symbole i reguły ich łączenia. Wszystko to jednak wciąż pozostaje płynne. Artyści czy filozofowie potrafią wpływać na całe grupy wprowadzając nowe symbole bądź reguły i dyskredytując stare zasady. Ten proces nieobcy jest też kinu. Historia rozwoju kina, jako środka komunikacji wizualnej, jest przecież nierozerwalnie związana z uchwyceniem rzeczywistości poprzez język filmu. Jednak wciąż zmienia się koncepcja rzeczywistości i forma jej postrzegania. Opracowanie końcowe filmu jest więc odzwierciedleniem wrażliwości jego odbiorców, bieżącą realizacją tendencji tego medium.

Typy twórców filmowych

Różnica między artystą a rzemieślnikiem polega na tym, że pierwszy odważa się szukać, eksperymentować i tworzyć. Nie boi się popełniać błędów i zawsze prze naprzód, podczas gdy rzemieślnik wykorzystuje najlepsze osiągnięcia artysty, unikając samodzielnych eksperymentów, a najnowsze pomysły stosuje jedynie wówczas, gdy zostaną powszechnie przyjęte.

Rzemiosło filmowe potrzebuje obu typów twórców. Filmy powstałe pomiędzy rokiem 1910 a 1940 charakteryzowały się bogatym kulturowym podłożem, dzięki czemu można było obserwować różnorodność wizualnych i dźwiękowych eksperymentów przy olbrzymiej produkcji filmów dla masowego odbiorcy. Temu, zapewne, zawdzięczamy rozwój języka filmowego. Przemysł filmowy rozwinął się dzięki wytrwałej pracy rzemieślników i wówczas, podobnie jak teraz, dał możność eksperymentowania twórcom.

Dobry film nie jest wynikiem nieustannej improwizacji, lecz wiedzy, nie tylko o życiu i świecie, o których ma opowiedzieć, lecz również o technikach pozwalających lepiej wyrazić emocje.

Formy ekspresji filmowej

W języku filmowym dopuszczalne są wszystkie formy, zapewne z wyjątkiem posłużenia się tym środkiem wyrazu do czczych zabaw formalnych. Współczesny film unika zbyt abstrakcyjnego i niejasnego toku narracji. Skłania się ku przedstawianiu rzeczywistości zewnętrznej, wewnętrznej bądź zmyślonej, ale nie przeładowanej zagadkami i nadmiarem symboli.

Film, jako środek wyrazu, ma swoje ograniczenia, trzeba więc poznać jego mocne i słabe strony. Jego żywiołem jest dramaturgia i akcja. A spokój i nadzieje, ponadczasowe prawdy mają raczej statyczny charakter i trudno je wyrazić językiem filmu. Idee i myśli łatwiejsze są do przekazania słowem pisanym niż poprzez film, gdzie trzeba je pokazać poprzez konkretne działanie, poprzez ludzi, zwierzęta i rzeczy rejestrowane kamerą. Film przedstawia jedynie zewnętrzne objawy – akcje i reakcje wywołane przez myśl, pragnienia i żądze. Jak zauważył Robert Flaherty: „Nie możesz powiedzieć więcej, niż masz napisane w tekście, lecz możesz zrobić to z wielkim przekonaniem". I miał rację.

Określenie naszych celów

Cel tego dzieła jest prosty. Wszystkie zasady gramatyki filmowej od dawna egzystują na ekranie. Posługują się nimi twórcy filmowi niezależnie od stylu i szerokości geograficznej, tacy jak Kurosawa w Japonii, Bergman w Szwecji, Fellini we Włoszech i Ray w Indiach. Ten *ogólny zbiór zasad* służy do rozwiązywania specyficznych problemów związanych z wizualną narracją. Książka zawiera usystematyzowany zapis współczesnych metod radzenia sobie z tymi problemami. Mamy tu do czynienia z wciąż rozwijającym się rzemiosłem. Praktyka dowodzi jednak, że przedstawione w tym podręczniku reguły są utrwalone od dawna i mam nadzieję, że jeszcze długo będą przydatne.

Richard S. Kahlenberg z American Film Institute zauważył, że nigdy dotąd kandydaci do zawodu filmowca nie mieli takich możliwości nauki rzemiosła. Dawniej filmy były emitowane przez kilka tygodni, potem trafiały na półki. Teraz są obecne w naszych domach dzięki telewizji, która niczym nostalgiczna maszyna czasu pozwala przypomnieć sobie dzieła dawnych mistrzów. Telewizja daje większy dystans, łatwiej więc podejrzeć sposób obrazowania i technikę. Kahlenberg podkreślił, że wielu filmowców szlifuje rzemiosło oglądając stare filmy. Peter Bogdanovich może być tu doskonałym tego przykładem.

Tak jak każda praca dotycząca zagadnień praktycznych, również ta książka nie jest pozbawiona ograniczeń. Nie da się nauczać języka filmowego na przykładach ani poprzez analizę dzieł innych osób. Dopełnieniem edukacji jest dopiero własny materiał filmowy. Wiedza innych i własne doświadczenie są niezbędne do zrozumienia istoty filmu. Możemy więc zaproponować jedynie pierwszą część pracy. Mamy nadzieję, że będzie to zachętą do podjęcia tej drugiej. W tym kontekście warto przypomnieć komentarz, jaki Anthony Harvey, reżyser i twórca filmowy wygłosił dla brytyjskiego pisma *Sight and Sound*[1]:

„Moje największe obawy dotyczą postępującej technicyzacji. Komuś, kto siedzi przy movioli codziennie rok po roku, grozi obsesyjna fascynacja tym, że technika jest najważniejsza. W ten sposób można zgubić sens sceny, nad którą się pracuje. Należy, rzecz jasna, umieć korzystać ze wszystkich możliwości technicznych, lecz trzeba przy tym pamiętać, że są to rzeczy wtórne w stosunku do materiału, z którym się ich używa."

Mądrzy twórcy filmowi trwają przy swoich wizjach. To powinno być przedmiotem ich troski. Złożoność procesu, niezbędna przy przełożeniu artystycznej wizji autora na celuloidową taśmę, nie powinna zaślepiać twórcy i odciągać go od własnej, niepowtarzalnej koncepcji, która uzasadnia jego pragnienie posłużenia się filmem jako środkiem wyrazu.

---

[1] *Sight and Sound*, 1966, Vol. 35 No. 2. "Putting the Magic in It", Roger Hudson.

2

WAGA MONTAŻU RÓWNOLEGŁEGO

Kamera filmowa musi być traktowana przez filmowca tylko jako mechanizm rejestrujący, podobnie jak pióro czy maszyna do pisania służy pisarzowi.

Kiedy idee zmaterializują się na odcinkach taśmy, muszą zostać zmontowane. Zasadą montażu jest wykorzystanie dwóch lub więcej ośrodków zainteresowania. Taki „montaż równoległy" to jedna z najczęściej używanych form języka filmowego, która służy prezentacji różnorodnych linii opowieści poprzez przemienne przerzucanie się z jednego ośrodka zainteresowania do drugiego.

Oto przykład, ilustrujący istotę montażu równoległego.

1. Film *Dziesiąta Ofiara* w reżyserii Elio Petri rozpoczyna się pościgiem za Ursulą Andress po ulicach Nowego Jorku. Prześladowcę (George Wang) kobiety na krótko zatrzymuje policjant, który sprawdza jego „uprawnienie do zabijania".
2. Człowiek, ukazany w zbliżeniu, rozpoczyna wyjaśniać istotę Wielkiego Polowania. W niedalekiej przyszłości obywatele uprawiać będą zabijanie w popieranych przez rząd pojedynkach na śmierć i życie.
3. Ursula Andress, ścigana w różnych malowniczych miejscach miasta przez prześladowcę, który bez przerwy strzela z pistoletu, lecz za każdym razem pudłuje.
4. Znów widzimy w zbliżeniu nieznanego człowieka, który dostarcza dalszych informacji o Wielkim Polowaniu.
5. Panna Andress skłania ściganego do coraz to częstszego strzelania, aż wyczerpuje mu się amunicja.
6. Jeszcze raz nieznajomy „ukazany w zbliżeniu" wyszczególnia zalety sukcesu pościgu, występując na zmianę jako ścigający i ofiara.
7. Prześladowca wciąż depcze po piętach Ursuli Andress, ta wskakuje na maskę samochodu, przeskakuje przez drucianą siatkę i wbiega do Klubu Masoch.

8. Prześladowca nadbiega i po chwili również wchodzi do Klubu. Widoczny na tle futurystycznych wnętrz przechodzi obok siedzących gości.

9. Mistrz Ceremonii na scenie (jest to człowiek, którego poprzednio widzieliśmy w zbliżeniu wyjaśniającego mechanizm Wielkiego Polowania) prezentuje tancerkę. Tancerka w masce oraz w kostiumie z niebieskich i srebrnych cekinów zaczyna taniec.

10. „Myśliwy" siedzi obserwując ją.

11. Tancerka wchodzi między gości Klubu, którzy powoli ją rozbierają, aż pozostaje tylko w dwóch małych fragmentach kostiumu.

12. „Myśliwy" ją obserwuje.

W opisanej sekwencji można doszukać się dwóch rodzajów montażu równoległego. Pierwszy pokazuje na przemian dwie różne sytuacje: pościg ulicami Nowego Jorku oraz wyjaśnienie, czym jest Wielkie Polowanie. Oba tematy opowieści rozwijają się oddzielnie, wnosząc nowe informacje. Z niezwykłej scenerii pościgu (pierwszy temat opowieści) dowiadujemy się, że dzieje się coś dziwnego. Potem jesteśmy świadkami, jak ofiara steruje swym prześladowcą. Widzimy, jak doprowadza go do miejsca, które przedtem wybrała (1, 3, 5 i 7). Zbliżenia klubowego Mistrza Ceremonii (temat drugi) wyjaśniają, czym jest Wielkie Polowanie, następnie jaki jest jego mechanizm, później zaś jakie są zalety przeżycia w dziesięciu kolejnych pościgach (2, 4 i 6).

Kiedy już jesteśmy w Klubie, zmienia się wzór montażu równoległego i koncentruje się na powiązaniu między tancerką (jak pokazano w 9 i 11), która jest w rzeczywistości ofiarą w przebraniu, a speszonym „Myśliwym" (ukazany w 8, 10 i 12). Ten drugi rodzaj montażu pokazuje obie powiązane ze sobą sytuacje dziejące się w jednym miejscu.

Do montażu równoległego należy: przekazanie dwóch lub więcej tematów opowieści, dwu postaci, dwóch różnych wydarzeń lub większej liczby tematów opowieści, postaci i wydarzeń. W omawianych rodzajach montażu równoległego tematy wzajemnych działań mogą być daleko od siebie, w różnych miejscach, a więc zapewnia im tylko wspólna motywacja. Czasem są jednak blisko siebie, w tej samej przestrzeni.

Pościg po ulicach Nowego Jorku przeplatany wyjaśnieniami Mistrza Ceremonii jest przykładem pierwszego rodzaju montażu równoległego. Ich wzajemne powiązanie może być natychmiastowe (jak w wyścigu, kiedy dwaj przeciwnicy biegną do wspólnego celu) lub ujawnione na końcu, jak w przytoczonym przykładzie, w którym osobowość człowieka (Mistrza Ceremonii) jest na początku opowieści starannie ukrywana przed widownią. Człowiek ten jest łącznikiem między dwoma tematami opowieści. Przykładem drugiego rodzaju montażu równoległego może być konfrontacja tancerki i „Myśliwego". Do tej samej kategorii należy dialog między dwiema osobami, kiedy obie są oddzielnie obserwowane przez kamerę.

Akcja i reakcja

Kiedy słuchamy opowieści, chcemy się dowiedzieć, jaka akcja ma miejsce i w jaki sposób ludzie biorący w niej udział na nią reagują.

Większość filmów zawiera akcję i reakcję w granicach długości poszczególnego ustawienia. Rozpatrzmy przykład z użyciem dwóch ustawień:

Ust. 1: myśliwy porusza strzelbą z boku na bok i strzela.

Ust. 2: ptak w locie zostaje trafiony i spada.

Ustawienie 1 ukazuje myśliwego celującego (akcja), po czym strzela (reakcja). Ustawienie 2 ukazuje ptaka w locie (akcja) i nagłe przerwanie jego lotu (reakcja).

Gdybyśmy pokazali ustawienie 1 i 2 bez uszeregowania akcji i reakcji, nasz odbiór wydarzeń nie byłby tak efektywny, jak w przypadku zgrupowania ich w sposób następujący:

(Akcja)

Ust. 1: myśliwy kieruje strzelbę z boku na bok, celując poza ekran.

Ust. 2: ptak w locie na tle nieba.

(Reakcja)

Ust. 1: myśliwy strzela.

Ust. 2: ptak zostaje trafiony i spada.

W ten sposób zgrupowaliśmy najpierw części informacyjne ustawień, co pozwoliło nam pokazać ich wynik w sposób bardziej wszechstronny. Taka przemienność: ust. 1 – ust. 2 – ust. 1 – ust. 2 jest znana jako montaż filmowy równoległy. W powyższym przykładzie mieliśmy do czynienia tylko z dwoma tematami akcji; może ich być więcej. Takie grupowanie akcji i reakcji przenika całą strukturę filmu: od połączenia dwóch ustawień do przeciwstawienia dwóch lub więcej sekwencji.

Momenty kulminacji i zrozumiałości

Wybór momentów kulminacji wiąże się ze kształtowaniem czasu i ruchu. Wytrawny filmowiec zawsze skraca lub rozciąga czas, co daje złudzenie, że czas wydarzenia jest czasem rzeczywistym. Ruch może być pocięty i ustawiony zgodnie z kryterium jego dynamiczności.

Montaż filmowy rozbija stare pojęcia o jedności miejsca i czasu. Widzowie są przerzucani z miejsca na miejsce, ze współczesności w przeszłość. Jest to akceptowane przez widzów w sposób całkiem naturalny.

Jak uzyskuje się montaż równoległy

Montaż równoległy szczegółów narracji można uzyskać przez pojedyncze ujęcia krótko trwające i/lub długie ujęcia główne.

Gdy mamy krótkie pojedyncze ujęcia, to wówczas dwie (lub więcej) powiązane ze sobą akcje pokrywają się ze stosowaniem różnych i licznych ustawień kamery. Ustawienia montuje się w taki sposób, że przerzucają one punkt widzenia od jednej akcji do drugiej, składając w ten sposób w całość wydarzenie lub scenę. Ocena całego wydarzenia jest możliwa tylko po połączeniu ze sobą wszystkich ujęć. To stanowi główną różnicę między systemem pojedynczych krótkich ujęć, a długim ujęciem głównym.

Jak to wynika z nazwy, ujęcie główne jest to pozycja kamery, z której w całości filmuje się przebieg wydarzenia. W praktyce można filmować równocześnie z dwu lub trzech pozycji kamery, uzyskując trzy różne ujęcia główne. Jeżeli wybiera się fragmenty takich ujęć głównych i montuje je równolegle, wtedy całe zarejestrowane wydarzenie można zrekonstruować przy użyciu najlepszych i najbardziej celowych cząstek każdego ujęcia głównego. Jest to proces analogiczny do procesu z pojedynczym krótkim ujęciem. Doświadczony filmowiec stosuje obie metody. Obie są dynamiczne i dają konkretne korzyści obrazowe w porównaniu z zarejestrowaniem całej sceny w jednym ujęciu.

Szersza perspektywa

Montaż równoległy obejmuje większe możliwości wzajemnego oddziaływania dwóch tematów narracji.

Przykładowo:

1. Oba tematy opowieści wzajemnie się „podpierają", a dane, które wnoszą (przemiennie),,budują" opowieść.

2. W jednym temacie, ruch lub zamiar są stałe, podczas gdy w drugim reakcje na to ciągłe powtarzanie są różne.

3. Postacie działające w obu tematach narracyjnych nie są świadome tego, co robi druga grupa, a tylko widzowie znają wszystkie fakty.

4. Informacja dostarczona przez oba tematy narracyjne jest niepełna, tak, że bohaterowie filmu znają fakty, lecz widzowie są celowo nie informowani, aby wzmóc ich zainteresowanie.

O tym, która z tych możliwości będzie zastosowana, decyduje autor scenariusza i reżyser. Ze wszystkich możliwości wynika, że to właśnie montaż równoległy – od strony realizacji – zapewnia komunikatywność filmu i zainteresowanie widza tym, co się dzieje na ekranie.

3

OPIS PODSTAWOWYCH NARZĘDZI

Zazwyczaj w filmach osoby rzeczywiste i obiekty zostają zarejestrowane na taśmie przy częstotliwości zdjęć 24 klatki na sekundę. W niektórych przypadkach proces ten ulega zmianom i odręcznie wykonane rysunki, wzory, przedmioty, zwierzęta czy osoby, których obrazy są rzutowane na ekranie przy częstotliwości 24 kl/sek., mogły zostać sfotografowane przy szybkościach do setek klatek na sekundę lub przeciwnie, klatka po klatce, ze zmiennym czasem między każdym zdjęciem.

Do pierwszej grupy można zaliczyć dokument, aktualności oraz fikcję fabularną. Do drugiej kategorii możemy włączyć wszelkie filmy, które wymagają radykalnej zmiany w technice rejestracji. Są to: animowane filmy rysunkowe, animowane lalki, fotografia obiektów z upływem czasu między klatkami, rośliny, zwierzęta lub postacie ludzkie.

Nas interesują tutaj przede wszystkim techniki filmowe stosowane w pierwszej grupie.

Wiadomości

Wiadomości starają się uchwycić niepowtarzalny czyn lub wydarzenie. Filmowiec ma minimalny wpływ na to, co nagrywa. Jest widzem posiadającym urządzenie rejestrujące obraz. W najgorszym razie uzyska serię niepowiązanych ze sobą obrazów, które wprawdzie pokazują fragmenty wydarzenia, lecz na ekranie sprawiają dość chaotyczne wrażenie. Brak tu wielu elementów, narracja może jednak nadać materiałowi spójny charakter. Lepiej, gdy włączy się zdjęcia pokazujące reakcje świadków. W ten sposób powstaje zależność akcja–reakcja, którą akceptuje widownia, choć ma świadomość, że ogląda fragmentaryczną relację.

Najpełniejszy film uzyskuje się za pomocą jednej lub kilku kamer o napędzie elektrycznym zsynchronizowanych z magnetofonem. Powstanie wtedy coś w rodzaju *cinema verite*.

Jednak na ogół przy tego rodzaju filmach nie ma czegoś takiego, jak idealne ustawienie kamery pozwalające na pełne nakręcenie sytuacji.

Operator musi sam wybrać lokalizację, wysokość kamery, obiektywy i światło. Wszystko to prowadzi do kompromisu – nieuniknionego wyboru. Dlatego niewiele osób ujęłoby tę samą sytuację w identyczny sposób.

Dokument

W większości filmów dokumentalnych mamy do czynienia nie z jednym, lecz z szeregiem wydarzeń, które mają wspólną motywację. Często przedstawiając dany materiał na ekranie wprowadza się zmiany rzeczywistej kolejności, w jakiej zachodziły sytuacje. Może tu istnieć wiele motywów np.:

a) szereg sytuacji będących oddźwiękiem wspólnego bodźca zostaje zgrupowanych w sekwencję. W miarę zmieniania się rodzaju bodźca tematy grupuje się w nowe sekwencje. Poszczególne tematy były prawdopodobnie filmowane jako kolejne reakcje na pewien łańcuch bodźców. Teraz jednak działania są rozczłonkowane i złożone ponownie w pewne wzory zachowań dla uwydatnienia rozwoju jakiejś idei kosztem zerwania ciągłości czasowej;

b) linearny zapis wydarzenia zostaje przerwany w celu wprowadzenia nowego wizualnego wariantu, np. rysunki animowane dla ukazania procesu, który nie może zostać sfotografowany przy stosowaniu elementów rzeczywistych;

c) szereg wydarzeń zostaje powtórzony w różnych wzorach lub kolejności w celu przebadania różnych sposobów podejścia i różnych rozwiązań.

Wynika z tego, że niezbędna jest tu manipulacja – fakty muszą zostać uszeregowane tak, aby pokazać je najlepiej.

Film fabularny

W filmie fabularnym każda sytuacja zostaje starannie zaplanowana i odtworzona dla kamer. Rezultat końcowy, do którego się zmierza, to imitacja rzeczywistości. Nie istnieje jeden punkt widzenia, lecz taka ich wielość, jakiej istota ludzka nie może otrzymać w rzeczywistym życiu. Zrekonstruowana rzeczywistość jest najpopularniejszym z kształtów filmu. Opowieści filmowe mogą być planowane lub nieplanowane. Techniki, które tu omawiamy, dotyczą przeważnie podejścia planowanego, w którym wydarzenia są wybierane, aranżowane i inscenizowane. Wydarzenia nieplanowane muszą być traktowane w sposób, który pozwoli im zlać się ze scenami planowanymi.

Trzy rodzaje sceny

Wszystkie sceny trafiają w jedną z trzech kategorii:
1) dialogi bez akcji,
2) dialogi z akcją,
3) akcja bez dialogów.

Są to oczywiście kategorie uproszczone. Aktorzy mogą nie poruszać się kiedy mówią, lecz porusza się np. pojazd, na którym ich umieszczono. Kamera może również znajdować się w ruchu. Kiedy aktorzy poruszają się w czasie dialogu, kamera może być nieruchoma lub poruszać się wraz z nimi. W trzecim przypadku głos narratora lub też wewnętrzne myśli postaci mogą towarzyszyć czystemu ruchowi skadrowanemu na ekranie. Co więcej – wszystkie trzy techniki mogą być użyte łącznie w ramach jednej sekwencji. Klasyfikacja ta jest niezbędna do przestudiowania gramatycznych praw języka filmu.

Elementy gramatyki filmu

Aby przenieść sceny ze scenopisu na obraz trzeba naświetlić taśmę filmową w taki sposób, by móc potem połączyć zdjęcia, a także orientować się w problemach montażowych, jakie mogą wyniknąć w różnych sytuacjach. Dlatego należy znać:
1) odległości, z jakich rejestrujemy wydarzenie,
2) ruchy postaci uczestniczących w tym wydarzeniu.

Przez wybór odległości decydujemy o tym, co mają widzieć widzowie, o liczbie wykonawców i obiektów ukazanych w różnych ujęciach. Można decydować o punktach lub momentach kulminacyjnych opowieści poprzez zbliżanie lub oddalanie się od naszych głównych postaci.

Spróbujmy teraz określić podstawowe narzędzia filmu.

Ujęcie

Długość ujęcia lub zdjęcia ograniczona jest tylko czasem taśmy, która może zostać naświetlona w kamerze bez jej przeładowania przez cztery, dziesięć lub trzydzieści trzy minuty. Zdjęcia można użyć w całości lub może być podzielone na krótsze odcinki taśmy, które następnie montuje się z innymi zdjęciami. Wydarzenie inscenizowane może być wielokrotnie powtórzone w całości lub w części z tego samego lub z różnych stanowisk kamery.

Powszechną praktyką jest powtórzenie niezbyt dobrze zagranej sceny z tej samej pozycji kamery. Zmiany pozycji kamery stosuje się świadomie, by dać montażyście filmu możliwości montażu równoległego.

Ruch

W czasie zdjęcia kamera może pozostawać nieruchoma, panoramować (obracać się w poziomie), pochylać się (w górę lub w dół), jak również przemieszczać z miejsca na miejsce. Może rejestrować wydarzenia proste lub złożone. A wszystko to wykonywać z różnych odległości. Odległości te można otrzymać fizycznie lub optycznie.

Odległości

Gradacja odległości między kamerą a fotografowanym tematem może być nieskończona. Praktyka nauczyła nas, że istnieje pięć podstawowych, dających się określić odległości. Są one znane jako: zbliżenie lub duże zbliżenie, plan bliski, plan średni, plan pełny, plan ogólny.

Te określenia nie oznaczają w każdym planie konkretnej odległości. Terminologia jest tu całkiem elastyczna i dotyczy przede wszystkim pomysłu. Jest rzeczą oczywistą, że odległość między kamerą i tematem zdjęcia będzie inna dla bliskiego planu domu, a inna dla bliskiego planu człowieka.

Przy kadrowaniu pełnego planu postaci ludzkiej powinny być widoczne stopy. Przycięcie powyżej kostek nie da korzystnej kompozycji. Rys. 3.6 uwidacznia różnorakie wysokości cięcia.

Rys. 3.1 Zbliżenie

Rys. 3.2 Bliski plan

Rys. 3.3 Średni plan

Rys. 3.4 Pełny plan

Rys. 3.5 Ogólny plan

Rys. 3.6 Rodzaje ujęć

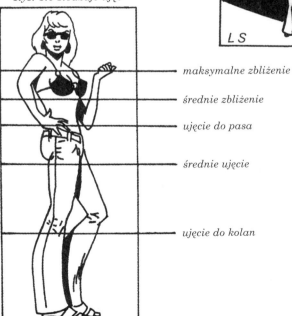

maksymalne zbliżenie

średnie zbliżenie

ujęcie do pasa

średnie ujęcie

ujęcie do kolan

Rodzaje montażu

Istnieją trzy główne sposoby montowania sceny:

1. Zdjęcie podstawowe rejestrujące całą scenę. W celu uniknięcia monotonii rozróżnia się szereg technik montowania: w filmie, w kadrze, lub w kamerze.
2. Zdjęcie podstawowe zostaje montowane przemiennie z innymi krótszymi ujęciami, które obejmują fragmenty sceny z innej odległości lub wprowadzają postacie w innym miejscu, w celu zaakcentowania kluczowych momentów sceny.
3. Zdjęcia podstawowe zostają połączone równolegle. Nasz punkt widzenia zmienia się od jednego zdjęcia podstawowego do drugiego.

Stosując którąkolwiek, lub wszystkie, z metod możemy zmontować całą sekwencję. Sekwencja oznacza scenę lub serię powiązanych scen, mających ciągłość czasu i przestrzeni. Sekwencja zawiera zwykle początek, środek i rozwiązanie. Rozwiązanie to kończy się mocnym lub niskim, bądź też opadającym napięciem opowieści.

Punktacja wizualna

Łączenie dwóch odcinków filmu może się odbywać przez:

1) proste cięcie,
2) łączenie optyczne.

W prostym cięciu przejście wizualne jest nagłe. W przykładzie łączenia optycznego, aby uzyskać gładkie przejście wizualne stosuje się: ściemnienia, rozjaśnienia, przenikania lub zmazania.

Dobór ustawień w scenie

W montowaniu sceny niezbędne jest dobranie:

1) położenia,
2) ruchu,
3) spojrzenia.

Ekran kinowy jest powierzchnią stałą. Jeżeli postać pokazana jest po lewej stronie ekranu w pełnym planie, to przy cięciu na zbliżenie umieszczone w tej samej osi wizualnej, postać ta musi znaleźć się po tej stronie. Jeśli ta prawidłowa zgodność pozycji nie będzie przestrzegana, to rezultatem będą wizualne skoki na ekranie, a widzowie będą zmuszeni przerzucać swoją uwagę z jednego wycinka ekranu na inny, co jest zarówno męczące jak i rozpraszające uwagę (rys. 3.7).

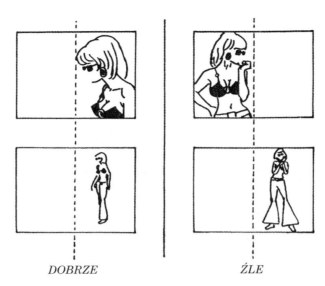

DOBRZE   ŹLE

Rys. 3.7 Kiedy robimy cięcie z jednego ustawienia na inne, główna postać w scenie powinna, w normalnych przypadkach, być utrzymana w tym samym położeniu w kadrze, jak to pokazano w pierwszym przykładzie.

W tym celu dzielimy zwykle ekran na dwie lub trzy pionowe części, w których umieszczeni są wykonawcy. Mając tak podzielony ekran, próbujemy dobierać położenie aktorów oraz dopasować ich ruch. Kierunek ruchu w dwóch następujących po sobie ustawieniach, które rejestrują ruch ciągły postaci, powinien być ten sam (rys. 3.8).

DOBRZE   ŹLE

Rys. 3.8 Ruch jest tego samego rodzaju i odbywa się w tym samym kierunku w pierwszym ilustrowanym przykładzie.

Trzecim wymogiem jest dopasowanie spojrzenia. Aktorzy, którzy wymieniają spojrzenia, czynią to w przeciwnych kierunkach (rys. 3.9). Jeżeli aktorzy są skadrowani w oddzielnych ujęciach, to dla prawidłowej ciągłości wizualnej przeciwstawienie kierunków musi zostać utrzymane (rys. 3.10).

Rys. 3.9 Kiedy dwoje ludzi stoi twarzami do siebie, ich spojrzenia biegną w przeciwnych kierunkach.

Rys. 3.10 Jeżeli obie postacie przedstawione są w oddzielnych ujęciach, ich spojrzenia powinny nadal biec w przeciwnych kierunkach.

Jeżeli obaj aktorzy w obu ujęciach patrzą w tym samym kierunku, wtedy patrzą na trzecią osobę lub na przedmiot, a nie na siebie (rys. 3.11).

Rys. 3.11 Kiedy oboje aktorzy patrzą w jednym kierunku, wtedy nie patrzą na siebie, lecz na coś lub kogoś innego.

Ustalenie i podtrzymanie stałego przeciwstawienia w kierunkach spojrzeń wymienianych między dwoma aktorami może być uzyskane bardzo prosto. Jedynym wymogiem jest, aby ich twarze były zwrócone do siebie. Fizyczna odległość między nimi jest nieistotna.

W grupie trzech, jedna postać jest arbitrem uwagi. Kiedy jeden z aktorów mówi, dwaj pozostali patrzą na niego. Spojrzenia aktorów przenoszone są z jednego punktu na drugi w miarę zmian ośrodka zainteresowania (rys. 3.12).

Rys. 3.12 Aktor B działa jako arbiter uwagi, przesuwając zainteresowanie od A do C. Osiąga tę zmianę odwracając głowę od jednego aktora do drugiego.

W pierwszym przykładzie na rys. 3.12 uwaga skierowana jest na aktora A, zaś w drugiej ilustracji na aktora C. Arbitra uwagi – w tym przykładzie postać B – powinniśmy widzieć obracającego głowę ze strony na stronę. Prowadzi on uwagę widzów przesuwając ich punkt zainteresowania od A do C. Będzie się tak działo również wtedy, jeżeli skadrujemy poszczególne postacie w oddzielnych ustawieniach.

Zainteresowanie widza sceną może zostać zniweczone, jeżeli pozwolimy aktorom patrzeć w niewłaściwe miejsca (rys. 3.13).

DOBRZE   ŹLE

Rys. 3.13 W pierwszym przykładzie dwaj aktorzy zajęci są osobą na pierwszym planie, która w ten sposób staje się postacią główną. W drugim przykładzie B patrzy w innym kierunku, odciągając uwagę widzów. Ważna jest aktorka C lub coś poza ekranem, co ją zafrapowało

Zmiana ośrodka zainteresowania

Rozpatrzmy dwie sytuacje (rys. 3.14):

1. Wszyscy aktorzy koncentrują swoją uwagę na postaci centralnej, przenosząc ją na drugi ośrodek zainteresowania, kiedy ten przemieszcza się w scenie.
2. W scenie obecne są liczne grupy. Każda grupa ma dwa podstawowe ośrodki zainteresowania. Widz wybiera grupę wiodącą.

W pierwszym przypadku dwa obiekty są ośrodkiem zainteresowania w grupie. Uwaga widzów (i pozostałych aktorów na ekranie) przesuwa się z jednego na drugi i z powrotem. Milczący aktorzy są arbitrami uwagi. Patrzą zgodnie na głównego aktora oraz przesuwają swoje spojrzenia w miarę zmieniania się ośrodka zainteresowania. W celu złamania monotonii podczas przenoszenia uwagi na dwa punkty, czasami wprowadza się trzeci punkt zainteresowania – najczęściej w długich scenach fotografowanych z jednego stanowiska kamery.

Rys. 3.14 Pokazano tu dużą grupę, w której uwaga widza początkowo skierowana jest na A, następnie na G. Ci dwaj aktorzy są ośrodkami zainteresowania grupy, w której milczący uczestnicy (poprzez zgodny kierunek swoich spojrzeń) decydują o tym, która z dwóch postaci w danym czasie jest ważniejsza.

W drugiej, wymienionej wyżej sytuacji można zastosować dwa podejścia. W pierwszym podejścia mamy dwie, trzy lub więcej statycznych grup skadrowanych na ekranie. Grupa, która nas interesuje, umieszczona jest bliżej kamery. Inne grupy są w tle. Wszystkie przedstawiają się jako zamknięte ośrodki zainteresowania, niezależnie od siebie. Dla wzmocnienia dramaturgii sytuacji pierwszoplanowej pozostałe grupy mogłyby w pewnym momencie przerwać swe zamknięte kręgi zainteresowań i odwrócić się, by spojrzeć na grupę bliższą kamery. W drugim podejściu grupa pierwszoplanowa pozostaje statyczna, zaś podporządkowane grupy w tle są w ruchu. Ruchy te powinny przebiegać niezauważalnie, gdyż zakłócałyby akcję pierwszoplanową.

Rys. 3.15 Gdy mamy na ekranie kilka grup ludzkich, grupa najbliższa kamery jest wiodącą.

4

ZASADA TRÓJKĄTA

Podstawowe położenie ciała

Wszelkie sceny dialogowe rozgrywają się między dwoma aktorami głównymi. Aktorzy mogą być ujęci w układzie prostoliniowym (np. aktor stojący) i w układzie kąta prostego (np. aktor siedzący) (rys. 4.1).

Rys. 4.1 Dwaj aktorzy mogą być przedstawieni w linearnych układach, ukazanych na ilustracjach jako linia lub kąt prosty.

W ramach tych układów można przyjąć cztery ustawienia aktorów:
1) aktorzy twarzami do siebie,
2) aktorzy umieszczeni obok siebie,
3) jeden z nich plecami do drugiego,
4) obaj zwróceni do siebie plecami.
Między dwoma rozmawiającymi partnerami przebiega oś kontaktu.

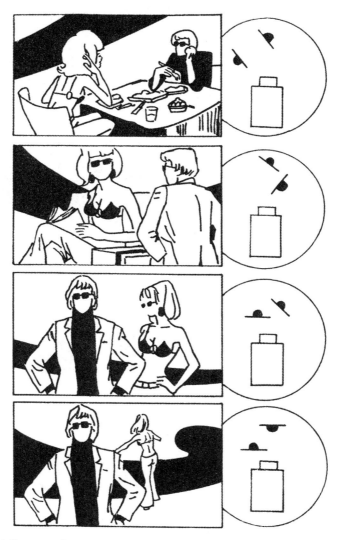

Rys. 4.2 Cztery podstawowe wzajemne położenia, jakie mogą przybrać dwaj aktorzy w rozmowie.

Oś kontaktu

Oś kontaktu ma prostą drogę i opiera się na kierunkach spojrzeń, jakie wymieniają aktorzy między sobą. Oś kontaktu można zaobserwować z trzech skrajnych pozycji. Te trzy pozycje tworzą kształt trójkąta o podstawie równoległej do osi kontaktu (rys. 4.3).

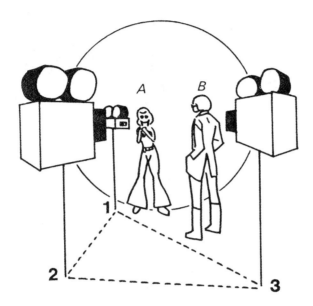

Rys. 4.3 Podstawowe położenia w metodzie trójkąta zastosowanej dla dwóch aktorów umieszczonych na wspólnej osi kontaktu.

Punkty widzenia kamery dla ujęć podstawowych leżą w rogach trójkąta. Zaletą takiego układu jest to, że każda postać jest kadrowana po tej samej stronie ekranu w każdym ujęciu. Można ustawić dwa trójkątne układy kamerowe, po jednym na każdej stronie osi kontaktu (rys. 4.5). Nie można natomiast montować z ustawień kamery w jednym wzorze z ustawieniami w drugim układzie trójkąta. Wprowadzi to wrażenie niejasności u widzów, gdyż stosowanie dwóch położeń kamery umieszczonej w różnych układach trójkąta nie da nam stałych miejsc dla aktorów w tych samych rejonach ekranu.

Podstawowa reguła zasady trójkąta to wybrać jedną oś kontaktu i przy niej pozostać (rys. 4.4, 4.5). Jest to jedna z najbardziej przestrzeganych reguł w języku filmowym. (Przypadki, w których dopuszczalne jest odstępstwo od tej metody, omówimy później.)

Rys. 4.4 Stałe położenia dla obu aktorów na ekranie uzyskuje się przez stosowanie zasady trójkąta dla rozpracowania kamerowego sceny dialogowej między dwoma statycznymi postaciami. Zauważ, że dziewczyna jest zawsze po lewej stronie ekranu we wszystkich trzech ujęciach. Młody człowiek również pozostaje skadrowany po swojej stronie, w prawym wycinku ekranu.

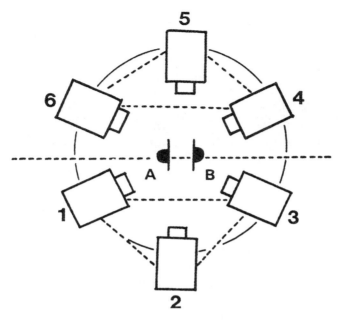

Rys. 4.5 Na każdej stronie osi kontaktu można zastosować dwa układy trójkąta.
Trzeba wybrać jeden z nich, wyłączając inny.

Położenie głów

Kiedy dwaj aktorzy stoją twarzą w twarz lub siedzą zwróceni do siebie twarzami, ustalenie osi kontaktu między nimi jest rzeczą prostą. Lecz kiedy aktorzy są np. w pozycji leżącej, równolegle do siebie lub rozciągnięci w przeciwnych kierunkach, sprawa wydaje się trudniejsza.

W takich przypadkach należy pamiętać, że centralnymi punktami dwóch osób rozmawiających ze sobą są ich głowy. We wszystkich scenach twarzowych oś kontaktu przebiega między głowami głównych postaci, nawet jeżeli aktorzy są zwróceni do siebie plecami (rys. 4.6).

Pięć podstawowych wariantów
zasady trójkąta

Aktorów w układzie prostoliniowym możemy sfilmować stosując trzy różne układy ustawień kamery w trójkącie. Z aktorami w układzie kąta prostego można zastosować tylko dwa kształty trójkąta. Spróbujmy oddzielnie przeanalizować każdy z tych pięciu wariantów.

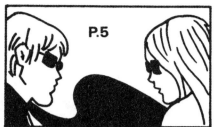

Rys. 4.6 Dwa niewspółgrające położenia w stosunku do osi kontaktu,
pozycja 2 i pozycja 5.

ZEWNĘTRZNE KONTRPLANY

Zlokalizowanie kamer w dwóch miejscach na podstawie trójkąta (równolegle do osi kontaktu w scenie) zapewnia trzy warianty, w których można objąć układ prostoliniowy aktorów. Kamery umieszczone w tych dwóch punktach widzenia mogą się obracać. Otrzymujemy wtedy trzy zróżnicowane pozycje. Każdą z tych pozycji stosuje się parami. Mamy tu na myśli sytuację, w której oba ustawienia kamery na podstawie figury geometrycznej przyjmują identyczne pozycje w ich relacji do aktorów. W pierwszym przypadku obie pozycje kamer na podstawie trójkąta są za plecami dwóch głównych aktorów, obejmują ich i są skierowane do osi kontaktu (rys. 4.7).

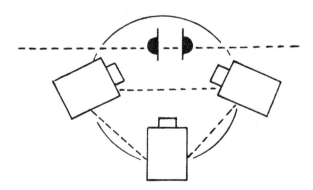

Rys. 4.7 Zewnętrzne kontrplany. Kamery w dwu pozycjach równolegle do osi
kontaktu skierowane są na aktorów. Zauważ, że symbol przedstawiający
postać ludzką ma płaską część, która jest przodem postaci.

WEWNĘTRZNE KONTRPLANY

W drugim wariancie kamery umieszczone są między dwoma aktorami, blisko osi kontaktu, chociaż nie przedstawiają punktów widzenia aktorów. W każdym przypadku przeciwstawienie obu nie jest konfrontacją czołową, chociaż w efekcie bardzo jej bliską (rys. 4.8, 4.9).

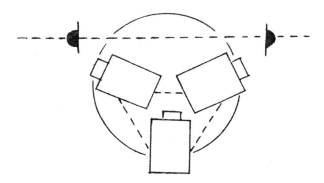

Rys. 4.8 Wewnętrzne kontrplany. W tym wariancie dwie pozycje kamery równoległe do osi kontaktu skierowane są na zewnątrz, obejmując każdego z aktorów pojedynczo.

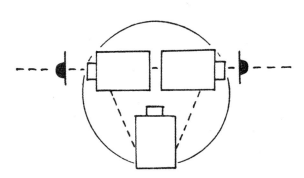

Rys. 4.9 Subiektywne spojrzenia kamery. Jeżeli pozycje kamery na samej osi kontaktu są tyłami do siebie, wtedy każda z nich staje się subiektywnym punktem widzenia aktora będącego poza kadrem.

RÓWNOLEGŁE POZYCJE KAMERY

Kamery umiejscowione są na podstawie trójkąta w pobliżu osi kontaktu, równolegle do siebie i obejmują aktorów indywidualnie (rys. 4.10).

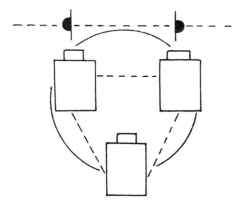

Rys. 4.10 Równoległe położenia kamery. Kiedy kamery w obu położeniach „patrzą" równolegle, wtedy obejmują każdego aktora oddzielnie, z profilu.

Chcąc zwielokrotnić umiejscowienie kamery, opisane powyżej trzy sytuacje można łączyć ze sobą. Rys. 4.11 pokazuje taką kombinację.

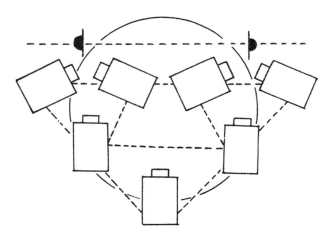

Rys. 4.11 Trzy podstawowe warianty przedstawione w poprzednich szkicach można połączyć w większe rozwinięcie układu trójkąta. Stąd otrzymuje się zróżnicowane i pełne pokrycie kamerowe dla dwóch statycznych aktorów w czasie wymiany dialogu.

POZYCJE KAMERY W UKŁADZIE KĄTA PROSTEGO

Kiedy aktorzy są umieszczeni obok siebie w układzie „L", między punktami widzenia kamery, blisko osi kontaktu przebiegającej między aktorami, tworzą się kąty proste. W tym przypadku z kamerą przed aktorami (rys. 4.12).

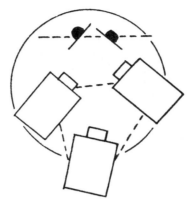

Rys. 4.12 Kiedy aktorzy umieszczeni są bok o bok w układzie „L", przyjmuje się powiązanie prostokątowe dla dwóch miejsc dla kamery, mieszczących się w podstawie trójkąta.

W tym samym układzie kamery można umieścić za aktorami (rys. 4.13).

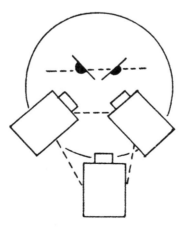

Rys. 4.13 Prostokątowe pozycje dla kamery mogą leżeć nie tylko przed aktorami, lecz także za nimi.

WSPÓLNA OŚ WIZUALNA

Jeżeli chcemy ukazać tylko jednego z aktorów w ujęciu głównym, podczas gdy w drugim ujęciu kadrujemy obu aktorów, kamera w jednym z dwóch punktów widzenia musi zostać wysunięta w przód wzdłuż swojej osi wizualnej. W ten sposób otrzymujemy bliższy plan wybranego aktora (rys. 4.14).

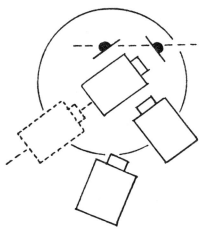

Rys. 4.14 Wysunięcie kamery w przód, wzdłuż osi wizualnej. Dla uzyskania ujęcia jednego aktora w grupie jedna kamera zostaje przesunięta w przód na osi wizualnej z dwóch pozycji na podstawie trójkąta.

Pięciu podstawowych wariantów zasady trójkąta używa się nie tylko dla ujęć statycznych rozmowy w grupie aktorów, lecz również dla przedstawienia ruchu tych aktorów na ekranie.

Zaakcentowanie przez kompozycję

Gdy dwaj mówiący aktorzy zwróceni są do siebie twarzami, wtedy „najmocniejszymi" pozycjami kamery dla zarejestrowania ich dialogu będą te, które są ulokowane na podstawie trójkąta, równolegle do osi kontaktu. Pozycje 1 i 3 zewnętrznego układu kontrplanów kamery mają dwie cechy bardziej korzystne od umiejscowienia kamery na wierzchołku trójkąta. Dają one głębię kompozycji, gdyż z tych punktów widzenia aktorzy umiejscowieni są w dwu różnych płaszczyznach: jeden z nich blisko kamery, drugi bardziej w głębi kadru. Drugą zaletą jest to, że jeden z aktorów gra twarzą do kamery, koncentrując na sobie uwagę widza, podczas gdy drugi jest plecami do kamery. W terminologii teatralnej aktor będący twarzą do widowni ma położenie ciała otwarte, podczas gdy aktor będący tyłem do widowni ma zamknięte położenie ciała (rys. 4.15). Aktor grający twarzą do kamery jest dominujący.

*Rys. 4.15 Zaakcentowanie przez kompozycję na dwóch zewnętrznych ustawie-
niach głównych można osiągnąć przez oddanie dwu trzecich ekranu aktorowi,
który gra twarzą do kamery, zaś pozostałą trzecią część aktorowi, który jest
tyłem do kamery.*

Na ekranach normalnych rozmiarów (w proporcji boków 3 x 4) aktorowi mówiącemu oddaje się dwie trzecie przestrzeni ekranowej, zaś jego
interlokutorowi tylko jedną trzecią. Jeśli ten ostatni będzie lekko nieostry,
wzmacnia się wtedy akcent na aktorze mówiącym.

Pozycja druga w układzie trójkąta jest najsłabszą z trzech. W tym
przypadku aktorów widać z boku i odtwarza się ich w tej samej płaszczyźnie i przy równej przestrzeni ekranowej. Plan taki rezerwuje się dla otwarcia lub zamknięcia sekwencji rozmowy. Używa się go również dla wprowadzenia pauzy w rytm montażu sekwencji lub aby wyprzedzić zmiany
we wzorze montażowym. Przestrzeń ekranu równa jednej trzeciej lub dwu
trzecich wzajemnych powiązań, opisanych powyżej, jest również aktual-
na dla kadrów szerokoekranowych, jak to ukazuje rys. 4.16.

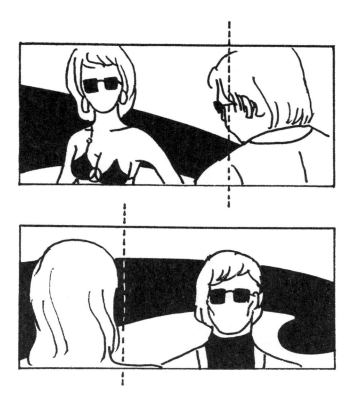

*Rys. 4.16 Zasada podziału przestrzeni ekranowej „jedna trzecia – dwie trzecie"
zostaje utrzymana dla kompozycji wizualnej na szerokim ekranie.*

Na takim ekranie dialog między dwiema postaciami ujętymi w zbliżeniach wydaje się zbyt rażący z punktu widzenia wizualnego wrażenia, a to z powodu wielkich rozmiarów ekranowych postaci przerzucanych od ujęcia do ujęcia. Można temu zaradzić. Dla celów kompozycyjnych ekran dzielimy na trzy równe części. Aktora ukazywanego w każdym kolejnym kontrplanie umieszcza się zawsze w środkowym sektorze ekranu. Oznacza to, że aktor B jest pośrodku ekranu z pozycji 1, zaś aktor A jest pośrodku ekranu z pozycji 3. Na rys. 4.17 kompozycja obrazu w pierwszym planie ciąży wyraźnie w lewo, względnie w prawo. Pozostała przestrzeń ekranu może zostać wypełniona tylko przedmiotami z tylnego planu lub ożywioną akcją dla zrównoważenia kompozycji pierwszoplanowej.

Tak więc, uwaga widzów zostaje zwrócona na środkową część ekranu bez łamania zasady trójkąta. Takiego rozwiązania wizualnego można użyć również w kompozycjach na normalnym ekranie.

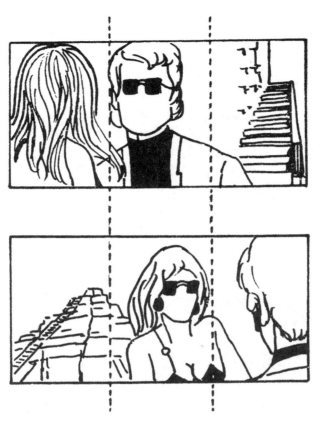

Rys. 4.17 Przez podział ekranu na trzy jednakowe sektory aktor dominujący w ustawieniu może zostać umieszczony pośrodku ekranu, nie łamiąc zasady trójkąta w umieszczeniu kamery. Uwaga widza koncentruje się na środku ekranu.

Rodzaje akcentów wizualnych

Ze względu na to, że szeroki ekran jest w powszechnym użyciu, liczni filmowcy wykorzystują jego kształt (długiego prostokąta) do praktykowania wręcz szalonych kontrastów kompozycji w stosowaniu ujęć nazywanych przeze mnie zewnętrznymi kontrplanami.

Aktor w pierwszym planie zajmuje swym ciałem połowę ekranu. Bywa zwykle skąpo oświetlony, jego postać ogranicza się prawie do sylwetki. Aktor w dalszym planie, zwrócony do kamery twarzą, jest oświetlony jaskrawo, więc przy każdej zmianie planu powierzchnie jasne przeskakują z lewej strony na prawą i z powrotem (rys. 4.18). Tak więc następnym chwytem jest zwiększenie powierzchni ekranu danej aktorowi na pierwszym planie, który gra plecami do widowni i jest minimalnie oświetlony. Większość przestrzeni ekranu jest przeznaczona aktorowi pierwszoplanowemu, zaś mały wycinek ekranu pozostawiono wolnym, dla oglądania dominującej postaci w drugim planie (rys. 4.19).

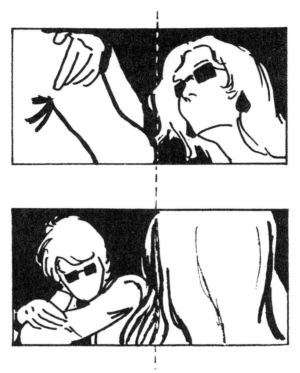

Rys. 4.18 Połowa ekranu zablokowana ciałem aktora pierwszoplanowego jest minimalnie oświetlona dla zaakcentowania jaśniejszej postaci tylnoplanowej.

Jest to szczególnie wyrazisty układ, ponieważ uwaga nasza jest skoncentrowana na małej (zwykle górnej, czasem dolnej) powierzchni ekranu. Kiedy dwa skrajnie odwrotne ustawienia zostaną ze sobą zmontowane, wtedy górne lewe i prawe narożniki ekranu będą kontrastowały ze sobą od planu do planu. Kiedy ustawienia kamery wewnętrzne i zewnętrzne występują łącznie, niektórzy reżyserzy umieszczają aktorów poza środkiem ekranu, w obu planach. Puste dwie trzecie ekranu zostają zapełnione barwą lub obiektami, które nie współgrają z aktorami. Koncepcję taką ilustruje rys. 4.21.

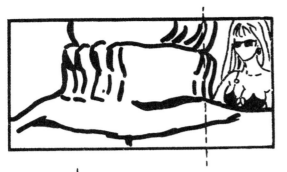

Rys. 4.19
W tym przykładzie bardzo mała
powierzchnia w górnej części
ekranu została użyta dla
skadrowania głównego aktora
w każdym kontrplanie głównym.

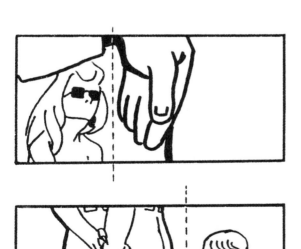

Rys. 4.20
W tym przykładzie mała
powierzchnia w dole ekranu
użyta jest dla skomponowania
kluczowej postaci w każdym
kontrplanie głównym.

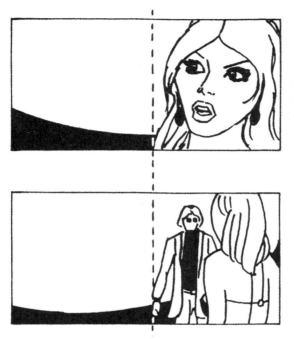

Rys. 4.21
Odwrotny kąt wewnętrzny
i odwrotna zewnętrzna pozycja
kamery dają kompozycje
obrazowe, w których aktorzy
skoncentrowani są w tej samej
powierzchni poprzecznej ekranu.

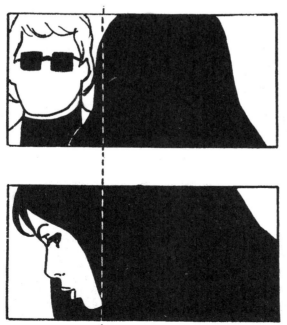

Rys. 4.22
Ośrodek zainteresowania w obu
planach głównych zostaje utrzy-
many po lewej stronie obrazu.
Pozostała przestrzeń jest ciemna,
co akcentuje kluczową, jasno
oświetloną powierzchnię.
Reżyser Sidney J.Furle stosuje
w swych filmach wiele kompo-
zycji tego rodzaju, szczególnie
w „The Ipcress File",
„The Apaloosa"
i „The Naked Runner".

Przy innych okazjach, dla otrzymania podobnego efektu, stosuje się ciemne powierzchnie, które również blokują te same dwie trzecie ekranu, jak to ukazuje rys. 4.22.

Technika ta rozciąga się również na wewnętrzne pozycje kamery. Ujęcia takie obejmują każdą z dwu postaci głównych oddzielnie. Obaj aktorzy zajmują tę samą powierzchnię ekranu w każdym kontrplanie. W obu kompozycjach obrazowych dwie trzecie części ekranu są puste (rys. 4.23).

Rys. 4.23
W tym przykładzie użyto dwóch wewnętrznych kontrplanów i dla skadrowania obu aktorów użyto tej samej części ekranu. Zwróć uwagę, że spojrzenia aktorów skierowane w przeciwnych kierunkach łączą obie postacie wizualnie ze sobą.

Zwykły układ wzajemny dwóch kontrplanów wewnętrznych sprowadza się do wypełnienia dwóch trzecich powierzchni ekranu postacią aktora, pozostawiając trzecią część przed nim wolną (rys. 4.24).

J.G. Albicocco w filmie *Wyścig szczurów* zastosował niezwykłe kompozycje kontrplanów na szerokim ekranie. Rys. 4.25 pokazuje aktorów skadrowanych po przeciwległych stronach ekranu z ujęcia na ujęcie. Dla przeciwstawienia sobie wewnętrznych kontrplanów reżyser zastosował tę samą koncepcję kompozycyjną, jaką pokazano na rys. 4.26.

Wymienione rodzaje kompozycji szybko przykuwają uwagę widza i mają skłonność do odciągania go od nastroju sceny. Ale równocześnie w niektórych sytuacjach, jak np. intymne sceny miłosne, wnoszą pewien dziw-

Rys. 4.24
Dwie trzecie powierzchni
ekranu użyto w każdym głów-
nym ujęciu w kompozycjach
pojedynczych aktorów, pozosta-
wiając przestrzeń przed nimi
dla uzyskania zadowalającej
kompozycji obrazowej.

Rys. 4.25
Dziwny sposób kadrowania
dwóch aktorów w parze kontr-
planów. Często efekt szokujący
może pomóc w uzyskaniu
w scenie nastroju wyobcowania.

Rys. 4.26
W tym przykładzie twarz aktora umieszczono blisko boku ramy ekranu, pozostawiając z tyłu pół ekranu puste. Taki niezwykły sposób komponowania dwóch związanych wewnętrznych ujęć głównych daje scenie szczególne uwypuklenie wizualne.

ny brak równowagi, który może sprzyjać nastrojowi. Zewnętrzne kontrplany z różnych wysokości umieszczone na linii kontaktu mogą być efektowne, jeżeli np. umieści się jednego aktora nisko w kadrze, drugiego zaś w górnej połowie. Położenia aktorów w kontrplanie można zmieniać (rys. 4.27).

Zasady te dotyczą nie tylko zbliżeń. Z trzech punktów układu trójkąta wyprowadzono linie osi, na których można umieszczać kamerę dla otrzymania zbliżeń, bliskich planów, średnich planów i pełnych planów (rys. 4.28).

Sprawdźmy tę zasadę w scenach dialogowych. Każda pozycja kamery w układzie trójkąta będzie użyta dla uzyskania ujęcia podstawowego. Cała scena zostanie w pełni objęta w każdym ustawieniu i co najmniej z dwóch punktów umieszczenia kamery. Celem jest zmontowanie tych ujęć głównych dla pełnego pokrycia wizualnego. Zanim przejdziemy do tych formułek, prześledźmy, jak stosuje się zasadę trójkąta do objęcia działań pojedynczego aktora.

Rys. 4.27 W tym przykładzie obie pozycje kamery dla zewnętrznych kontrplanów są bezpośrednio za aktorami, na samej linii kontaktu. Układ taki możliwy jest tylko przy wysokich kątach ujęć.

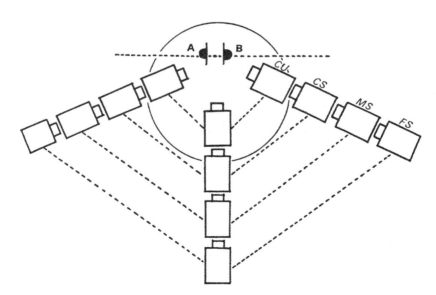

Rys. 4.28 Dla ujęcia dwóch głównych aktorów sceny wyprowadzono linie osi umieszczenia kamery z trzech punktów trójkątnego wzoru ujęć.

Zasada trójkąta: jedna osoba

W filmie aktor może wygłaszać monolog lub rozmawiać ze sobą. Myśli wewnętrzne bohatera można uczynić słyszalnymi.

Jest to chwyt stosowany w literaturze, teatrze, w radio, w czasie teraźniejszym, przyszłym lub przeszłym. Kiedy słychać głos wewnętrzny, wykonawca ma usta zamknięte. Może reagować twarzą, lecz bez dźwięku synchronicznego.

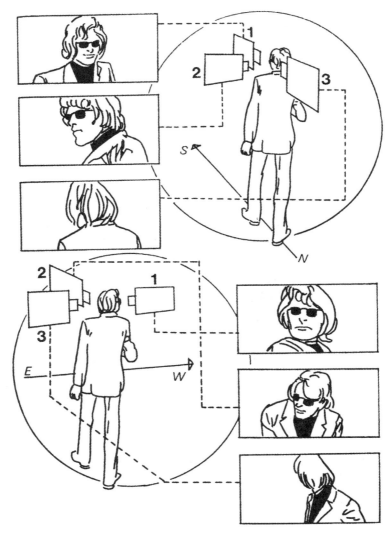

Rys. 4.29 O umieszczeniu kamery w układzie trójkąta decyduje kierunek spojrzenia samotnego aktora.

W prezentacji pojedynczego aktora linia kontaktu rozciąga się między jego oczami i obiektem, na który patrzy. Po ustaleniu tej linii kontaktu można stosować zasadę umieszczania kamery w układzie trójkąta. Nawet wtedy, kiedy nie pokazuje się nam obiektu, na który on patrzy, lub kiedy gapi się w przestrzeń. Postać będąca tematem zdjęcia nie musi pozostawać statyczną, może pisać, malować lub wykonywać różne czynności manualne, nie odchodząc z ustalonego miejsca. Naszą osią kontaktu staje się kierunek jej spojrzenia, nawet wtedy gdy ma głowę odwróconą w bok (rys. 4.29). Kiedy pojedynczy aktor patrzy wprost przed siebie, nasza oś kontaktu przebiega wzdłuż osi północ-południe do jego ciała. Przy głowie zwróconej w jedną stronę – wzdłuż osi wschód-zachód. Kiedy aktor spogląda wprost do przodu kamery, nie można ustawić jej wzdłuż osi wschód-zachód (i odwrotnie). Poczucie kierunku u widza zostanie zachwiane, kiedy którykolwiek kontrplan zostanie użyty jeden po drugim. Przestudiujmy rys. 4.30.

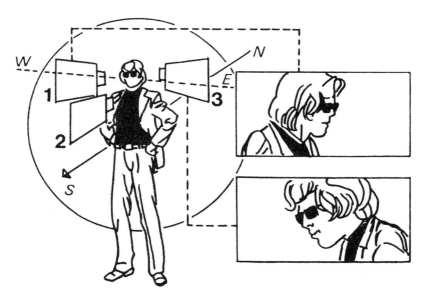

Rys. 4.30 Kiedy pojedyncza postać patrzy wprost przed siebie (północ-południe) rozmieszczenia kamery w trójkącie nie mogą być w kierunku wschód-zachód. Zewnętrzne kontrplany zaprezentują konfliktowe kierunki spojrzeń, które są nieprawidłowe.

Należy trzymać się kierunku spojrzenia aktora jako osi kontaktu z równolegle usytuowanym układem trójkąta.

Kierunek osi kontaktu przesunie się w momencie, kiedy aktor zwróci głowę z jednej strony w drugą. Wtedy możliwe są dwa podejścia:

1) obrót głowy prawie o 180° ujęty jest kamerą z zastosowaniem osi wschód-zachód;

2) obrót głowy o 90° ujęty jest kamerą z zastosowaniem osi północ-południe.

Oba przypadki, w których ustawienia kamery w trójkącie muszą zostać przesunięte, ilustruje rys. 4.31.

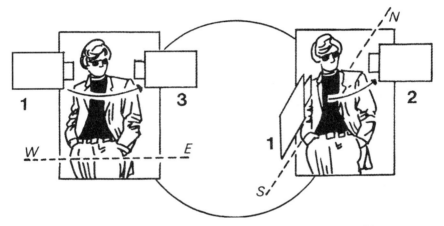

Rys. 4.31 Kiedy samotny aktor obraca głowę o pół obrotu – zostanie objęty przez położenie kamery wschód-zachód. Przy obrocie o kąt prosty wystarczy umieszczenie kamery północ-południe.

5

DIALOG MIĘDZY DWIEMA POSTACIAMI

Przy filmowaniu statycznego dialogu mocnymi punktami kamery będą te, z których fotografuje się ujęcie główne. Najpierw scenę ujmuje się częściowo lub całkowicie z jednej pozycji kamery, po czym całość powtarza się z drugiej pozycji. Pracując z dwóch dominujących pozycji kamery, stosuje się jako podstawę pięć wariantów zasady trójkąta, omówionych w poprzednim rozdziale.

Twarzą w twarz

Przy filmowaniu dialogu twarzą w twarz najprościej użyć zespołu kontrplanów zewnętrznych. W odwrotnych ustawieniach zewnętrznych aktor pierwszoplanowy pokazany jest tyłem do kamery. Z takiego ujęcia nie powinniśmy widzieć końca jego nosa spoza linii policzka. Podstawą jest tutaj podział przestrzeni ekranowej: jedna trzecia–dwie trzecie, chociaż można stosować warianty, o których była mowa w opisie zasady trójkąta. Klasyczny układ, który pokazuje rys. 5.1, jest najczęściej stosowany przez filmowców całego świata.

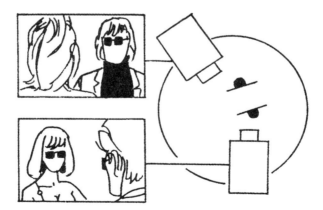

Rys. 5.1 Dialog między dwoma aktorami. Przykłady pokazują najbardziej powszechne kadrowanie dla dwóch zewnętrznych kontrplanów głównych dwóch aktorów w dialogu „twarzą w twarz".

Wewnętrzny kontrplan może być kombinowany z zewnętrzną pozycją kamery. Postać wyodrębniona w oddzielnym planie wybija się jako dominująca. Możliwe są tu dwa rozwiązania (rys. 5.2).

Rys. 5.2 Możliwe są dwie kombinacje zewnętrznego kontrplanu i wewnętrznej pozycji kamery.

Następną możliwością jest objęcie obu postaci indywidualnie przez zastosowanie wewnętrznych kontrplanów. Każde z ujęć głównych ukazuje tylko jedną z postaci (rys. 5.3).

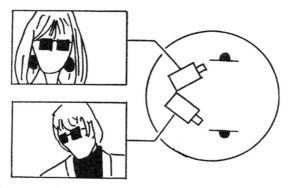

Rys. 5.3 Wewnętrzne kontrplany główne obejmują aktorów oddzielnie.

Kontrast liczebności

Kombinacja zewnętrznego kontrplanu z wewnętrznym stwarza na ekranie kontrast liczebności: zewnętrzne kontrplany ukazują obu aktorów, podczas gdy wewnętrzne kontrplany są zbliżeniami jednego aktora.

Tak więc mamy następujące trzy pozycje:

- 2 aktorów do 2 – oba ujęcia główne są to zewnętrzne pozycje kamery,
- 2 aktorów do 1 – ujęcie główne jest zewnętrznym, drugie zaś wewnętrznym,
- 1 aktor do 1 – ujęcia główne są wewnętrznymi kontrplanami.

Filmując dwóch aktorów znajdujących się obok siebie w jednym układzie liniowym możemy zastosować ujęcie zewnętrzne (rys. 5.4).

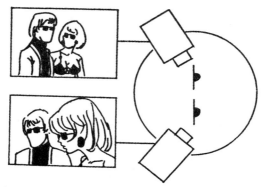

Rys. 5.4 Ujęcia zewnętrzne w zastosowaniu do liniowego układu dla aktorów, gdy oboje patrzą w jednym kierunku.

Druga możliwość to zastosowanie wewnętrznych kontrplanów, jak to pokazuje rys. 5.5.

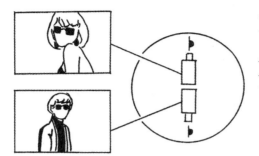

Rys. 5.5
Kontrplany wewnętrzne
w zastosowaniu do pary
postaci siedzących na
przednim siedzeniu
samochodu.

Trzecią możliwością jest użycie równoległych pozycji kamery do ujęcia frontalnego, co pokazuje rys. 5.6.

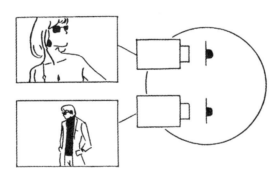

Rys. 5.6
Równoległe pozycje
kamery obejmującej
dwóch aktorów umie-
szczonych frontalnie
do kamery.

Jeżeli aktorzy przyjmują położenie ciał pod kątem prostym do siebie, najprostszym jest przykład pokazany na rys. 5.7.

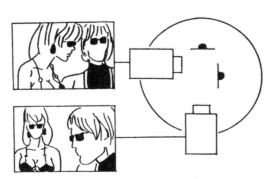

Rys. 5.7
Układ pozycji kamer
pod kątem prostym,
obejmujących aktorów,
którzy przyjęli wzajem-
ne położenie w kształ-
cie L.

Następny wariant osiągniemy wysunąwszy kamerę w przód jednej z osi tak, że pokaże ona tylko jednego z aktorów. Możliwe są dwa rozwiązania, widoczne na rys. 5.8.

W następnych przykładach twarze aktorów zwrócone są do wewnątrz kąta, który tworzą ich postacie. W układzie twarzy zwróconych na zewnątrz kąta trzy poprzednie rozwiązania wyglądać będą tak, jak to pokazuje rys. 5.9.

We wszystkich tych przykładach aktorzy ujęci są z przodu. Ujęcie od tyłu jest również możliwe. Ukazuje to rys. 5.10.

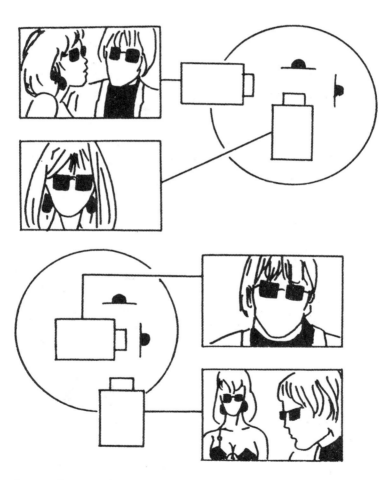

Rys. 5.8 Dwie możliwości układu wzdłuż jednej z osi kamery.
Otrzymanie zbliżenia jednego z aktorów.

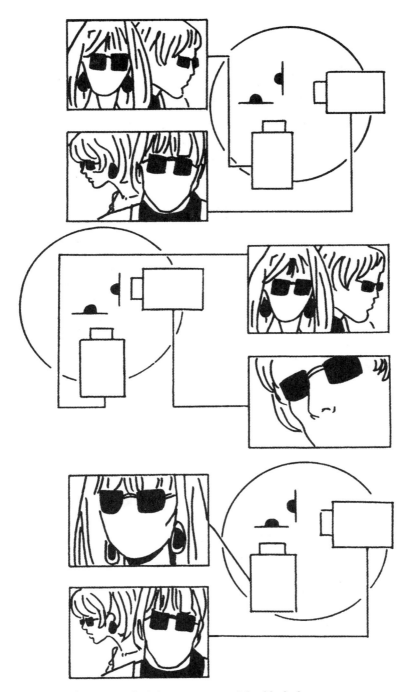

Rys. 5.9 Aktorzy spoglądają na zewnątrz ich układu kątowego.
Trzy pokazane tu podejścia mają wszystkie powiązania kąta prostego.

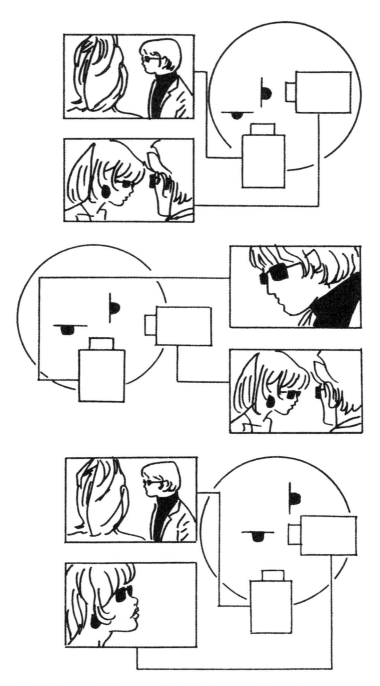

Rys. 5.10 Przy analogicznym układzie aktorów, jak to pokazano w rys. 5.9, ujęcie kamery jest tutaj od tyłu.

Aktorzy jeden za drugim

Taka sytuacja wynika tylko w bardzo specyficznych okolicznościach np. dwie osoby na wspólnym koniu, rowerze czy motocyklu lub kajaku prowadzą ze sobą rozmowę. Zwykle osoba znajdująca się z przodu odwraca głowę, aby spojrzeć na drugą kątem oka. Najczęściej stosowanymi wariantami filmowymi, użytymi dla zarejestrowania dialogu w takich scenach są: zewnętrzny układ trójkąta oraz równoległe ustawienie kamery. Sytuacje takie przedstawiają zazwyczaj pojazd w ruchu. Komplikuje to scenę, ponieważ teoretycznie powinniśmy umieścić kamerę na drugim pojeździe, poruszającym się z tą samą szybkością. Plany podstawowe (pozycja nr 2 z wierzchołka trójkąta) filmowane są zwykle z kamery w ruchu. Bliższe ustawienia aktorów w jadącym pojeździe są trudne do uzyskania ze względu na precyzję i bezpieczeństwo zainteresowanych.

Tak więc bliskie plany w ruchu filmuje się często w studio na nieruchomym pojeździe z użyciem tylnej projekcji tła lub wędrującej maski.

Posługując się chwytami żonglerki wizualnej możemy ułatwić wykonywanie takich zdjęć. Pojazd zostaje umieszczony na podstawie, na której można go w każdym położeniu ustawiać przed ekranem czy przed niebieskim tłem, stosowanym dla wędrującej maski.

Ustawiając aktorów twarzami do lub od kamery uzyskuje się pozycje 1 i 3 w układzie trójkąta. Pozycje 1 i 3, jak to widać na rys. 5.11, obejmują zewnętrzne kontrplany.

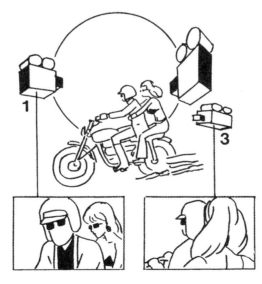

Rys. 5.11 Plany zewnętrzne dla dwóch postaci usytuowanych jedna za drugą.

Sposobem filmowania tego rodzaju scen jest równoległe ustawienie kamery. Pozycje 1 i 3 filmują każdego z aktorów indywidualnie, natomiast ustawienie 2 kadruje obu aktorów na ekranie (rys. 5.12). W równoległym układzie kamery można zastosować wysunięcie kamery w przód, wzdłuż wspólnej osi wizualnej, używając pozycji 1 i 2 lub 3 i 2. W montażu z ustawienia na ustawienie uzyskujemy nie tylko kontrast liczebności, lecz równocześnie zaakcentowanie jednej z postaci.

Przy innych okazjach tego rodzaju scena dialogowa może być ujęta z jednego ustawienia w jedynej pozycji kamery, a pozycją tą jest zwykle nr 2 – szczyt trójkąta w układzie trójkątnym ustawień kamery.

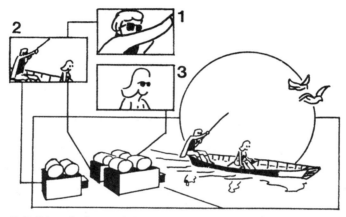

Rys. 5.12 Równoległe rozwinięcie ustawień kamery dla ujęcia aktorów umieszczonych jeden za drugim.

Słowo ostrzeżenia

Kiedy filmuje się indywidualne ujęcia dwóch lub większej liczby aktorów, łatwo się pomylić. Dotyczą one przeważnie kierunków spojrzeń, szczególnie jeśli nowe ustawienie jest frontalne. Może się więc zdarzyć, że aktor, poprzednio patrzący w lewo, wygłasza swoją partię dialogu nieświadomie spoglądając w prawo, burząc w ten sposób sekwencję.

Wykonując indywidualne zdjęcia aktora biorącego udział w rozmowie, dobrze jest zatrzymać go na jego poprzednim miejscu, lecz poza zasięgiem kamery, z dwóch przyczyn:

1. Uchroni nas to przed omyłkowym umieszczeniem kamery z drugiej strony osi kontaktu.
2. Zachowanie się fotografowanej postaci będzie bardziej naturalne, gdyż aktor będzie miał do kogo się zwracać, zamiast grać do pustej przestrzeni.

Jeżeli, z jakiegokolwiek powodu, nie dysponujemy aktorem-rozmówcą w czasie kręcenia zbliżeń z dialogami, wtedy wyznaczamy fotografowanemu aktorowi punkt odniesienia w pobliżu kamery, jak np. róg miecha kamery, itp. W miejscu brakującego aktora-rozmówcy może stanąć członek ekipy zdjęciowej. Może to być również jakikolwiek przedmiot wybrany dla tego celu bądź zaciśnięta pięść trzymana w odpowiednim miejscu. Sytuację taką pokazuje rys. 5.13.

Rys. 5.13 Aktora-rozmówcę trzymamy poza zasięgiem kamery. Aktora lub osobę go zastępującą B umieszczamy jako prawidłowy punkt odniesienia dla aktorki A. Jej uwaga musi pozornie być skierowana na konkretny przedmiot lub osobę, która mogła być widoczna w poprzedzającym kadrze.

Aktorzy powinni unikać patrzenia w obiektyw kamery. Spojrzenia takie naruszają kierunek osi kontaktu i widzowie czują, że aktor patrzy bezpośrednio na nich, a nie na innych aktorów. W filmie fabularnym aktor może spojrzeć w obiektyw tylko w wyjątkowych przypadkach, np.:

1. Mówi do widowni, jak to robił Laurence Olivier w swym filmie *Ryszard III*. Jest to nawiązanie do teatru, gdzie aktorzy wychodzą nagle ze swojej roli i zwracają się do widowni, przekazując jej własne poglądy na przebieg scenicznych wydarzeń. Jest to przyjęta konwencja, lecz może ona zniszczyć ciągłość inscenizowanej akcji.

2. Uzasadnione jest zwracanie się do widowni, np. komentatora telewizyjnego.

W pierwszym wypadku aktor odwołuje się bezpośrednio do widowni. Stajemy się nagle uczestnikami, a nie widzami inscenizowanej opowieści. Sceny takie muszą być stosowane oszczędnie i przy mocnej motywacji dramaturgicznej.

Odległość kamery

Analizując ujęcia dialogów zauważamy trzy ograniczenia:

1. Wszystkie kadry były zbliżeniami.
2. Obaj aktorzy działali w tym samym poziomie.
3. Kamera zachowała ten sam poziom w obu planach.

Możliwe są dalsze warianty. Trzy punkty zasady układu trójkąta tworzą linie osi, wzdłuż których może przemieszczać się kamera. Różne odległości kamery mogą zaakcentować dialog oraz urozmaicić prezentację sceny. W przykładzie zewnętrznych kontrplanów, pozycja 3 może być planem średnim, zaś pozycja 1 jest planem bliskim. Przykład taki ilustruje rys. 5.14.

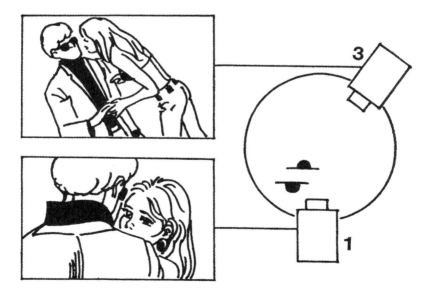

Rys. 5.14 Różne odległości kamery od obiektu zdjęciowego w zespole położeń kamery dla zewnętrznych kontrplanów.

Podobnie, filmując dwóch aktorów rozmieszczonych daleko od siebie uzyskujemy różnicę odległości, która ułatwia skoncentrowanie uwagi widza na ważniejszej postaci. Posłużmy się przykładem: scena, w której adwokat wizytuje więźnia w celi więziennej. Adwokat dominuje w tej scenie. Jego pytania i sposób, w jaki oczekuje odpowiedzi, są istotne dla treści fabuły. Natomiast zachowanie się więźnia, bierne i obojętne, jest w danym momencie mniej ważne. Sytuację taką uzyskujemy przez zmiany odległości kamery, tzn. stosując ogólne plany więźnia i zbliżenia adwokata (rys. 5.15).

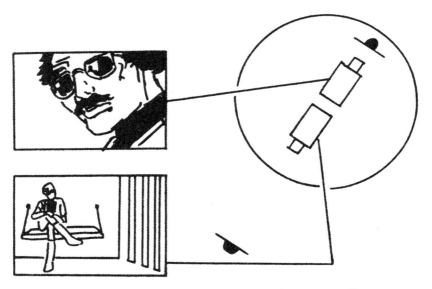

Rys. 5.15 Różne odległości kamery w zespole kontrplanów z pozycji wewnętrznych.

Różne odległości należy wykorzystywać parami. Aby otrzymać dobre rezultaty, potrzeba nie więcej niż cztery różne odległości (dwie pary).

Przykład: Połowę sceny dialogowej można objąć średnim planem z pozycji 1 i bliskim planem z pozycji 3. Drugą połowę sceny obejmujemy bliskim planem pozycji 1 oraz średnim planem z pozycji 3. Odwracając tę grę odległości w drugiej parze planów głównych, otrzymamy celową i prostą, a równocześnie dynamiczną prezentację.

Wysokość kamery i wysokość aktora

Wysokość kamery wpływa na prezentację postaci. W dialogu obiektyw zwykle znajduje się na tej samej wysokości, na jakiej są twarze aktorów siedzących lub stojących (rys. 5.16).

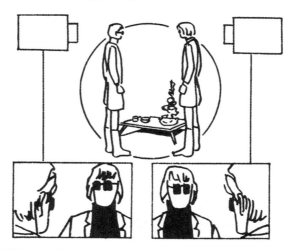

Rys. 5.16 Obie pozycje kamery są na wspólnej wysokości z twarzami aktorów, których akcję obejmują.

Gdy jeden z dwójki aktorów siedzi, a drugi stoi, zmieniamy wysokość kamery stosując kontrplan (rys. 5.17).

Rys. 5.17 Należy dobrać odpowiednie wysokości dla każdej pozycji kamery w celu dostosowania się do różnych wysokości samych aktorów.

W poprzednich przykładach stosowane były kontrplany zewnętrzne. Jeżeli dla ujęcia tej samej sytuacji zastosujemy kontrplany wewnętrzne, będziemy oglądać scenę z punktów widzenia postaci (rys. 5.18).

Rys. 5.18 Różne wysokości kamery w zastosowaniu do pary wewnętrznych kontrplanów.

Jeśli pochylenie kamery będzie przesadnie silne, wtedy efekt będzie nieprawdziwy, ponieważ normalnie nie patrzymy z tak krańcowo wysokich lub niskich punktów spojrzenia. Takie szczególne ujęcia należy rezerwować na specjalne okazje. Przy innych okazjach, kiedy obaj aktorzy stoją, można zaakcentować ich różne wysokości po prostu umieszczając kamerę nisko w obu głównych kontrplanach zewnętrznych (rys. 5.19).

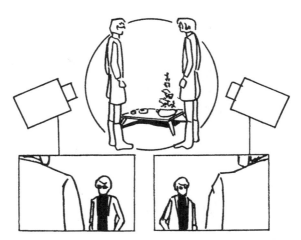

Rys. 5.19 Kiedy obie kamery są niskie, uzyskuje się wyraźne zróżnicowanie wysokości postaci aktorskich.

Jednego aktora można wyodrębnić różną wysokością kamery w objęciu zewnętrznymi kontrplanami dwóch aktorów stojących (rys. 5.20).

Rys. 5.20 Pokazana tu kombinacja wysokiej i niskiej pozycji kamery służy wyodrębnieniu jednego z aktorów.

Oś kontaktu niekoniecznie musi być pozioma. Kiedy jeden z aktorów leży, drugi zaś stoi lub klęczy, wtedy pozycje kamer 1 i 3 (te które są blisko osi kontaktu) będą blisko głów aktorów. Będą to różne wysokości. Możliwa jest również pionowa oś kontaktu (rys. 5.21). Głowa każdego z aktorów ujmowana jest pionowymi pozycjami kamery, pokazanymi na rysunku.

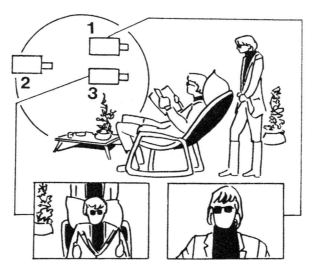

Rys. 5.21 Objęcie pionowej osi kontaktu przez rozwinięcie pozycji kamery w trójkącie.

Jeśli oś kontaktu biegnie poziomo, skośnie lub pionowo można do tych sytuacji dostosować zasadę objęcia akcji układem trójkąta.

Postacie leżące obok siebie

Przy dwóch postaciach leżących na ziemi twarzami do siebie lub obu leżących na plecach, akcję można sfilmować umieszczając kamerę w schemacie kąta prostego, w celu pokazania na ekranie przemiennie obu aktorów. Kamera jest w niskim ustawieniu wraz z aktorami na ziemi lub kadruje postacie z góry [skośnie lub pionowo (rys. 5.22)].

Głowy aktorów są utrzymane w tych samych wycinkach ekranu. Może zaistnieć zróżnicowanie w wysokościach wewnątrz ekranu. Na rys. 5.22 widać (w ilustracji odpowiadającej pozycji kamery nr 1) głowę mężczyzny z lewej strony umieszczoną nisko na ekranie, podczas gdy w pozycji kamery 2 jego głowa jest w lewej górnej części ekranu. To samo dzieje się z kobietą Z, która, nie opuszczając swojej przestrzeni w kadrze, raz jest w górze kadru raz w dole. Górne położenie w każdym ujęciu zajęte jest przez postać wiodącą. Ustawiając kamerę w jednej pozycji, niżej niż pozycja aktora, otrzymujemy kontrplany podstawowe. Do tego celu aktorzy muszą zostać umieszczeni tak, aby kamera miała pełny zakres dla zmiany pozycji powyżej lub poniżej poziomu aktorów w miejscu, gdzie teren opuszcza się gwałtownie przed nimi. W warunkach studia daje się to łatwo zaaranżować.

Rys. 5.22
Użycie rozkładu ustawień
kamery w kącie prostym
dla ujęć dwóch aktorów
leżących obok siebie.

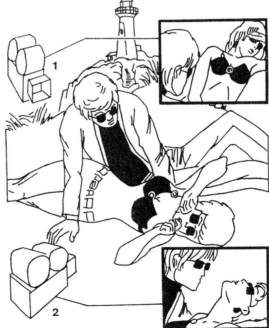

W plenerze, jeśli uzyskanie takich ujęć jest rzeczywiście ważne, aktorzy mogą leżeć na czymś w rodzaju platformy lub przy wykopanym dole, tak aby kamerę można było umieścić poniżej poziomu dla jednego z kontrplanów. Szczególnie jeśli w kompozycję chcemy włączyć jakiś nieruchomy element tła (rys. 5.23).

Wielu filmowców woli kręcić takie ujęcia w plenerze, w realnym otoczeniu, zaś bliskie plany w warunkach studia. Zależy to oczywiście od budżetu danego filmu.

Rys. 5.23
Układ zewnętrznych kontrplanów dla objęcia akcji dwóch aktorów leżących obok siebie. By ułatwić sfilmowanie z dolnego ujęcia można umieścić aktorów na platformie, nieco powyżej poziomu ziemi.

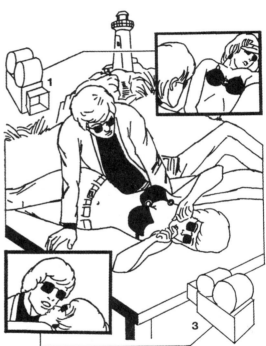

Rozmowy telefoniczne

Dwie postacie rozmawiające ze sobą przez telefon są widziane w oddzielnych planach, montowanych przemiennie. Aby uzyskać wrażenie normalnej rozmowy, aktorzy winni spoglądać w przeciwnych kierunkach, szczególnie w sekwencjach, gdy oba ujęcia widoczne są równocześnie na podzielonym ekranie (rys. 5.24).

Rys. 5.24 Między ujęciami dwóch postaci rozmawiających przez telefon zwykle utrzymuje się przeciwstawne kierunki spojrzeń.

Przeciwstawne przekątne

Dwoje rozmawiających ze sobą ludzi niekoniecznie ma swe ciała wyprostowane. Czasami głowa jest przekrzywiona na bok dla wyrażenia nastroju lekkości lub intymności. Przy komponowaniu zbliżeń jest to okazja do gry przeciwstawnych przekątnych (rys. 5.25).

Można to osiągnąć którymkolwiek z uprzednio opisanych układów kamery w trójkącie. Kompozycje na szerokim ekranie również zyskują przy takim podejściu. Przykład ilustruje rys. 5.26. Ludzie, kiedy stoją naprzeciw siebie w czasie rozmowy, zachowują się różnie. Ciała ich rzadko trzymane są całkowicie prosto. Stanie nieco w bok od drugiego jest psychologicznie wygodniejszą pozycją. Tak więc, z dwóch skrajnych pozycji kamery dla kontrplanów aktorzy mogą być w nieco różnych sytuacjach: w jednej płaszczyźnie lub z mniejszą czy większą przerwą między sobą.

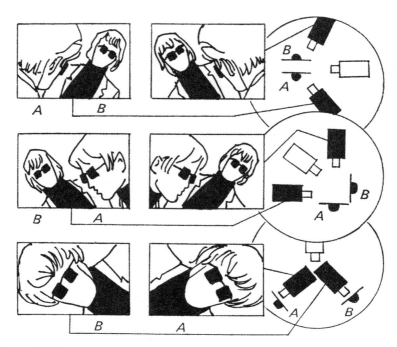

Rys. 5.25 Grę przeciwstawnych przekątnych w kompozycji kadrów można otrzymać którymkolwiek z układów trójkąta ustawień kamery.

Rys. 5.26 Zalety obrazowych układów przekątnych w kompozycjach szerokoekranowych.

Jeżeli aktorzy są dokładnie w jednej płaszczyźnie, kamera dla kontr-planów musi znaleźć się blisko osi utworzonej przez ich linię kontaktu, a nie równolegle do samej linii, co dałoby zagmatwane ujęcie aktora do-minującego. Dobry rezultat daje kompozycja obu ciał po przekątnych ekranu.

Koniuszek nosa aktora bliższego kamery winien zamykać się w pro-filu. Jeżeli między obydwoma aktorami istnieje mała poprzeczna prze-rwa, wtedy zewnętrzne pozycje kontrplanów kamery przyjmują wzajem-ny układ widoczny na rys. 5.27.

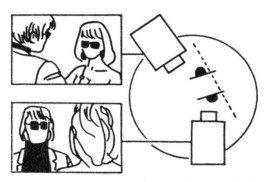

Rys. 5.27 Zewnętrzne kontrplany ukazujące małe przesunięcie w liniowym ustawieniu aktorów.

W jednym z ujęć utrzymana jest kompozycja przekątna, w drugim ka-mera ujmuje kadr ponad ramieniem aktora, będącego tyłem do kamery. Jeśli poprzeczne przesunięcie między nimi jest szersze (takie przypadki zdarzają wówczas, gdy jakiś przedmiot lub mebel jest umieszczony mię-dzy aktorami) pozycje zewnętrznych kontrplanów przyjmują układ kąta prostego, jak to widać na rys. 5.28.

*Rys. 5.28
Rozwinięcie pozycji
kamery w kącie prostym
zastosowane do szero-
kiego przesunięcia
między aktorami.*

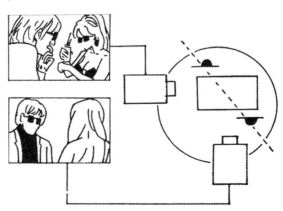

Bywa, że przeciwstawienie kontrplanu zewnętrznego i wewnętrznego narusza poczucie kierunku jednego z aktorów. Układ taki jest prawidłowy, gdy dominuje linia kontaktu (rys. 5.29).

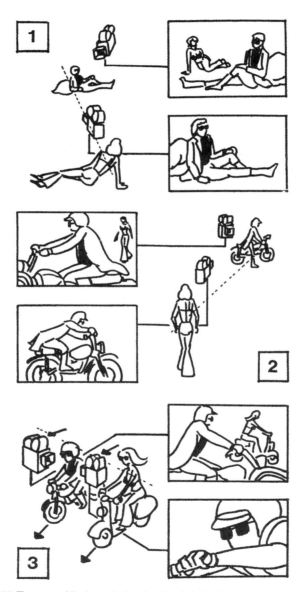

Rys. 5.29 Trzy przykłady, w których układ ciał aktorów lub ich kierunek ruchu jest pozornym pogwałceniem zasady trójkąta. Jednakowoż wszystkie te przykłady są prawidłowe, ponieważ przestrzegają linii kontaktu.

W tych przypadkach kamera pozostaje po jednej stronie linii kontaktu. Kierunek, w jakim zwrócone są ciała aktorów od zdjęcia do zdjęcia, powoduje, że wyglądają czasami, jakby byli odwrotnie usytuowani. W pierwszym przykładzie nogi jednego aktora wyciągnięte są w lewo w zewnętrznym kontrplanie, a w prawo w kontrplanie wewnętrznym. Liczy się jednak nie położenie ciał, lecz linia kontaktu łącząca obie głowy. Jeśli oba kontrplany są „travellingami" w ruchu, jak w trzecim przykładzie, kierunki jazd na ekranie wydają się sobie przeciwstawne.

Półprzejrzyste maski

Reżyser japoński Kihachi Okamoto w swym filmie *Ankokogai no Taiketsu* (*The Last Gunfight*) z Toshiro Mifune w roli głównej z powodzeniem zastosował tę śmiałą technikę. Jej procedura nie jest nowością. Operatorzy bardzo często stosują filtry, których gęstość jest stopniowana, szczególnie w ogólnych planach plenerowych dla przytłumienia partii nieba, aby uzyskać efekt nocy. W filmach barwnych stosują również do tego samego celu filtry niebieskie, zielone lub czerwone. Maski użyte przez Kihachi Okamoto i operatora Kazuo Yamada na surowcu Agfakolor i z optyką szerokoekranową Tohoscope były wycinane z folii o stałej gęstości, z ostrymi brzegami. Na zdjęciach odwzorowywały się one nieostro, gdyż ustawione były odpowiednio blisko obiektywu. Maski te umieszczano w różnych miejscach ekranu, przeważnie ukośnie, rzadko w pionie lub poziomie. Stosowane były pojedynczo lub parami. Powodzenie tej technice zapewniły mądre kryteria jej stosowania. W zasadzie używano ich dla uwypuklenia ponurych kompozycji w scenach walki na broń palną. Reżyser rzadko stosował te maski w scenach kręconych w pełnym dziennym oświetleniu lub w jaskrawym świetle. Używał masek o różnych wykrojach, zmieniających miejsca na ekranie, nie odchodząc od zasady normalnego wzoru montażu ujęć podstawowych. Maski zmieniano na zasadzie przeciwstawiania kompozycji, analogicznie jak na rys. 5.25 i 5.26. W szeregu przypadków utrzymywano tę samą maskę dla dwóch kolejnych ujęć. Ujęcia bez masek montowano przemiennie z maskowanymi, a nawet wykonywano panoramy z założoną maską. W zdjęciach wózkowanych do przodu maska dawała specyficzny efekt otaczania ciemnością głównego tematu ujęcia w miarę zbliżania się kamery.

Aktorzy odbici w lustrach

Lustra zawsze fascynowały filmowców. W zadziwiającej galerii efektów uzyskanych dzięki stosowaniu jednego, dwóch lub większej liczby luster montaż ujęć następuje na zasadzie dwóch ujęć podstawowych montowanych równolegle.

Najbardziej faworyzowane są efekty uzyskane w jednym lustrze w jednej z trzech pozycji kluczowych w odniesieniu do grających aktorów: z tyłu, pomiędzy lub z boku aktorów. Jeśli na przykład lustro mieści się za postaciami, wtedy w pierwszym ujęciu jeden z aktorów jest widoczny w tle, tyłem do lustra, natomiast drugi, odbity w lustrze, sam jest poza planem (rys. 5.30).

Rys. 5.30 Prosty przykład kontrplanów, kiedy jeden z aktorów jest odbity w lustrze.

6

ROZMOWA TRZECH OSÓB

W celu sfilmowania rozmowy trzech aktorów wypracowano wiele rozwiązań wizualnych. Istnieją trzy podstawowe układy liniowe:

1. linia prosta,
2. układ prostego kąta lub „L",
3. trójkąt.

Każdy z tych układów wymaga różnych rozwiązań.

Przypadki proste

Kamera dla ujęć podstawowych (jak poprzednio) zostaje umieszczona blisko linii kontaktu. Jeżeli trzej aktorzy są na linii prostej, każdy aktor zachowuje swoją część ekranu od ujęcia do ujęcia (rys. 6.1).

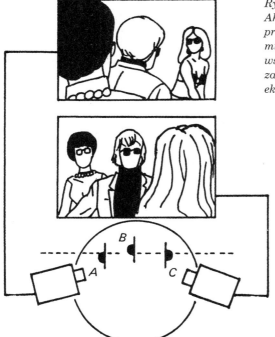

Rys. 6.1
Aktorzy, umieszczeni wzdłuż linii prostej, objęci są dwiema pozycjami zewnętrznymi kontrplanów; wszyscy aktorzy w obu ujęciach zachowują swoje miejsca na ekranie.

Tutaj dwaj aktorzy znajdują się jeden za drugim i są zwróceni do trzeciego. Mogą również znajdować się na krańcach kadru, a być zwróceni twarzami do postaci środkowej (rys. 6.2).

Wszyscy aktorzy stoją. Możliwe są także inne warianty, np. jedna lub dwie postacie siedzą lub znajdują się na różnych poziomach w sytuacji wielopoziomowej. Takie subtelne warianty, zawierające również różne rozstawienia postaci między sobą, pozwalają ukryć zbyt formalną kompozycję, jaką narzuca prostoliniowy układ postaci. Również formacja w kształcie litery „L" objęta pozycjami kamery w kącie prostym utrzyma ten sam porządek położeń postaci w obu ujęciach podstawowych, jak to pokazuje rys. 6.3.

Rys. 6.2 Trzej aktorzy stojący w układzie „C" objęci są zewnętrznymi pozycjami kamery dla kontrplanów. Wszyscy zachowują te same miejsca na ekranie w obu ujęciach.

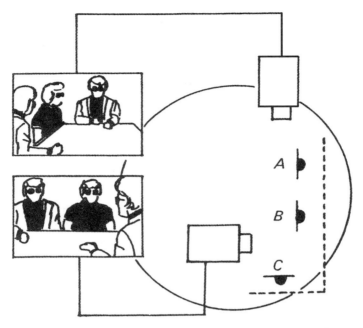

Rys. 6.3 Układ w kształcie litery „L" objęty dwiema zewnętrznymi pozycjami kamery dla kontrplanów, w którym wszyscy aktorzy zachowują swoje miejsca ekranowe w obu ujęciach.

Przypadki nieregularne

Kiedy aktorzy zaaranżowani są w trójkącie, dwie linie kontaktu zbiegają się na postaci dominującej, zaś jedna z tych linii przeważa. Ośrodek uwagi widzów, jak i grupy na ekranie, może być przesuwany przez któregokolwiek podporządkowanego aktora. Staje się on arbitrem uwagi. Zwracając głowę od aktora dominującego do drugiego, powoduje, że ta druga osoba staje się dominującą postacią w scenie. Sytuację taką można uzyskać dwoma sposobami:

1. Ośrodek uwagi przemieszcza się tam i z powrotem między dwoma aktorami. Trzeci ma tylko bierną rolę, ruchy jego głowy wskazują na osobę dominującą w danym momencie.

2. Centrum uwagi przemieszcza się dokoła w trójkącie aktorów, z których każdy kolejno staje się ośrodkiem zainteresowania.

Dla zewnętrznych kontrplanów istnieją trzy podstawowe formuły. Tworzą one nieregularne warianty, ponieważ taki geometryczny układ aktorów nie daje każdej z postaci stałego miejsca na ekranie.

W tych formułach pozycje kamery otrzymuje się przez wybór dwóch z sześciu przedstawionych na rys. 6.3a. Na tej ilustracji każdy aktor znajduje się na wierzchołku trójkąta i może być ujęty z dwóch kontrplanów zewnętrznych.

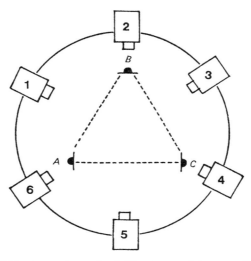

Rys. 6.3a Aktorzy zaaranżowani w trójkącie z sześcioma możliwymi pozycjami zewnętrznymi kamery.

Formuła A

Aktor wiodący w środku grupy pozostaje na swym miejscu ekranowym w obu podstawowych kontrplanach, podczas gdy aktorzy po obu jego stronach zmieniają swe położenie od ujęcia do ujęcia. W tej formule trzej aktorzy znajdują się dokładnie pomiędzy oboma punktami kontrplanów, które dają przemiennie ich widok tylny i frontalny (rys. 6.4).

Rozwiązanie takie stosuje się najkorzystniej do ciasnych, intymnych sytuacji grupowych, w których ważne są bliskie reakcje aktorów, podzielonych na dwie sekcje i akcentowanych przemiennie.

Formuła B

Tutaj aktor działający jako arbiter uwagi znajduje się na jednym boku ekranu. W następnym ujęciu ukaże się on po przeciwnej stronie. Pozostali dwaj aktorzy, rozmawiający wzdłuż przekątnej linii kontaktu, utrzymują swoje pozycje względne i zajmują przestrzenie ekranu ukazane na rys. 6.5. Urozmaiceniem takich układów są kombinacje aktorów siedzących i stojących.

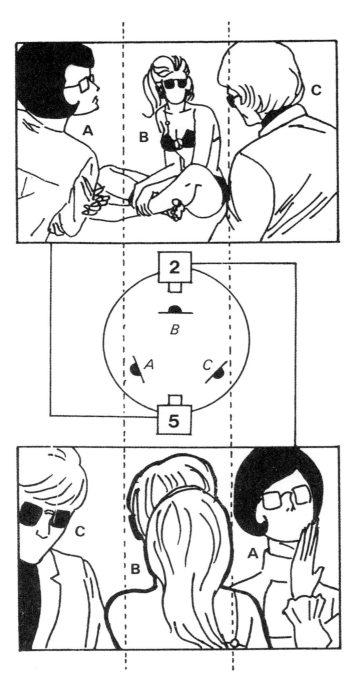

Rys. 6.4 Formuła A

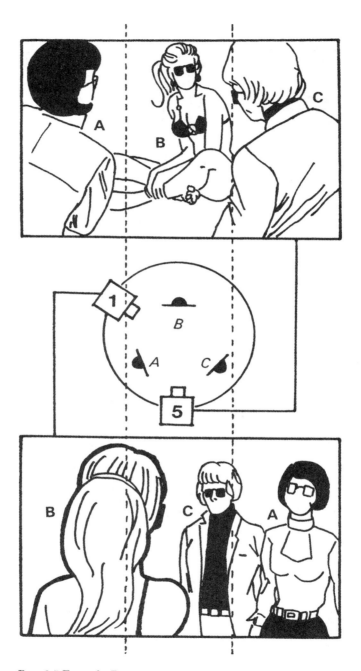

Rys. 6.5 Formuła B

Formuła C

Aktor wiodący znajduje się na jednym boku ekranu. Pozostaje w tej przestrzeni w obu ujęciach. Dwaj pozostali zmieniają swe położenie od ujęcia do ujęcia.

W formule B główna linia kontaktu biegła po przekątnej w kierunku tła, zaś aktor-arbiter był blisko boku ekranu.

W formule C dominująca linia przebiega poziomo między dwoma aktorami w przednim planie, zaś aktor-arbiter umieszczony jest poza nimi (rys. 6.6).

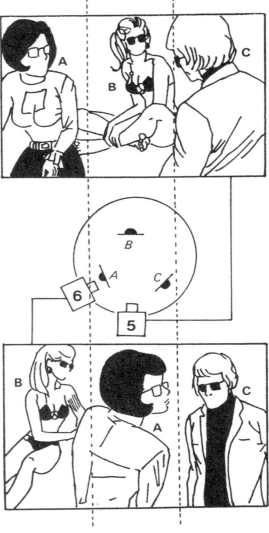

Rys. 6.6 Formuła C

Przeciwstawianie kontrplanów zewnętrznych wewnętrznym

Przeciwstawianie pozycji kamery (zewnętrzna/wewnętrzna) daje efekt, który można nazwać kontrastem liczebności, gdyż pozycja zewnętrzna obejmuje całą grupę, zaś wewnętrzna tylko jej część.

Możliwe tu są dwa warianty. Rys. 6.7 pokazuje kontrast liczebności równy 3 do 1. Drugi wariant, to kontrast 3 do 2, od ujęcia do ujęcia, jak to pokazuje rys. 6.8.

Jeszcze raz podkreślamy, że nie wszyscy aktorzy muszą stać na scenie. Jeden lub dwoje może siedzieć, spoczywać lub leżeć. Doda to urozmaicenia kompozycjom obrazowym wybranym dla danej sceny.

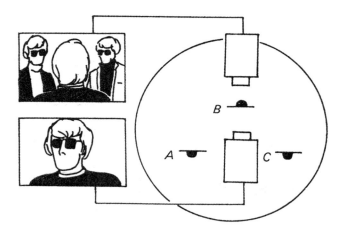

Rys. 6.7 Kontrast liczebności 3 do 1 otrzymany przez przeciwstawienie kontrplanu zewnętrznego wewnętrznemu.

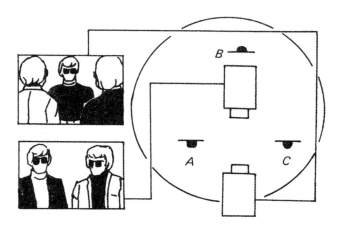

Rys. 6.8 Kontrast 3 do 2 otrzymany przez przeciwstawienie kontrplanu zewnętrznego wewnętrznemu.

Pozycje kamery dla wewnętrznych kontrplanów

Przy grupie trzech postaci ludzkich, podzielonej na dwie części, kontrast liczebności 2 do 1 dodaje się do zakresu możliwości objęcia akcji trzech aktorów (rys. 6.9).

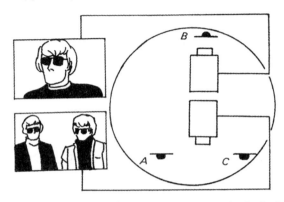

Rys. 6.9 Kontrast liczebności 2 do 1 otrzymany przy użyciu dwóch kontrplanów wewnętrznych.

Trzy wewnętrzne kontrplany stosuje się filmując indywidualnie trzech aktorów ustawionych z grubsza w kształcie trójkąta. Zewnętrzna pozycja kamery kadruje całą grupę i może służyć jako ujęcie orientacyjne, a również (wmontowane od czasu do czasu) by przypomnieć widzom o grupie jako całości. Warto tu przestudiować rys. 6.10.

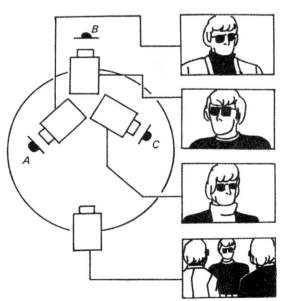

Rys. 6.10 Indywidualne pozycje kontrplanów wewnętrznych obejmują indywidualnie każdego aktora z grupy. Ujęcie orientacyjne przypomina widzom o zespołowym wyglądzie całej grupy.

Ważną rzeczą jest utrzymanie kierunku kontaktu między aktorami; jeden z nich koncentruje na sobie uwagę pozostałych dwóch.

Równoległe pozycje kamery

Jeżeli grupa trzech osób, widziana z równoległych, dominujących pozycji kamery, zostanie podzielona na dwie jednostki, aktorzy widziani są z profilu. Nie ma tu arbitra uwagi, ponieważ dwaj aktorzy zwróceni są do trzeciego, który jest dominującym. Tą metodą otrzymuje się kontrast liczebności (rys. 6.11).

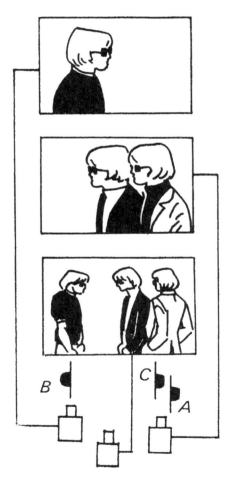

Rys. 6.11 Równoległe pozycje kamery zastosowane do grupy trzech osób. W ten sposób otrzymuje się kontrast liczebności równy 2 do 1.

Ujęcie orientacyjne ujmuje całą grupę i tradycyjnie używane jest na początku, w środku lub na końcu sceny. Jeżeli aktor środkowy działa jako arbiter uwagi, grupę można podzielić na trzy – ci w krańcach grupy są z profilu, zaś środkowy aktor jest twarzą do kamery (rys. 6.12).

Kamery na wspólnej osi wizualnej pokazują całą grupę z pierwszej pozycji i tylko dominującego aktora w bliższym planie. Może on być w środku lub z boku grupy (rys. 6.13).

Rozmieszczenie aktorów na różnych poziomach i w różnych od siebie odległościach daje nowe kompozycje ekranowe.

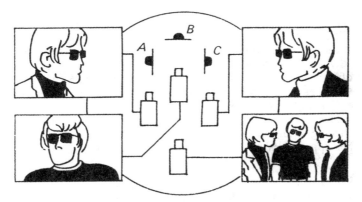

Rys. 6.12 Indywidualne objęcie każdego aktora w grupie trzech wykonawców uzyskane przez zastosowanie równoległych pozycji kamery.

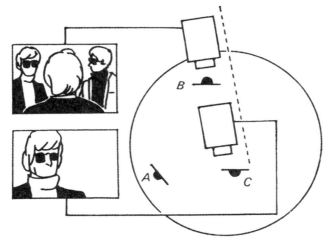

Rys. 6.13 Dwie sytuacje kamery wzdłuż wspólnej linii wizualnej obejmują grupę trzech wykonawców w trójkącie. Jedno z ujęć wyodrębnia centralną postać w scenie.

Oś obrotu

W filmowanej scenie grupowej jednego aktora można użyć jako osi obrotu wiążącej dwa ujęcia podstawowe. Osoba ukazująca się w obu ujęciach może zajmować to samo miejsce na ekranie dla obu ujęć lub też zostać przesunięta z jednego boku ekranu w drugi przy zmianie ujęcia. Możliwość pierwsza dotyczy ujęcia w przybliżeniu trójkątnego układu aktorów, druga jest użyteczna, kiedy aktorzy są rozmieszczeni w bardziej lub mniej prostej linii (rys. 6.14).

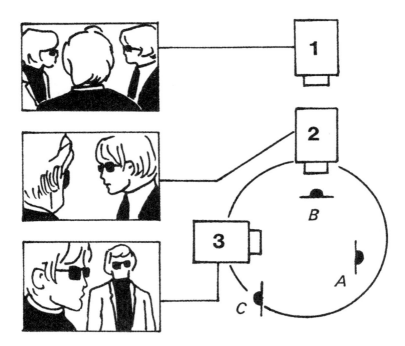

Rys. 6.14 Kompozycja trójkątna. Środkowa postać działa jako oś obrotu. Aktor-oś w obu ujęciach mieści się po tej samej stronie ekranu.

W rozpatrywanym przykładzie ustawienie orientacyjne sceny jest w pozycji 1. Pozycje 2 i 3 to ujęcia podstawowe. Ujęcie orientacyjne umieszcza się czasami na jednej z linii osi wychodzących z dwóch mocnych pozycji kamery układu trójkąta. Zauważmy, że dominujące miejsca kamery leżą do siebie pod kątami prostymi i oba ujmują aktora centralnego B po tej samej stronie ekranu.

W poprzednim przykładzie aktor-oś utrzymywany był w pierwszym planie w obu ujęciach podstawowych. Przesunięcie odległości od ujęcia do ujęcia (w jednym ujęciu podstawowym aktor-oś jest blisko kamery, zaś w kontrplanie znajduje się w tle) będzie płynne, jeśli aktor-oś w obu ujęciach będzie znajdować się po tej samej stronie ekranu (rys. 6.15).

Rys. 6.15 W tym przykładzie aktor-oś przeskakuje od pierwszego planu do tła przy montażu równoległym, podczas gdy dwaj pozostali zachowują stałe miejsca na ekranie.

Aktor użyty jako oś obrotu musi odwracać głowę w celu zmiany centrum zainteresowania, które przechodzi od aktora B do aktora C w kontrplanach.

W naszym następnym przykładzie dwie pozycje kamery są zewnętrznymi kątami kontrplanów dokoła aktora użytego jako oś w scenie (rys. 6.16).

Kiedy trzej aktorzy stoją obok siebie i dwóch z nich zwróconych jest do trzeciego, środkowy aktor-oś włączony jest do obu ujęć i przesuwa się z jednego boku ekranu do drugiego, jak to pokazuje rys. 6.17.

W omawianych przypadkach aktor-oś był postacią wiodącą, ponieważ miał ważną rolę w scenie. Możliwy jest również jego bierny udział. Na rys. 6.18 aktorzy A i C są dominującymi. Wykonawca B (w środku) wygląda na słuchacza gorącej dyskusji między pozostałymi dwoma.

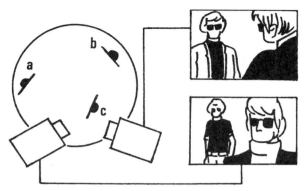

Rys. 6.16 Zespół zewnętrznych pozycji kontrplanów dokoła bocznego aktora, który został użyty jako oś dla objęcia grupy trzech wykonawców.

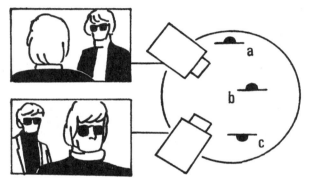

Rys. 6.17 Nieregularne objęcie akcji w układzie aktorów na linii, kiedy aktor-oś przeskakuje z jednego na drugi bok ekranu przy równoległym montażu ujęć podstawowych.

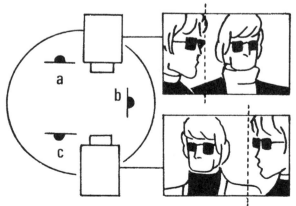

Rys. 6.18 W tym przypadku aktor-oś ma rolę bierną. Jego postać przesuwa się z jednego boku ekranu do drugiego w czasie zmiany planów podstawowych.

Aktora B można jednak użyć jako osi obrotu dla obu pozycji kamery i ukazać go w obu kadrach po lewej i prawej stronie ekranu. Jego bierność podkreśla pozycja z profilu, z oczami opuszczonymi, celowo, dla uniknięcia akcentowania kogokolwiek innego. Jego rolę również ograniczono, dając mu tylko jedną trzecią przestrzeni ekranu.

Jako punktu obrotu można używać nie tylko aktora, lecz również pozycji kamery jako takiej. Ta obrotowa pozycja kamery jest wysunięciem na tej samej osi wizualnej jednego z dwu miejsc dla zewnętrznych kontrplanów, zabezpieczającego bliski plan aktora wybranego jako ośrodek zainteresowania w scenie. Zbliżenie dominującego wykonawcy B (rys. 6.19), wmontowanego między ujęcia z pozycji 1 i 3, maskuje zmianę pozycji ekranowej aktorów A i C.

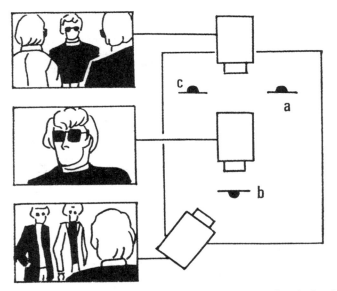

Rys. 6.19 Bliższe ujęcie dominującego wykonawcy, użyte jako ujęcie-oś dla powiązania zewnętrznych kontrplanów grupy trzech postaci.

Akcentowanie ośrodka zainteresowania

Rozmowę między trzema aktorami, w której dwaj są głównymi dyskutantami, a udział trzeciego jest mniejszy można pokazać w następujący sposób:

1) zastosowanie akcentu na pojedynczej osi kontaktu albo

2) oś kontaktu w scenie przesunąć na kierunek krzyżowy.

W pierwszym ujęciu linia kontaktu jest wspólna dla trzech aktorów. Akcent może być częściowy lub pełny. Częściowy, jeśli w pierwszym kontrplanie podstawowym pokazani są trzej aktorzy, a w drugim tylko dwaj aktorzy dominujący, przesuwając powiązania od „3 do 3" względnych położeń grupowych do wzoru „2 do 2" z pokazaniem tylko dwóch głównych protagonistów.

Akcentowanie częściowe

Częściowe akcentowanie możliwe jest przez użycie jednego z trzech układów liniowych: linia prosta, kształt „L" lub trójkąt. Pokazują to rysunki 6.20, 6.21, 6.22, 6.23, 6.24.

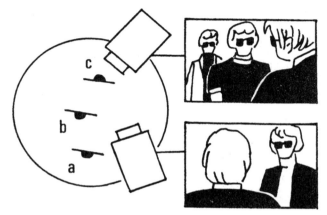

Rys. 6.20 Akcent częściowy w zastosowaniu do układu liniowego grupy trzech aktorów.

Rys. 6.21 Wariant akcentu częściowego zastosowany do grupy trzech aktorów w układzie linii prostej.

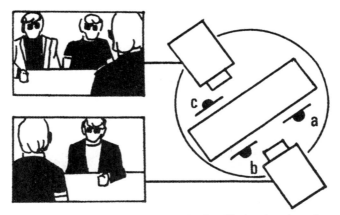

Rys. 6.22 Akcent częściowy w zastosowaniu do układu aktorów w kształcie litery L.

Rys. 6.23
W tym wariancie akcentowania częściowego, w zastosowaniu do kompozycji w trójkącie, aktor podporządkowany umieszczony jest na boku ekranu.

Rys. 6.24
Aktor podporządkowany umieszczony pośrodku tego drugiego wariantu akcentowania częściowego w zastosowaniu do trójkątnej formacji aktorów.

Akcent pełny

Pełny akcent można otrzymać dwiema parami ujęć podstawowych, ukazujących dwóch, względnie trzech aktorów. Wszystkie cztery pozycje kamery są punktami zewnętrznego objęcia grupy. Rys. 6.25 pokazuje prosty przypadek.

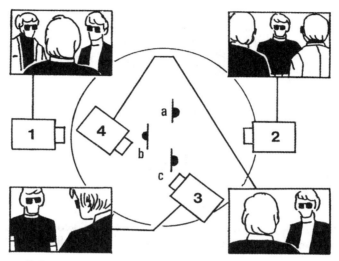

Rys. 6.25. Pełny akcent zastosowany do grupy trzech aktorów.
Wzór montażowy postępuje od powiązań 3 do 3 do przeciwstawienia
2 do 2 głównych wykonawców w grupie.

Zwykły wzór montażowy dla tych czterech ujęć podstawowych byłby następujący:

Ujęcia 1 –2 –1–2–1–3–4–3–4–3–1–2–1–2
       (–)   (–)

W tej kombinacji jednego aktora wyłącza się ze sceny w środku kolejności ujęć i ukazuje się go dopiero na końcu sceny.

Kiedy montujemy od ujęcia trzech osób do ujęcia dwóch osób, cięcie jest bardziej celowe w sytuacji, gdy ujęcie dwóch aktorów jest kontrplanem ujęcia ukazującego trzy osoby, a nie skokiem kamery w przód na tej samej linii wizualnej. Przykład: ujęcie 1 obejmuje 3 osoby. Ujęcie 3 obejmuje 2 osoby. Jeżeli ujęcia 1 i 2 będą montowane równolegle, ruch do zdjęcia ukazującego tylko 2 aktorów rozpocznie się ujęciem 3 po ujęciu 1, ponieważ ujęcie 3 jest kontrplanem ujęcia 1. Wzór montażowy będzie wyglądał tak:

Ujęcia 1–2–1–2–1–3–4–3–4
         (–)

Wizualnie jest to bardziej efektowne niż poruszanie się wzdłuż wspólnej osi, jak wynika to z następującego wzoru montażowego:

Ujęcia 1–2–1–2–1–4–3–4–3
$$(-)$$

Tym samym prawom podlega powrót od ujęcia dwóch osób do ujęcia trzech osób.

Zmiana osi „północ-południe" na „wschód-zachód"*

Dotychczasowe przykłady dotyczyły akcentu na pojedynczą oś kontaktu przebiegającą z kierunku północ-południe. Jeśli położymy akcent na dwóch aktorach umieszczonych na „północy", oś kontaktu przesunie się na dominujący kierunek wschód-zachód, z wyłączeniem aktora umieszczonego na „południu". Ta nowa oś kontaktu może zostać umieszczona po obu stronach aktorów, których obejmuje. Muszą zostać rozwinięte pozycje kamery, które pozwalają na gładkie przejścia od jednej osi do drugiej, w miarę przesuwania się zainteresowania i obu akcentowanych aktorów. Dla każdej osi kontaktu można zastosować zespół zewnętrzno-wewnętrznych kontrplanów, jak to uwidocznia rys. 6.26.

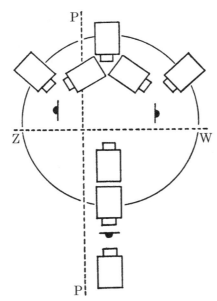

Rys. 6.26 Zespoły zewnętrzno-wewnętrznych kontrplanów zastosowane do grupy aktorów dla objęcia zmiany osi kontaktu, która przesuwa się z kierunku wschód-zachód na północ-południe.

---

*W dalszej części tekstu będziemy używać skrótu: P–P dla kierunku północ-południe, W–Z dla kierunku wschód-zachód.

Rozpocznijmy od prostych przypadków, przechodząc stopniowo do bardziej złożonych:

Użycie tylko czterech pozycji kamery

Najbardziej elementarne objęcie krzyżowej zmiany w kierunku kontaktu otrzymuje się przez użycie czterech podstawowych pozycji kamery – dwóch dla każdego kierunku osi kontaktu. Wszystkie cztery pozycje są to zewnętrzne kontrplany. Trzej aktorzy pokazani są na początku w P–P osi kontaktu. Wybrano tutaj jedną z trzech nieregularnych formuł ujęcia zewnętrznego grupy trzech osób, w której zostali skadrowani aktorzy wzdłuż tej osi kontaktu. Przesunięcie się kontaktu, kiedy dwaj aktorzy zwróceni do trzeciego zwracają się do siebie, pokazano z pozycji kamery P–P. Tę zmianę kierunku osiągnięto bardzo prosto. W ślad za tym dwie zewnętrzne pozycje kontrplanów mogą objąć i zaakcentować obu aktorów na nowej linii kontaktu, wyłączając trzeciego. Rys. 6.27 ukazuje cztery pozycje kamery. Pozycje 1 i 2 są przemiennie montowane równolegle, aż do chwili, gdy z pozycji 1 zobaczymy zmianę kierunku, która ma miejsce w osi kontaktu. Dla zaakcentowania dwóch dominujących aktorów kadrujemy tylko ich, przemiennie w pozycjach 3 i 4. Jeśli trzeci aktor ma wejść ponownie do akcji, może to zostać odwrócone do pozycji P–P kadrującej całą grupę. Prosty wzór montażowy dla tych czterech pozycji kamery wyglądałby tak:

Ujęcia 1–2–1–2–1–3–4–3–4–1–2–1–2

W podanym przykładzie przesunięcie kontaktu było widziane z pozycji 1. Gdyby zostało to zobaczone zza pleców aktorów (pozycja 2), umiejscowienie kamery na osi W–Z powinno być za aktorami.

Odwołując się ponownie do rys. 6.27, linia P–P objęta jest pozycjami 1 i 2, dwoma dominującymi kontrplanami zasady trójkąta w rozwinięciu punktów kamery, których szczytem jest miejsce neutralne 0, wybrane jako orientacyjne dla sceny.

Kiedy linia kontaktu przesuwa się na kierunek W–Z, jak to widać z ustawienia 1, ta pozycja kamery staje się wierzchołkiem nowej formacji trójkąta (składającej się z miejsc 3–1–4 oraz ustawień 3 i 4) i musi być po stronie nowej osi kontaktu. Tak więc, jeśli zmiana jest widziana z miejsca 2, wtedy pozycje 3 i 4 muszą być po stronie osi kontaktu, która zwrócona jest do wierzchołka tej nowej formacji trójkątnej. Pokazuje to rys. 6.28.

Rys. 6.27 Oś kontaktu przesuwa się z kierunku P–P na kierunek W–Z.
Użyto czterech podstawowych pozycji kamery i wszystkich wewnętrznych
kontrplanów. Przesunięcie osi kontaktu było widziane z pozycji 1.

Rys. 6.28 Ta oś kontaktu przesuwa się z kierunku P–P na kierunek W–Z w sposób analogiczny do poprzedniego z wyjątkiem tego, że w tym przypadku zmiana widziana jest z drugiej pozycji.

Aby powrócić do kierunku P–P, gdzie widoczna jest cała grupa, musi być ujęta pozycja 2. Scena złożona z ujęć, wśród których pozycja 2 została użyta dla przesunięcia kierunku osi kontaktu, wyglądałaby tak:

Ujęcie 1–2–1–2–3–4–3–4–2–1–2–1

Podana wyżej formuła jest oczywiście zbyt skomplikowana do opisu, ale raz uchwycona staje się prosta do wprowadzenia w praktyce.

Wprowadzanie ujęć wewnętrznych

W opisanych powyżej przypadkach wszystkie pozycje były zewnętrznymi kontrplanami. Przez wprowadzenie wewnętrznego miejsca kamery otrzymujemy nowy sposób objęcia grupy, ciągle z zastosowaniem czterech miejsc kamery. I jeszcze raz te ujęcia podstawowe są stosowane parami. W takiej scenie pozycja 1 staje się ujęciem informacyjnym, pozycje 2 i 3 są głównymi dla ujęć podstawowych, zaś pozycja 4 jest ujęciem „odzewu".

Rozmowa rozpoczyna się montażem przemiennym ujęć 1 i 4 po linii P–P. W ten sposób uzyskujemy na ekranie kontrast liczebności. Kiedy pożądane jest przejście na dominującą linię W–Z, pokazujemy tę zmianę z pozycji 1, po czym przechodzimy do objęcia zewnętrznymi kontrplanami dwóch akcentowanych aktorów. Okazjonalnie wcinamy ujęcie 4. kiedy aktor A (jak to widać na rys. 6.29) swym spojrzeniem reaguje milcząco lub coś mówi. Kolejność montażowa typowej sceny w takim układzie mogłaby wyglądać tak:

$$
\begin{array}{c}
(-) \qquad (——) \\
\text{Ujęcia } -1-4-1-4-1-4-1-2-3-2-3-4-2-3-1-4-2-3-2-3-4-1- \\
\underbrace{(—————)}_{\text{‘a’}} \; \underbrace{(————————)}_{\text{‘b’}} \; \underbrace{)}_{} \underbrace{(—)}_{\text{‘c’}}
\end{array}
$$

W pierwszej części sceny („a") dominująca oś kontaktu biegnie w kierunku P–P i aktorzy B i C mówią bezpośrednio do A. Kiedy aktorzy B i C zwracają się do siebie i rozmawiają między sobą, A staje się cichym świadkiem, a więc podporządkowanym. Po ustaleniu linii kontaktu W–Z ta sekcja sceny („b") zawiera przeważnie ujęcia podstawowe 2 i 3 montowane równolegle. Ujęcie podstawowe 4 jest wcięte dwukrotnie dla ukazania niemej reakcji podporządkowanego aktora. Wprowadza się pozycję pośrednią 1 (przy działającej dominującej osi W–Z) jako ujęcie dla ponownej lokalizacji całej grupy. Pod koniec („c") aktor A mówi, widziany z pozycji 4, po czym zamykamy ten zespół ujęć z miejsca kamery nr 1, kiedy aktorzy w tle (B i C) zwracają się do A, ustalając ponownie oś kontaktu P–P. Rys. 6.29 ilustruje opisywany tutaj przypadek.

Rys. 6.29 Dla ukazanego przesunięcia w osi kontaktu zastosowano tu cztery pozycje kamery. Jedna z nich jest kontrplanem wewnętrznym.

Zastosowanie ośmiu pozycji kamery

Dalszym rozwinięciem będzie użycie pełnego zestawu zewnętrznych i wewnętrznych pozycji kamery dla każdego kierunku osi kontaktu. Dla objęcia sceny zespołem ustawień potrzeba co najmniej osiem lokalizacji kamery.

Tę trzyosobową scenę można wzbogacić przez zastosowanie kombinacji kontrplanów zewnętrzno-wewnętrznych, którymi obejmie się lub skoreluje trzech aktorów (po osi kontaktu P–P). Następnie należy przejść do kontrplanów zewnętrzno-wewnętrznych, które obejmą tylko dwóch aktorów na osi W–Z.

Rys. 6.30 przedstawia osiem podstawowych pozycji kamery. Kolejność ujęć w scenie mogłaby być np. następująca:

Ujęcie 1: Aktorzy B i C w tle rozmawiają z aktorem A, który jest w pierwszym planie, tyłem do kamery.

Ujęcie 3: Aktor A odpowiada, patrząc poza ekran w prawo.

Ujęcie 4: B i C, widziani subiektywnie z punktu A, patrzą na niego poza ekran, w lewo.

Ujęcie 3: A dalej mówiący.

Ujęcie 4: B i C odpowiadają aktorowi A.

Ujęcie 3: A kończy mówić.

Ujęcie 2: C i B, w pierwszym planie, zwracają się do siebie, aktor A pośrodku ekranu staje się nieważny.

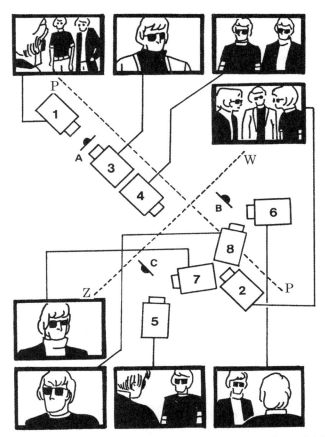

Rys. 6.30 Osiem podstawowych pozycji kamery opisanych w tekście.

Ujęcie 5: Odwrotne. C i B rozmawiają.
Ujęcie 6: Odwrotne. C i B rozmawiają.
Ujęcie 5:
Ujęcie 6:
Ujęcie 8: B wydzielony.
Ujęcie 7: C wydzielony.
Ujęcie 8:
Ujęcie 7:
Ujęcie 3: A wkracza ponownie do rozmowy, twarzą do widza, patrząc
           poza ekran, w prawo.
Ujęcie 4: B i C zwracają głowy, by spojrzeć na A, poza ekranem, w lewo.
Ujęcie 3: A znowu mówi.
Ujęcie 1: Znowu cała grupa: A–B–C.

Rys. 6.30 przedstawia, jak pozycje 1–2–3 oraz 4 obejmują oś kontaktu P–P, podczas gdy pozycje 5, 6, 7 i 8 kadrują przesunięcie na W–Z.

Aby pokazać przesunięcie osi kontaktu od P–P do W–Z, użyto pozycji 2. Zwróćmy uwagę, że różni się ona od pozycji 4 (poprzednio użytej w celu pokazania aktorów, na których został położony akcent) tym, że aktorzy zmieniają swe miejsca na ekranie. W pozycji 4 kolejność postaci na ekranie jest B–C, podczas gdy w 2 aktorzy są widoczni w pierwszym planie jako C–B.

Jednakże ujęcie 3 (pozycja wewnętrznego kontrplanu) maskuje tę anomalię. I to skutkuje, gdyż ujęcia 3 i 4 mają ze sobą powiązanie odwrotnych kontrplanów, podczas gdy ujęcia 3 i 2 umieszczone są na wspólnej osi wizualnej. Faktycznie aktora A użyto jako osi obrotu łączącej te dwie pozycje.

Jeżeli później, w trakcie sceny, chcemy odwrócić kierunki z W–Z na P–P, uzyskamy to stosując tę samą zasadę. Ujęcie 3 zastosowano znowu jako pomost między 7 i 4, które obejmują linię W–Z z każdej jej strony. Przesunięcie z W–Z na P–P ma faktycznie miejsce w ustawieniu 4, które zaczyna się obejmując linię W–Z, kończy się zaś jako skraj linii P–P, która znowu staje się dominującą.

Scena ukazująca trzy postacie, przy zastosowaniu krzyżowego przesuwu linii kontaktu, objęta pozycjami kamery zewnętrzno-wewnętrznych kontrplanów, może zostać sfilmowana przy użyciu mniej niż 8 podanych wyżej pozycji. Można wprowadzać tylko potrzebne w niej pozycje. W opisanym tu przykładzie, aktor, wyłączony przez przesunięcie osi kontaktu, był umieszczony w centrum grupy. Na tej samej zasadzie możemy wyłączyć z akcji każdego z pozostałych dwóch aktorów mieszczących się na podstawie trójkąta.

Oba powyższe podejścia mogą wydawać się nieco skomplikowane dla czytelnika, który nie zapoznał się z działaniem kamery umieszczonej w trójkącie dla objęcia statycznych dialogów. Dla przyswojenia sobie opisanych prostych zasad, w których oś kontaktu przesuwa się z P–P na W–Z, istotne będzie zapamiętanie, że miejsca kamery stosowane dokoła aktorów przyjmują kształt krzyża. Dwaj zaakcentowani aktorzy stają się ramionami krzyża lub kształtem „T", podczas gdy pojedynczy aktor, od którego czasowo odwracamy uwagę, mieści się w podstawie krzyża lub figury w kształcie „T". Bez względu na to, czy używa się czterech pozycji kamery (kontrplany zewnętrzne lub kombinacje wewnętrzno-zewnętrznych kontrplanów), czy też pełnych ośmiu pozycji kamery, podstawowym wzorem, jaki przyjmują obejmujące akcję pozycje, jest krzyż lub figura w kształcie „T". Poniżej opisujemy dwie proste metody, które obejmują aktorów w konfiguracji o kształcie „L".

Prosta metoda z użyciem trzech miejsc kamery

Istnieje prosty sposób, którym można zaakcentować ośrodek zainteresowania w rozmowie trzech osób z użyciem tylko trzech pozycji kamery. Jedna działa jako główne ujęcie podstawowe i obejmuje trzy postacie. Pozostałe dwie pozycje obejmują tylko dwa różne układy aktorów. Te podporządkowane ujęcia podstawowe montuje się równolegle z ujęciem głównym.

W takim zgrupowaniu aktor wiodący jest umieszczony pośrodku: aktor B (patrz rys. 6.31), kiedy rozmawia z C (kierunek W–Z). Wiążące są ustawienia 1 i 2. Ustawienie 2 jest pozycją pod prostym kątem w stosunku do ustawienia 1. Kiedy wykonawca B odwróci się (ten obrót jest zawsze widzialny z pozycji 1) do A (kierunek P–P), wiążącymi akcję stają się ujęcia 1 i 3. Ujęcie 3 jest pozycją kontrplanu w relacji do ust. 1. W miejscu cięcia między dwiema i trzema osobami na ekranie zachowany jest kontrast liczebności. Ujęcia 2 i 3 nie mogą być ze sobą montowane równolegle.

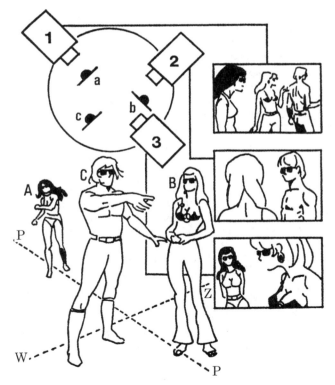

Rys. 6.31 Zmiana osi kontaktu W–Z na P–P uzyskana trzema tylko miejscami kamery.

Typowa kolejność ujęć przy zastosowaniu takiego rozwiązania wyglądałaby tak:

Ujęcia 1–2–1–2–1–3–1–3–1–2–1–3–1
(—)   (—) (—)

Znaki w nawiasach pod cyframi podkreślają punkty, w których ma miejsce zmiana kierunku osi kontaktu.

Wahadłowy ruch kamery

W poprzednim przykładzie zastosowano zbliżenie centralnej postaci w scenie (aktorka C, jak widzimy ją na rys. 6.32) jako punkt obrotu kamery. Zbliżenie to zastępuje ujęcie informacyjne z przykładu poprzedniego i służy temu samemu celowi: przedstawienie postaci centralnej w momencie, kiedy ta przerzuca uwagę z jednego aktora na innego. Zbliżenie to (1) jest podstawową, kluczową pozycją w scenie i zostaje montowane wraz z dwoma podporządkowanymi ustawieniami podstawowymi (2 i 3) w celu pełnego ujęcia sceny rozmowy. Jeszcze raz zwróćmy uwagę na to, że ujęcia podstawowe 2 i 3 nie mogą być montowane razem równolegle. Prostą scenę z zastosowaniem tej metody należy montować tak:

Ujęcia 1–2–1–2–1–3–1–3–1–2–1–3–1
(—)   (—)   (—)

Zauważmy, że kolejność montażowa tych ujęć podobna jest do wzoru w sekcji 4.

Znaki pod cyframi powyższego wzoru montażowego jeszcze raz wskazują, w którym ujęciu aktor C w ustawieniu podstawowym 1 odwraca głowę z boku na bok, przesuwając oś kontaktu.

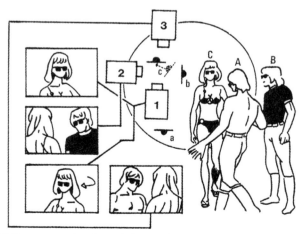

Rys. 6.32 Zastosowanie aktora jako punktu obrotu dla uzyskania zmiany kierunku osi kontaktu w scenie.

Pominięcie zamierzone

Przypuśćmy, że montując ujęcia z użyciem kontrplanów pomijamy celowo jednego z aktorów, tworząc złudzenie, że złamaliśmy wszelkie zasady.

Rys. 6.33 przedstawia przykład, w którym wykorzystano dekorację, aby ukryć aktora umieszczonego pośrodku (i również w tle) trójkątnego układu wykonawców.

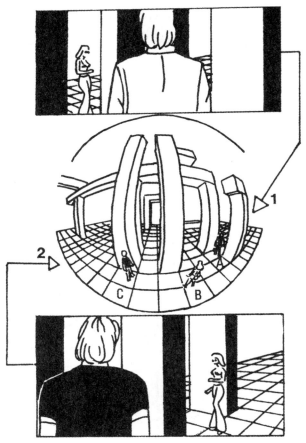

Rys. 6.33 Przykład zamierzonego pominięcia, w którym jeden aktor jest zasłonięty elementem dekoracji.

Jak widać na rysunku, aktorka B zmienia swe położenie na ekranie od zdjęcia do zdjęcia, podczas gdy dwaj aktorzy ukazują się i znikają po przeciwnych stronach ekranu. Aktor znajdujący się najdalej w którymkolwiek z dwóch kontrplanów powinien ukazywać się pośrodku ekranu, w tle, lecz dekoracja (w tym przypadku kolumny) zakrywa go.

Podczas gdy kompozycja, jaką widzimy na ekranie, jest:

Ujęcie 1: B–A

Ujęcie 2: C–B

to kompozycja rzeczywista wygląda tak:

Ujęcie 1: B–C–A

Ujęcie 2: C–A–B

W tym przykładzie obie pozycje kontrplanów zostały przybliżone do postaci centralnej w trójkątnym układzie wykonawców, zmieniając kontrast, który powinien być następujący:

Ujęcie l: A–B–C

Ujęcie 2: B–C–A

na relację dwóch do dwóch, który wygląda np. tak:

Ujęcie 1: A–B

Ujęcie 2: C–A

W ten sposób aktorzy C i B zostają przemiennie pomijani, podczas gdy wykonawca A zmienia swą pozycję z jednej na drugą stronę ekranu. Dla urozmaicenia inscenizacji zastosowano różne wysokości kamery (rys. 6.34).

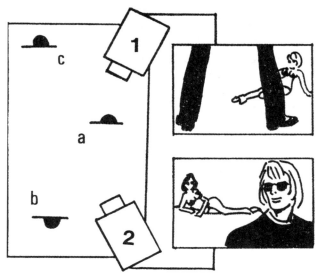

Rys. 6.34 W poprzednim przykładzie aktor-oś umieszczony był w obu ujęciach w tle. Tutaj jest on na pierwszym planie i przesuwa się z jednej na drugą stronę ekranu, podczas gdy jeden z pozostałych dwóch aktorów jest świadomie przemiennie pomijany w ujęciach.

Podsumowanie

1. Układ trzech aktorów można rozwijać wzdłuż trzech wzorów linearnych: linii prostej, kąta prostego i trójkąta.

2. W scenie z trzema rozmawiającymi ze sobą aktorami, gdzie są dwa dominujące ośrodki uwagi oraz milczący świadek, aktorzy mogą pozostać w tym samym odcinku ekranu, jeżeli zastosuje się zasadę umieszczania kamery w granicach trójkąta.

3. Trójkątny układ aktorów można objąć piętnastoma parami zewnętrznych kontrplanów. Te zespoły ujęć mieszczą się w trzech głównych formułach nieregularnych.

4. Kontrast liczebności daje się uzyskać przez kombinację zewnętrznego i wewnętrznego kontrplanu lub przez użycie wyłącznie wewnętrznych kontrplanów. Ten sam efekt dają równoległe miejsca kamery.

5. Aktor ukazany w obu kontrplanach może być użyty jako oś obrotu dla połączenia ujęć obejmujących trzy postacie.

6. Ujęcie odwracane na osi obrotu można stosować dla ułatwienia przejścia między dwoma ujęciami, w których aktorzy zmieniają swoje miejsca na ekranie.

7. Akcent wizualny można uzyskiwać na pojedynczej osi kontaktu używając wyłącznie zewnętrznych kontrplanów. Akcent może być częściowy lub pełny.

8. Oś kontaktu w scenie można przesunąć do kierunku krzyżującego. Opisano pięć różnych sposobów. W pierwszych trzech zastosowano kombinację kontrplanów wewnętrzno-zewnętrznych, podczas gdy w dwu ostatnich użyto aktora-osi.

9. Jedna z postaci może być świadomie pominięta w ujęciu, dając złudzenie, że złamano wszelkie „reguły" w objęciu aktorów zaaranżowanych w trójkącie. Zakres możliwości pokrycia grupy trzech postaci jest wystarczająco szeroki, dający wizualne urozmaicenie.

7

ROZMOWA CZTERECH LUB WIĘKSZEJ LICZBY OSÓB

Podstawowe techniki dla objęcia statycznej rozmowy dwu lub trzech osób odnoszą się również do większych grup. W rozmowie czterech osób można wyróżnić jedną, która reguluje przebiegiem rozmowy i tym samym przesuwa uwagę widza od osoby do osoby. W prostych przypadkach dwóm głównym mówiącym aktorom rzadko przerywają pozostali. W takich grupach zazwyczaj część wykonawców siedzi, a część stoi, często we wzorach geometrycznych (powszechne są trójkąty, lecz również kwadraty i koła). Jeżeli niektórzy są bliżej kamery niż inni, wtedy otrzymujemy wrażenie głębi. Dla zaakcentowania w grupie danej osoby stosuje się metodę, znaną w technice teatralnej jako „wewnętrzna równowaga": grupę ludzi siedzących równoważy postać stojąca, bądź odwrotnie (rys. 7.1).

W ujęciu grupy istotne jest ich oświetlenie. Konwencjonalny sposób zróżnicowania polega na silniejszym oświetleniu głównych postaci.

Rys. 7.1 Zasada wizualnej równowagi w akcji. Aktor stojący może równoważyć grupę wykonawców siedzących i vice versa.

Przypadki proste

Jeżeli chcemy sfilmować całą grupę wraz z ośrodkiem zainteresowania, musimy przewidzieć co najmniej dwa ujęcia podstawowe: jedno kadrujące całą grupę, drugie – bliskie ujęcie głównego (lub głównych) aktorów. Oto kilka przykładów:

Użycie wspólnej osi wizualnej

Dwa ujęcia na tej samej osi wizualnej montowane są przemiennie. Służy to objęciu głębi konwersacji. Kiedy mówią aktorzy B i D (rys. 7.2), użyto ujęcia 1. Kiedy B zwraca się do C, podchodzimy bliżej ujęcia 2 (bliski plan), po czym, kiedy D włącza się do rozmowy, z powrotem do ujęcia 1. Jeżeli aktorzy A i D są do nas zwróceni plecami, kierują uwagę widzów na postacie B i C. Jeżeli A i D zwrócą twarze w naszą stronę, wtedy sami stają się ośrodkiem uwagi. W przypadku gdyby A i D działali tylko jako świadkowie rozmowy, byłyby ważne wyłącznie ich reakcje mimiczne i ruchowe.

Ujęcie 1 przypomina układ sceny i zostaje okresowo wcięte do ujęcia podstawowego 2, w celu nadania kolorytu dialogowi poprzez rozszerzenie grupy.

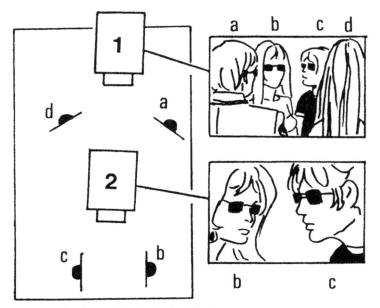

Rys. 7.2 Użycie wspólnej osi wizualnej.

Stosowanie kamer w układzie kąta prostego

Rys. 7.3 przedstawia inny wariant. Można objąć kamerą rozmowę między wszystkimi wykonawcami i dwoma głównymi lub też dyskusję między A i B, która jest obserwowana przez pozostałe osoby z grupy. Wariant polega na zastosowaniu kąta prostego dla ustawień kamery w bliższym drugim ujęciu.

Rys. 7.3 Układ kąta prostego ustawień kamery, jaki jest tutaj zastosowany, obejmuje całą grupę i jej ośrodek zainteresowania.

Grupy dokoła stołu

Grupy takie są powszechne w scenach filmowych. W tego typu scenach pożyteczna jest zasada umieszczania kamery w trójkącie.

Przykład A

Oś wizualna i ustawienie kamer w układzie kąta prostego może służyć ujęciu dwóch ważnych postaci w grupie i przedstawić je z osobna (rys. 7.4).

Kadr 1 pokazuje całą grupę, w której aktorzy A i B są w centrum uwagi. Aktor A zwraca się do całej grupy. Kiedy zwraca się do B, przecinamy na ujęcie 2, w którym A mówi swój tekst do B (ten jest poza kadrem, *off*). Przecinamy na ujęcie 3 ukazując B odpowiadającego. Przechodzimy ponownie na ujęcie 2, w którym A odpowiada B, po czym znowu na ujęcie 3, w którym B wyjaśnia swoją sprawę. Powracamy do ujęcia lokalizującego 1 dla pokazania reakcji grupy. Jeśli A i B znowu do siebie przemówią, możemy powtórzyć grę ich zbliżeń, po czym ponownie powtórzyć ujęcie 1, aby usłyszeć komentarz reszty członków grupy.

Rys. 7.4 Zespół ujęć grupy, w której dwie postacie centralne zaakcentowano indywidualnymi zbliżeniami.

Przykład B

W rysunkach 7.2, 7.3 oraz 7.4 umieszczono drugą kamerę bliżej grupy, wyłączając tym samym niektórych aktorów z ujęcia. Na rys. 7.5 odległość kamery obu pozycji pozostaje taka sama. Ten prostokątny układ tworzy na ekranie pewne prawo wizualne, analogiczne do jednej z trzech formuł nieregularnych stosowanych w ujęciach przy zbliżeniach trójkątnych grup trzyosobowych. Przy drugiej kamerze po lewej stronie – pierwszy aktor po tej stronie w pozycji 1 przesuwa się w prawo w pozycji 2. Inni aktorzy pozostają w tej kolejności:

Ujęcie 1: A B C D E

Ujęcie 2: B C D E A

Gdy mamy drugą kamerę po prawej stronie, zachodzi odwrotność: pierwszy aktor z prawej w zdjęciu 1 przechodzi w lewo w pozycji 2 kamery.

Rys. 7.5 Objęcie kamerowe, gdzie aktor z jednego skraju przestrzeni kadru przesuwa się na drugi wraz ze zmianą ujęcia. Pozostała grupa zachowuje swą wizualną kolejność na ekranie.

Ujęcie 1: A B C D E
Ujęcie 2: E A B C D
Stosując taki układ kamer możemy objąć wizualnie grupy czterech
i pięciu osób.

Przykład C
Inny wariant: grupa pięciu osób, objętych zewnętrznymi kontrplanami. Rys. 7.6 przedstawia dwa sposoby sfilmowania.

W pierwszym z nich oś kontaktu przebiega między aktorami C i E,
w drugiej zaś między C i A. Dwaj aktorzy po przeciwnej stronie osi kon-
taktu zmieniają swe pozycje na ekranie z jednego boku na drugi, podczas
gdy inni utrzymują tę samą kolejność. Gdy dominują aktorzy C i E, obję-
cie całości będzie następujące:
Ujęcie 1: A B C D E
Ujęcie 2: C D E B A
W przypadku, w którym dominują C i A formuła się odwraca:
Ujęcie 1: A B C D E
Ujęcie 2: E D A B C

*Rys. 7.6 Grupa z przekątną osią kontaktu objęta planami zewnętrznymi
podporządkowuje się ukazanemu prawidłu. Dwaj aktorzy nie biorący
udziału w osi kontaktu przechodzą w drugim zdjęciu na drugą stronę
ekranu i zmieniają swe pozycje. Ilustracja ukazuje rozwiązania nada-
jące się dla osi kontaktu biegnących po obu przekątnych.*

Przykład D

W następnym przypadku dla grupy osób siedzących przy stole zastosowano zewnętrzne kontrplany, lecz z innymi rezultatami.

Rozmowa przebiega między B i C (rys. 7.7). Pozycje kamery skoncentrowane są po jednej stronie osi kontaktu utworzonej między dwoma aktorami centralnymi.

Aktorzy A i D zmieniają swe miejsce na ekranie w kontrplanie, podczas gdy pośrodku ekranu B i C zawsze pozostają w swoich sektorach.

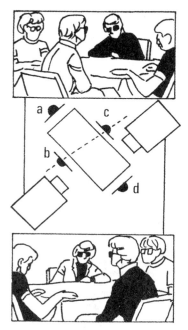

Rys. 7.7 Podczas gdy dominujący w sytuacji aktorzy umieszczeni są pośrodku ekranu, w serii zewnętrznych kontrplanów, to aktorzy na krańcach kadru zmieniają swoje położenie na ekranie od ujęcia do ujęcia.

Podział w grupie

Dotychczas dla grup średniej wielkości stosowaliśmy zewnętrzne pozycje kamery. Zastosowanie wewnętrznych kontrplanów pomaga w podzieleniu grupy, w przeciwstawieniu sobie jej części i w uzyskaniu wizualnej gry planów, w której kontrast liczebności urozmaica obraz na ekranie. Taki podział grupy może przyjąć trzy kształty podstawowe:

1) aktora przeciwstawiamy reszcie grupy.

2) grupę dzielimy na dwie równe lub nierówne części

3) taki podział przyczynił się do powstania szeregu grup.

W każdym przypadku potrzebne jest ujęcie lokalizujące (przynajmniej zwyczajowo) dla sceny. Może być ponowione w środku i na końcu sceny.

Rys. 7.8 przedstawia pierwszy wariant. Stosując wewnątrz grupy dwie pozycje wewnętrznych kontrplanów uzyskujemy przeciwstawienie jednego aktora pozostałym. Scena taka mogłaby zostać zmontowana w krótkim dialogu w następujący sposób:

Ujęcia 1–2–3–2–3–2–3–1

A dłuższy wariant wygląda tak:

Ujęcia 1–2–3–2–3–2–3–1–2–3–2–3–1

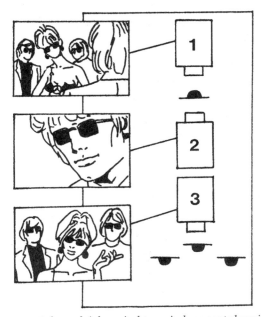

Rys. 7.8 Grupa została podzielona i aktor wiodący został umieszczony w przeciwstawieniu do reszty grupy.

Aktorzy mogą być rozmieszczeni na różnych wysokościach (rys. 7.9).

W planach rys. 7.8 i 7.9 ujęcie 1 odpowiada ujęciu lokalizującemu, zaś ujęcia 2 i 3 (wewnątrz grupy) – wewnętrznym kontrplanom.

Dalsze rozwinięcie sytuacji może wymagać podziału grupy na dwie mniejsze (rys. 7.10).

Zasada montowania jest analogiczna do poprzedniej. Następnym etapem jest kombinacja kontrplanów wewnętrznych z zewnętrznymi. Pięciu aktorów rozmieszczonych na linii prostej można objąć po przeciwstawnych przekątnych. Miejsce montażu należy zaakcentować za pomocą wewnętrznego kontrplanu (rys. 7.11).

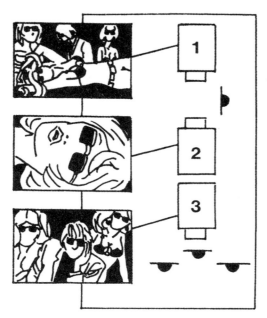

Rys. 7.9
Przy podziale grupy i przeciw-
stawieniu aktora wiodącego
reszcie grupy, aktorzy mogą
przyjmować różne pozycje ciała
nie zmniejszając efektywności
danej formuły wizualnej.

Rys. 7.10
Zespół został podzielony
na dwie mniejsze grupy,
a spowodowane tym ujęcia
podstawowe są montowane
równolegle.

*Rys. 7.11
Grupa w układzie
linii prostej objęta
jest przez zastoso-
wanie zewnętrzne-
go i wewnętrznego
kontrplanu.*

Wzory geometryczne

Grupa może zostać ustawiona w jednym z wielu kształtów geometrycznych, jak koło, prostokąt, kwadrat, trójkąt, etc. Rozmieszczenie aktorów
na planie podłogi określa płaszczyznę, w jakiej widziany będzie każdy aktor. Drugi czynnik zmienny odnosi się do ich pozycji – leżąca, siedząca,
odchylona, stojąca. Oba czynniki łącznie dają kompozycję głębinową w prze-
ciwieństwie do układu płaskiego. Czasami dominujące kształty geometryczne stosuje się tylko do postaci centralnych, pozostawiając inne postacie w nieokreślonych wzorach geometrycznych. Dla przykładu – w kompozycji trójkąta pierwsza z dwóch pozycji kamery ujmuje całą grupę, lecz
faworyzuje wierzchołek „trójkąta". Druga kadruje tylko dwójkę aktorów
na podstawie trójkąta (rys. 7.12).

*Rys. 7.12
Grupa aktorów
objętych kadrem 1
ma dominujący
układ trójkątny.
Kontrplan odpowia-
da zasadzie niere-
gularności zasto-
sowanemu w tym
układzie, w którym
użyto kontrplanów
wewnętrznych.*

Szereg przeciwstawnych wycinków

W grupie rozłożonej na trzy lub więcej wycinków, z użyciem ujęć lokalizujących i wewnętrznych kontrplanów, objęcie rozmowy jest analogiczne do pojedynczych ujęć trzech osób w formacji trójkątnej z tym wyjątkiem, że z niektórych pozycji kadruje się więcej niż jedną osobę (rys. 7.13).

Rys. 7.13 Postępująca zmiana osi kontaktu w kole.

Scenę, w której zastosowano tę zasadę, można zmontować tak:

Ujęcie 1: Lokalizuje całą grupę.

Ujęcie 2: Wykonawca C zwraca uwagę widza w lewo.

Ujęcie 3: Wykonawcy A i B mówią do C poza ekranem.

Ujęcie 2: C odpowiada i zwraca głowę w prawo.

Ujęcie 4: Wykonawcy D i E odpowiadają C poza ekranem.

Ujęcie 2: C odpowiada.

Ujęcie 4: Wykonawcy D i E odpowiadają, po czym zwracają głowy, lecz zamiast patrzeć w lewo, gdzie C poza ekranem, teraz patrzą poza ekran w prawo.

Ujęcie 3: Wykonawcy A i B, patrzący w lewo poza ekran, odpowiadają D i E.

Ujęcie 4: D i E odpowiadają. Patrzą ciągle za ekran w prawo.

Ujęcie 3: A i B kończą rozmowę z D i E poza ekranem z lewej, zwracają głowy w prawo, do C, który z tej strony jest poza ekranem.

Ujęcie 1: Cała grupa. Wykonawca C jest znowu dominujący. Czterej pozostali aktorzy patrzą na niego.

W opisanej scenie oś kontaktu obróciła się w pełnym kole, przesuwając się od grupy do grupy (patrz rys. 7.13). Układ wieloplanowy może mieć nieskończoną ilość wariantów. Jeden z nich, (przedstawiony na rys. 7.14) mówi o trójkątnym układzie sześciu aktorów. Lokalizacja całej grupy następuje w pierwszym ujęciu podstawowym. Wierzchołek jednego trójkąta leży w pierwszym planie, zaś wierzchołek na F, w głębi. Miejsca kamery 2 i 3 kadrują te formacje trójkątów oddzielnie, lecz równolegle. Miejsce 4, pod kątem prostym do 2 i 3, kadruje siedzące postacie pierwszoplanowe w kompozycji trójkątnej.

W tej grupie dominujący aktorzy siedzą w pierwszym planie, zaś podporządkowani stoją.

Inny wariant polega na podziale grupy w zmiennych wzorach, czyli zlokalizowana zostaje cała grupa, po czym rozdzielona na trzy części, z których każda objęta jest różnymi ustawieniami kamery. W montażu powracamy do ujęcia lokalizującego, po czym pokazujemy aktorów w bliższych ujęciach. Tym razem grupa została podzielona na dwie części, prezentując układy wizualne, które różnią się od poprzednich trzech podstawowych. Dalszym krokiem jest przeplatanie tych ujęć podstawowych we wzór montażowy dowolnego kształtu, w którym ujęcie lokalizujące od czasu do czasu pokazuje całą grupę.

Rys. 7.14 Duża grupa podzielona na trójkątne kompozycje obrazowe dla każdego z ujęć podstawowych.

Manipulowanie dużymi grupami

Należy stosować ujęcia podstawowe, montowane parami, wcinając od czasu do czasu bardziej ogólne ujęcia lokalizujące większe części grupy. Jeżeli linia kontaktu ciągle zmienia kierunek, niech te zmiany będą proste. Wskazane jest użyć ich jako osi w dwóch ujęciach podstawowych (lub w ujęciu lokalizującym). Dobrze świadczy o umiejętnościach reżysera, jeśli potrafi zrealizować takie skomplikowane sytuacje dialogowe, stosując statyczne ustawienia kamery, z minimalnym przemieszczaniem aktorów i to tylko na tyle, ile nakazują potrzeby narracji.

Aktor zwraca się do słuchaczy

Przy wielu okazjach istnieje w filmach potrzeba zaprezentowania głównego protagonisty zwracającego się do tłumu. W takich przypadkach tłum możemy potraktować jako jedną grupę o charakterze bezosobowym lub też jako zespół małych grup ludzi związanych z głównym wykonawcą.

W pierwszym przypadku słuchacze i nasz centralny protagonista tworzą dwa bieguny uwagi z wyimaginowaną osią kontaktu przebiegającą między nimi. Po wybraniu jednego z boków kamera lokowana jest w pozycjach schematu trójkąta, gdzie dadzą się łatwo zastosować dwa zespoły kontrplanów (jeden zewnętrzny i drugi wewnętrzny (rys. 7.15).

Protagonista spogląda prosto w przód. Można to określić jako nieosobisty sposób odnoszenia się do tłumu. W danym przykładzie będzie on patrzył np. w lewo we wszystkich ujęciach. Członkowie tłumu nie uczestniczą w akcji osobiście. Nikt z nich nie wstaje, by przemówić do naszego wykonawcy. Tłum (wielki lub mały) biernych widzów ma być zabawiany lub instruowany. Jeśli nasz główny wykonawca przemieści spojrzenie z boku na bok, odpowiadając na pytania lub na uwagi poszczególnych członków tłumu, układ ujęć kamery jest analogiczny do tych, jakich użyto dla objęcia grup w trójkącie.

Gdy tłum przybiera kształt dających się rozpoznać twarzy, wtedy zostaje podzielony na grupy. Grupy zwrócone są do aktora, który może być w środku tłumu lub na skraju. Między nim a indywidualnym członkiem tłumu można ulokować dwa zespoły pozycji kamery, jedną zewnętrzną i jedną wewnętrzną (rys. 7.16).

Nasz centralny protagonista działa jako arbiter uwagi, przenosząc swe spojrzenie od grupy do grupy. Jeśli indywidualne postacie w tłumie rozmawiają pomiędzy sobą, chwilowo wyłączając centralnego aktora, mamy układ trójkątny formacji ośrodków zainteresowania. Tylko ci ludzie się li-

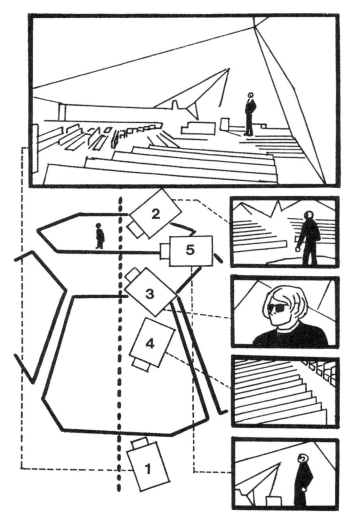

Rys. 7.15 Bezosobowe podejście do dużego tłumu, gdzie kierunek spojrzenia dominującego aktora określa oś kontaktu. Jeden z boków wybrano na miejsce kamery.

czą, pozostali dokoła nich są postaciami wtórnymi i anonimowymi. Służą tylko do wzmocnienia postaci głównych przez patrzenie na nich – działają więc jak chór, który kierunkuje jakiekolwiek przesunięcie zainteresowania. Rys. 7.17 przedstawia prostą scenę z aktorem głównym jako centrum i arbitrem uwagi.

Numery identyfikujące części rys. 7.17 odpowiadają planowi podłogi pokazanemu na rys. 7.16.

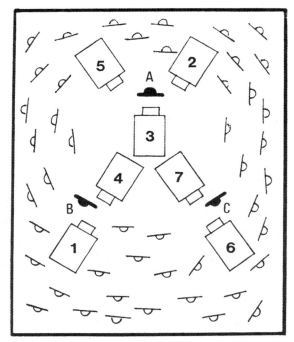

*Rys. 7.16 Plan podłogi ukazujący pozycje kamery zastosowane w scenie,
w której pojedynczy aktor przed tłumem przesuwa spojrzenie z jednej
strony w drugą, zmieniając kierunek osi kontaktu.*

W przytoczonym przykładzie zewnętrzne kontrplany (1–2 lub 5–6)
ustalają lokalizację sceny, podczas gdy indywidualne, bliskie kontrplany
wewnętrzne (wszystkie inne) ogniskują uwagę na ośrodkach zainteresowania.

Jeśli nasz główny protagonista zwraca się do więcej niż dwóch grup,
przesuwając swoją uwagę na trzeci lub czwarty obiekt, zawsze będą miały miejsce przeciwstawne spojrzenia. Kiedy obie osoby patrzą w tę samą
stronę ekranu w zbliżeniach indywidualnych, wtedy nie wiążą się one ze
sobą, lecz z kimś innym poza ekranem.

Krzyżowa zmiana osi kontaktu

Zmiana osi kontaktu z P–P na W–Z daje się zastosować do dwóch
punktów centralnych umieszczonych w tłumie. W pierwszym przypadku
na rys. 7.18 akcent położono na postaci, które w danej scenie mają związek z tłumem oraz ze sobą. Dominuje oś W–Z. Aktorzy rozmawiają między sobą i czasami spoglądają na słuchaczy, przesuwając wtedy linię osi
kontaktu. Tłum potraktowany jest jako bezosobowa masa.

Rys. 7.17 Prosta scena z aktorem głównym jako centrum – arbitrem uwagi.

Drugi przykład, w prawej części (rys. 7.18), mógłby być inscenizacją w klubie nocnym, gdzie zostają zaakcentowani dwaj goście przy stoliku, a nie śpiewaczka na scenie stojąca przed orkiestrą. Kiedy aktorzy przy stoliku rozmawiają między sobą, dominująca jest oś W–Z, kiedy patrzą na śpiewaczkę przeważa linia P–P.

Użycie wszystkich pozycji kamery przedstawionych na planie podłogi (rys. 7.18) nie jest konieczne.

Rys. 7.18 Krzyżowa zmiana osi kontaktu.

Tłum z głównym aktorem w środku

Jeśli nasza główna wykonawczyni stoi samotnie w środku tłumu, wiąże się tylko z jego połową: z ludźmi przed nią. Ci, którzy są z tyłu, mają z nią tylko pośrednie powiązania.

Zasady umieszczania kamery są takie same jak poprzednio – dwa zespoły zewnętrznych i wewnętrznych kontrplanów. Na rys. 7.19 pozycje 1 i 2 są zewnętrzne, 3 i 4 – wewnętrzne. Ponieważ nasz protagonista jest pośrodku tłumu, działa jako centralna oś, dookoła której można umieszczać kamerę w celu powiązania aktorki z otaczającym ją tłumem (jak w ustawieniach 5 i 6).

Rys. 7.19 Dominująca aktorka stoi pośrodku tłumu. Kierunek jej spojrzenia określa oś kontaktu w scenie, jedna zaś strona tej linii została wybrana dla umieszczenia kamery.

Aktorzy jako osie obrotu

Rozpatrując przykłady z trzema aktorami wyjaśniliśmy, że jeden z tych aktorów mógł być użyty jako oś dla zespołu ujęć podstawowych obejmujących grupę. Stwierdziliśmy wtedy, że aktor użyty jako oś obrotu mógł pozostać po tej samej stronie ekranu w obu ujęciach lub mógł przyjąć rozwiązanie nieregularne, w którym przemiennie znajdował się od ujęcia do ujęcia po obu bokach ekranu. Obie zasady stosuje się do wykonawcy w zestawieniu z tłumem. Może on pozostawać pośrodku tłumu (wielkiego lub małego) albo na jego brzegu. W tym przykładzie główny wykonawca jest użyty jako oś wewnątrz małej grupy.

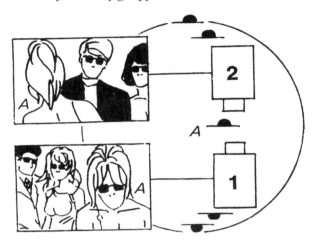

Rys. 7.20 Główny wykonawca użyty jako oś obrotu w grupie.

Rys. 7.20 pokazuje wyraźnie, że najważniejsza jest tu główna aktorka. Aktorzy zwróceni do niej w ujęciu 2 są jej przeciwnikami, zaś ci z tyłu, w ujęciu 1, to jej przyjaciele lub słuchacze. Kiedy montujemy z ujęcia na ujęcie, aktor A zmienia miejsce na ekranie z prawej na lewą stronę.

W tym przykładzie jest to zespołowa grupa i dla skadrowania ujęć mamy do czynienia z planami średnimi. Grupa za i przed aktorką A może być większa i szerzej rozstawiona. W tym przypadku staje się ona wyspą między dwoma skupiskami, a objęcie sytuacji przez kamerę będzie takie samo jak dla grup małych i ścieśnionych (rys. 7.21).

Dwaj aktorzy, dominujący lub bierni, mogą być również użyci jako osie obrotu w scenie. Rys. 7.22 przedstawia prosty przypadek, w którym obaj główni wykonawcy są dominujący i ulokowani pośrodku grupy.

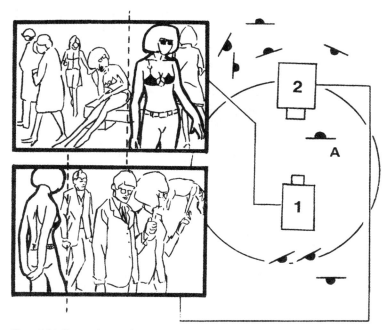

Rys. 7.21 Sytuacja analogiczna do rys. 7.20, grupa jest większa.

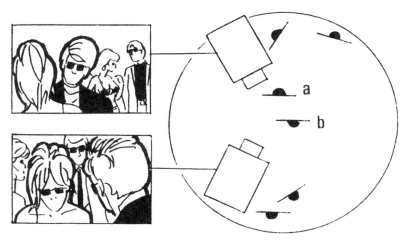

Rys. 7.22 Dwaj główni aktorzy użyci jako wizualne osie obrotu by pokazać całą grupę wokół nich. W tym przypadku kluczowi wykonawcy ulokowani są pośrodku grupy.

Aktorzy A i B rozmawiają, podczas gdy pozostali po prostu stoją w tle obserwując, jak główni wykonawcy rozgrywają sceny. Jeśli ci aktorzy są na brzegu grupy, wtedy tłum zostaje pominięty w jednym z kontrplanów. Rys. 7.23 przedstawia jedną z takich sytuacji. W pierwszym ujęciu włączona jest grupa poza głównymi aktorami, podczas gdy w ujęciu 2 pokazani są tylko główni wykonawcy.

Rys. 7.23 Dwaj dominujący aktorzy umieszczeni są na brzegu grupy. Dlatego grupa ukazana jest tylko w jednym ujęciu.

Kiedy aktorzy-osie mają w scenie rolę bierną, można ich umieścić w planie, aby pomogli obracać podzieloną grupą. Ci dwaj aktorzy zawsze pozostają na bokach ekranu, natomiast osoba lub osoby pośrodku zmieniają się od ujęcia do ujęcia. Rys. 7.24 przedstawia prosty przypadek z czterema osobami siedzącymi przy stole.

Montowanie równoległe ujęć podstawowych, otrzymanych z dwóch miejsc kamery w układzie kąta prostego, pozwala na pewne kombinowanie przy zdjęciach sceny.

Dwie grupy aktorów, które z jakiegoś powodu nie mogą być równocześnie obecne w studio czy na plenerze, mogą zostać doskonale zgrane ze sobą poprzez układ aktorów-osi w pierwszym planie, w obu ujęciach. Jedynym wymogiem jest to, aby ci dwaj aktorzy byli obecni przy filmowaniu obu ujęć. W pierwszym zdjęciu grupa osób umieszczonych pośrodku ekranu mówi do kogoś poza ekranem, którego miejsce jest obsadzone przez dublera, zapewniającego odpowiedzi w konwersacji. Następnie filmowane

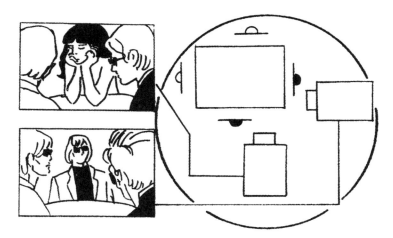

*Rys. 7.24 Dwaj aktorzy – mają w tym przykładzie charakter bierny,
zaś dominujący aktorzy ukazują się przemiennie pośrodku ekranu
przy równoległym montażu ujęć podstawowych.*

jest drugie ujęcie, z brakującą grupą skadrowaną między dwoma aktora-
mi-osiami w pierwszym planie. Zastosowane zostaje drugie miejsce dla
kamery.

Centralni aktorzy patrzą również poza ekran, lecz w kierunku przeciwnym do pierwszego ujęcia podstawowego. Kiedy na etapie montażu filmu zostaną połączone równolegle oba ujęcia, różnica między nimi nie zostanie zauważona, jeżeli tylko oświetlenie obu ujęć będzie miało jednoli-
ty charakter. Formuła ta pozwala na różne dalsze kombinacje.

8

WZORY MONTAŻOWE
DLA STATYCZNYCH SCEN DIALOGOWYCH

W każdej sytuacji dialogowej, w której aktorzy poruszają się na swoich miejscach, lecz ich nie opuszczają, oraz w której nie ma ruchu kamery, całe urozmaicenie zależy od wzoru montażowego.

Obraz filmowy powinien się ruszać. Dlatego wzór montażowy nie może zawsze być jednakowy. Muszą być więcej niż dwie pozycje kluczowe, z których wykonane będą ujęcia podstawowe. Ujęcia podstawowe (długie ujęcie uzyskane z jednej pozycji kamery) obejmują pełną scenę lub pełny dialog. Jeśli aktorzy w tym długim ujęciu poruszają się, to takie ujęcie, przy przestrzeganiu pewnych reguł, może być samowystarczalne. W tym przypadku zdjęcie nie będzie wymagało „ulepszenia" przez wcinanie doń bliższych planów lub przebitek.

Takie podejście rzadko jednak bywa adekwatne dla sceny o biernym charakterze, o jakiej jest mowa. Tego rodzaju sceny takie są zbyt statyczne. Wyjątkiem są akcje i dialogi pełne znaczeń i siły dramatycznej. Wtedy jakiekolwiek warianty wizualne zniszczyłyby nastrój sceny. Z wyjątkiem takich przypadków, ujęcie podstawowe, obejmujące całą rozmowę, wzbogaca się przez wzmocnienie w nim pewnych partii ujęciami bliskimi i przebitkami. Innym rozwiązaniem może być prezentacja sceny dwoma ujęciami podstawowymi, zmontowanymi równolegle. To na ogół nie wystarcza. W miarę jak wciąga nas dialog, pragniemy być bliżej wykonawców, uchwycić każdy szczegół w ruchu i reakcje bohaterów.

Gdy stosuje się wzór montażowy, najprostszym rozwiązaniem jest objęcie pierwszej części dialogu dwoma ujęciami podstawowymi, najlepiej planami średnimi, a partii końcowej inną parą ujęć bliskich. Rozciągnięty dialog musi zawierać pewne punkty kulminacyjne i nie powinien wymagać wysokiego stopnia koncentracji w całym ciągu jego trwania.

Ten zalecany wzór pozwala widzom na pewien odpoczynek emocjonalny. Mogą wówczas pełniej odebrać rzeczywiście ważne akcenty. Słuchowa warstwa sceny musi otrzymać odpowiadającą jej partię wizualną współgrającą z intencjami dramaturga.

Reżyser filmu powinien skorzystać z metody montażowej wizualnego „zbliżania i oddalania się". Wykonawcy mogą być przedstawieni w planach średnich, bliskich i w zbliżeniach w miarę nadchodzenia momentów szczytowych. Następnie znowu plany średnie, aby widzowie odpoczęli, zanim przyjdzie następna kulminacja.

Obejmując dialog od kulminacji do kulminacji należy stosować różniące się wzory montażowe celem zamaskowania środków, których użyto dla prowadzenia uwagi widzów.

Jak rozpoczyna się scena

Rozmowa na ekranie nie rozpoczyna się zwykle z aktorami, którzy wypowiadają swoje teksty na przydzielonych im miejscach, po czym montujemy bezpośrednio następną scenę. Normalnie rejestrujemy bardziej naturalny bieg wydarzeń. Nasi wykonawcy najpierw się spotykają, następnie rozmawiają, a wreszcie rozstają się. Sytuacje takie dzieją się w różnorakich wariantach.

Prawie zawsze na początku i w końcu sceny istnieje moment ruchu. Mamy tu sześć wariantów sytuacji, gdzie tego rodzaju ruch zamienia się w statyczne pozycje aktorskie, z których rozpoczynają rozmowę.

1. Dwójka aktorów wchodzi w pole widzenia kamery, idzie w kierunku kamery i zatrzymuje się, by porozmawiać.
2. Jeden wykonawca jest już na ekranie, drugi wchodzi, zatrzymuje się przy nim i rozpoczynają rozmowę.
3. W obu poprzednich przykładach kamera była nieruchoma, lecz może ona panoramować lub wózkować śledząc obu lub jednego z aktorów do miejsca, gdzie się zatrzymają.
4. Jeżeli użyto panoramy lub travellingu zwanego też jazdą równoległą, trzecia postać może rozpocząć scenę podchodząc do dwójki, wręczyć im coś i odejść. Kamera pozostaje na dwóch postaciach głównych (lub na większej grupie), które rozpoczną rozmowę.
5. Scenę może również rozpocząć ruch panoramy lub travellingu, który rozpoczyna się na pustym miejscu sceny, przechodząc na aktorów. Głos aktorów jest słyszany, zanim ukażą się ich postacie.
6. Ruch otwierający scenę może obejmować szereg ujęć poprzedzających początek statycznego dialogu.

Wyszczególnione tu możliwości dają się zastosować do większych grup ludzkich. Kończąc scenę trzeba tylko odwrócić ruchy powyżej opisane. Należy zauważyć, że te rozpoczynające i zamykające scenę ruchy są zasadniczą częścią scen dialogowych.

Ujęcie powtórnie lokalizujące akcję

Ujęcie takie może służyć kilku celom:

1. Przypomina „adres" wydarzenia, uprzytomniając widzom powiązania przestrzenne między wykonawcami oraz ich umiejscowienie w dekoracji. Jest to coś, o czym widz skłonny jest zapominać, koncentrując uwagę na bliższych ujęciach.

2. Służy jako pauza w narracji. To wizualna przerwa, która przełamuje nasycenie zbliżeń, jakie nagromadziło się w czasie narastania dialogu.

3. Służy zakończeniu sceny, dając wykonawcom przestrzeń, w której się rozstaną lub razem odejdą.

4. Jeżeli bieg sceny jest kontynuowany, ujęcie takie służy zamaskowaniu zmiany we wzorach montażowych lub pozwala aktorom na przejście z jednej sytuacji w inną, zanim wprowadzony zostanie nowy wzór montażowy.

5. Jeśli któryś z aktorów zostanie wyeliminowany, wskutek wymiany zbliżeń skoncentrowanych na głównych postaciach, takie ujęcie przypomina nam o jego obecności. Jeśli tej obecności wyraźnie nie pokażemy, wtedy widz zostanie zaskoczony brakiem postaci, ponieważ nie był świadomy jej odejścia.

Naturalnie, w takim wzorze (ujęcie lokalizujące akcję, dialog w bliskich planach, ponowne ujęcie lokalizujące) istnieją wyjątki. Możemy rozpocząć scenę ujęciami bliskimi i włączyć ujęcie lokalizujące dopiero po pewnym czasie trwania akcji.

Przykładem może być scena w klubie Masoch w filmie *Dziesiąta ofiara*, gdzie najpierw zostaje wprowadzony komentator sam i w zbliżeniu, a lokalizację klubu ujawnia się dopiero w późniejszym etapie opowiadania. Procedura ta jest prawidłowa. Bardzo rzadko udaje się całkowicie uniknąć ujęcia lokalizującego.

Waga niemych reakcji

Często milcząca reakcja słuchającego wykonawcy może więcej wyrażać, niż twarz aktora mówiącego.

Wyrafinowanie w montażu ujęć podstawowych, subtelne dozowanie, ile tekstu aktora mówiącego powinno być przerzucone na obraz słuchającego lub zmontowanie szeregu niemych reakcji na słowa aktora – to sprawy, które zależne są od kontekstu sceny, jej znaczenia oraz jej miejsca w całości narracji. Jeśli jednego aktora konfrontujemy z grupą, do której wygłasza długą mowę, nie jesteśmy w stanie podtrzymać zainteresowania widzów pojedynczym ujęciem samego aktora. Musimy od czasu do czasu włączać różne nieme ujęcia ludzi ze słuchającej go grupy, na które nakłada się głos mówiącego. Rozpatrzmy niektóre systemy montowania statycznych dialogów objętych stałymi pozycjami kamery.

Przebitki i przerywniki

Ciągle jeszcze wśród reżyserów i montażystów panuje skłonność prezentowania statycznego dialogu jako ciągłego, statycznego, pojedynczego ujęcia. Jest to pozostałość praktyki teatralnej i jej wpływu na pracę filmową. Pozwala ono wykonawcom interpretować swe role w sposób podobny do ich pracy teatralnej. W scenach pojawiają się dłużyzny i aktorzy mają czas, by wgryźć się w swoje role, wyciągnąć, co najlepsze ze swej sztuki aktorskiej. Wielu filmowców czuło się w takim rodzaju pracy bezpiecznie, obawiając się eksperymentowania z prawdziwym montażem, który łamie naturalne tempo sceny i wprowadza swoje własne, a jego reguły trzeba opanować ciągłą praktyką montowania filmów. Dawni reżyserzy i montażyści filmowi, świadomi takiego podejścia, w swych pierwszych próbach wyłamania się ze schematu wprowadzali przebitki i przerywniki.

Przebitka jest zdjęciem wklejonym, by zastąpić część głównego ujęcia podstawowego. Pokazuje wycinek tego, co skadrowano w ujęciu podstawowym.

Przerywnik jest to zdjęcie wstawione do ujęcia podstawowego, ukazujące coś lub kogoś nie objętego z pozycji kamery dla ujęcia podstawowego. Gdy oba takie ujęcia są konsekwentnie używane w ujęciu podstawowym, same stają się wówczas podporządkowanymi ujęciami podstawowymi. Takie podejście do montażu statycznych dialogów jest ciągle jeszcze użyteczne.

Przykład A

Rozpatrzmy najpierw użycie przebitek. Powiedzmy sobie, że mamy scenę, w której aktor coś drugiemu wyjaśnia. Za nimi, na ścianie wisi mapa (rys. 8.1). Nagle, by coś uzmysłowić szczegółowo swemu rozmówcy, aktor wskazuje na jakąś część mapy. Jeżeli przetniemy, wstawiając zbliżenie aktora ujęte po osi wizualnej ujęcia podstawowego, wtedy i widzowie będą mogli bliżej ocenić istotę sprawy. Powracamy do poprzedniego ujęcia podstawowego. Zbliżenie, które wkleiliśmy w ujęcie podstawowe, służyło do zaakcentowania części dialogu i jego użycie było uzasadnione. Inną możliwością jest wykonanie przebitki z odwrotnej pozycji kamery, z kontrplanu. Posłużmy się przykładem. Na ulicy stoi zaparkowany samochód, obok policjant, który udziela upomnienia kierowcy. Dialog ten obejmujemy z pozycji kamery dla ujęcia pełnego (patrz rys. 8.2).

Rys. 8.1
Przebitka po tej samej osi wizualnej,
co i ujęcie podstawowe.

Rys. 8.2
Przebitka powiązana jest
z ujęciem podstawowym
relacją odwrotnego kontrplanu.

W chwili, gdy policjant wręcza kierowcy mandat, przecinamy na odwrotne ujęcie bliskie, na którym uchwyciliśmy jego wręczenie. Pozycja odwrotna daje nam w tym przypadku lepszy wgląd w wydarzenie. Teraz powracamy do pełnego planu podstawowego i kończymy scenę widokiem od-
jeżdżającego wozu z obserwującym go policjantem. Przebitka służy tutaj
nie tylko do skierowania uwagi widza na obiekt, lecz również by pokazać
emocjonalną reakcję wyrażoną na twarzy aktora.

Przykład B
W ujęciu podstawowym można wciąć przebitkę dwukrotnie.
Przykład: Dwie osoby w rozmowie, widziane w ujęciu podstawowym,
są skadrowane w planie pełnym. Z jednego wykonawcy wykonujemy dwie
przebitki, na których reaguje on bezdźwięcznie na słowa partnera. Kiedy
nadejdą te momenty (w ujęciu podstawowym), reakcję w pełnym planie
zastępujemy przebitką, na której sfilmowano w zbliżeniu tę samą reakcję. Kolejność montażowa byłaby prosta:
- ujęcie podstawowe (*master-shot*) 1
- ujęcie podstawowe
- przebitka 2
- ujęcie podstawowe.
W takiej sytuacji obie przebitki odnosiły się do tego samego aktora,
lecz można również przemiennie akcentować obu aktorów, ukazując jednego w pierwszej przebitce, drugiego zaś w następnej. Ta druga przebitka nie musi zawsze być wcinana w ujęcie podstawowe, może być użyta
również na końcu.

Przykład C
Przebitka bywa często użyta jako łącznik jednoczący dwa ujęcia podstawowe. Przykład: trzej oficerowie przed mapą sztabową dyskutują o sytuacji na froncie. Mapa, bokiem do widzów, nie jest wyraźnie widoczna.
Kiedy jeden aktorów wskazuje na mapę, przecinamy na bliski plan mapy z manewrującą ręką aktora. Ujęcie to, zrobione np. z pozycji kamery
w układzie kąta prostego, jest naszą przebitką. Następnie, zamiast powrócić do poprzedniego ujęcia podstawowego, tniemy na drugie ujęcie podstawowe, które jest kontynuacją sceny (rys. 8.3). To drugie ujęcie podstawowe można wykonać z każdej pozycji w układzie trójkąta. Obejmuje ono
grupę, która może być skadrowana w całości. Ujęcie może też być selek-
tywne i kadrować tylko fragment całości.

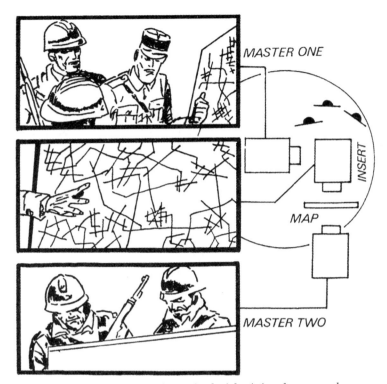

Rys. 8.3 Przebitki użyto dla połączenia dwóch ujęć podstawowych.

Przykład D

Dawniej, a faktycznie i w ostatnich czasach, szczególnie w Ameryce, statyczne sceny dialogowe kręcono według standardowej procedury:

1. Ujęcie podstawowe (zwykle plan pełny) wykonuje się z całej sceny.
2. Zespół aktorów zostaje rozczłonkowany na grupy, a każdą grupę fotografuje się powtarzając scenę od początku do końca, po czym pozostali aktorzy siedzą lub stoją przez całą scenę poza polem widzenia kamery.
3. Zbliżeniami każdego biorącego udział aktora obejmuje się całą akcję sceny.

Daje to montażyście szerokie pole wyboru. Ma on do dyspozycji wszystkie partie dialogu i niemych reakcji. To on wybiera, które fragmenty jakich ujęć mają się ukazać na ekranie. Jeżeli reżyser pragnie dokonać jakichkolwiek zmian czy skrótów, montażysta jest to w stanie wykonać, ponieważ dysponuje wieloma ujęciami zastępczymi (przebitki i przerywniki), którymi może zastąpić luki powstałe w wyniku podcięć w dialogach.

Przykład E

W scenach o charakterze psychologicznym, bardziej zależnych od dialogu, gra aktorska i prawdziwość inscenizacji są ważniejsze niż układ ujęć.

Najłatwiejszą metodą działania jest nakręcenie sceny w sposób klasyczny, jak opisany powyżej w przykładzie D. Pozwala on reżyserowi i montażyście wypróbować szereg wersji wzorów montażowych sceny, aż do uzyskania tego najbardziej korzystnego. Nie jest to jednak sposób ekonomiczny. Jeżeli scena zawiera szczególne wątki, warte zaakcentowania wizualnego, reżyser już w czasie zdjęć przygotowuje je tak dla montażysty, aby ten mógł we właściwym czasie użyć je w montażu sceny. Mogą to być przebitki przedstawiające reakcje mimiczne, ruch ręki, działanie mechanizmu w zbliżeniu, etc. W istocie, słowo „przebitka" jest często synonimem zbliżenia. Montażysta nie musi ich wszystkich wykorzystać, często do montażu nie „wejdą" żadne przygotowane przebitki. Niemniej, przewidujący reżyser kręci je na wszelki wypadek, by w pełni objąć wszystkie aspekty sceny. Na planie zdjęciowym, w pośpiechu i podnieceniu, nie sposób właściwie ocenić jakości wszystkich pomysłów. Przeważnie też wtedy nie decyduje się ostatecznie, jaki będzie konkretny zastosowany wzór montażowy w materiale ekranowym.

Przy innych okazjach przebitek używa się dla naprawienia błędów technicznych. Na przykład: w części ujęcia może pojawić się zaświetlenie lub ktoś poza zasięgiem kamery wszedł w strumień światła w czasie zdjęcia.

Takie błędy zauważa się zwykle dopiero na kopii roboczej, a na tym etapie jest już przeważnie niemożliwe powtórzenie ujęcia. Przebitka wmontowana w miejsce powstania błędu często ratuje sytuację.

Przykład F

Czasem w trakcie rozmowy aktorzy odwołują się do czegoś poza ekranem. Jeżeli taki temat jest rzeczywiście ważny, byłoby często rzeczą naturalną wmontowanie odpowiedniego ujęcia w pojedyncze zdjęcie, objęte dialogiem. Takie wmontowanie nazywamy przerywnikiem. Do ujęcia podstawowego można wmontować kilka przerywników. Przykład: dwie osoby stoją na pagórku i rozmawiają, widzimy je w średnim planie. Jedna z nich wskazuje na coś poza ekranem, w prawo. Wcinamy przerywnik, na którym jest widoczny daleki budynek. Powracamy do ujęcia podstawowego dwóch aktorów. Po chwili drugi aktor obraca się i wskazuje na coś poza ekranem, w lewo. Wcinamy inny przerywnik ukazujący daleki most. Po czym znów powracamy do obu aktorów, którzy kończą rozmowę i odchodzą w głąb planu. Scena została rozwiązana czysto, w bezpośredniej i prostej prezentacji.

W omawianym przykładzie oba przerywniki obejmowały różne obiekty. Mogą też obejmować ten sam obiekt, z tym że drugi może być bliższym ujęciem tego samego obiektu. Powtarzając nasz przykład, obaj aktorzy stoją na pagórku rozmawiając, twarzami zwróceni do nas (rys. 8.4). Spoglądają poza ekran, w górę, na niebo. Wcinamy pierwszy przerywnik: wysokie drzewo z orłem siedzącym na górnej gałęzi. Jest to pełne ujęcie drzewa z orłem. Powracamy do ujęcia podstawowego i nieco później wcinamy drugi przerywnik przedstawiający bliski plan orła na gałęzi.

Rys. 8.4
Oba przerywniki mają
wspólną oś wizualną
i zostały wmontowane
w ujęcie podstawowe.

Metodę tę można również zastosować do niemych scen, w których grupa lub grupy śledzą jakieś oddalone wydarzenie lub są obserwowane przez inną grupę.

Przykład G
Następny krok to włączenie więcej niż dwóch przerywników tego samego ujęcia podstawowego. Formuła jest prosta. Ujęcie podstawowe jest pełnym planem głównego lub głównych wykonawców. Kolejne przerywniki są stopniowane od pełnego planu (pierwszy), na średni plan (drugi), na bliski plan (trzeci), do zbliżenia (czwarty).

Formułę tę można stosować do dialogów lub sytuacji niemych. Oto dwa przykłady ze znanych filmów. W *Lola Montez*, reżyserii Maxa Ophülsa, widzimy Petera Ustinova jako aktora cyrkowego, który stojąc na podwyższeniu opowiada publiczności o życiu Loli Montez. W dole, na arenie Lola Montez (grana przez Martine Carol) kręci się na karuzeli, gdzie grupy karłów przedstawiają etapy jej życia. Ujęcie Petera Ustinova jest statyczne, w pełnym planie i jest to ujęcie podstawowe. W ujęcie to wcinane są kolejno ujęcia Loli Montez, która zaczyna sobie przypominać szczególnie bolesne wydarzenie ze swego życia. Wraz z nasilającym się natężeniem huczącego dźwięku, montowane są coraz to bliższe jej ujęcia na karuzeli, wcinane do zdjęcia Petera Ustinova.

Drugi przykład pochodzi z filmu Alfreda Hitchcocka *Ptaki*. Melanie Daniels właśnie wyszła z budynku i siada blisko placu zabaw, by wypalić papierosa. Sporo ptaków, nie zauważonych przez nią, zaczyna się gromadzić na drabinkach dla dzieci, mieszczących się na placu zabaw. Plac jest skadrowany w pełnym planie, zaś postępująca kolejność bliższych planów dziewczyny zostaje wmontowana do tego ujęcia podstawowego. Scena rozegrana jest w całkowitej ciszy i przebiega z grubsza tak:

Plan pełny: Pojedynczy ptak nadlatuje i siada na szczeblu drabinki.
Plan pełny: Melanie Daniels pali papierosa.
Plan pełny: Kilka ptaków na drabince. Przybywa kolejny kruk.
Plan średni: Dziewczyna pali.
Plan pełny: Przybywają nowe ptaki.
Plan bliski: Dziewczyna powoli pali papierosa.
Plan pełny: Dalsze ptaki dołączają do kruków już znajdujących się na placu zabaw.
Zbliżenie dziewczyny. Przerywa palenie, odwraca głowę i patrzy w lewo poza ekran. Pojedynczy ptak w locie. Kamera, kadrując go w dalekim planie, śledzi jego lot z lewa w prawo, aż do ukazania się kru-

ka, który dołącza do masy ptaków, teraz już w pełni zapełniających metalową konstrukcję na placu.

Zbliżenie dziewczyny reagującej przestrachem.

Wszystkie ujęcia Melanie Daniels siedzącej na ławce i palącej papierosa miały tę samą oś wizualną.

Przykład H

Przerywnikami mogą być zarówno zdjęcia w ruchu – travellingi, tak panoramowane, jak też kompozycje statyczne, np. aktorka zwraca się do grupy. Wygłasza długą mowę. Widzimy ją w planie średnim. Pierwszy przerywnik jest pełnym planem grupy obserwującej ją w ciszy. Z powrotem do niej w planie średnim. Drugi przerywnik to panorama po twarzach słuchających. Powracamy do ujęcia podstawowego aktorki w średnim planie. Trzeci przerywnik to pełny plan analogiczny do pierwszego. Zamykamy scenę z powrotem do średniego planu podstawowego, na którym aktorka kończy swoją mowę.

Przykład I

Przerywnik może przywołać wydarzenie z przeszłości. Stosują to z dużym powodzeniem dwaj wybitni twórcy: Akira Kurosawa i Alain Resnais.

W filmie *Rashomon* Kurosawy jest scena, w której bandyta (Toshiro Mifune) zeznaje przed sądem, odtwarzając wydarzenia z dnia przestępstwa. Jest tam jeden szczególny moment zbudowany następująco: Bandyta oświadcza, że pamięta, iż tego dnia odbył daleką trasę na swym koniu. Nie przerywając słownej narracji wprowadza się przerywnik, na którym skadrowano horyzont w dole ekranu, a na brzegu małą postać bandyty na koniu, przecinającą ekran. Bandyta ponownie widziany w ujęciu podstawowym ciągnie swą opowieść przed trybunałem. W tym przerywniku ukazującym wydarzenie z przeszłości dwa różne okresy na krótko współistnieją na ekranie. Widzowie akceptują taki zabieg bez trudności, gdyż usprawiedliwia to opowieść bohatera.

Alain Resnais specjalizuje się w nagłym wtargnięciu przeszłości w teraźniejszość, bez zapowiedzi i zwykle w krótkim błysku. Jego film *Hiroshima, moja miłość* pełen jest takich przykładów. W pokoju hotelowym Francuzka skupia uwagę na ręce swego japońskiego kochanka śpiącego na łóżku. Nagle zostaje wcięte ujęcie ukazujące w zbliżeniu rękę innego człowieka, wijącego się w agonii. Kobieta ponownie patrzy na śpiącego. Tego nagłego krótkiego przerywnika początkowo nic nie uzasadnia. Dopiero później, kiedy ujęcie powtarza się szereg razy, zrozumiemy, że to ręka jej nieżyjącego niemieckiego kochanka, żołnierza II wojny światowej. Naszą pierwszą reakcją jest szok. Wraz z powtarzającym się ujęciem zaczynamy je akceptować, czekając na wyjaśnienie, które wyniknie z fabuły.

Przykład J

Jak długo należy trzymać na ekranie przebitkę lub przerywnik? Zależy to od jego treści. Jeżeli skadrowany jest ruch, który akceptujemy, przerywnik powinien się zacząć z początkiem ruchu i skończyć z jego końcem. W istocie, w takim przypadku samo ujęcie dyktuje czas jego pozostawania na ekranie. Jeśli akcentowany ruch jest częścią większego wydarzenia, stosunek ujęcia podstawowego do przerywnika osiąga się w wyniku montażu sekcji.

Jeżeli przerywnikiem jest obiekt statyczny lub nieme zbliżenie osoby o neutralnym wyrazie twarzy, wystarczają dwie sekundy, czasem i to jest za długo. Gdy niemy aktor nadaje swej interpretacji ekranowej obojętne oblicze, słuchając dialogu czy muzyki, to obraz ten może pozostawać na ekranie do 10 sekund i nie będzie się wydawał zbyt długim.

Kontrast liczebności

To jeden z najbardziej użytecznych chwytów dla objęcia długich dialogów. Kontrast liczebności otrzymuje się przez równoległe pozycje kamery w grupach trzech lub większej liczby aktorów, często głównie dzięki przeciwstawieniu zewnętrznego kontrplanu wewnętrznemu. Najprostsze zastosowanie to np. zmniejszający się kontrast liczebności, taki jak:
- dwóch aktorów do dwóch,
- dwóch aktorów do jednego,
- jeden aktor do jednego.

Odpowiadałoby to wzorowi wizualnemu średnich planów, bliskich planów i zbliżeń. Pary kontrplanów (w każdym z pięciu wariantów zasady trójkąta) można użyć w różnych odległościach dla urozmaicenia ostatecznego rezultatu montażu.

Jeżeli wierzchołek trójkąta układu kamery (miejsce ujęcia lokalizującego) jest pełnym planem, a dwie inne pozycje na podstawie trójkąta są planami bliskimi, wtedy skrajne różnice w odległościach kamery do obiektów zapewnią dramatyczne wprowadzenie i zakończenie sceny.

Montowanie równoległe ujęć podstawowych

Jaka jest główna różnica między równoległym montażem podstawowych kontrplanów, a poprzednio opisanym systemem, w którym przebitki i przerywniki wprowadzane są do pojedynczego ujęcia podstawowego?

W zasadzie jest to różnica koncepcji. Podczas gdy w pierwszej metodzie scena zostaje w pełni objęta z każdej pozycji kamery, tutaj scenę dzieli się na poszczególne wycinki. To, czym przebitki i przerywniki były dla poprzedniego systemu, obecnie spełnia równoległy montaż par pozycji kamery. W tej technice można wymienić dwa główne wzory:

1. Scenę otwiera ujęcie lokalizujące akcję: część dialogu obejmuje para zewnętrznych kontrplanów; następuje powrót do ujęcia powtórnie lokalizującego grupę i wzór montażowy zmienia się na przeciwstawienie ujęć wewnętrznych zewnętrznym. Ponownie w pełnym ujęciu grupa zostaje zlokalizowana i zaczyna się nowy wzór montażowy (wewnętrzne kontrplany). Scenę zamyka ujęcie jeszcze raz lokalizujące grupę postaci.

2. Po lokalizacji sceny z pełnego ujęcia różne pary odwrotnych kontrplanów w montażu równoległym stapiają się płynnie od wzoru do wzoru, stosując ostatnie ujęcie jednego wzoru jako załącznik z następnym wzorem montażowym.

Częściowy akcent na pojedynczą linię kontaktu lub zmianę z P–P na W–Z uzyskuje się bez posługiwania się powtórną lokalizacją. O kolejności i charakterze takich wzorów montażowych decyduje reżyser przed nakręceniem sceny. Ogranicza on tym samym rolę montażysty. Jego praca polega tu na umiejętnym dozowaniu czasu ekranowego dla kolejnych ujęć. Przy stosowaniu tej metody wszystkie pary kluczowych pozycji kamery opisanych w poprzednich rozdziałach nabierają swojego znaczenia.

Wariant A

Przy tej technice przebitki i przerywniki użyte są tylko dla efektu, dla zaakcentowania obiektu, fragmentu dialogu lub mimiki w jednym ze wzorów montażowych sceny. Montażysta nie powinien się przerażać dużą liczbą par kluczowych ujęć, jakie ma do dyspozycji. Wybiera i dostosowuje do potrzeb fabuły rodzaje i kombinacje właściwe dla danego celu.

Wariant B

Stosowanie ujęć z różnej odległości można posunąć jeszcze krok dalej (rys. 8.5). Cztery podstawowe miejsca kamery mogłyby zostać zmontowane według prostego wzoru, np.:

Ujęcie 1–4–1–4–2–3–2–3

Jest to stopniowanie montażu od planów bliskich do zbliżeń. W tym celu grupujemy razem kontrplany tej samej odległości: 1 i 4 są to plany bliskie, zaś 2 i 3 – zbliżenia. Obie odległości można skontrastować tak, że zbliżenie następuje po planie bliskim. Wtedy kolejność montażu jest następująca:

Ujęcia 1–3–1–3–l–3–2–4–2–4–2–4

Taki wariant często jest stosowany przy szybkim dialogu.

Rys. 8.5 Cztery kluczowe ujęcia podstawowe, których można użyć dla wizualnie dynamicznej prezentacji sceny dialogowej przez kontrastowanie odległości w kontrplanach.

Wariant C

Oto jeszcze jeden często używany wariant w zastosowaniu do równoległego montażu statycznego dialogu dwóch aktorów. System wymaga użycia dwóch miejsc kamery, umieszczonych na wspólnej osi wizualnej, do objęcia jednego z aktorów, podczas gdy dla drugiego aktora przewidziano tylko jedną pozycję kamery. Jeśli wybierzemy dwie kluczowe pozycje kamery do objęcia dialogu i czujemy, że konwersacja jest zbyt długa, możemy przesunąć w przód po osi jedno z ujęć podstawowych by objąć drugą połowę konwersacji.

Rys. 8.6 przedstawia dwóch aktorów, których użyto jako osi obrotowych w grupie. Jeżeli dialog będzie krótki, kolejność montażowa sceny będzie taka:

Ujęcia 1–2–l–2–1–2

Gdy dialog jest dłuższy, to w jego połowie przechodzimy do pozycji bliższej, na tej samej osi jednego z ujęć podstawowych (akcentując w ten sposób jednego z aktorów). Kolejność montażowa staje się taka:

Ujęcia 1–2–1–2–1–2–3–2–3–2

W momencie wprowadzenia do sceny bliskiego planu na jednej z osi wizualnych, oba przytoczone przykłady wykazują subtelne różnice w kontraście liczebności.

Rys. 8.6
Trzy podstawowe ujęcia mogą być użyte do objęcia dużej grupy, w której dwaj główni aktorzy służą jako osie obrotu. Zauważ różnice w kontraście liczebności, który charakteryzuje oba przykłady.

Linia (oś) kontaktu – zmieniające się strony

Gdy długi dialog dwóch osób siedzących przy stole objęty jest z jednej strony linią kontaktu W–Z, a z długości samego dialogu wypływa ryzyko monotonii, możemy dokonać zmiany na linię P–P, po czym wrócić na W–Z, ale już z drugiej strony linii.

Rys. 8.7 przedstawia kompozycje ekranowe i plan podłogi. Przesunięcie w linii kontaktu może zacząć się w którejkolwiek z trzech pierwszych pozycji kamery. W tym przypadku wybraliśmy ujęcie środkowe 2, w którym nie dominuje żaden aktor. By przesunąć uwagę widza postępujemy na przykład w ten sposób: aktorzy przestają patrzeć na siebie i odwracają od nas głowy w kierunku jakiegoś punktu poza ekranem, w lewo. Wtedy przecinamy na ujęcie 4 – aktor C macha do nich ręką. Przecinamy na ujęcie 5, oboje patrzą w lewo i reagują na wykonawcę poza ekranem. Aktor C w ujęciu 4 schodzi z ekranu po przerwaniu swego związku wizualnego z aktorami przy stole. Znowu ujęcie 5 – aktorzy B i A przestają patrzeć w lewo poza ekran i zwróceni są znów do siebie. Jesteśmy teraz po drugiej stronie osi kontaktu i znowu można rozpocząć ujęcia w kontrplanach.

Nasi dwaj główni wykonawcy zmienili miejsca na ekranie. Przechodzi to niezauważone, ponieważ wystąpiła chwilowa zmiana biegunowości. Kolejność montażowa tej sceny mogłaby wyglądać następująco:

Ujęcia 2–1–3–1–3–1–3–2–4–5–4–5–6–7–6–7–5–6–7

Pauza między dialogami

Długie statyczne dialogi są wizualnie trudne do wytrzymania. Wymagają powtarzających się punktów kulminacyjnych. Takie ich nagromadzenie, z krótkimi pasażami mało ważnych rzeczy powiedzianych w międzyczasie, jest trudne do napisania i do wypowiedzenia, a to z dwóch przyczyn: otrzymany efekt jest zbyt rozwlekły i ciężko jest za każdym razem uzyskać logiczne i naturalne przejście między sekcjami.

Da się jednak zrezygnować z tych faz łącznikowych i zastąpić je pauzami wizualnymi, otrzymując w ten sposób na ekranie przepływ tylko szczytowych momentów dialogu. Spójrzmy na przykład: Na początku filmu *Doktor Żywago* David Lean zastosował taką technikę:

1. Yevgraf (Alec Guinness) patrzy przez okno swego biura.
2. Robotnicy w długich szeregach wchodzą wczesnym rankiem do stacji hydroenergetycznej.
3. Yevgraf rozmawia ze swym asystentem, wspominając ciężkie dni rewolucji
4. Jedno ujęcie ludzi przychodzących do pracy w stacji hydroenergetycznej.

Rys. 8.7 Przekroczenie formacji trójkąta na drugą stronę osi kontaktu. Odwrócenie, w tym przypadku chwilowa krzyżowa zmiana linii kierunku została użyta by przesunąć schemat umieszczeń kamery w trójkącie.

5. Yevgraf stwierdza, że chce znaleźć konkretną dziewczynę wśród robotników.

6. Jedno ujęcie ludzi przychodzących do pracy.

7. Dziewczyna (Rita Tushingham) na zewnątrz biura Yevgrafa puka i zostaje przez niego przyjęta.

Sekcje oznaczone 3, 5 i 7 są częścią tej samej ciągłej sceny obejmującej trzy ważne punkty dialogu. Gdyby zostały one sfilmowane jako ciągła scena, słowa dzielące szczytowe momenty rozpraszałyby uwagę widzów, niszcząc celowe powiązanie ważnych punktów fabuły. Wprowadzono więc pauzy wizualne: robotnicy wchodzący do fabryki widziani w sekcjach 4 i 6.

W ten sposób zostały wyizolowane szczytowe momenty dialogu. Dla umotywowania pauz wizualnych i dla uniknięcia tego, by stały się one rozpraszającymi dygresjami, ich stosunek do postaci głównych został ustalony w sekcjach 1 i 2.

Czasami istota nadchodzącej pauzy wizualnej zostaje wstępnie zasygnalizowana w dialogu. Przykład taki zawiera film Richarda Brooksa *Zawodowcy*: Lee Marvin przybywa na stację i zostaje przyjęty przez Mr. Granta, właściciela linii kolejowej. Gdy są już w wagonie, robotnik uprzedza Granta, że zostaną przestawieni na boczny tor, aby przepuścić ekspres. Pociąg rusza. W wagonie Mr. Grant opisuje każdego z trzech ludzi, których zebrał, informując w ten sposób widzów i pozostałe postacie o ich cechach i uzdolnieniach. Pociąg ekspresowy mija wagon Granta. Znowu we wnętrzu wagonu – Mr. Grant wyjaśnia swój problem i swój plan.

Tak użyta pauza wizualna wyglądała całkiem naturalnie.

Tego rodzaju techniką można objąć sceny z życia codziennego: dwie osoby rozmawiają na przednich siedzeniach jadącego samochodu. W miarę rozwijania się znaczenia dialogu, przecinamy na ujęcie z zewnątrz, na samochód, który przejeżdża drogą, z jednego boku ekranu na drugi. Przecinamy znowu na wnętrze jadącego samochodu. Oboje aktorzy wchodzą w nową partię dialogu.

Technika ta jest prosta i skuteczna. Właściwe jej użycie zapewni jasny i dynamiczny rozwój opowieści na ekranie.

Ściśnięcie czasowe

Istnieją sytuacje, w których długi dialog wydaje się niezbędny dla właściwego przekazania sensu wydarzeń. A jednak możemy odczuwać, że scena jest przegadana, że zwalnia rytm filmu. Istnieje rozwiązanie, które jest bardzo filmowe, jeśli chodzi o wyniki, a które pomaga w skupieniu uwagi widza. W zasadzie używa się go dla ściśnięcia rozpiętości czasowej sceny dialogowej, szczególnie w jej części środkowej. Partie początkowe i końcowe sceny prowadzimy normalnie. Wizualne pojęcie o idei tej zasady daje nam rys. 8.8.

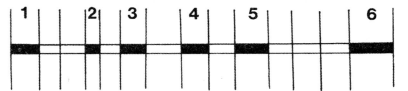

Rys. 8.8 Linia przedstawia całkowitą długość sceny, z której wybrane zostały kluczowe partie i zmontowane razem, pomijając inne fragmenty uważane za nieistotne dla ducha sceny. Uzyskuje się więc kompresję czasu.

Linia w ilustracji przedstawia rzeczywistą długość sceny. Odcinki numerowane odpowiadają temu, co zostało przedstawione na ekranie. Jak widać, uszanowany został początek i koniec, natomiast ze środka wybrano znaczące fragmenty (2–3–4–5) i zmontowano razem prostymi cięciami. Nie stosowano żadnych połączeń fragmentów na drodze optycznej (przenikania, kaszetki itp.).

Przykład A

Wybór fragmentów prezentuje aktorów w różnych położeniach ciała i w różnych częściach scenerii. Właśnie takim efektem posłużył się kilkakrotnie Alain Resnais w *Hiroshima, moja miłość*.

Przypomnijmy przykład japońskiego kochanka, kiedy opowiadał swoje przeżycia francuskiej aktorce. Trzy ujęcia zawierające jego wypowiedzi ułożone były z grubsza, jak następuje: mężczyzna mówi leżąc w łóżku. Kiedy kończy swą myśl, cięcie na to samo tło. Mężczyzna mówi siedząc na łóżku. Jego słowa są kontynuacją poprzedniej frazy. Cięcie na to samo tło. Mężczyzna stoi. Kończy swą wypowiedź.

W ten sposób reakcje kobiety, która słucha poza ujęciem, nie są widoczne na ekranie. Scena zyskała na zwięzłości i sile oddziaływania przez pominięcie nieważnych wycinków czasu.

Przykład B

Jeśli technikę tę zastosować do sceny dwuosobowej, wtedy każde zdjęcie może zawierać tylko dwie frazy, pytanie i odpowiedź, a frazy te obejmują pełny ciąg myśli czy idei. Ujęcia – dzięki ostrym cięciom, jakimi je ze sobą połączono – są krótkie. Powodują na ekranie rytm „staccato".

Styl ten charakteryzuje się tym, że aktorzy zmieniają miejsca na ekranie, położenie ciała oraz układ w kadrze. Pauza, wprowadzona do jednego ujęcia, powoduje przerwanie monotonii rytmu. Prezentując scenę ze skróconym czasem realnym, eliminujemy zastanawianie się, powtarzanie i pauzy słowne między szczytami w dialogu, utrzymując tylko ważne wycinki sceny na ekranie.

Przykład C

Tę samą technikę można posunąć o krok dalej i zastępować okresowo jednego z aktorów w scenie w miarę, jak dialog rozwija się zgodnie z głównym tematem.

We francuskim filmie *Without Apparent Motive* J.L. Trintignant, w roli inspektora policji, prowadzi przesłuchanie podejrzanego. Inspektor zadaje pytania, a podejrzany odpowiada, zaś po pewnym czasie wzór ten zostaje przerwany, gdy niespodziewanie na zadane pytanie odpowiada drugi podejrzany, na następne odpowiada pierwszy, potem drugi, po czym znowu pierwszy i tak do zakończenia sceny. W rzeczywistości dzieje się tak, że w tym samym pokoju, lecz w różnym czasie prowadzone są dwa różne przesłuchania. Sceny te montowane są równolegle. Można w ten sposób uniknąć powtarzania się informacji, co miałaby miejsce, gdyby drugi podejrzany odpowiadał na te same pytania z identycznymi rezultatami. Przy takiej metodzie widzom podawane są tylko różniące się informacje obu podejrzanych. Scena zyskała więc na klarowności przez proste ściśnięcie czasowe.

W filmie Milosa Formana pt. *Odlot* prezentowana jest piosenka śpiewana przez różne dziewczyny w czasie egzaminu. Każda z dziewcząt śpiewa tylko jedną frazę lub kilka słów, a tekst piosenki jest kontynuowany przez kolejne wykonawczynie. Całość piosenki odtwarza na ekranie dwadzieścia dziewcząt.

Przykład D

Tę samą technikę, lecz w innym kontekście, zastosował Akira Kurosawa w swym filmie *Piętno śmierci*. Film rozpoczyna ujęcie grupy kobiet uskarżających się na coś w biurze rady miejskiej. Urzędnik odsyła je do innego wydziału. Następuje seria połączonych zmazaniami ujęć, złożona z szeregu urzędników, z których każdy po swojemu tłumaczy kobietom, że to nie jego sprawa, i kieruje do następnego wydziału. W końcu koło się zamyka i kobiety trafiają ponownie do pierwszego urzędnika.

Kiedy scena się rozpoczyna, widzimy kobiety i urzędnika. Następne ujęcia są już tylko zbliżeniami urzędników, którzy zwracają się do kamery i kolejno się tłumaczą. Kobiety ukazują się na ekranie dopiero wtedy, gdy akcja wraca do pierwszego urzędnika.

Dzięki zastosowaniu tej techniki wyrażona przez Kurosawę krytyka stosunków społecznych została tu przedstawiona z całą otwartością.

Przyspieszanie tempa dialogu

Kiedy kręcimy scenę w normalnym tempie i oglądamy ją na stole montażowym, tempo wydaje się nie zmienione w stosunku do tempa fotografowania tej sceny. Lecz gdy ten sam odcinek taśmy rzutujemy na duży ekran, tempo sceny zostaje zwolnione.

W scenie zawierającej akcję można w wielu wypadkach zastosować zdjęcie z nieco niższą częstotliwością klatek na sekundę, zwiększając w ten sposób tempo akcji w projekcji na ekranie. Lecz jak rozwiązać ten sam problem przy statycznej scenie dialogowej? Jak podwyższyć jej tempo do około jednej trzeciej normalnego czasu trwania?

Należy tu zaznaczyć, że metod przyspieszania nie należy stosować, kiedy mamy przekazać nastrój, a tylko wtedy, gdy dialog ma charakter informacyjny.

Kiedy przyspieszamy tempo sceny dialogowej, aktorzy skłaniają się do mówienia głośniej. Jeśli poinstruujemy ich, aby mówili cicho, wtedy w gotowej scenie poziom ich głosów wyda się naturalny.

9

ISTOTA RUCHU EKRANOWEGO

Podczas kręcenia filmu mamy do czynienia z ruchem aktorów i ruchem kamery. Ruch ten może być kolisty, poziomy i pionowy. Obrotowy ruch wykonawcy na jednym miejscu jest równoznaczny z panoramowaniem kamery. Aktor poziomo poruszający się (chodzący, biegnący lub jadący) to paralela analogicznej akcji kamery umieszczonej na ruchomej podstawie. Aktor porusza się pionowo, gdy podnosi się z pozycji leżącej, siedzącej lub gdy wchodzi po schodach, wdrapuje się po linie itp. Kamerą można poruszać podobnie, a wszystkie rodzaje ruchów kombinować ze sobą, gdy jest to celowe. Wrażenie ruchu można też oddać wyłącznie środkami filmowymi. Stosuje się wtedy ruchome reprojekcyjne tło. Używa się go często do zdjęć we wnętrzach samochodów, pociągów etc. wykonywanych tą metodą. Innym przykładem zasugerowanego ruchu może być scena, gdy postać na zbliżeniu patrzy poza ekran, a następnym ujęciem jest kadr widziany z pojazdu będącego w ruchu. Mamy wtedy wrażenie, że osoba znajduje się w jadącym samochodzie, chociaż faktycznie jest on statyczny (złudzenie wzmacniają odpowiednie ruchy głowy aktora).

Film odznacza się wyjątkową właściwością: ruch przebiegający w sposób ciągły można zarejestrować stosując tylko wycinki akcji sfotografowanej z różnych ujęć. Ważny moment tego ruchu, uchwyconego wycinkami, jest często żywszy i bardziej interesujący, niż mogłoby to oddać ciągłe ujęcie tego ruchu. W tym przypadku wszystkie wybrane dla objęcia go pozycje kamery muszą być po tej samej stronie (rys. 9.1.).

Jeśli kamerę umieścimy po drugiej stronie tej linii ruchu dla jednego ujęcia, wtedy znajdzie się w ruchu, lecz w kierunku przeciwnym na ekranie (miejsca 3–6 rys. 9.2), a ujęcia te nie dadzą się prawidłowo ze sobą zmontować.

Rozczłonkowanie ruchu

Rozczłonkowany ruch można kadrować z obiektem utrzymanym w tej samej części ekranu. Można kadrować wejście i opuszczenie pola widze-

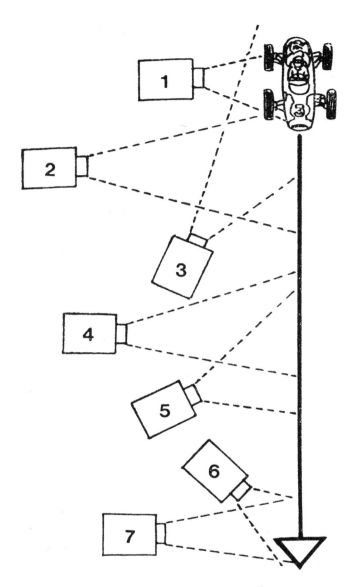

Rys. 9.1 Ruch ciągły zarejestrowany przez szereg kamer wymaga, aby kamery umieszczać po tej samej stronie drogi, po jakiej biegnie poruszający się obiekt.

nia kamery przez aktora. Obroty, siadanie, wstawanie lub bieganie można objąć z dwu pozycji kamery na tej samej osi wizualnej lub z dwu i więcej na zasadzie trójkąta.

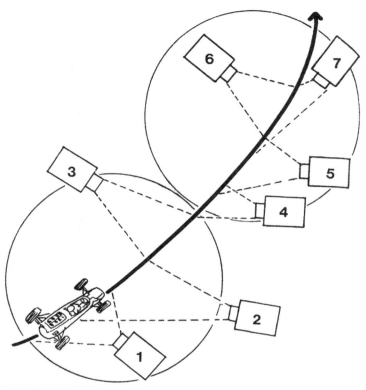

Rys. 9.2 Tak jak zasadzie trójkąta. Trzeba wybrać jedną stronę ruchu i trzymać się jej.

Przykład: aktor idzie od fotela w kierunku stołu, aby wziąć stamtąd książkę (rys. 9.3). Ruch wstawania jest pokazany ujęciem 1, ruch podchodzenia do stołu ujęciem 2, zaś moment ruchu przy stole ujęciem 3. Bierze książkę ze stołu i obraca się, aby wrócić do fotela. Widzimy, że obraca się i odchodzi – wracamy do ujęcia 2. Podejście do fotela widziane będzie z ujęcia 1.

Zmiana spojrzenia wraz z ruchem

Czynnikiem ograniczającym zmianę spojrzenia wraz z ruchem jest konieczność utrzymania kamery po tej samej stronie linii ruchu. Jeżeli chcemy uzyskać bardziej dynamiczną kompozycję po drugiej stronie linii ruchu, należy użyć przerywników.

Przerywniki powodują, że widzowie zapominają, jaki był kierunek w ostatnim ukazanym ruchu, tak więc nowy kierunek nie wydaje się czymś nienaturalnym.

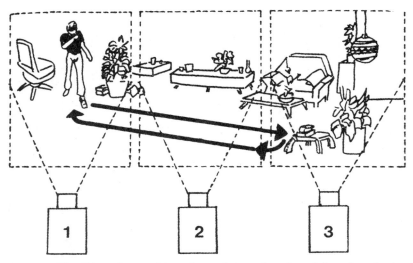

*Rys. 9.3 Wszelkie zmiany w kierunku ruchu na ekranie należy pokazać wi-
dzom, aby byli oni zawsze prawidłowo zorientowani. W powyższym przykładzie sprawę tę załatwia ustawienie 3.*

Kierunek na wprost

Użycie kierunku ruchu na wprost, pomiędzy ujęciami o odwrotnym
kierunku ruchu, jest innym rozwiązaniem tego samego problemu.
W powyższym przypadku filmowalibyśmy ruch na torze z mostu ponad
torem w kierunkach do lub od kamery. Dwa wspomniane ujęcia „neutralne" mogą być użyte łącznie: najpierw wozy najeżdżają na nas, po czym
oddalają się od nas.

Wykonawca wskazuje zmianę kierunku

Kiedy aktor wskazuje zmianę kierunku przez obrócenie ciałem lub głową, mógłby on być w pojeździe w ruchu lub na twardym gruncie. Kierunek,
w jakim patrzy wykonawca, względem ruchu panoramy przez ekran, gdy
kamera przemieszcza się, wskazuje prawdziwe poczucie kierunku ruchu
pojazdu. Rys. 9.4 przedstawia typowy przykład łodzi płynącej po rzece.

Pokażemy na ekranie ruch łodzi do przodu używając tylko ujęcia w ruchu, wykonane z boków – z miejsc kamery 1 i 3.

Miejsce 2: Bliski plan osoby *en face*, patrzącej poza ekran, w prawo.

Miejsce 1: Brzeg rzeki przesuwa się przez ekran od lewej do prawej,
gdy łódź pozornie porusza się w lewo.

Miejsce 2: Bliski plan osoby. Obraca głowę z prawej w lewo.

Miejsce 3: Brzeg rzeki przesuwa się poprzez ekran od prawej do lewej, gdy łódź pozornie porusza się w prawo.

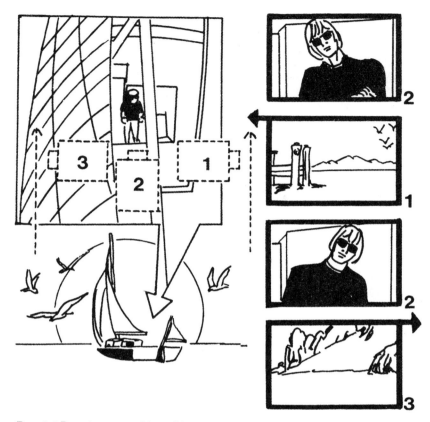

Rys. 9.4 Przeciwstawne kierunki ujęć towarzyszących 1 i 3 można powiązać prawidłowo przez wcięcie kadru osoby, która wskazuje zmianę. Wskazówką zmiany może być obrót głowy tej osoby.

Łódź porusza się stale do przodu. Ujęcie 2, w którym osoba zmienia swój kierunek spojrzenia, sprawia, że to przeciwstawienie pozostaje naturalnym i nie przeszkadza nam w odbiorze rzeczywistego ruchu do przodu. Osoba, która kieruje naszą uwagą, zakrywa sobą większość swego tła, dzięki czemu nie widać, że łódź porusza się w kierunku na wprost.

W opisanej tu scenie osoba siedzi plecami do dziobu łodzi, chociaż może to nie być wyraźnie widoczne na ekranie. O jej położeniu w łodzi informuje nas kolejność ruchu widzianego na ekranie. Używając tych samych ujęć, zmienia się tylko kolejność montażu, możemy spowodować, że widz dostrzega tę osobę siedzącą twarzą do dziobu (z tym, że tło za nią nie będzie wyraźnie czytelne).

A więc:

Miejsce 2: Bliski plan osoby *en face*, patrzącej poza ekran w prawo.

Miejsce 3: Brzeg rzeki porusza się poprzez ekran z prawej do lewej, podczas gdy łódź pozornie porusza się w prawo.

Miejsce 2: Bliski plan osoby. Odwraca głowę z prawej w lewo.

Miejsce 1: Brzeg rzeki porusza się poprzez ekran z lewej do prawej, gdy łódź pozornie porusza się w lewo.

Zbliżenie osoby z przesłonięciem dużej partii tła można wykonać nawet w studio. Zdjęciu takiemu, chociaż wykonanemu na twardym gruncie, można nadać cechy zdjęcia w ruchomej łodzi. Dwa kontrastujące ze sobą punkty widzenia statycznego aktora, widziane z tej samej strony będącego w ruchu pojazdu, można „połączyć" ze sobą wstawiając między nie zdjęcie osoby przerzucającej swą uwagę z jednej strony ekranu na drugą (rys. 9.5).

Rys. 9.5 Dwa kontrastujące punkty widzenia z tej samej strony jadącego pojazdu ukazują nadjeżdżającą i odjeżdżającą panoramę. Połączenie między nimi stanowią zdjęcia wcięte pomiędzy oba plany. Osoba obracająca głowę z jednej strony na drugą motywuje zmianę punktu widzenia.

Z kamery z jadącego pociągu, skierowanej trzy czwarte w przód (ujęcie 1), mijane budynki widziane są po skosie. Ujęcie 2 (wykonane w studio) pokazuje osobę patrzącą poza ekran w prawo i powoli obracającą głowę w lewo. Ujęcie 3 pokazuje uciekające budynki z jej nowego punktu widzenia.

W obu zdjęciach w ruchu statyczne budynki poruszały się z lewej w prawo, utwierdzając nas w przekonaniu, że spojrzenie aktora było z tej samej strony pojazdu.

Nie jest to dokładnie zmiana kierunku poprzez ekran, lecz zmiana punktu widzenia wzdłuż tej samej linii ruchu. Istnieją trzy inne sposoby by przejść na drugą stronę linii ruchu lub zainteresowania. Pierwszy to użycie poziomej akcji aktora, drugi kombinuje tę poziomą akcję obiektu z towarzyszącym panoramie przemieszczeniem kamery. Trzecie podejście to pionowy ruch osoby na ekranie, by zamaskować przejście kamery na drugą stronę.

Poniżej omawiamy trzy rozwiązania, które, właściwie zastosowane, pozwalają uzyskać ciągłość ruchu.

W pierwszej sytuacji aktor obraca się w pierwszym planie, wychodzi z jednej strony planu, po czym wchodzi w następny plan z drugiej strony i zatrzymuje się, by spojrzeć na obiekt poruszający się z prawej w lewo (rys. 9.6).

Rys. 9.6 Osoba ukazująca zmianę kierunku od ujęcia do ujęcia może wyjść z pierwszego ujęcia i wejść w drugie, łącząc tym samym dwa różne miejsca.

Następny rysunek (rys. 9.6a) przedstawia drugi wariant. Z lewej do prawej idzie karawana. W następnym ujęciu człowiek wkracza z prawej w lewo. Kamera panoramuje za nim, człowiek zatrzymuje się i obserwuje z daleka karawanę odchodzącą z prawej w lewo. „Dywersyjny" ruch aktora w drugim ujęciu pozwala wprowadzić spojrzenie z drugiej strony linii ruchu karawany.

Rys. 9.6a Ruch aktora na początku drugiego ujęcia maskuje zmianę kierunku głównych obiektów widzianych w tle.

Wariant trzeci: dwaj aktorzy zwróceni twarzami do siebie. Kamera obejmuje ich z jednej strony. Jeden z nich klęka, aby podnieść coś z ziemi. Z chwilą zakończenia ruchu klękania następuje cięcie na drugie ujęcie z drugiej strony aktorów. Na początku ujmuje ono tylko jedną statyczną postać. W chwilę później klęczący aktor podnosi się wchodząc w plan z dołu. Teraz obaj aktorzy odwrócili swe pozycje na ekranie, lecz pionowy ruch jednego z nich zamaskował przeskoczenie kamery.

W ostatnim przykładzie aktorzy mogą stać również na ziemi, podłodze lub na poruszającym się pojeździe. W tym ostatnim przypadku obowiązuje ta sama formuła odnośnie przeskoku kamery na drugą stronę aktorów, niezależnie od kierunku poruszania się pojazdu.

Dla uzyskania zmiany kierunku stosuje się kontrastujące ruchy. Ostatnie podejście polega na dwukrotnym zastosowaniu tej samej połowy ekranu. Zespół zewnętrznych kontrplanów dwóch osób, w ruchomym pojeździe lub chodzących wraz z kamerą, reprezentuje to przeciwstawienie kierunków ekranowych (rys. 9.7).

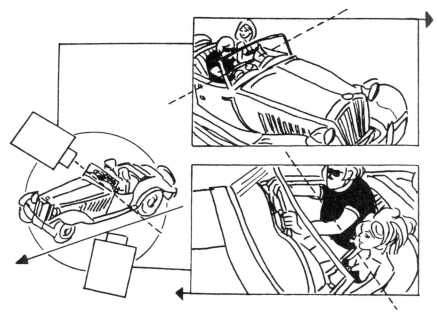

Rys. 9.7 Dwa travellingi, obejmujące główne postacie, zmontowane równolegle sugerują dwa kierunki ruchu.

Montując na przemian oba ujęcia główne, uzyskujemy efekt kontrastującego ruchu. Co więcej, położenia obu postaci na ekranie będą zawsze takie same. Fortel polegający na umieszczeniu statycznej postaci między dwoma ujęciami, by łatwiej przeprowadzić zmianę kierunku ruchomej postaci lub pojazdu, można równie dobrze stosować na stałym gruncie, jak i na ruchomych pojazdach. Powszechnie używany przykład przedstawia rys. 9.8.

W pierwszym ujęciu jeździec porusza się z lewej w prawo. W drugim ujęciu obserwator zwraca głowę z lewa w prawo obserwując przejazd jeźdźca poza ekranem. W trzecim ujęciu jeździec jest widziany w ruchu z prawej w lewo. Tę zmianę kierunku akceptujemy jako oczywistą, ponieważ ostatnie ujęcie prezentuje subiektywne spojrzenie obserwatora. Tak więc przeciwstawne kierunki ekranowe ruchomego obiektu da się przedstawić w dość jasny sposób. Ten statyczny obserwator może być (lub nie) obecny w tle w pierwszym ujęciu. Również zamiast pojedynczego obserwatora zwracającego głowę w tym lub w drugim kierunku można użyć grupy osób, jeśli tylko będą one zgodnie kierowały swe głowy lub spojrzenia na ten sam ośrodek zainteresowania.

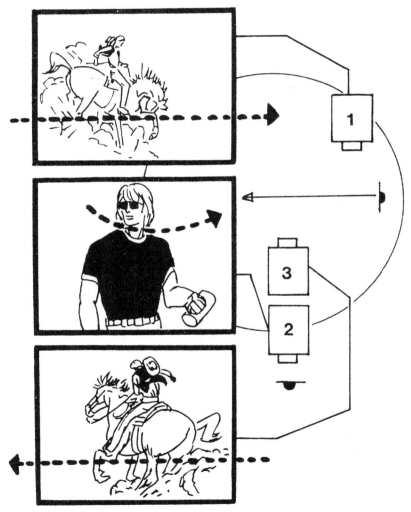

Rys. 9.8 Aktora stojącego na stałym gruncie można użyć dla wskazania zmiany kierunku głównego obiektu w ruchu.

Kontrastujące ruchy w tej samej połowie ekranu

Teraz zajmiemy się ostatnim z możliwych wariantów, w którym osoba w ruchu jest zawsze po tej samej stronie ekranu. Dla obu zewnętrznych kontrplanów ciągłego ruchu używa się tych samych części ekranu.

Przykład A

Wykonawca A (statyczny) widziany jest w obu ujęciach, w tym przypadku zawsze po lewej stronie ekranu. Może łatwo być zastąpiony np. parkującym samochodem, figurą, drzewem etc. (rys. 9.9).

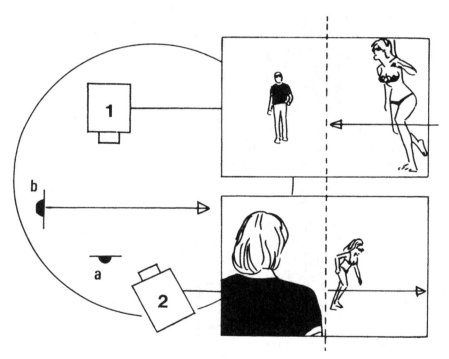

Rys. 9.9 Kontrastujące ruchy obiektu, jeśli pozostają w tej samej połowie ekranu, pomagają w utrzymaniu dla widzów ciągłego kierunku ruchu, pomimo zmian w kątach widzenia kamery.

W pierwszym ujęciu aktorka B rusza z prawej do środka. Kiedy tam przychodzi, następuje cięcie na długie ujęcie, widzimy ją odchodzącą ze środka ekranu w prawo. Tak więc, widzieliśmy ją poruszającą się w lewo w ujęciu 1 i w prawo w kontrplanie 2. Oba obiekty, statyczny i ruchomy, zostały umieszczone w obu ujęciach w tej samej przestrzeni ekranu.

Przykład B

Ruch w poprzednim przykładzie był ciągły, lecz w tej samej formule wizualnej można zaprezentować ruch z przerwą w środku. Przedstawia to rys. 9.10.

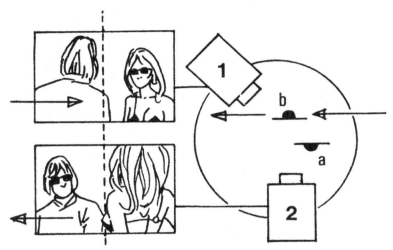

Rys. 9.10 Przeciwstawne ruchy obiektu w półprzestrzeni ekranu będą spostrzegane przez widzów jako ciągłe, mimo pauzy w ruchu wprowadzonej w połowie sceny.

W ujęciu 1 aktor B wchodzi i staje, aby rozmawiać z aktorem A. Przecinamy na ujęcie 2, w którym wykonawca B kończy mówić do A, po czym wychodzi w lewo. Chociaż wykonawca B porusza się w przeciwnych kierunkach w tym samym sektorze ekranu, wrażenie jego kierunku odbieramy jako ciągłe względem aktora A.

Przykład C

W opisanych tu dwóch przykładach kamera zajmowała stałe pozycje w obu zewnętrznych kontrplanach. Zdarza się, że jedno z tych miejsc kamery jest ruchome, utrzymując kontrast w ruchach na ekranie (rys. 9.11).

Ujęcie 1: Kamera wysoko, patrzy na pustą widownię teatru. Tylko nasz wykonawca idzie wzdłuż przejścia w prawo. Kiedy zbliża się do brzegu ekranu...

Ujęcie 2: Z drugiej strony kamera wózkuje w średnim planie z prawej w lewo, kadrując samotnego aktora stale po prawej stronie ekranu.

Podane wyżej rozwiązanie spełnia swe zadania, ponieważ przeciwstawne ruchy dzieją się w obu ujęciach po tej samej stronie ekranu.

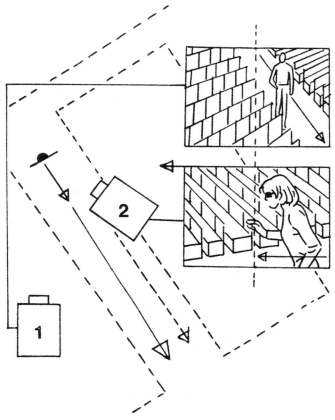

Rys. 9.11 Ta sama zasada przeciwstawnych ruchów w tym samym wycinku ekranu. Zmiana polega na tym, że drugie ujęcie jest travellingiem.

Niezależne ujęcia filmu będą musiały zostać później ze sobą zmontowane i rzeczą zasadniczą jest, aby montując z ujęcia na ujęcie otrzymać płynny przebieg akcji. Aby to osiągnąć, musimy przestrzegać pewnych warunków.

Warunki dla montażu

Połączenia montażowe muszą zapewnić ciągłość odbioru filmu i przeciwdziałać niejasnościom w prezentacji materiału widzom. Łącząc ze sobą dwa odcinki taśmy, na których zarejestrowano cząstkowo ten sam ciągły ruch, należy przestrzegać trzech podstawowych praw:

1) położenia
2) ruchu
3) wyglądu.

Pierwsze prawo to dopasowanie dwóch rodzajów położenia:

a) fizyczne położenie aktorów: gesty, postawa, miejsce w scenie,

b) ich położenie w kadrze.

Drugie prawo to dopasowanie ruchu:

a) ruch ludzi w kadrze musi być ciągły, gdy zbliżamy lub oddalamy się od nich za pośrednictwem cięcia,

b) kierunek ich ruchów powinien być dopasowany od ujęcia do ujęcia.

Trzecie prawo to tylko jeden warunek: aby dwie osoby lub dwie grupy, zwracających się do siebie lub zwrócone do siebie, patrzyły w przeciwstawnych kierunkach. Gdy dwie osoby lub dwie grupy poruszają się jedna do drugiej, mamy przeciwstawne kierunki ekranowe. Natomiast ich indywidualne ruchy podtrzymują stałe kierunki ekranowe w stosunku do kamery.

Gdzie ciąć?

Na jakim etapie ruchu powinno nastąpić cięcie? W czasie, przed czy po ruchu? Zastanówmy się, co dzieje się w momencie cięcia. Weźmy prosty przykład: aktor stoi twarzą do kamery. Chcemy pokazać jego pełny plan, na którym byłby widoczny w powiązaniu ze swym otoczeniem, a potem pokazać go w średnim planie (po tej samej osi wizualnej), aby podkreślić mimikę twarzy. Wszystko dzieje się bez ruchu, a więc kleimy ze sobą kolejne ujęcia.

Jeśli te dwa zmontowane ujęcia założymy na projektor i obejrzymy na ekranie, przejście od ujęcia do ujęcia okaże się szarpane. Nastąpi skok wizualny na ekranie, a przejście z ujęcia na ujęcie zaniepokoi widza, przyciągnie jego uwagę. Dlaczego tak się dzieje? Z powodu zmiany w objętościach. Taka zmiana jest nie do uniknięcia, gdy zbliżamy się lub oddalamy od konkretnego obiektu. Może istnieje jakiś sposób? Odczuwamy przecież potrzebę oderwania uwagi. Musi to stać się w chwili zmiany ujęcia, czyli w chwili cięcia. Jak oderwać na moment naszą uwagę w czasie zmiany? Odpowiedź jest prosta – ruchem, jakimkolwiek ruchem. Stąd lepiej jest ciąć na ruchu, lub tuż po ruchu. Najczęściej cięcie na ruchu stosuje się ogólnie do dwóch rodzajów ruchu właściwych ekranowi: ruch wewnątrz kadrowy i ruch wchodzenia lub wychodzenia z kadru. Te dwa rodzaje objęcia akcji służą prezentacji trzech podstawowych ruchów obiektów: okrężnego, poziomego i pionowego.

Cięcie na akcji

Prawie każde ujęcie zaczyna się jakimś rodzajem ruchu. Od tego istnieje mało odstępstw. Ukazany ruch może być dopasowany do ruchu z końca poprzedniego ujęcia. Jeżeli jest to przerywnik lub nowo wprowadzone ujęcie, musi je zapoczątkować ruch osoby lub rzeczy. Może to nawet być ruch kamery. Przyczyna tego jest prosta. Cięcie na ruchu ułatwia do tego stopnia połączenie montażowe, że szok wizualny, spowodowany zmianą odległości i umieszczenia kamery w stosunku do obiektów zdjęciowych, pozostanie niezauważony przez widzów. Nawet duże zbliżenia obejmujące dialog między statycznymi postaciami rozpoczynają się ruchem. Wykonawca może otworzyć usta, aby przemówić lub wykonać drobną zmianę mimiki przed mówieniem. Większość dopasowanych cięć montażowych dokonuje się na ruchomych obiektach umieszczonych pośrodku ekranu, szczególnie kiedy jest tylko jedna postać grająca. Gdy pokazuje się dwóch lub większą liczbę aktorów, ekran dzieli się często na dwie części, przy czym dopasowany ruch odbywa się w każdej z połówek. Cięciem dopasowuje się tylko ruch dominujący. Ruchy w tle i kierunki tych ruchów bywają dopasowywane do ruchu pierwszoplanowego, jeśli są szczególnie wybijające się, a oba ujęcia wykonano po tej samej osi wizualnej. Na ogół unika się takich wielokrotnych dopasowań, lecz w pewnych sytuacjach, gdy ruch jest trudny do kierowania, np. ruchomy tłum, stosuje się metody szczególne dla zapewnienia płynności montażu. W czasie filmowania ujęć, których akcja musi do siebie pasować, przestrzega się zasady, aby końcowe ruchy głównego aktora w końcu ujęcia powtórzyć przed rozpoczęciem następnego ujęcia. Najczęściej bywa tak, że w pierwszym ujęciu zachowuje się jedną trzecią ruchu, w następnym zaś ujęciu – dwie trzecie.

10

CIĘCIE PO RUCHU

Choć dla ciągłości akcji najczęściej stosuje się cięcie na ruchu, zapoznaj-
my się najpierw pokrótce z techniką cięcia po ruchu. Ten rodzaj montażu
bywa często stosowany do ujęć na tej samej osi wizualnej.

Technika jest prosta. Dwie lub trzy klatki po ruchu w pierwszym ujęciu przecinamy na plan bliski na tej samej osi wizualnej. Formułę tę stosuje się prawie wyłącznie do skoku w przód, rzadko zaś do skoku w tył,
czyli od bliskiego do pełnego planu.

Oto niektóre praktyczne przykłady.

Przykład 1

W dalekim planie widzimy małą chatkę. Ktoś wewnątrz unosi roletę
w oknie. Z chwilą, kiedy okno jest całkowicie odsłonięte, przecinamy ujęcie na średni plan tej osoby, z ramieniem jeszcze wyciągniętym do góry
okna. Postać stoi, wyglądając na zewnątrz. Cały ruch zawarty jest w pierwszym ujęciu. Drugie ujęcie jest statyczne (rys. 10.1).

Rys. 10.1
Po zakończeniu pionowego
ruchu w pierwszym ujęciu
następuje cięcie montażowe
na ujęcie, w którym aktor
jest już nieruchomy.

Widzowie muszą w pełni zobaczyć całkowity pionowy ruch podnoszonej rolety, zawarty w planie ogólnym. W rzeczywistości należy nawet pozostawić dwie lub trzy klatki statycznego obrazu w końcu tego ujęcia, przed cięciem na bliższy statyczny plan poruszającego się aktora. To drugie ujęcie, zgodnie z życzeniem reżysera, może być spojrzeniem bocznym lub kontrplanem nieruchomej postaci.

Przykład 2

Mamy tu inny przykład pionowego ruchu postaci.

W pełnym planie widzimy klęczącą dziewczynę. Szuka czegoś w torebce. Nagle chwyta jakieś luźne części garderoby z torby. Rzucając je do góry, sama się przy tym pochyla i pozostaje nieruchoma. Z chwilę, gdy staje się statyczna, następuje cięcie na jej bliski plan, na tej samej osi wizualnej.

Przykłady obu ujęć przedstawia rys. 10.2.

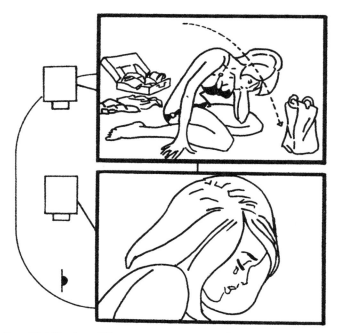

Rys. 10.2 Ruch w dół zmontowany na zasadzie cięcia po akcji.

Jeśli potrzeba, drugim ujęciem może być daleki statyczny plan dziewczyny, której małą, zgiętą postać widać pośrodku ekranu.

Przykład 3

W opisany tu sposób można zmontować niezbyt szybki ruch, w kierunku na wprost kamery. Dwie postacie idą na kamerę. Zatrzymują się *en face*, w pełnym planie, przecinamy na ich plan średni (rys. 10.3). Jeżeli postacie nie wykonują gwałtownych ruchów, a różnica w wielkości planów jest dość znaczna, widz nie odbierze przykrego uczucia skoku.

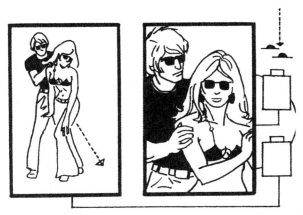

Rys. 10.3 Akcję w kierunku na wprost można poddać technice cięcia po ruchu dla uwydatnienia przejścia na plan bliższy.

Przykład 4

Techniki tej można użyć na ruchu obrotowym aktora, który obracając się, zwraca naszą uwagę na statycznego aktora za sobą (rys. 10.4).

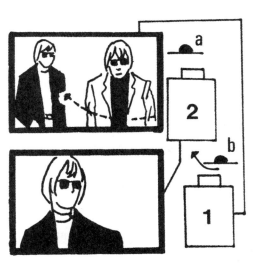

*Rys. 10.4
Aktor, odwracając się,
kieruje uwagę na drugiego,
stojącego za nim. Z chwilą
zakończenia ruchu (odwracania się) następuje cięcie
na bliski plan drugiego
aktora.*

Kolejność montażowa byłaby taka:

Ujęcie 1: Wykonawcy A i B twarzami do kamery. Aktor B jest w pierwszym planie, w prawej części ekranu. Mówi. Postać A w tylnym planie, słucha. Wtedy B odwraca się do A. Za chwilę, gdy przestaje się obracać, cięcie na...

Ujęcie 2: Bliski plan aktora A, po tej samej stronie wizualnej, słuchającego głosu aktora B spoza ekranu (*off*).

Przykład 5

Omawiając przykład 3 stwierdziliśmy, że ruch aktora idącego na kamerę mógł być użyty do cięcia po ruchu. To samo odnosi się do ruchu na wprost postaci oddalającej się.

W pierwszym ujęciu (przedstawionym na rys. 10.5) widzimy aktora A podchodzącego do leżącej twarzą w dół postaci B. Aktor A zatrzymuje się w pół drogi w kierunku B i z chwilą, gdy się zatrzymuje, następuje cięcie na ujęcie 2, bliski plan postaci B, widzianej na tej samej osi wizualnej, co poprzednio. Dokładnie na klatce, w której zatrzymuje się aktor A, dokonuje się cięcia na wysuniętą pozycję kamery, wyłączającą aktora A. Postać B była w obu zdjęciach całkowicie statyczna.

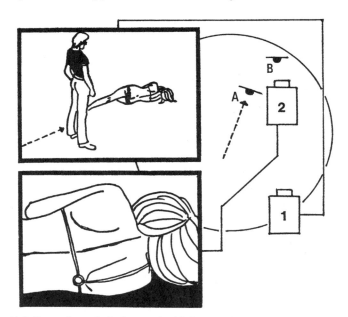

Rys. 10.5 Sytuacja, w której postać oddala się od kamery w kierunku innej osoby (lub obiektu w tle) i przerzuca akcent na tę osobę lub obiekt. Stosujemy tutaj technikę cięcia po ruchu. W chwili gdy aktor zatrzymuje się, tniemy na bliższy plan osoby w tle.

Przykład 6

Rys. 10.6 przedstawia bardziej konwencjonalne cięcie.

W pierwszym ujęciu A idzie w kierunku B (który jest statyczny) i zatrzymuje się przed nim. Kiedy staje, przecinamy na drugie ujęcie, będące wysunięciem kamery po tej samej osi wizualnej. Takiej metody używa się rzadko – do tego rodzaju sceny pasuje bardziej dynamiczne podejście. Rozwiązania bardziej dynamiczne stosuje się, gdy mamy do czynienia z ruchami przez ekran.

W celu przypomnienia opiszemy przykład stosowania cięcia po wykonaniu ruchu.

Ujęcie 1: Po lewej statyczny aktor, profilem do kamery, widziany w dalekim planie. Drugi aktor wchodzi z prawej, przechodzi przez ekran, zatrzymuje się zwrócony do aktora statycznego. Cięcie.

Ujęcie 2: Średni plan obu aktorów profilami do kamery. Cięcia dokonano po ustaniu ruchu w ujęciu 1, na wspólnej osi wizualnej. Odwrócona sytuacja, w której najpierw używa się średniego planu, zaś dalekiego planu po nim, jest rzadko stosowanym wariantem.

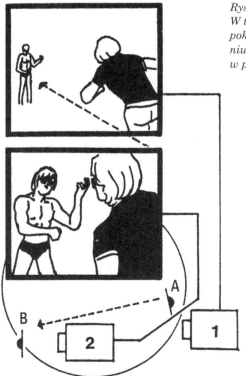

Rys. 10.6
W tym przykładzie drugie ujęcie pokazuje obu aktorów, po zatrzymaniu się aktora, będącego w ruchu, w pobliżu swego partnera.

Przykład 7

Czasami odwołujemy się do kontrplanów bezpośrednio po zatrzymaniu się aktora w pierwszym ujęciu (rys. 10.7). Z wysoka widzimy pustą drogę obramowaną wysokimi drzewami. Samotny jeździec powoli oddala się od nas, a potem się zatrzymuje. Cięcie. Bliski kontrplan mężczyzny. Oczy ma przymknięte, głowa pochylona, śpi w siodle.

Rys. 10.7 W tym przykładzie użyto kontrplanu; cięcie po ruchu służy połączeniu obu ujęć.

Przykład 8

W niektórych okolicznościach cięcia dokonuje się na pauzie w ruchu (rys. 10.8).

W pierwszym ujęciu aktor B stawia lampę na stole. Przez trzy lub cztery klatki jego ręka pozostaje nieruchoma na lampie. Cięcie. Ujęcie boczne. Ręka B w pierwszym planie usuwa się z ekranu w lewo. Tak więc pauzy w środku ruchu użyto do zmiany ujęcia i zbliżenia się do obiektu głównego. Dała możliwość wprowadzenia cięcia po ruchu. Pauza w końcu pierwszego ujęcia może być dłuższa, jeżeli to potrzebne dramaturgicznie, ruch rozpocznie się jednak ponownie od pierwszej klatki drugiego ujęcia.

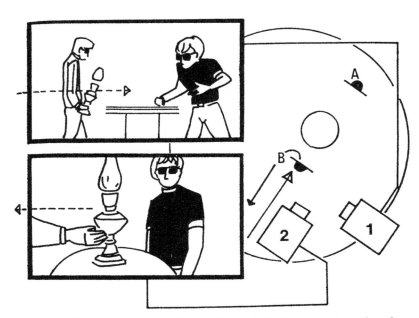

Rys. 10.8 Pauza w czasie ciągłego ruchu może być wykorzystana do połączenia obu ujęć jako moment cięcia po ruchu.

Przykład 9

W analogiczny sposób można potraktować ruch chodzenia. Aktor A podchodzi do tablicy sterowniczej, zatrzymuje się i wciska włącznik. Przez chwilę pozostaje nieruchomy. Cięcie. Ujęcie boczne. Odwraca się i idzie z powrotem (rys. 10.9).

Poprzednie przykłady dotyczyły stałych pozycji kamery. Poruszali się tylko wykonawcy. Sytuację tę można odwrócić.

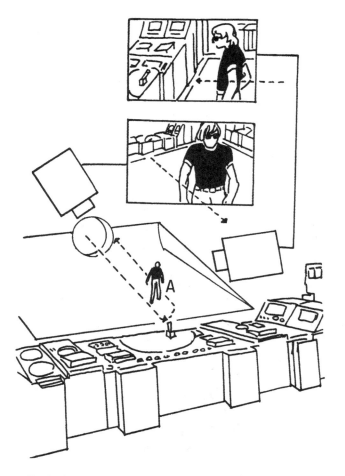

Rys. 10.9 Ruch chodzenia w dwóch przeciwstawnych kierunkach można traktować tak samo jak w poprzednim przykładzie. Z chwilą zatrzymania się mężczyzny przecinamy na drugie ujęcie, w którym odwraca się i zmienia kierunek ekranowy. Cięcie ma miejsce po zakończeniu pierwszej fazy ruchu, krótka pauza poprzedza zmianę kierunku.

Przykład 10

Aktor siedzi w tle. Kamera wózkuje z prawej w lewo, ukazując pusty stół konferencyjny. Siedzącego aktora widzimy poprzez łuk drzwi. Kamera wózkuje aż do centralnego skadrowania aktora, po czym zatrzymuje się.

Wtedy cięcie na bliski plan, po tej samej osi wizualnej, ukazujący człowieka skulonego na krześle i spokojnie śpiącego.

Przykład 11

Od obiektu w pierwszym planie kamera wykonuje panoramę pionową do góry, kadrując otwarte okno w dalekim budynku, z widoczną postacią pośrodku ekranu. Cięcie na bliższy plan po tej samej osi wizualnej (rys. 10.10).

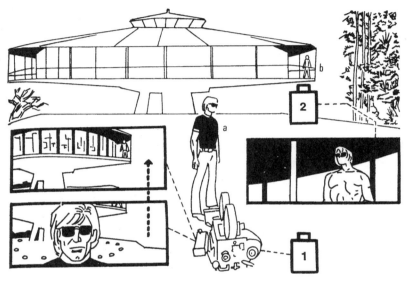

Rys. 10.10 Kamera wykonuje tu panoramę pionową w górę, od postaci A do postaci B w dalekim planie. Natychmiast po zakończeniu ruchu panoramy – cięcie na bliższy plan B.

Technika cięcia po ruchu jest nieco ograniczona, mimo to jest ona użyteczna, szczególnie, gdy chcemy uzyskać skromny efekt montażowy.

11

RUCH WEWNĄTRZKADROWY

Opracowanie prezentacji ekranowej ruchu, przez montowanie ze sobą fragmentów oddzielnych ujęć, stwarza możliwość charakterystyczną dla medium filmu. W praktyce montaż pozwala nam płynnie zmieniać punkty widzenia dokoła jednej lub grupy postaci. Gdy montujemy dwa ujęcia jednej akcji, dobrą ogólną zasadą jest użycie jednej trzeciej części ruchu (początek) w końcu pierwszego, zaś dwóch trzecich ruchu (zakończenie) na początku drugiego ujęcia. Klatkę, na której dokonujemy cięcia montując ze sobą dwa ujęcia, określa się porównaniem wizualnym. Obie taśmy, trzymane równolegle, przesuwamy w górę lub w dół względem siebie do chwili, gdy znajdziemy dwie klatki pasujące do siebie pod względem pozycji i kierunku ruchu. Oczywiście, zawartość ruchu w obu kadrach może być różna, czyli pełny cykl ruchu w jednym kadrze może różnić się od takiegoż w drugim, szczególnie gdy ujęcia kręcone są oddzielnie. Należy więc uważać podczas zdjęć, aby w dwóch lub większej ilości kadrów, które mamy zmontować, było zbliżone tempo ruchu. Jeśli do siebie nie pasują pod tym względem, to otrzyma się bardziej zadowalający rezultat, kiedy w drugim fragmencie ruch jest szybszy. Rekonstrukcja ruchu w dwóch, trzech lub czterech kadrach może wypaść dłuższa lub krótsza niż pierwotny ruch. Jeśli np. pierwsze ujęcie jest planem pełnym, drugie zaś bliskim, części ruchu mogą być powtórzone. W innym przypadku pewną ilość klatek można wyrzucić, bez straty płynności w przejściach z jednego ujęcia na następne. Czasami dopasowane cięcie będzie wydawać się niedoskonałe, szczególnie kiedy wykonujemy je po raz pierwszy, ponieważ sam ruch nie został dokładnie dopasowany. Łatwo jest ponownie rozdzielić niefortunne cięcie i usunąć z jednego kadru (lub z obu) po kilka klatek, aby otrzymać prawidłowy pod względem wizualnym odbiór.

Postać w ruchu obrotowym

Osoba filmowana może obracać się o ćwierć obrotu, pół lub dokonać pełnego obrotu. Ta trzecia możliwość jest dla cięcia w ruchu najmniej interesująca. Wszystkie te ruchy można sfilmować jednym z trzech wariantów umieszczania kamery, zawartych w zasadzie trójkąta. Łatwo zrozumieć, że zespół wewnętrznych kontrplanów i para równoległych pozycji kamery nie nadają się do ujęcia ciągłego ruchu. Takie ustawienia nie zapewniają pełnego objęcia sytuacji. Przyjrzyjmy się możliwościom:

Przykład 1
Para zewnętrznych kontrplanów może być użyta do sfotografowania odwracającego się aktora w grupie. W pierwszym ujęciu obaj aktorzy zwróceni są do kamery, jeden z nich w pierwszym planie, drugi dalej, w tyle. Aktor pierwszoplanowy odwraca się. Jego ruch odwracania się zostaje zakończony w drugim ujęciu. Obaj aktorzy utrzymują przy tym te same pozycje na ekranie w obu zdjęciach (rys. 11.1).

Rys. 11.1 Jednorazowy ruch obracania się aktora zostaje podzielony na dwa ujęcia. Oboje aktorzy pozostają na swych miejscach na ekranie. Akcja została objęta kontrplanami.

Przykład 2

Naszym następnym przykładem jest ćwierć obrotu, przy objęciu akcji ustawieniami kamery w układzie kąta prostego. Rys. 11.2 przedstawia oba umiejscowienia kamery i zarejestrowane przez nie kompozycje obrazowe. W scenie porusza się tylko jeden aktor. Jak widać, rozwiązanie to jest bardzo proste.

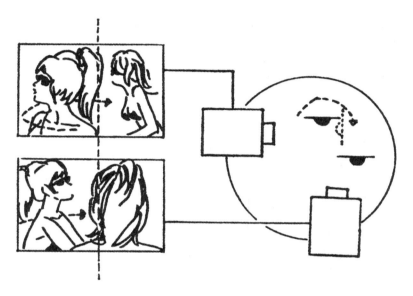

Rys.11.2 Dla objęcia ruchu obracania się postaci użyto pozycji kamery pod kątem prostym.

Przykład 3

Wysunięcie w przód kamery po tej samej osi wizualnej jest powszechnie stosowanym sposobem dla cięcia na ruchu osoby, która się odwraca.

W pierwszym ujęciu aktor w średnim planie jest widziany z profilu, na boku ekranu. Następnie rozpoczyna obracać do nas głowę. Przecinamy na bliski plan, na którym aktor kończy swój ruch. Teraz zwrócony jest do kamery. Oba zdjęcia mają wspólną oś wizualną i aktor umieszczony jest w obu ujęciach na tej samej przestrzeni ekranu: albo pośrodku, albo w jednej ze stref bocznych, na jakie kompozycyjnie podzielono ekran. Najprostszy sposób przedstawia rys. 11.3.

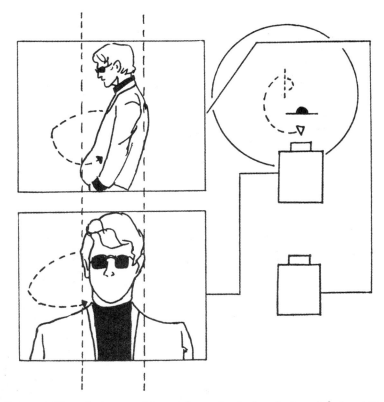

*Rys. 11.3 Wysunięcie w przód, na tej samej osi wizualnej, zostało tu użyte
dla objęcia ruchu obracania się postaci.*

Przykład 4

Następna możliwość to poszerzenie grupy lub zawężenie jej do jednego aktora, wraz z wprowadzeniem drugiego ujęcia jako części dopasowa-
nego ruchu.

Użycie kamer w układzie kąta prostego pozwala na dwa rozwiązania
drugiego ujęcia. W rozwiązaniu pierwszym wiodący aktor jest sam, zwrócony do kamery. Wraz z jego obróceniem się o 90° w jedną stronę, tniemy
na ujęcie z pozycji kamery w układzie kąta prostego. Jeżeli jest on pośrodku, wtedy inni aktorzy, którzy zostali wprowadzeni, zajmują boki. Jeżeli
dominujący aktor jest w części bocznej ekranu, pozostała przestrzeń ekranowa zostaje zajęta przez świeżo wprowadzonych wykonawców. Oba rozwiązania ilustruje rys. 11.4.

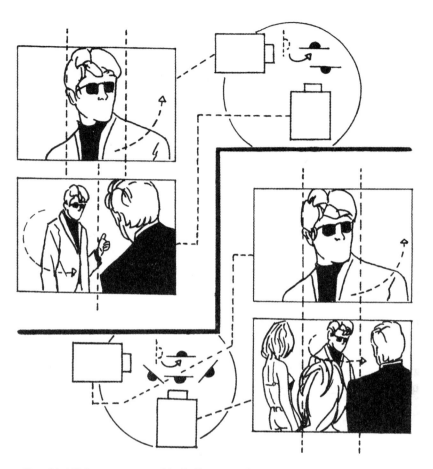

Rys. 11.4 Pokazane tu przykłady ilustrują dwa rozwiązania dla drugiego ujęcia, w którym grupa została poszerzona o jednego lub kilku aktorów. Środkowy aktor obraca się. Objęty jest pozycją kamery pod kątem prostym, która scala oba ujęcia.

Przykład 5

Ta sama zasada przydatna jest również wtedy, gdy wysunięcie kamery w przód, na tej samej osi wizualnej, służy poszerzeniu lub zwężeniu grupy przedstawionej widzom (rys. 11.5).

Przykład 6

Efekt poszerzenia lub zwężenia grupy na ekranie można uzyskać stosując kombinację zewnętrznych i wewnętrznych kontrplanów (rys. 11.6).

Rys. 11.5 Tutaj grupa została zmniejszona z dwóch osób do jednej, przez przybliżanie się do odwracającej się postaci. Na nią i na jej ruch położono główny akcent.

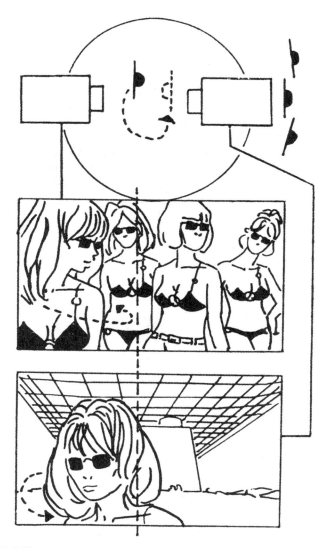

Rys. 11.6 Ukazanie obracającego się aktora w wewnętrznym i zewnętrznym kontrplanie kieruje akcent wizualny na środkowego wykonawcę.

Wszystkie dotychczas przytoczone przykłady odnosiły się do aktorów umieszczonych na stałym gruncie. Jeśli umieścimy ich na ruchomym pojeździe, wtedy ruch obracania się będzie dominował nad ruchem w planie tylnym.

Jeśli przybliżenie kamery do drugiego ujęcia jest na tej samej linii wizualnej, ruch w tle będzie zawsze przebiegał w tym samym kierunku. Gdybyśmy przyjęli kombinację zewnętrznych kontrplanów, wtedy ruch w tle będzie się odbywał w przeciwnych kierunkach. Gdy zastosujemy schemat kąta prostego, jedna pozycja kamery zarejestruje ruch w tle, dla drugiej ruch ten może być przesłonięty jakąś przeszkodą.

Przykład 7
Może zajść sytuacja, w której istnieje wrażenie przeciwstawnego kierunku ruchu w dwóch fragmentach tego samego ruchu ciągłego. Bywa tak wtedy, gdy obejmujemy samotnego wykonawcę parą zewnętrznych kontrplanów ze skrajnych punktów 180-stopniowego łuku, w jakim aktor się odwraca (rys. 11.7).

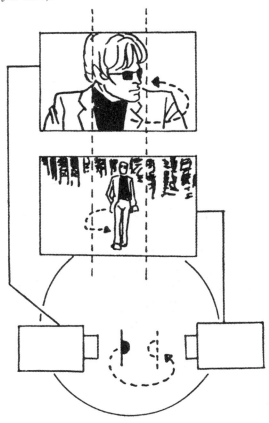

Rys. 11.7 Kiedy pokazujemy jednego obracającego się aktora, a będzie on widziany z pozycji zewnętrznych kontrplanów; otrzymamy przeciwstawne kierunki.

Ujęcie 1: Aktor w planie bliskim, zwrócony do kamery, zaczyna się obracać i kończy ruch zwrócony plecami do nas.

Ujęcie 2: Odwrotny plan pełny. Nasz aktor jest pośrodku obrazu, plecami do nas, następnie odwraca się do kamery i nieruchomieje.

Montując te dwa ujęcia, używamy pierwszej połowy ruchu z pierwszego ujęcia; drugą częścią ruchu rozpoczyna się drugie ujęcie. W pierwszym aktor przemieszcza się ze środka do jednego boku, w drugim – z przeciwnego boku do środka.

Niezgodność kierunków nie razi, ponieważ ruch obracającej się postaci jest dla nas oczywisty i jasny. Rozpoczyna go i kończy twarzą do nas. W ten sposób rozwiązuje się często w montażu nagłe obroty aktora.

Przykład 8

Taką samą procedurę możne zastosować do nagłego odwrócenia się dwóch osób. Obaj aktorzy rozpoczynają razem odwrót od nas ze środka do boku ekranu, w pierwszym ujęciu, kończą zaś odwracanie się w drugim ujęciu, od przeciwnego boku ekranu do środka (rys. 11.8).

Przy ujęciach kamery w zewnętrznych kontrplanach aktorzy zmieniają pozycję na ekranie.

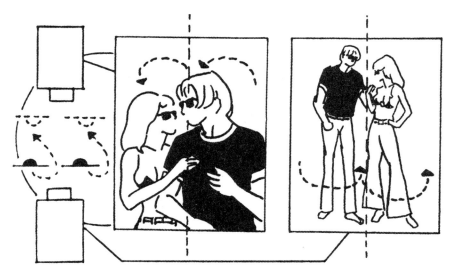

Rys. 11.8 Jeżeli ruch jest filmowany z odwrotnych miejsc kamery, to dwaj aktorzy odwracający się razem zmieniają w drugim ujęciu swe położenia ekranowe.

Przykład 9

Kiedy aktor odwraca się chodząc, droga jego ruchu ma kształt łuku. Jeżeli chcemy zaakcentować tutaj zmianę kierunku, wtedy właściwe będzie zastosowanie pary zewnętrznych miejsc kamery lub kamer w układzie kąta prostego.

Ciąć musimy nie tylko na akcji, należy również umiejscowić postać w obu ujęciach, na tym samym wycinku ekranu. Przykład zawierający kontrplany zewnętrzne przedstawia rys. 11.9.

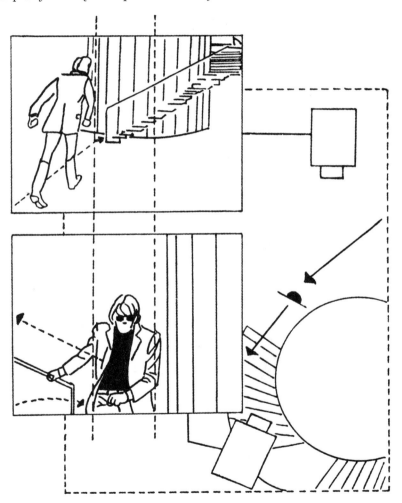

Rys. 11.9 Ruch odwracania się jednego aktora winien następować w obu ujęciach, w tej samej części ekranu, w której ruch został podzielony.

Wstawanie

Jest to ruch pionowy. Obojętne jest, jaką kombinacją ujęć zarejestrujemy ruch wstawania (zbliżenie się po tej samej osi wizualnej, kąty proste czy kontrplany zewnętrzne). Ruch zawsze będzie miał ten sam kierunek – w górę.

Przykład 10

Jeśli chcemy utrzymać ruch wewnątrz granic ramy ekranu, najlepiej go montować od planu średniego do dalszego planu pełnego lub do bliższego zbliżenia.

Rys. 11.10 przedstawia ruch wstawania, który zaczyna się w planie średnim i kończy w pełnym. Oba ujęcia mają wspólną oś wizualną.

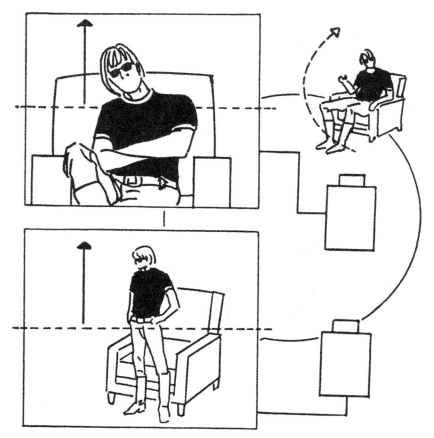

Rys. 11.10 Do przedstawienia podnoszącego się z fotela aktora użyto wspólnej osi wizualnej.

Przykład 11

Ruch rozpoczyna się w planie średnim i kontynuowany jest w bliskim planie tego samego obiektu. Tutaj drugie ujęcie ma tę samą oś wizualną, co pierwsze (rys. 11.11).

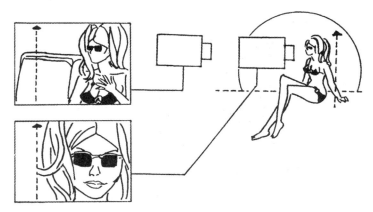

Rys. 11.11 Do obu ujęć użyto wspólnej osi wizualnej, lecz w tym przypadku druga pozycja kamery jest bliższa niż pierwsza.

Przykład 12

Umiejscowienie kamery pod kątem prostym rejestruje pionowy ruch podnoszącego się aktora (rys. 11.12).

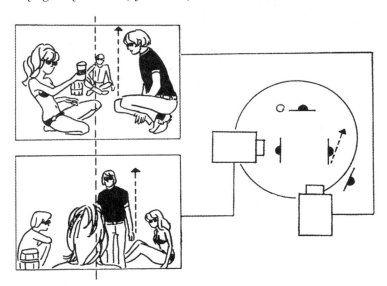

Rys. 11.12 Do objęcia podnoszącego się środkowego aktora użyto prosto kątowego układu pozycji kamerowych.

Przykład 13

Kombinacja kontrplanu wewnętrznego i zewnętrznego stwarza kontrast liczebności przy ruchu pionowym w przestrzeni obrazu (rys. 11.13).

Rys. 11.13 W tym przykładzie użyto wewnętrznego i zewnętrznego kontrplanu dokoła podnoszącej się aktorki.

Siadanie i odchylanie się

Pełne objęcie ruchów siadania i odchylania się sfilmowane w dwu częściach rozwiązujemy realizując jednakowe poczucie kierunku dla obu części.

Przykład 14

Kiedy miejsca kamery leżą na wspólnej osi wizualnej, ruch siadania aktora można objąć w tym samym dla obu ujęć wycinku ekranu. W pierwszym ujęciu wykonawca rozpoczyna siadać, zaś kończy ruch w następnym, nie opuszczając granic ekranu (rys. 11.14). Możemy ciąć od planu pełnego do średniego lub odwrotnie.

Rys. 11.14 Wspólna oś wizualna dla objęcia ruchu aktora w dół.

Przykład 15

Pojedynczy wykonawca w trakcie siadania objęty jest zewnętrznymi kontrplanami, jako dwa przeciwstawne na ekranie ruchy łukowe. Ciało człowieka z powodu swego szczególnego układu uzyskuje pozycję siedzącą przez zgięcie w kształcie łuku i przemieszczenie w dół po zakrzywionym torze. Przeciwstawienie kierunków otrzymuje się w wyniku profilowego ujęcia aktora w obu kadrach.

Rysunek 11.15 pokazuje ruch siadania, który zaczyna się z prawej, zaś kończy z lewej w kontrplanie. Dla uzyskania płynności montażowej ruch winien odbywać się w tym samym wycinku ekranu, nawet gdy jedno ujęcie jest planem średnim, a kontrplan planem ogólnym.

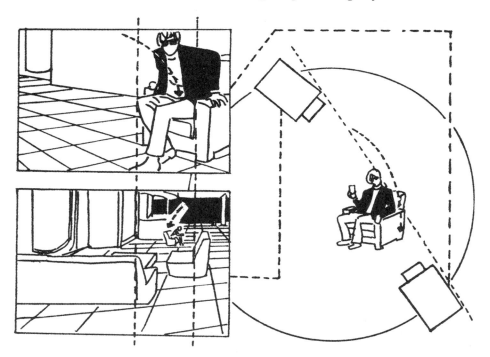

Rys. 11.15 Układ zewnętrznych kontrplanów ukazuje aktora siadającego. Przeciwstawne odczucia kierunków w dół (najpierw w prawo, potem w lewo).

Przykład 16

W przykładzie przedstawionym na rys. 11.16 widzimy objęcie akcji kontrplanami zewnętrznymi przy jednym aktorze wykonującym ruch.

Ujęcie 1: Aktor B rozpoczyna pochylanie się na prawym łokciu. Ciało jego przemieszcza się od prawej do środka ekranu.

Ujęcie 2: Aktor B w kontrplanie kończy pochylanie się, przemieszcza się przy tym od środka do prawej.

A więc aktor porusza się stale w tym samym sektorze ekranu, lecz w przeciwstawnych kierunkach w każdym z ujęć. Drugą część ruchu kończy ruch rozpoczęty w pierwszym ujęciu. Aktorzy w obu ujęciach zachowują swoje miejsca ekranowe.

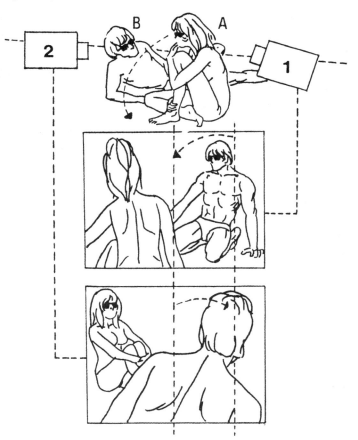

Rys. 11.16 Przy zmianie jednego ustawienia w drugie, odchylający się aktor, po prawej stronie ekranu, porusza się w przeciwstawnych kierunkach. W pierwszym ustawieniu porusza się z prawej do środka, w drugim od środka w prawo.

Przykład 17

Przeciwstawianie zewnętrznych i wewnętrznych pozycji kamery dokoła odchylającego się aktora tworzy przeciwne kierunki ruchu w różnych
sektorach ekranu. Rys. 11.17 pokazuje, że postać odchylająca się w lewo,
widziana w ujęciu 1 (kontrplan wewnętrzny), przemieszcza się od środka
w lewo. Kończy swój ruch, skadrowany w ujęciu 2 (zewnętrzny kontrplan),
przemieszczaniem się od środka w prawo. W ujęciu 1 jest twarzą do nas;
w ujęciu 2 jest plecami do kamery.

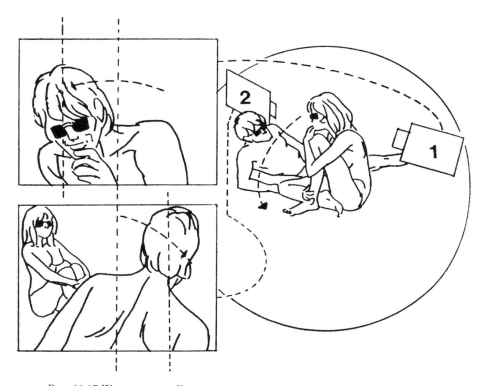

*Rys. 11.17 W tym przypadku zostają uwypuklone przeciwstawne kierunki
ciągłego ruchu. W pierwszym ujęciu aktor B przemieszcza się od środka
w lewo, w drugim zaś od środka w prawo.*

Przykład 18

W obu poprzednich przypadkach montaż następował od widoku obiektu w ruchu, z przodu do widoku z tyłu. Można użyć odwrotności tej procedury, obejmując ruch zewnętrznymi i wewnętrznymi miejscami kamery. Otrzymuje się kontrastujące kierunki ruchu w tym samym sektorze ekranu. Rys. 11.18 przedstawia jednego z aktorów, popychającego drugiego przez ekran, z zewnętrznego kontrplanu. Koniec ruchu padania sfilmowany zostaje z wewnętrznej pozycji kamery.

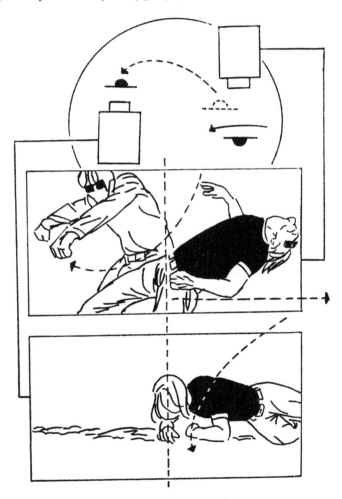

Rys. 11.18 Przeciwne kierunki dla ruchu ciągłego otrzymane przez użycie wewnętrznego i zewnętrznego kontrplanu.

Przykład 19

Może zaistnieć sytuacja, w której obaj aktorzy poruszają się razem, odchylając się w jedną stronę. Gdy ten ruch podzielimy na dwie części, aktorzy będą w przeciwnych kierunkach ruchu, w kontrplanach zewnętrznych. Około jednej trzeciej ruchu widać z pierwszego miejsca kamery, resztę z drugiego (rys. 11.19).

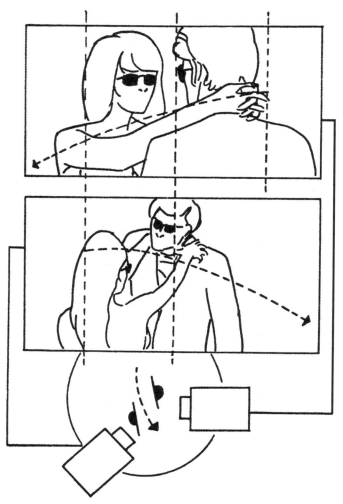

Rys. 11.19 Kiedy obie postacie poruszają się w jedną stronę, razem się pochylając, objęcie ich zewnętrznymi ujęciami kamery stwarza przeciwne kierunki ruchu dla obu postaci na ekranie.

Przykład 20

W tych dwu przykładach aktorzy utrzymują się w tych samych wycinkach ekranu. Przykład następny: poruszający się wykonawca w ujęciu 1 przemieszcza się od boku do środka ekranu i kończy swój ruch w drugim ujęciu, przemieszczając się z przeciwnej strony ekranu do jego środka (rys. 11.20).

Ujęcie 1: Aktorzy A i B siedzą plecami do nas. Aktorka A zaczyna pochylać się w stronę B. Przemieszcza się ona z lewej strony do środka ekranu.

Ujęcie 2: Kontrplan zewnętrzny. Aktorka A porusza się do B. Kończy swój ruch, odchylając się z prawej strony do środka ekranu. Pierwsze ujęcie było planem pełnym obu aktorów, drugie planem bliskim obojga zwróconych do kamery.

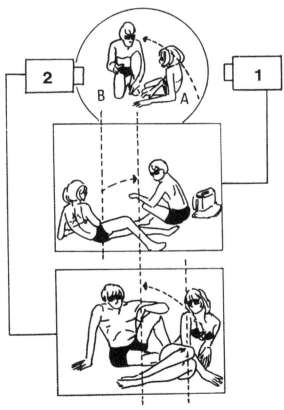

Rys. 11.20 Przeciwstawne odczucie kierunków i zmianę miejsc na ekranie otrzymuje się przedstawioną tu metodą. W pierwszym ujęciu pochylająca się aktorka przemieszcza się z lewej do środka, zaś w drugim z prawej do środka. Pozostaje ona pośrodku ekranu, zaś jej partner zmienia swoje miejsce.

Chodzenie i bieganie
– stosowanie kontrplanów zewnętrznych

Przykład 21

Objęcie ruchu chodzenia lub biegu zewnętrznymi kontrplanami rejestruje przemieszczanie się aktora w dwu kierunkach na wprost: odchodzenie prosto od kamery lub zbliżania się do kamery. Aby otrzymać dwa proste podstawowe warianty, można te dwa kierunki stosować przemiennie.
W pierwszym ujęciu widzimy naszego głównego aktora odchodzącego,
w drugim zbliża się on do nas i zatrzymuje. Jedną trzecią ruchu objęto
w pierwszym ujęciu, zaś pozostałe dwie trzecie – w drugim (rys. 11.21).

Zauważmy, że obie pozycje kamery są po tej samej stronie linii ruchu.
Jest to ważne, jeżeli obiekt widziany w tle, w pierwszym ujęciu zostaje
ukazany jako pierwszoplanowy – w ujęciu drugim. Obiekt ten musi pozostać w tym samym sektorze ekranu w obu ujęciach. Kamerę można umieścić na tej samej lub na różniących się wysokościach.

Zamiast iść w kierunku jakiegoś obiektu, nasz aktor może podejść do
czekającej postaci. Stosujemy wtedy technikę filmowania taką samą jak
poprzednio.

Długość trasy, jaką przechodzi w ujęciach, można odwrócić. Dwie trzecie ruchu w pierwszym ujęciu (odchodzenie), jedną trzecią w drugim (zbliżanie się).

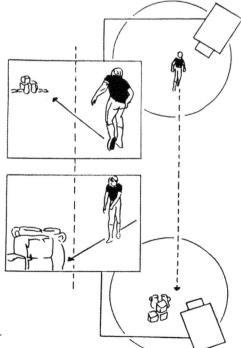

Rys. 11.21
Objęcie zewnętrznymi
kontrplanami linii ruchu.

Przykład 22

Następnym rozwiązaniem jest odwrócenie obu ujęć podstawowych. Aktor zbliża się do kamery w pierwszym ujęciu, w drugim oddala się. W obu ujęciach nie wychodzi poza ekran. Gdy osiąga plan pełny lub średni, zbliżając się do nas w pierwszym ujęciu, przecinamy na drugie ujęcie, w którym widać go odchodzącego w kierunku na wprost, również skadrowanego w pełnym lub średnim planie (rys. 11.22).

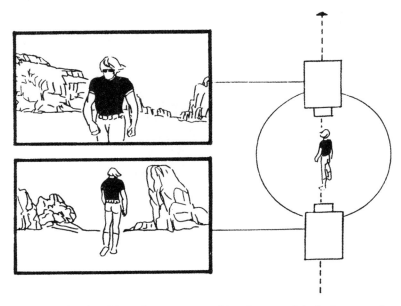

Rys. 11.22 Ruch w kierunku na wprost objęty jest przednią i tylną pozycją kamery.

Przykład 23

Ruch chodzenia lub biegu może być ruchem ciągłym lub nieciągłym. Przechodzimy do drugiego wariantu: ruch zostaje raz przerwany w pobliżu jego połowy. Nasz wykonawca zbliża się, zatrzymuje na chwilę, po czym odchodzi do swego celu.

Oto jak zostają zmontowane ujęcia z rys. 11.23:

Ujęcie 1: Aktor A zbliża się do nas i zatrzymuje w planie bliskim, patrząc poza ekran w prawo. Może pozostać niemym lub mówić jakąś kwestię.

Ujęcie 2: Odwrotność. Aktor A zaczyna odchodzić w kierunku oczekującego B w tle.

Rys. 11.23 Przerywany ruch chodzenia można objąć dwoma planami.

Przykład 24

Ten ruch ciągły wewnątrz kadru można również zarejestrować z czterech pozycji kamery, jak na rys. 11.24.

Ujęcie 1: Aktor A w pierwszym planie, plecami do nas. B w tle, oczekujący. A zaczyna się poruszać, odchodzi od nas.

Ujęcie 2: Odwrotność. Aktor A zbliża się i zatrzymuje w bliskim planie, patrząc poza ekran w prawo.

Ujęcie 3: Odwrotność. Aktor A znajduje się w pierwszym planie, tyłem do nas. B widziany jest w dali, w tle. A znowu zaczyna iść do czekającej postaci.

Ujęcie 4: Odwrotność. Aktor B znajduje się w pierwszym planie, tyłem do nas. Czeka. A nadchodzi i zatrzymuje się przed B.

Obaj aktorzy zachowali swe stałe miejsce na ekranie we wszystkich ujęciach, na jakie podzielono przerywany ruch jednej postaci.

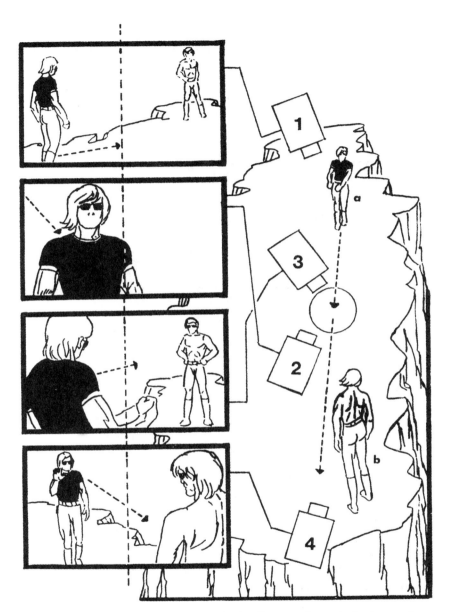

Rys. 11.24 Aktora zbliżającego się do nieokreślonego celu w nieciągłym ruchu, można objąć czterema pozycjami kamery.

Przykład 25

Jeżeli ruch na wprost chodzącej lub biegnącej postaci zostanie sfilmowany z dwóch wysokich pozycji kamery, aktor będzie „wchodził do góry" w jednym ujęciu, zaś „schodził w dół" w drugim (rys. 11.25). Kiedy będziemy ciąć od ujęcia do ujęcia, przedmioty lub osoby wkoło poruszającego się wykonawcy będą zmieniały miejsca z jednej strony ekranu na drugą.

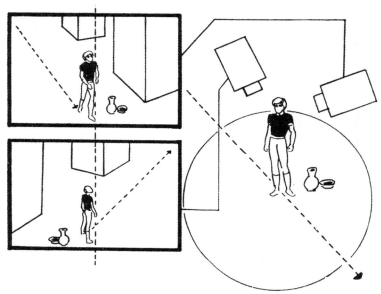

Rys. 11.25 Kierunek na wprost objęty wysokimi pozycjami kamery z kontrplanów zewnętrznych. Ruch został zarejestrowany jako zanikający w pierwszym ujęciu, a wzmagający się w drugim.

Przykład 26

Ruch objęty z dwóch pozycji zewnętrznych kontrplanów nie zawsze jest w kierunku na wprost. W większości przypadków ruch ten ma przebieg po przekątnej i rozciąga się z jednego boku ekranu do jego środka. Pięć poprzednich przykładów można filmować przy skośnym ruchu idącego lub biegnącego aktora.

Czasami odczucie kierunku takiego skośnego ruchu można zmieniać tak, aby na ekranie wydawał się ciągłym (rys. 11.26).

Rzeczywisty kierunek, w jakim porusza się aktor C, zostaje tak zmieniony od ujęcia 1 do ujęcia 2, że na ekranie wydaje się tym samym ciągłym ruchem w obu ujęciach.

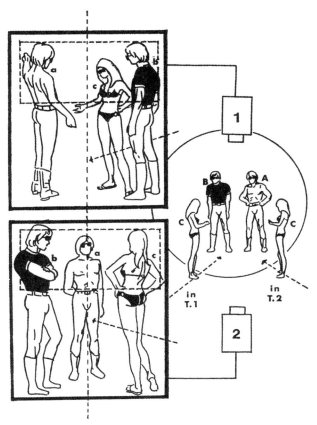

Rys. 11.26 Czasami trzeba zmienić kierunek ruchu dla drugiego ujęcia,
aby uzyskać ciągłość z kierunkiem ukazanym w pierwszym ustawieniu.

W dwóch ujęciach, na jakie ruch został rozczłonkowany, aktor C porusza się w tym samym wycinku ekranu, od prawej do środka, po przekątnej. W pierwszym ujęciu A i B są plecami do kamery. Aktor C, widziany za B w ruchu, zbliża się do środka ekranu. Gdy dokonujemy cięcia na kontrplanie, B i A zamieniają swe położenia na ekranie i są twarzami do kamery. Aktor C, widziany w pierwszym planie, blisko prawego boku ekranu, oddala się od nas w kierunku środka i zatrzymuje się twarzą do innych aktorów. Drugi fragment ruchu jest fałszywy, ponieważ odwrotna pozycja drugiego miejsca kamery zmienia odbiór kierunku poruszającej się aktorki: powinna się poruszać od lewej, w kierunku środka.

Aby otrzymać ciągłość akcji, kierunek jej ruchu zostaje zmieniony, dając temu fragmentowi taki sam kierunek, jak pierwszy. Plan zilustrowany na rys. 11.26 przedstawia jasno tę sytuację.

Na wspólnej osi wizualnej

Przykład 27

Przestudiujmy ruchy chodzenia lub biegania z dwóch miejsc kamery na tej samej osi wizualnej. Te ruchy są na wprost od lub do kamery, prosto lub skośnie i w tym samym wycinku ekranu. Nieskomplikowane podejście do ruchu biegania przedstawiono na rys. 11.27.

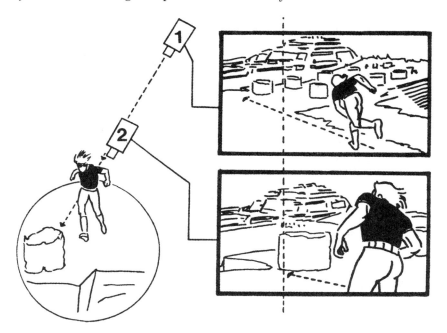

Rys. 11.27 Dwóch pozycji kamery umieszczonej na wspólnej osi wizualnej użyto tutaj dla objęcia biegnącego aktora.

Aktor przechodzi od pierwszego planu do planu w głębi. Dwie trzecie drogi objęte jest pierwszym ujęciem. W drugim ujęciu (wysuniętym w przód na tej samej osi wizualnej) aktor znajdujący się najbliżej kamery odchodzi do swego celu i zatrzymuje się. Cięcie następuje na akcji. Pozostała jedna trzecia zostaje do przebycia w drugim ujęciu. W obu ujęciach aktor poruszał się w tym samym wycinku ekranu: z prawej do środka. Możemy również odwrócić kierunek drogi tak, że będzie ona przebiegać w obu ustawieniach od lewej do środka. Zasada zostanie niezmieniona. W montażu tniemy na akcji, najpierw usuwając końcową część pierwszego ujęcia i statyczną część drugiego.

Przykład 28

Takie samo rozwiązanie można zastosować do dwojga ludzi odchodzących razem od kamery (rys. 11.28).

Ujęcie 1: Plan pełny. Aktorzy A i B oraz C rozmawiają. Następnie B i A odwracają się i odchodzą razem.

Ujęcie 2: Plan średni. Kamera jest wysunięta w przód na wspólnej osi wizualnej. Aktorzy A i B, blisko kamery, zatrzymują się w drodze.

Odległość, jaką pokonują dwaj wykonawcy, nie przekracza pięciu kroków. W pierwszym ujęciu trzy kroki, w drugim dwa. Przez wyłączenie jednego aktora (C) z drugiego ujęcia pojawia się kontrast liczebności.

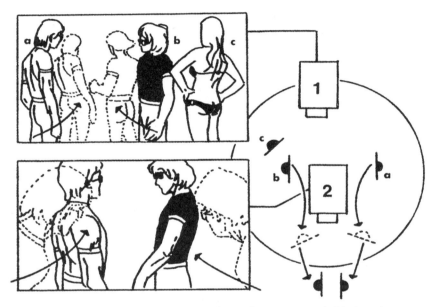

Rys. 11.28 Dwaj aktorzy odchodzą w kierunku na wprost i objęci są dwoma miejscami kamery na wspólnej osi wizualnej.

Przykład 29

W poprzednich przykładach druga pozycja kamery była wysunięta w przód na wspólnej osi wizualnej. Rys. 11.29 przedstawia inną sytuację; pierwsze ujęcie obejmuje krótką odległość, jaką przebył aktor, drugie zaś dłuższą odległość.

Ujęcie 1: Plan średni. Aktor twarzą do kamery w środku ekranu. Odwraca się i odchodzi w głąb.

Ujęcie 2: Plan ogólny. Pośrodku ekranu odchodząca postać.

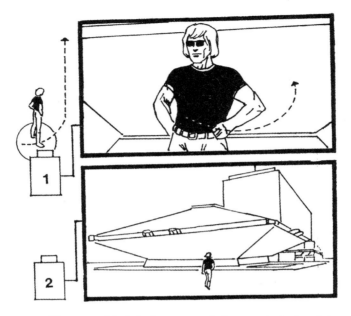

Rys. 11.29 W tym przykładzie druga pozycja kamery jest odsunięta w tył na wspólnej osi wizualnej.

Przykład 30

Na rys.11.30 widać sytuację odwrotną w stosunku do rysunku poprzedniego. Użyto tutaj takiego samego rozwiązania wizualnego.

Ujęcie 1: Plan średni. Aktor A, z bliskiej pozycji, tyłem do kamery i z prawej strony ekranu, odchodzi po skośnej drodze w kierunku B, który oczekuje w tle, z lewej. Kiedy A znajdzie się blisko B cięcie na...

Ujęcie 2: Plan pełny. Ta sama oś wizualna. A (pośrodku) idzie dwa kroki w kierunku B i staje przy niej.

W tym przypadku obiekt ruchomy kończy swój ruch na początku drugiego ujęcia, pośrodku ekranu, przez przejście tylko dwóch kroków i zatrzymuje się w tym punkcie. Tę samą zasadę można zastosować do objęcia akcji układem „pełny plan – średni plan".

Przykład 31

Rozważmy teraz niektóre przypadki, kiedy aktor porusza się nie od nas, lecz do nas.

W pierwszym z tych ujęć człowiek (lub pojazd) zbliża się w pełnym planie (pośrodku). Kiedy swym ciałem prawie zapełnia pole widzenia kamery, przecinamy na ujęcie 2. To ustawienie jest również pełnym planem

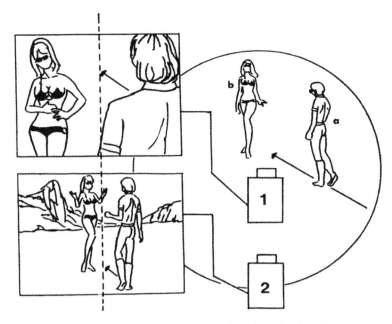

Rys. 11.30 Poruszając się aktor kończy swój ruch w planie pełnym.

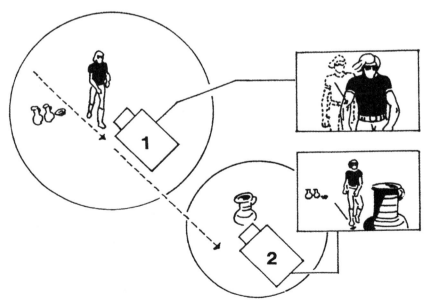

Rys. 11.31 Ruch na wprost, w kierunku kamery w obu ujęciach można objąć dwiema pozycjami kamery na wspólnej osi wizualnej.

i na tej samej osi wizualnej. Aktor, który znajduje się pośrodku ekranu, zbliża się jeszcze raz i zatrzymuje się w pierwszym planie. Efektem jest poszerzenie planu w drugim ujęciu, ponieważ zbliżanie się postaci powoduje, że rośnie ona na ekranie, a tym samym tworzy wizualną potrzebę przecięcia na szerszy plan, aby powiązać postać z otoczeniem i ukazać ostateczny cel ruchu. Pierwszy fragment tego ruchu ciągłego pozwolił pokazać widzom intencje i uczucia aktora (rys. 11.31).

W obu ujęciach był prawie jednakowy ruch. Dla skontrastowania drugiego ujęcia z pierwszym (na normalnym poziomie) można zastosować dla drugiego niższą pozycję kamery.

Przykład 32

Poniższy przykład jest często używany przez filmowców do uzyskania początku ruchu chodzenia. Pokazano tu powtarzający się ruch w tej samej strefie ekranu (rys. 11.32).

Najpierw A widziany jest w bliskim planie, spoglądający poza ekran, w prawo. Następnie rozpoczyna on ruch w tym kierunku. Jego głowa zbliża się po przekątnej od środka, w prawo. Kiedy jego twarz dotknie brzegu ekranu, przecinamy na drugie ujęcie. To nowe (w pełnym planie) ujęcie mieści się dalej w tył, na wspólnej osi wizualnej z aktorem widzianym centralnie, poruszającym się po przekątnej w prawo.

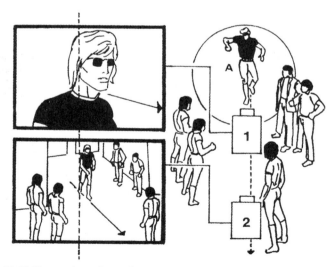

Rys. 11.32 Początek ruchu wskazującego na odejście można zainicjować w planie bliskim, a zakończyć w planie pełnym umieszczonym na wspólnej osi wizualnej. Wystąpi tu powtarzanie się wycinków ekranu we fragmentach ruchu.

Przykład 33

W ujęciu szybko zbliżającej się postaci widzimy również drugą, statyczną. Wykonawca B w średnim planie, plecami do kamery, po prawej stronie ekranu oczekuje na A, który zbliża się po linii prostej (lewa strona ekranu). Drugie ujęcie jest bliskim planem, z bliższej pozycji niż pierwsze, na tej samej osi wizualnej.

Tu B widziany jest w pierwszym planie po prawej, tyłem do kamery, w wielkim zbliżeniu. A po lewej, widziany również bliżej, przestaje się poruszać i zbliża się przed twarz B. Dwie trzecie ruchu jest ukazane w planie pełnym, pozostała część ruchu w planie bliskim (rys. 11.33).

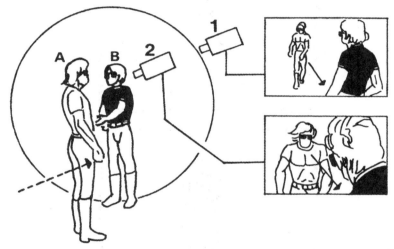

Rys. 11.33 Ruch wskazujący na przybycie aktora do miejsca przeznaczenia w pierwszym planie obu ujęć.

Przykład 34

Rys. 11.34 pokazuje, jak do sfilmowania przerywanej akcji można użyć dwukrotnie dwóch miejsc kamery na wspólnej osi wizualnej.

Ujęcie 1: Samotny jeździec w ruchu, w środku trzeciej części ekranu, w pełnym planie. Widać odległą małą postać na grzbiecie góry, poruszającą się skośnie z lewej do środka.

Ujęcie 2: Plan średni. Jeździec przy lewym brzegu ekranu zbliża się do nas i zatrzymuje pośrodku ekranu, patrząc w prawo.

Ujęcie 3: Przerywnik. Pełny plan. Stado koni pasących się na łące. Ujęcie przedstawia to, co widzi jeździec.

Ujęcie 2: Średni plan. Jeździec pośrodku ekranu zaczyna ponownie poruszać się w przód, do prawego brzegu ekranu.

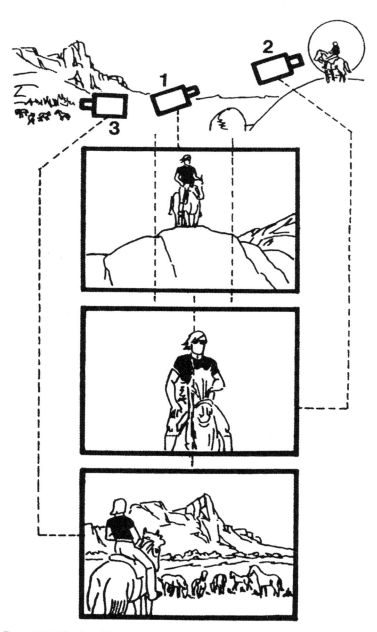

Rys. 11.34 W celu objęcia ruchu nieciągłego zbliżającego się aktora każde z pokazanych tu ujęć jest użyte dwukrotnie.

Ujęcie 1: Pełny plan. Jeździec pośrodku ekranu porusza się w prawo, zbliżając się do nas. Jego ruch w tym ujęciu odbywa się zawsze w centralnej przestrzeni ekranu.

Ujęcie 3: Pełny kontrplan. Stado pasących się koni na łące, jeździec pośrodku, w pierwszym planie, oddala się od nas w kierunku stada.

Ujęcia 1 i 2, na wspólnej osi wizualnej, były użyte dwukrotnie dla objęcia przerywanej akcji jeźdźca. Zauważmy, że za pierwszym razem ujęcia obejmowały lewą przestrzeń ekranu. Po przerywniku, oba ujęcia ukazywały jeźdźca w ruchu, od środka w prawo.

Tak więc lewe i prawe części ekranu były użyte parami, z powtarzającym się ruchem (w każdym wycinku) przed zmianą ujęcia. Kolejność była taka: lewy wycinek (dwukrotnie) – przerywnik, prawy wycinek (dwukrotnie) kontrplan (z tego samego miejsca jak przerywnik). Jeździec znajdował się w pierwszym planie, następnie zjeżdżał po stoku, w kierunku doliny. Tym zamknięto sekwencję ujęć. Należy zwrócić uwagę na rolę przerywnika. Przerywnik oraz kontrplan mogłyby być fotografowane w innym plenerze niż ten, w którym grał aktor. Dzięki montażowi te dwa ujęcia, wykonane w różnych miejscach, wydają się być tym samym plenerem. Takie manipulowanie czasem i miejscem jest dość częstym zjawiskiem na ekranie z powodów praktycznych. Pozwala bowiem filmowcowi zastosować najlepsze widoki plenerowe, nawet odległe od siebie pod względem geograficznym. Powinniśmy uciekać się do takich możliwości, kiedy tylko pozwala na to sytuacja.

Przykład 35

W ruchu po przekątnej przez ekran, jak to pokazano na rys. 11.35, dla każdego ujęcia użyto połowy ekranu.

Aktor A, z przodu, w planie pełnym przechodzi po przekątnej do B widzianego w tle ogólnego planu. Kiedy A osiąga środek ekranu, przecinamy na plan średni. W tym drugim ujęciu, w którym A jest skadrowany na tej samej osi wizualnej, pośrodku ekranu, aktor kontynuuje ruch, oddalając się po przekątnej od kamery, od środka w prawo, zatrzymuje się przed B, który w obu ujęciach znajdował się po prawej stronie ekranu.

Umiejscowienia kamery pod kątem prostym

Ruch wewnątrzkadrowy wspomagany jest użyciem kamer w układzie kąta prostego. Ta metoda pozwala objąć ruch rozciągnięty na większym terenie. Wspólna oś wizualna dla obu miejsc kamery ogranicza spojrzenie na ruch. Pozycje kamer w układzie kąta prostego umożliwiają kombinacje ruchów „poprzez ekran" i „po przekątnej"lub też „poprzez ekran" i „ruch na wprost".

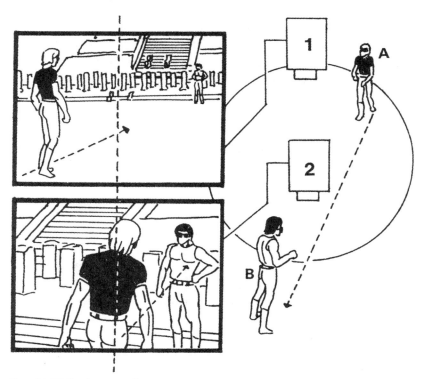

Rys. 11.35 Ruch po przekątnej poprzez ekran objęto używając połowy przestrzeni ekranu w każdym z ujęć.

Przykład 36

W tym przykładzie użyto ruchu w połówkach przestrzeni ekranowej, widzianych pod kątem prostym. W pierwszym ujęciu aktor przechodzi przez jedną połowę ekranu, w następnym porusza się on po przekątnej w drugiej połowie ramy obrazu (rys. 11.36).

Ujęcie 1: Postać A po prawej stronie ekranu, blisko brzegu, porusza się przez ekran do środka. Gdy osiąga środek, jeszcze będąc w ruchu, cięcie na...

Ujęcie 2: Bliski plan, A plecami do nas, zajmuje pełną prawą połówkę ekranu. Odchodzi po przekątnej do lewej strony i zatrzymuje się w tle.

Rys. 11.36 Inny wariant ruchu objętego przestrzeniami połowy ekranu w każdym ujęciu. Dla punktów widzenia kamery zastosowano układ kąta prostego.

Przykład 37

Wykonawca przechodzący z jednego miejsca w drugie, bez opuszczania ram ekranu, może przebyć długą drogę przy użyciu dwóch ujęć o wzajemnym stosunku prostokątnym, przez zastosowanie w drugim ujęciu ruchu w kierunku na wprost. Rys. 11.37 przedstawia ten często stosowany przez filmowców chwyt. A przecina ekran z prawej w lewo. Kiedy osiąga trzeci wycinek, po lewej, przecinamy na prostokątową pozycję kamery, z której widzimy go oddalającego się od nas. Koniec ujęcia 1 i początek ujęcia 2 są w tej samej przestrzeni obrazowej, co jest ważnym warunkiem przy cięciu tego rodzaju. Jeżeli postać nie zostanie dokładnie umiejscowiona, cięcie nie będzie gładkie.

Przykład 38

By objąć ruch aktora zbliżającego się aktora, można odwrócić kolejność ujęć (rys. 11.38).

Aktor A w pierwszym ujęciu, blisko lewej krawędzi ekranu, przechodzi w kierunku środka ekranu. Tniemy na ujęcie 2, w którym A jest w planie ogólnym, zbliżając się w kierunku na wprost. Odwrotną kolejność ujęć

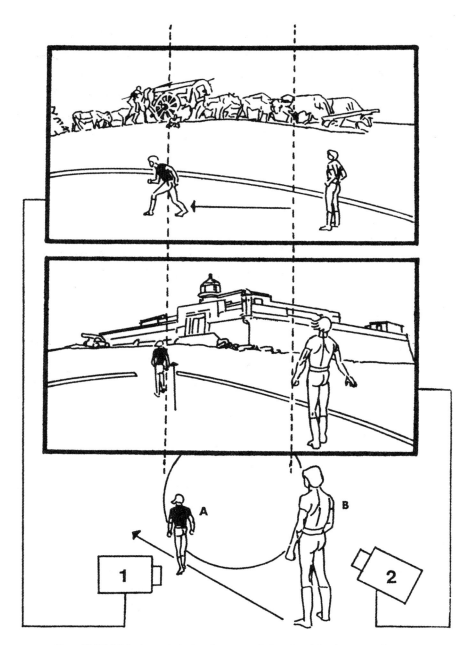

Rys. 11.37 Układ prostokątny kamery obejmuje odchodzącego aktora.

mamy wtedy, kiedy aktor w pierwszym ujęciu podchodzi do kamery w kierunku na wprost, a po osiągnięciu planu średniego, tniemy na drugie ujęcie. W drugim ujęciu porusza się on w średnim planie od środka do skraju ekranu. Układ taki, technicznie możliwy do przeprowadzenia, jest jednakże rzadko stosowany.

Opisywana tu technika wymaga, aby w obu ujęciach aktor w ruchu
był tej samej wielkości na ekranie w momencie cięcia. Rozbieżności w roz-
miarach postaci na samym cięciu stworzą niezręczność montażową.

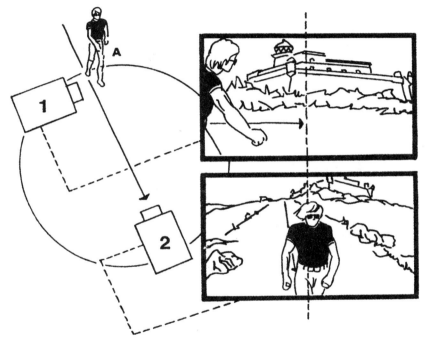

*Rys. 11.38 Objęcie ruchu układem prostokątnym z użyciem środka ekranu
jako miejsca dla cięcia między ujęciami.*

Przykład 39

Kiedy ruch o kierunku na wprost, w pierwszym ujęciu, kończy się ruchem w połowie ekranu, w drugim ujęciu aktor nie musi rozpoczynać ruchu od wejścia w ekran. Może się np. ukazać zza postaci jednego z wykonawców będącego już w pierwszym planie. W ten sposób jego ruch poziomy zostaje skrócony.

Na rys. 11.39 widzimy, że aktorka A w pierwszym ujęciu porusza się
na wprost do nas pośrodku ekranu. Kiedy znajdzie się w pobliżu B, przecinamy na drugie ujęcie. Ujęcie 2 jest boczne. W ujęciu tym A porusza się

od miejsca za postacią B. Przechodzi i zatrzymuje się pośrodku między nieruchomymi postaciami B i C.

Aby objąć A, odchodzącego A po rozmowie z C, musimy tylko odwrócić kolejność ujęć, stosując te same miejsca kamery. Kiedy A znika za postacią B (widziane z drugiej pozycji kamery), tniemy na pierwszą pozycję kamery, gdzie aktor A (pośrodku) odchodzi w kierunku na wprost.

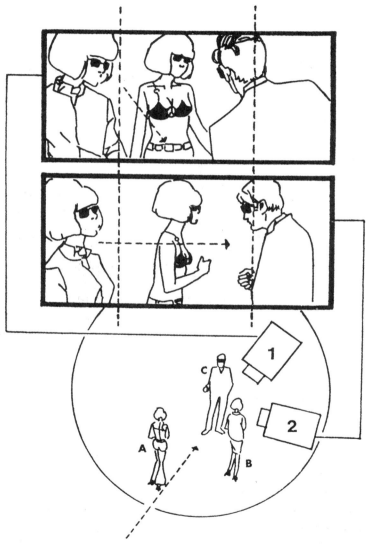

Rys. 11.39 Prostokątne objęcie ruchu, który ma miejsce w obu ujęciach pośrodku ekranu.

Przykład 40

Rama otwartych drzwi (lub jakikolwiek inny rodzaj stałego wykroju widzianego w pierwszym ujęciu) może być użyty do obramowania drugiej części podzielonego ruchu w ujęciu drugim (rys. 11.40).

Ujęcie 1: Aktor idzie korytarzem w kierunku kamery, w planie pełnym. Kiedy zbliża do drzwi po lewej, cięcie na...

Ujęcie 2: Wnętrze pokoju, patrząc przez drzwi. Aktor ukazuje się z lewej w drzwiach i zatrzymuje się patrząc w kierunku kamery.

Oba fragmenty ruchu zostały umieszczone w obrazie centralnie i aktor poruszał się w drugim ujęciu od lewej do środka, ponieważ drzwi były po lewej stronie korytarza. Gdyby drzwi te były z prawej strony, wtedy kamera (miejsce 3, rys. 11.40) ujrzałaby go ukazującego się od prawej. Ujęcie 1 pozostałoby takie samo.

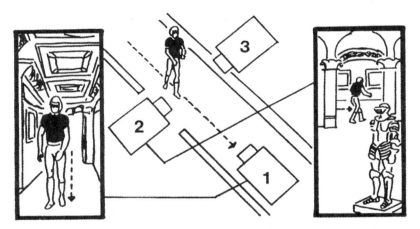

Rys. 11.40 Inny wariant prostokątnego objęcia ruchu, który odbywa się w obu ujęciach pośrodku ekranu.

Przykład 41

Jeżeli zbliżanie się w pierwszym ujęciu jest skośne, drugie ujęcie musi być umieszczone po tej samej stronie linii ruchu (rys. 11.41).

Ujęcie 1: A porusza się w prawym wycinku ekranu. Idzie po przekątnej od tła do środka. Kiedy znajdzie się między B i C cięcie na...

Ujęcie 2: Aktor A, w środku, idzie w lewo i tam się zatrzymuje. Oba ujęcia były planami pełnymi. W celu dopasowania ruchów użyto środka ekranu.

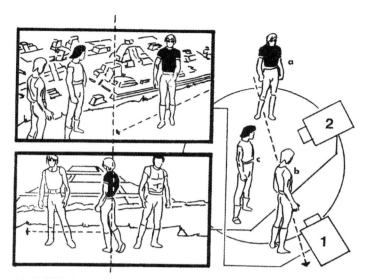

Rys. 11.41 Objęcie prostokątne z zastosowaniem ruchów w połowie ekranu, w różnych sektorach dla każdego z ujęć.

Przykład 42

Teraz rozpatrzmy przykład, w którym ruch w pierwszym ujęciu następuje od środka do jednego boku i w drugim – od przeciwnej strony ekranu do środka (rys. 11.42).

Aktor A, pośrodku, patrzący w prawo, w ruchu w prawo: kiedy osiąga prawy skraj obrazu, cięcie na drugie ujęcie od tyłu, kadrując go z lewej od środka, odchodzącego po przekątnej do środkowego rejonu ekranu.

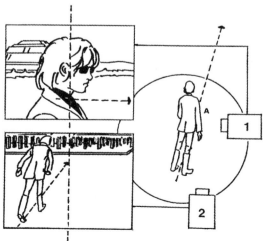

Rys. 11.42 Inny wariant kąta prostego do objęcia oddalającego się aktora.

Przykład 43

Objęcie, z pozycji kamery w układzie kąta prostego, idącego lub biegnącego wykonawcy może być użyte do powiązania dwóch różnych przestrzeni w dekoracji.

W pierwszym ujęciu aktor A idzie od środka do boku ekranu, odchodząc od aktora C. W drugim ujęciu A jest już w środku (średni plan, plecami do nas, skadrowany od pasa w górę) i odchodzi po przekątnej w prawo do B. Aktor D po lewej stronie ekranu, w tle, obserwuje jego ruch (rys. 11.43).

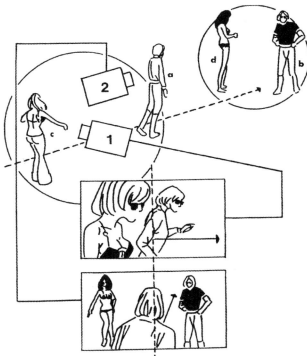

Rys. 11.43 Dwie różne strefy dekoracji połączone ruchem aktora widzianego w prostokątnym układzie miejsc kamery.

Przykład 44

Wreszcie przypadek, w którym trzy ujęcia (jedno pod kątem prostym do pozostałych) obejmują biegnącego człowieka. Przykład ten odznacza się jedną osobliwością: ruch jest pośrodku ekranu we wszystkich trzech ujęciach (rys. 11.44).

Ujęcie 1: Zbiegły więzień biegnie od kamery pośrodku ekranu (kierunek na wprost), przez błotnistą równinę.

Ujęcie 2: Plan ogólny. Więzień, widziany z dala jako mała figurka na ekranie, biegnie w poprzek z lewej w prawo, w granicach centralnej części ekranu.

Ujęcie 3: Pełny plan. Zbieg, początkowo widziany jako mała postać na ekranie, zbliża się do kamery i zatrzymuje (średni plan), aby złapać oddech.

Ponieważ akcja ogranicza się do środka ekranu, widzom łatwo jest ją śledzić, nawet gdy obiekt jest czasami widziany w bardzo małej skali.

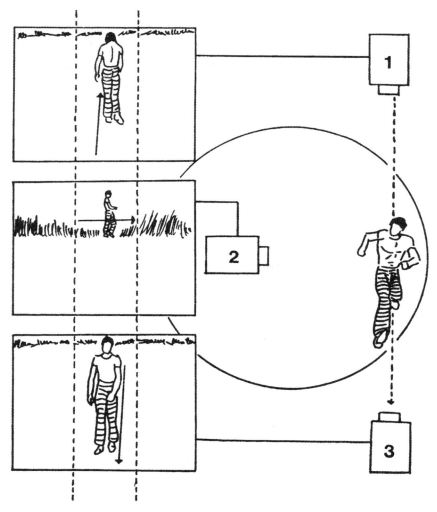

Rys. 11.44 Druga pozycja kamery w tym przykładzie jest pod kątem prostym do dwóch pozostałych ujęć. Ruch aktora zarejestrowany jest w centralnej części ekranu w trzech ustawieniach.

Ruch poprzeczny przez ekran

Kiedy łączymy dwa fragmenty akcji ciągłej wewnątrz granic obrazu, ruch poprzeczny przez ekran może zostać użyty, by pokazać przybycie lub odejście wykonawcy.

Przykład 45

Sytuacja jest prosta. W pierwszym ujęciu wykonawca (w środku), zwrócony twarzą do kamery, obraca się, przesuwając się w lewo. W tym ujęciu jego twarz nie opuszcza ekranu. Kiedy twarz aktora będzie blisko lewego boku ekranu, następuje cięcie na plan średni, w którym wykonawca, obecnie pośrodku, wychodzi z kadru w lewo (rys. 11.45).

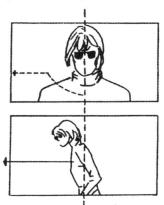

Rys. 11.45
Ruch poprzez ekran widziany
z dwóch miejsc kamery
na wspólnej osi wizualnej.

Przykład 46

Przykład ten (rys. 11.46) różni się od poprzedniego tylko tym, że wykonawca jest widziany z profilu w pierwszym ujęciu. Jego ruch w pierwszym ujęciu jest identyczny z ruchem z poprzedniego przykładu, podczas gdy drugie ujęcie jest takie samo jak w poprzednim przykładzie.

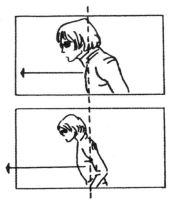

Rys. 11.46
Przykład ten jest identyczny
z poprzednim, a różnica polega
na tym, że aktor jest już w profilu
w pierwszym ujęciu.

Przykład 47

Następny wariant (rys. 11.47) zawiera plan ogólny jako drugie ujęcie. Pierwsze ujęcie jest identyczne jak w poprzednim przykładzie; kiedy twarz aktora osiąga bok ekranu, następuje cięcie na plan ogólny, na którym odległa, mała postać aktora, (z prawej) idzie powoli w lewo, gdzie zatrzymuje się.

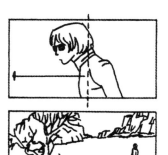

Rys. 11.47
Różnica między tym, a dwoma poprzednimi przykładami polega na tym, że jako drugie ujęcie został użyty plan ogólny. Aktor nie musi wychodzić z drugiego ujęcia, jak w poprzednich przypadkach.

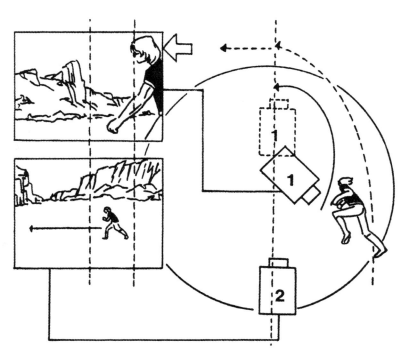

Rys. 11.48 Przez utrzymanie aktora stale w tym samym wycinku ekranu, można gładko ze sobą połączyć ujęcie panoramowane z ujęciem statycznym.

Przykład 48

Technika dopasowywania akcji w tej samej przestrzeni ekranu, w kolejnych ujęciach, służy również połączeniu ujęć w panoramie z ujęciem statycznym. Oba ujęcia rejestrują ruch przez ekran (rys. 11.48).

Aktor w pierwszym ustawieniu biegnie z prawej do lewej, skadrowany w prawym wycinku ekranu, w planie średnim, w którym śledzony jest panoramą. Pozycja jego ciała zostaje dopasowana w cięciu w końcu pierwszego ujęcia i początku drugiego, gdzie skadrowany jest w pełnym planie ze statycznej kamery. W drugim ujęciu biegnie z prawej w lewo, gdzie zatrzymuje się. Oba ujęcia mają wspólną oś wizualną. Rozwiązanie to jest często używane przy zakończeniu ruchu chodzenia lub biegu przez ekran.

Przykład 49

Sfilmowano tu ruch poziomy, stosując przeciwstawne wycinki ekranu. W pierwszym ujęciu (bliski plan) aktor w ruchu idzie od środka w prawo, blisko skraju ekranu. W drugim (plan pełny) idzie z lewej do środka i zatrzymuje się (rys. 11.49).

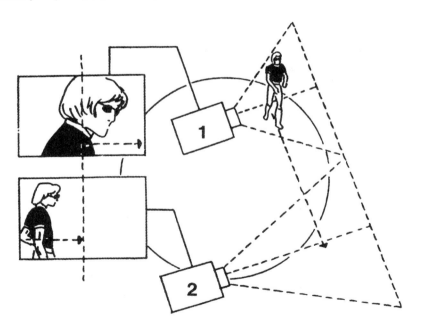

Rys. 11.49 Ruch poziomy objęty dwiema równoległymi pozycjami kamery. Użyto różnych przestrzeni ekranowych dla każdego z ujęć. W pierwszym aktor porusza się od środka do boku, w drugim od przeciwnego boku do środka.

Przykład 50

Stosowanie kolejnych wycinków ekranu: bok (środek, środek), drugi bok, na wspólnej osi wizualnej. Rys. 11.50 przedstawia aktora przed grupą, który rozpoczyna swe wyjście, w pierwszym ujęciu profilowanym w planie pełnym (od prawej strony ekranu) i porusza się w kierunku środka. Cięcie na pełny plan grupy wraz z aktorem poruszającym się od środka w lewo, aż do opuszczenia ram obrazu.

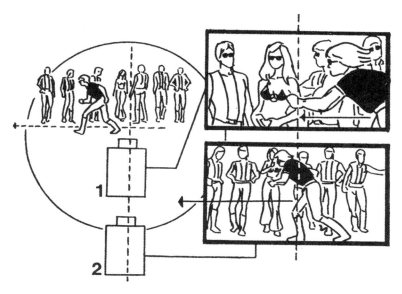

Rys. 11.50 Pokazano tu akcję poziomą, w której ruch objęty jest od jednego boku do środka w jednym ujęciu i od środka do przeciwnego boku w ujęciu drugim. Oba ujęcia leżą na linii wspólnej osi wizualnej.

Przykład 51

W tym przykładzie pojawienie się aktora potraktowano w sposób podobny, lecz w odwróconej kolejności: aktor pojawia się (plan pełny) w ruchu od prawej do środka, po czym w drugim planie (średni lub bliski) wchodzi od środka w lewo, do czego potrzebuje tylko jednego lub dwóch kroków. Lekką zmianę otrzymamy przez powtórzenie ruchu poprzez mały wycinek ekranu: aktor w ruchu wchodzi w obraz z jednego boku i przecina, powiedzmy, dwie trzecie szerokości ekranu (rys. 11.51). Wtedy cięcie na bliski plan po ten samej osi wizualnej, gdzie porusza się od środka do skraju pozostałego wycinka. Powtórzenie w drugim ujęciu służy użyciu centralnej trzeciej części przestrzeni ekranu.

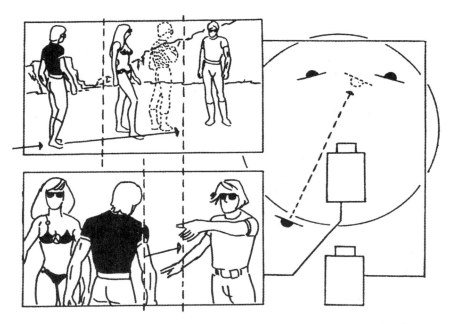

Rys. 11.51 Ruch zostaje powtórzony, w małym wycinku ekranu, w drugim ujęciu.

Przykład 52

Rozpatrzone dotychczas przykłady ruchu w poprzek ekranu miały kamery umiejscowione na tej samej osi wizualnej i to samo poczucie kierunku w obu ujęciach. Zamiast nich można tu zastosować dwa kontrplany zewnętrzne lub kombinację wewnętrzno-zewnętrznych.

Na rys. 11.52 aktor A odchodzi. W pierwszym ujęciu porusza się od środka w lewo. Gdy osiąga brzeg ekranu, tniemy na ujęcie 2, potem kontrplan, na którym A, pośrodku, porusza się w prawo aż poza ramy ekranu.

Pojawienie się postaci odwraca sytuację. W ujęciu 1 aktor wchodzi w plan i kończy ruch w ujęciu 2 (rys. 11.53).

W tym przykładzie przedstawiony aktor widziany jest od pleców w jednym ujęciu i *en face* w drugim. Jeśli będzie on widziany z profilu, wtedy nagłe zderzenie przeciwstawnych kierunków nie da w montażu gładkiego efektu.

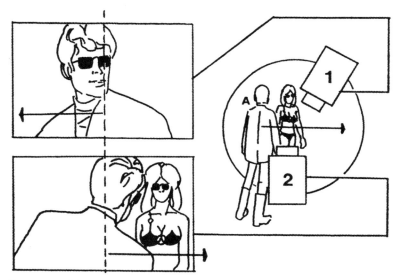

Rys. 11.52 Odejście aktora objęto z przeciwstawnych pozycji kamery. Jego ruch na ekranie jest w kierunkach rozbieżnych.

Rys. 11.53 Przybywający aktor jest pokazany przez dwa kontrastujące ruchy na ekranie. W pierwszym ujęciu porusza się od jednego boku do środka, w drugim od drugiego boku do środka. Drugie ujęcie jest wewnętrznym kontrplanem.

Gdy kadrujemy z profilu, centrum zainteresowania przesuwa się w przód przed aktora. Przez pokazanie ruchu w przeciwstawnych połowach ekranu zainteresowanie to zostaje gwałtownie przesunięte z jednej strony na drugą, łamiąc zasadę stałego kierunku ekranowego. Lecz jeśli aktor jest tyłem do nas w połowie ruchu, zaś zwrócony jest twarzą do kamery w drugiej połowie, wtedy centrum zainteresowania pozostaje na środku ekranu. Tak więc w formule z profilowanymi ujęciami aktora konieczne jest wprowadzenie ruchu na wprost (lub pauzy) między oba ustawienia (rvs. 11.54).

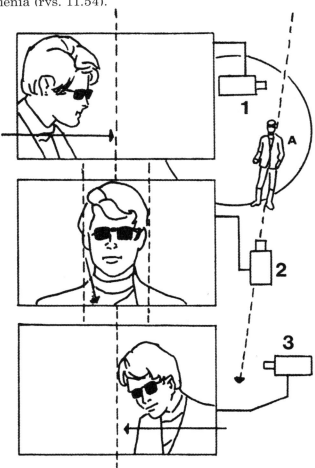

Rys. 11.54 Ruch o kierunku na wprost zostaje wstawiony między dwa niezgodne ze sobą ustawienia by wygładzić przejście od jednego widoku bocznego do drugiego. W ten sposób akcja jest widziana na ekranie jako ciągły ruch o stałym kierunku, mimo przeciwnych kierunków ujęć 1 i 3.

Przykład 53

Wyjątkowo wyróżniający się ruch może służyć do połączenia dwóch niezgodnych kontrplanów dwóch aktorów (rys. 11.55). Dziewczyna (z prawej) uderza w twarz mężczyznę (z lewej); kiedy jej ręka dosięga jego twarzy, przecinamy na drugie ujęcie, w którym ruch zostaje zakończony. Pozycje ich są odwrotne, lecz oba ujęcia montują się gładko, gdyż ruch ramienia przebiegał w ciągłym kierunku.

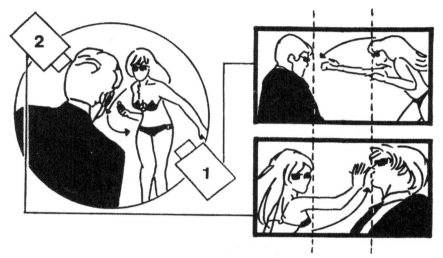

Rys. 11.55 Poczucie ciągłości kierunku ruchu. W tym przypadku ruch ramienia dziewczyny policzkującej mężczyznę maskuje nagłą zmianę położeń obu postaci na ekranie, w momencie cięcia z pierwszego na drugie ustawienie.

Przechodzenie przez drzwi

Przykład 54

Przy normalnym przechodzeniu oba miejsca kamery, wewnątrz i z zewnątrz, pozostają po tej samej stronie linii ruchu.

Przykład 55

Jeżeli świadomie wybieramy rozwiązanie nieszablonowe, fragmenty akcji będą w przeciwnych kierunkach, ponieważ miejsca kamery są po przeciwnych stronach linii akcji (rys. 11.57). Rozwiązanie to jest bardziej dynamiczne na ekranie, szczególnie, kiedy ruch odbywa się w obu ujęciach przez otwarte drzwi. Jeśli drzwi mają się otworzyć, ruch ich zostaje użyty by wykonać cięcie od ujęcia do ujęcia. Półkolisty ruch drzwi pomoże w zamaskowaniu zmiany kierunku.

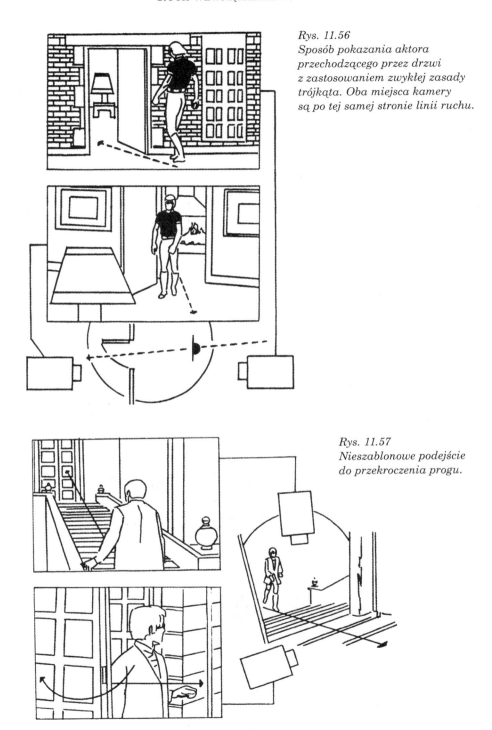

Rys. 11.56
Sposób pokazania aktora
przechodzącego przez drzwi
z zastosowaniem zwykłej zasady
trójkąta. Oba miejsca kamery
są po tej samej stronie linii ruchu.

Rys. 11.57
Nieszablonowe podejście
do przekroczenia progu.

Przykład 56

Niektórzy montażyści skracają czas, pokazując wykonawcę wchodzącego przez drzwi, które muszą zostać otwarte.

W pierwszej scenie filmu *Goldfinger*, w reżyserii Guya Hamiltona, widzimy Jamesa Bonda ubranego w strój płetwonurka, klęczącego koło podstawy wielkiego zbiornika. Bond naciska ukryty włącznik i otwierają się ukryte drzwi. Cięcie. We wnętrzu zbiornika James Bond zamyka za sobą drzwi i przechodzi w przód (by założyć ładunki wybuchowe na bębnach z nitrogliceryną). Rzeczywisty ruch przekraczania granicy został pominięty, pokazano tylko pierwszą jego część i zakończenie ruchu, ścieśniając czas spędzony w ruchu, który nie miał wartości dramatycznej. Odwrotnie, jeżeli otwarcie drzwi ma miejsce w bardzo dramatycznych okolicznościach, można je jeszcze podkreślić przez opóźnienie samego otwarcia na tyle, by nie zniszczyć efektów całej sceny (rys. 11.57).

Przy innych okazjach wprowadza się pauzę na początku drugiego ujęcia, kiedy drzwi są przez kilka sekund widoczne (statyczne), z wnętrza. Otwierają się wówczas i wchodzi przez nie aktor (w poprzednim ustawieniu widziany w trakcie zbliżania się do drzwi).

Przykład 57

Jeżeli ukazuje się dwóch aktorów idących razem w kierunku otwartych drzwi (kierunek do kamery), to przy cięciu na kontrplany drugiej części akcji ich pozycje ekranowe zostaną odwrócone (rys. 11.58).

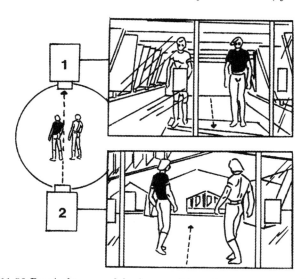

Rys. 11.58 Dwaj aktorzy, odchodzący w kierunku na wprost, zmieniają swe pozycje ekranowe w drugim ujęciu, kiedy zbliżają się do kamery.

Przykład 58

Takie samo odwrócenie będzie miało miejsce, jeżeli jeden z wykonawców stoi blisko drzwi, oczekując na drugiego, by się zbliżył i wszedł do pokoju. Ruch wchodzącego aktora jest w kierunku na wprost kamery w obu ujęciach. Kiedy to tylko możliwe, jego pozycję na ekranie należy dopasować (najlepiej pośrodku) tak, aby oczekujący wykonawca znalazł się najpierw po jednej stronie ekranu, a następnie po drugiej, podczas gdy aktor w ruchu jest utrzymany w środku kadru.

Przykład 59

Kiedy aktor otwiera zamknięte drzwi, czasami stosuje się pauzę. W pierwszym ujęciu widzimy go, jak podchodzi do drzwi i zatrzymuje się, by zapukać. Gdy zapuka, przecinamy na drugie ujęcie, w którym widzimy tylko drzwi od wewnątrz. Ktoś odpowiada spoza ekranu, zapraszając przybyłego do środka lub też po pauzie aktor z zewnątrz otwiera drzwi i wchodzi. Ta pauza na początku drugiego ujęcia służy do zamaskowania kierunku ruchu aktora. Statyczny widok drzwi od wewnątrz, całkowicie bez ruchu na ekranie, trzymanych przez sekundę lub dwie przed otwarciem, stanowi pauzę wizualną.

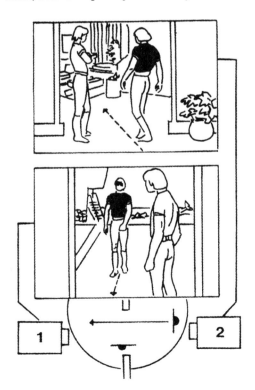

Rys. 11.59
Odwrócenie pozycji ekranowych
aktorów następuje również wtedy,
gdy jeden aktor podchodzi blisko
do aktora stojącego, który obserwuje
jego przejście.

Przykład 60

Ujęcie dwóch aktorów znajdujących się po obu stronach drzwi. Aby odnieść wrażenie, że są oni we wzajemnym kontakcie, ujęcia powinny być w przeciwnych kierunkach. W ten sposób otrzymujemy łącznik poprzez fizyczną zaporę w sytuacjach, w których obaj aktorzy mają do siebie mówić przez drzwi, których żaden z nich nie może otworzyć.

Rys. 11.60 przedstawia taki przypadek. Zwróćmy uwagę na to, że jeden z aktorów patrzy w prawo, podczas gdy drugi patrzy w lewo (brzeg ekranu, do którego drugi aktor zwrócony jest plecami).

Rys. 11.60 Przeciwstawne kierunki spojrzeń, kiedy dwaj aktorzy po różnych stronach zamkniętych drzwi, mają być przedstawieni jako kontaktujący się między sobą.

Krótkie podsumowanie

Najważniejsze czynniki, o których była dotąd mowa, można zestawić następująco:

1. Ruch dzieli się co najmniej na dwa fragmenty.
2. Cięcie z ustawienia na ustawienie przeprowadza się na samej akcji.
3. Przy cięciu następuje zmiana odległości kamery do (ruchomego) obiektu.
4. Istnieją dwa podstawowe rodzaje ruchu – na miejscu i wzdłuż drogi.
5. Do ruchu na miejscu używa się trzech wariantów trójkątnej zasady umieszczenia kamery, gdy zarejestrujemy rozczłonkowaną akcję: kontrplanów, kątów prostych oraz wspólnej osi wizualnej, jak również wszystkie warianty (pięć) stosowane przy ruchu wzdłuż drogi.
6. Wszystkie przedstawione formuły dają się odwrócić, zmieniając się od ujęć 1–2 na ujęcia 2–1.
7. Do filmowania fragmentów akcji dzielimy ekran na dwa lub trzy wycinki.
8. Sfilmowana akcja obejmuje jeden wycinek na jedno ujęcie.

Przy prezentacji ciągłego ruchu, podzielonego na dwa ujęcia, z użyciem przestrzeni pół ekranu w każdym, można ustalić trzy ogólne zasady:

1. Ruch powtarza się w tym samym wycinku ekranu, w tym samym lub w odwrotnym kierunku.
2. Ruch zaczyna się i kończy pośrodku lub zaczyna się po jednej stronie i kończy po drugiej.
3. Ruch jest zbieżny do środka ekranu lub rozbieżny od niego.

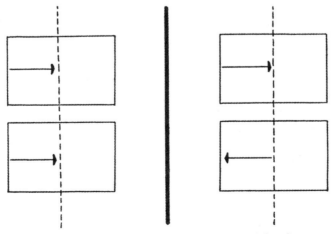

Rys. 11.61 Ruch zostaje powtórzony w tym samym wycinku ekranu, w tym samym lub w przeciwnym kierunku.

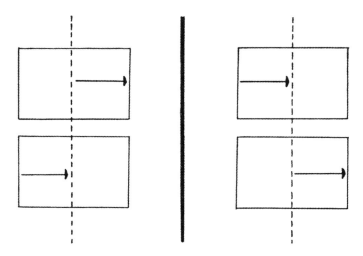

Rys. 11.62 Ruch zaczyna się w środku i kontynuowany jest pośrodku lub zaczyna się po jednej stronie i kończy po przeciwnej stronie ekranu.

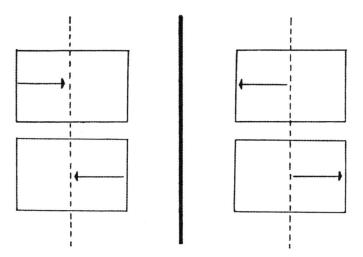

Rys. 11.63 Ruch zbiega się do lub od środka ekranu.

12

RUCH WCHODZENIA
I OPUSZCZANIA KADRU

Przy tej technice aktor będący w ruchu, w pierwszym ujęciu, opuszcza kadr
całkowicie lub częściowo i wchodzi w kadr powtórnie (lub nie) w drugim.
W drugim ujęciu aktor może pojawiać się po stronie przeciwnej do swego
wyjścia albo może być już widoczny pośrodku lub też z boku kadru.

Przy ruchu opuszczania kadru cięcie następuje natychmiast po wyjściu postaci:

1. Cięcie następuje, gdy aktor jest częściowo poza kadrem.
2. Ujęcie zostaje przetrzymane kilka klatek po wyjściu.

Dla aktorów wchodzących w kadr techniki te zostają odwrócone. Przy
użyciu kamer według zasady trójkąta można stosować wszystkie pięć wariantów: kontrplany zewnętrzne, kontrplany wewnętrzne, kąty proste,
równoległe miejsce kamery oraz wspólną oś wizualną dwóch lub większej
liczby kolejnych ujęć.

Rozczłonkowanie ruchu

Jeżeli ruch jest krótki, wystarczają zwykle dwa fragmenty wizualne,
by przedstawić jego początek i koniec. Przy długim, powtarzającym się ruchu można go podzielić na trzy lub cztery fragmenty, bądź wstawić przerywnik między początkiem i zakończeniem ruchu.

Należy pamiętać, że powtarzający się ruch, bez dodania specjalnego
znaczenia lub szczegółu do fabuły filmu, może osłabić narrację. Jeżeli mamy utrzymać ciągłość długiego ruchu, musi być to uzasadnione. Ruch,
w którym obiekt wychodzi z obrazu w jednym ujęciu i wchodzi weń w następnym, pozwala bardziej naturalnie złączyć różne widoki plenerowe,
uzyskać naturalne przejście między dwoma oddzielnymi terenami.

Rys. 12.1 pokazuje w pierwszym ujęciu człowieka idącego przed frontem budynku, w drugim zaś na tle górzystej okolicy. Budynek i górzysta
okolica mogą znajdować się bardzo daleko od siebie, a jednak na ekranie
ruch aktora przekonuje nas, że są one obok siebie. Jeżeli scena ta jest na-

kręcona w studio, aktor po prostu dwukrotnie przechodzi przed ekranem tylnej lub przedniej projekcji.

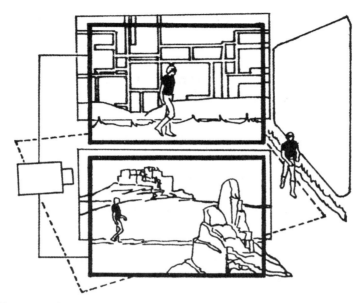

Rys. 12.1 Aktor przechodzi przed dwiema dekoracjami skadrowanymi przez kamerę, powodując że te dwa tła, często bardzo odległe od siebie, współistnieją na ekranie.

Ruch w trzech fragmentach

Jeśli ktoś rozpocznie drogę z jednego terenu na inny, wtedy można go objąć trzema miejscami kamery, która rejestruje odległe fragmenty ruchu ciągłego. Aktor opuszcza przestrzeń, którą zajmuje, pokonuje teren między miejscem, z którego odszedł i do którego zdąża i wreszcie zatrzymuje się w miejscu przeznaczenia. Rys. 12.2 przedstawia taki przypadek objęty trzema miejscami kamery na linii równoległej do linii poruszania się postaci. Tak więc kamera rejestruje ujęcia skadrowane z tej samej odległości od aktora.

W pierwszym ujęciu, kiedy aktor wychodzi z kadru, ruch odbywa się od środka ekranu do boku. W drugim ujęciu aktor wchodzi z drugiego boku, przecina ekran widziany z profilu i opuszcza kadr z drugiej strony. Przebył całą przestrzeń ekranu. W trzecim ujęciu aktor pojawia się znów z przeciwnej strony i zatrzymuje pośrodku. Tak więc, pełny ruch przez ekran, zawarty między dwoma ruchami po pół ekranu każdy, posłużył do zarejestrowania całej przebytej drogi. Modyfikacją tego byłaby zmiana odległości kamera–aktor. Najbardziej dramatyczny efekt otrzyma się wówczas, gdy wybrawszy środkową pozycję kamery, cofniemy ją tak, że uformuje się układ trójkąta, w którym wszystkie trzy kamery skierowane są wprost do przodu. Miejsca kamery, obejmujące skrajne partie ruchu, rejestrują odejście i przybycie aktora, podczas gdy środkowa kamera może kadrować:

1) przestrzeń środkową między odejściem i przybyciem,

2) przestrzeń pośrednią wraz ze strefą odejścia lub przybycia,

3) całą przestrzeń, obejmującą odejście, trasę pośrednią i miejsce przybycia (ekran można podzielić na dwie lub trzy strefy).

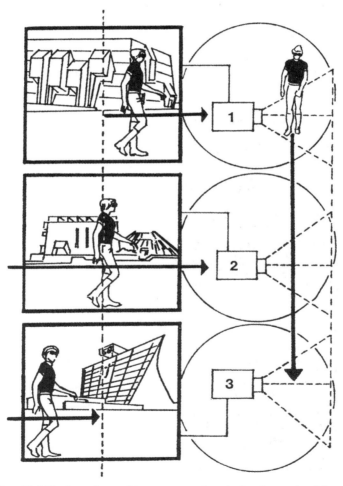

Rys. 12.2 Ruch poziomy objęty trzema równoległymi pozycjami kamery. Wszystkie ujęcia są to plany pełne.

Przykład A

Rys. 12.3. Pierwsze i ostatnie ujęcia to plany bliskie, w których rejestruje się ruchy odejścia (początek) i przybycia (zakończenie). Zdjęcie pośrednie jest pełnym planem, w którym aktor widoczny jest w trakcie wchodzenia z jednej strony i przejścia do środka ekranu. On i jego miejsce przeznaczenia są położone w przeciwnych sektorach ekranu.

W opisanym przykładzie w ostatnich dwóch ujęciach otrzymujemy powtórzenie ruchu w wycinku ekranu. W pierwszym ujęciu, gdy tylko aktor całkiem (lub prawie) wyszedł, przecinamy na drugie ujęcie, w którym wchodzi on z przeciwnej strony i przechodzi do środka. Gdy osiąga środek, przecinamy na trzecie ujęcie, gdzie aktor znów wchodzi w obraz i zatrzymuje się.

Ta kombinacja, plan bliski – plan pełny – plan bliski, wyraźnie pokazuje aktora przechodzącego z jednej strefy w drugą. Ujęcie pośrednie działa poniekąd lokalizacyjnie, ukazując następną strefę, do której zdąża aktor, lub równocześnie strefy sąsiednie.

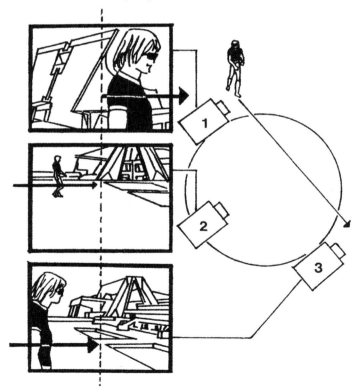

Rys. 12.3 Przez umieszczenie środkowej pozycji kamery dalej do tyłu, ukazujemy miejsce przeznaczenia aktora, zanim je osiągnął.

Przykład B

Kiedy obie sąsiadujące strefy znajdują się w jednym ujęciu, ekran zostaje podzielony na trzy wycinki. Strefy są umieszczone z lewej i z prawej, pozostawiając przestrzeń środkową nad akcję głównego wykonawcy.

Ujęcia montuje się następująco:

Ujęcie 1: Plan bliski. Aktor A uderza B pięścią, wyrzucając go z ekranu z prawej.

Ujęcie 2: Plan pełny. A stoi z lewej. B, chwiejąc się, idzie znów do środka. Po prawej widać wóz.

Ujęcie 3: Plan bliski. B wchodzi z lewej kiwając się do tyłu. Jego ciało uderza w koło wozu, gwałtownie go zatrzymując.

Gwałtowność w pierwszym i trzecim ujęciu jest zaakcentowana przez nagłe cięcie na odległy punkt widzenia (rys. 12.4).

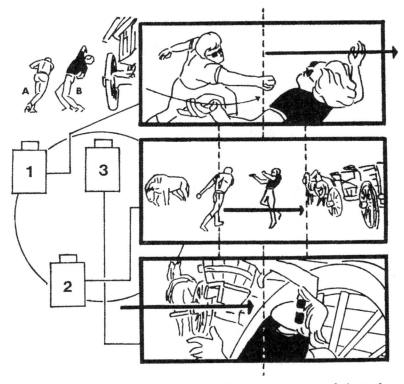

Rys. 12.4 W tym przykładzie w ujęciu środkowym zawarte są dwie strefy akcji i przestrzeń pośrednia między nimi. Ukazuje to widzom powtórnie całą geografię sytuacji. Ujęcia 1 i 3 rejestrują odejście i przybycie.

Przykład C

W poprzednich przykładach trzy miejsca kamery były równoległe do drogi aktora. Można je również umieścić na linii tej drogi. Wszystkie punkty widzenia mają wspólną oś wizualną, a ruch rejestruje się we fragmentach, które przesuwają się za idącym lub biegnącym aktorem.

Inny wariant otrzymamy przez łączenie ruchu w kadrze z ruchem wchodzenia w kadr, jak pokazano na rys. 12.5. Pierwsza pozycja kamery została ulokowana na rufie żaglowca, w kierunku dziobu. Aktorka A w pierwszym planie zaczyna iść w kierunku B w tle. Kiedy znajdzie się w połowie drogi, tniemy na drugie miejsce na tej samej osi wizualnej jak poprzednie ujęcie. A wchodzi w pole widzenia drugiej pozycji kamery i idzie dalej do B. Znowu w połowie pozostałej drogi, tniemy na ujęcie z miejsca 3, gdzie A blisko kamery z prawej, kończy swoje przejście i dołącza do B.

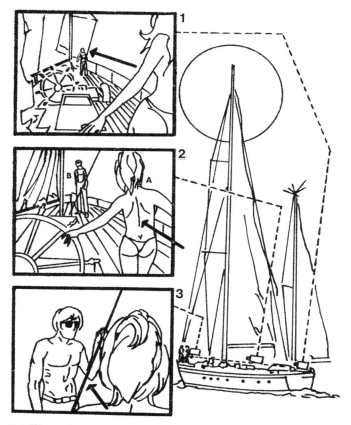

Rys. 12.5 W przedstawionym przypadku trzy pozycje kamery zostały uloko-wane na samej drodze ruchu i przeskakują w przód wraz z idącą do swego przeznaczenia aktorką.

Przykład D

Przykład przedstawiony na rys. 12.6 stosuje znowu trzy ujęcia umieszczone na wspólnej osi wizualnej.

Ujęcie 1: A rusza z prawego wycinka ekranu. Cięcie na...

Ujęcie 2: A wchodzi z prawej i zatrzymuje się w pierwszym planie, plecami do nas. Po chwili idzie w przód, poruszając się na środku ekranu.

Ujęcie 3: Aktor A na środku ekranu idzie dwa kroki do przodu i zatrzymuje się.

W przedstawionym przykładzie wykonawcy mają wspólny punkt zainteresowania – wóz w tle.

Do połączenia ujęć użyto dwóch metod. Od ujęcia 1 do 2 powtórzono ruch w strefie ekranu – aktor A poruszał się w prawym wycinku przy końcu ujęcia 1 i na początku ujęcia 2. Do połączenia ujęć 2 i 3 zastosowano inne rozwiązanie. B pozostawała statyczna we wszystkich ujęciach, a jej postać była coraz to bliższa w kolejnych ujęciach, tak że widzimy ją w ujęciu 1 w planie ogólnym, w ujęciu 2 w planie średnim, zaś w ujęciu 3 – w bliskim.

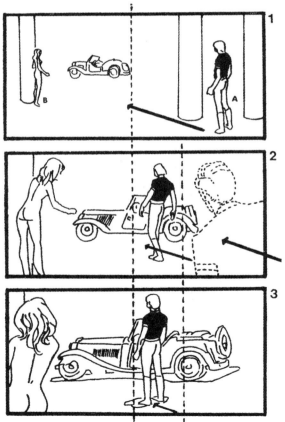

Rys. 12.6
Inny przykład umiejscowienia kamery na samej trasie ruchu. Tutaj aktor w ruchu przechodzi poza aktorką B dalej w tło. Aktorka B, po lewej, w kolejnych ustawieniach znajduje się coraz bliżej kamery.

Przykład E

Akcja podzielona na trzy ujęcia może zawierać powtórzenia w sektorach we wszystkich ujęciach. Między ujęciami 1 i 2 może być powiązanie prostokątne, zaś między ujęciami 2 i 3 wysunięcie w przód po wspólnej osi wizualnej.

Sekwencja ujęć (rys. 12.7) jest łatwa do zmontowania:

Ujęcie 1: A wchodzi z prawej i przechodzi przez ekran do środka. Cięcie na...

Ujęcie 2: Pozycja odwrotna pod kątem prostym. B jest widoczna w tle, po lewej. A, z prawej, wchodzi i oddala się od nas po przekątnej do środka. Kiedy znajdzie się w pobliżu B, cięcie na...

Ujęcie 3: Bliski plan B. Oś ta sama, jak w ujęciu poprzednim, B po lewej stronie ekranu. A wchodzi z prawej i zatrzymuje się twarzą do B.

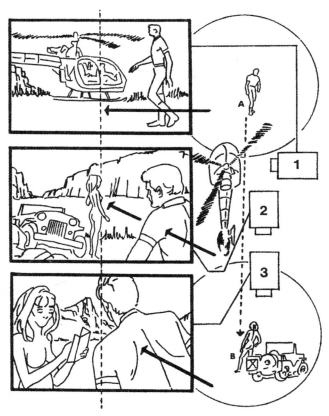

Rys. 12.7 W tym przykładzie widzimy powtórzenie ruchu w wycinkach ekranu w trzech ujęciach ruchu aktora A. Na takie powtarzanie ruchu w strefach pozwala kombinacja prostokątna między ujęciami 1 i 2 oraz wysunięcie po wspólnej osi wizualnej między ujęciami 2 i 3.

Przez takie zestawienie ruchu można pokazać dwa odległe widoki plenerowe, jakby przestrzennie ze sobą sąsiadujące. Złudzenie na ekranie jest całkowite.

Rozczłonkowanie ruchu ciągłego na więcej niż 4 do 5 wycinków staje się dokuczliwe i przeczy swemu celowi. Gdy odległość jest bardzo duża, używa się czterech ujęć (rys. 12.8). Ruch w ostatnich trzech można zmieścić w tym samym wycinku ekranu. Naszym celem jest znalezienie takiej formuły montażowej, która by sugerowała długość przebytej drogi bez pokazywania pełnego ruchu, który męczy widzów i rozwleka narrację.

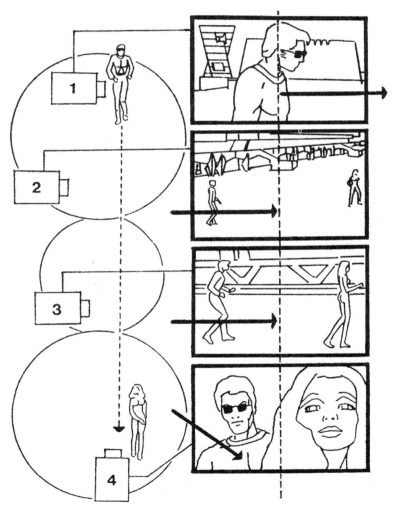

Rys. 12.8 Liczne fragmenty w zastosowaniu do rozciągniętego ruchu aktora. Powtórzenia w wycinkach ekranu otrzymano w ostatnich trzech ujęciach.

By osiągnąć ten cel potrzebne są tylko trzy ujęcia. Na rys. 12.8 użylibyśmy tylko ujęć 1, 2 i 4. W pierwszym aktor w ruchu opuszcza swoje miejsce. W ujęciu 2 widać jego małą postać w drodze do swego przeznaczenia z prawej, gdzie oczekuje drugi wykonawca. Ujęcie 4 rozpoczęłoby się pokazaniem czekającego aktora, samego na ekranie przez pewien czas, po czym aktor będący w ruchu wszedłby w kadr. Długość czasu, gdy czekający aktor pozostaje na ekranie przed przybyciem drugiego, sugeruje widzowi o długości przebytej drogi. Przy stosowaniu tej metody odwołujemy się zwykle do skrótu czasowego. Ruch o charakterze powtarzającym się (jak chodzenie lub bieg) rzadko odznacza się wartością dramatyczną w sytuacjach, których intencją jest przemieszczenie aktora z jednej sytuacji w inną.

Ruchy szybkie lub gwałtowne można rozdzielić na cztery lub pięć części. W ten sposób podkreślamy gwałtowność samego ruchu. Przypadek przedstawiony na rys. 12.9 zawiera kontrplany.

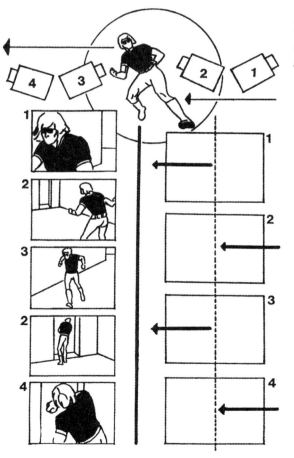

Rys. 12.9
Wielokrotne rozczłonkowanie ruchu dla podkreślenia gwałtowności akcji postaci.

W ujęciu 1 (plan bliski) wykonawca A rzuca się gwałtownie do przodu, wychodząc z kadru. W ujęciu 2 (plan pełny) wchodzi i biegnie w głąb kadru. W połowie jego przebiegu tniemy na ujęcie 3, gdzie widać go w średnim planie, pośrodku ekranu. Porusza się szybko w naszym kierunku, wychodząc z kadru. W zakończeniu tego ruchu możliwe są trzy rozwiązania:

1. Tniemy z powrotem do ujęcia 2 (plan pełny), gdzie aktor kończy swój ruch, dochodząc do drzwi i waląc w nie pięściami.

2. Jego przybycie przez wejście w bliski plan 4.

3. Kombinacja obu poprzednich rozwiązań, stosując ujęcia 2 i 4 po pierwszych trzech.

Rozwiązania 1 i 2 zawierają cztery fragmenty, zaś podejście 3 wymaga pięciu sekcji do zmontowania całego ruchu.

13

AKTOR *A* ZBLIŻA SIĘ DO AKTORA *B*

Liczba przemian wizualnych możliwych dla jednego aktora zbliżającego się do drugiego lub grupy jest nieograniczona. Opisane tu przykłady to tylko propozycje podstawowych sytuacji, które mogą być punktem wyjścia do dalszych pomysłów.

Ruch zbieżny

Aktor w obu ujęciach wychodzi w przód ekranu; w pierwszym ujęciu ruch od prawej do środka (po prawej stronie kadru), w drugim od lewej do środka (po lewej stronie kadru). Ruch zbliżającego się aktora zbiega się w kierunku środka ekranu w obu ujęciach, zarówno z prawej jak i z lewej strony ekranu (rys. 13.1).

Lustro, w pierwszym ujęciu, umożliwia zobaczenie zbieżnych (odbitych) kierunków zbliżającego się aktora; postać nieruchoma widziana jest w obu ujęciach po tej samej stronie ekranu.

Włączenie do ujęcia jednego lub więcej luster zawsze fascynowało filmowców, ponieważ daje to możliwość uzyskania niezwykłych układów wizualnych na ekranie.

Rys. 13.1 Zbieżne kierunki prostego ruchu zbliżania się do statycznego aktora.

Pozycje kamer w układzie kąta prostego

Ustawienie dwóch głównych kamer w układzie kąta prostego pokazuje rys. 13.2. W pierwszym ujęciu aktorka A, ustawiona tyłem do kamery, odchodzi od nas w kierunku aktorki B. Ujęcie 1 jest pełnym planem. Z tego punktu obejmujemy dwie trzecie ruchu. Przecinamy na ujęcie 2 (plan średni), gdzie A wchodzi w kadr i zatrzymuje się, twarzą do B.

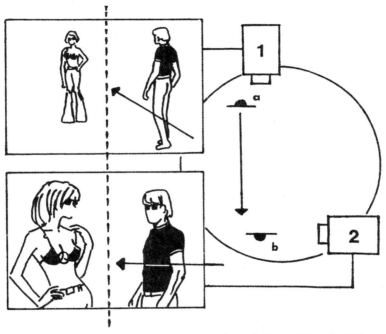

Rys. 13.2 Jedna z najczęściej stosowanych formuł (do ruchów o krótkim zakresie), kiedy jeden aktor zbliża się do drugiego. Pozycje kamery leżą w kącie prostym do siebie.

Różnica odległości między kamerą i wykonawcą, w obu ujęciach (pełny plan do bliskiego lub średniego planu), daje większe urozmaicenie wizualne. Aktor A zawsze porusza się w tym samym wycinku ekranu. Alternatywą jest ukazanie początku ruchu najpierw w bliskim kontrplanie (rys. 13.3).

Aktor A rozpoczyna ruch w planie bliskim (1), wychodzi z kadru, wchodząc w plan pełny (2) i kończy ruch wchodząc ponownie w plan średni (3).

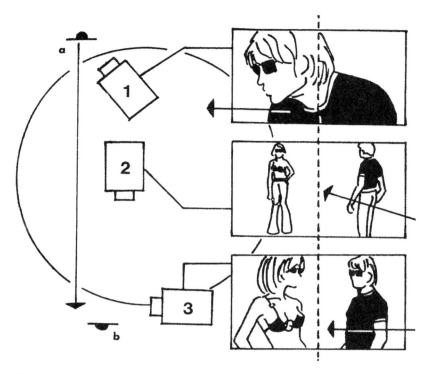

Rys. 13.3 Pierwsze ujęcie jest ulepszeniem poprzedniego przykładu.

Innym rozwiązaniem może być wykonanie pierwszego ujęcia jako panoramy. Aktor wchodzi prosto po stycznej do łuku panoramy pierwszej pozycji kamery (rys. 13.4).

Na ilustracji pokazano 180-stopniową panoramę, użytą w pierwszym ujęciu. Osiąga się to samo, co poprzednio, w dwóch ujęciach z rysunku 13.3.

W pierwszym rozpatrywanym przypadku, a częściowo i dwóch wariantach następnych, aktor rozpoczynał swój ruch odchodząc od kamery, kończył go zaś przybywając do celu w pozycji z profilu. Na rys. 13.5 kamery ustawiono prostopadle. Pozwala to pokazać aktora, który rozpoczyna ruch od profilu i kończy go twarzą do kamery. Aktor w ruchu może w drugim ujęciu podejść do kamery w jakiejkolwiek strefie ekranu.

Inną możliwość stanowi odwrotność wariantu rozpatrywanego w poprzednim przykładzie. Aktor podchodzi do kamery w pierwszym ujęciu i kończy go wchodząc w kadr w pozycji z profilu (rys. 13.6).

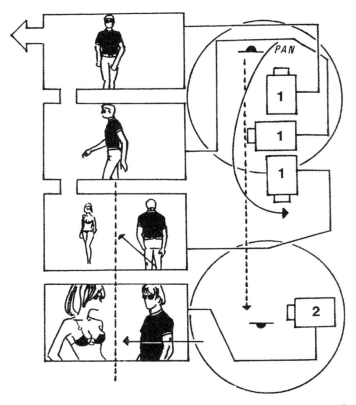

Rys. 13.4 Pierwsze ustawienie jest panoramą. Jest to inny wariant formuły podstawowej pokazanej na rys. 13.2.

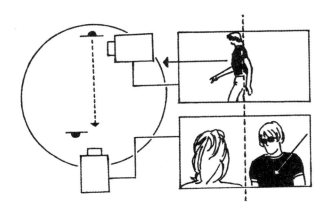

Rys. 13.5 W tym wariancie formuły podstawowej, o prostokątnym układzie miejsc kamery, aktor w ruchu wchodzi w drugie ujęcie twarzą do kamery zamiast profilem, jak w poprzedzających przykładach.

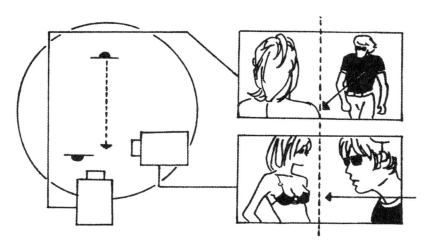

Rys. 13.6 W tym podejściu do formuły podstawowej stojąca aktorka stanowi oś obrotu dla umiejscowienia kamery.

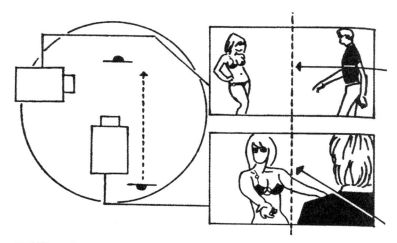

Rys. 13.7 W wariancie miejsca, kamery rozplanowane są we wzorze uzupełniającym wzór z rys. 13.6.

Rys. 13.7 pokazuje ruch aktora profilem do kamery w pierwszym ujęciu i do kamery w drugim ujęciu.

Przykład przedstawiony na rys. 13.8 zawiera panoramę zastosowaną w drugim ujęciu. W pierwszym ujęciu A odchodzi od nas w kierunku B, który znajduje się w tylnym planie. W drugim ujęciu A jest w środku ekranu (lub wchodzi w kadr z prawej) i śledzony jest krótką panoramą, która obejmuje koniec jego ruchu, kiedy podchodzi do aktora B.

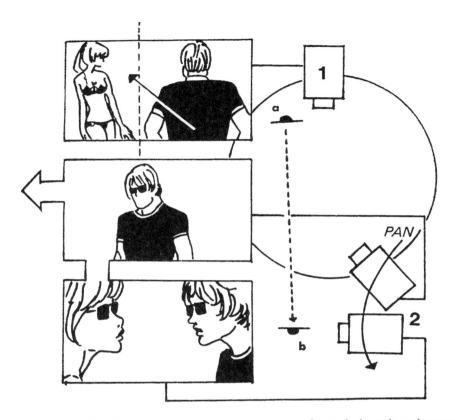

Rys. 13.8 Drugie ujęcie ukazuje zmianę wprowadzoną do formuły podstawowej.

Kontrplany

Rys. 13.9 przedstawia pierwszy i najprostszy z szeregu wariantów z zastosowaniem kontrplanów do objęcia ruchu.

W pierwszym ujęciu aktor podchodzi do kamery i ukazuje się w drugim ujęciu plecami do nas. W takiej formule możemy również użyć planu bliskiego. Rejestrujemy wtedy początek ruchu, jak to pokazuje rys. 13.10.

Dotychczas przedstawiliśmy w dwóch ujęciach obu aktorów. Stosując kontrplany wewnętrzne możemy również objąć trasę, jaką przebywa aktor w ruchu.

W przykładzie na rys. 13.11 oba ujęcia są z tych samych odległości obiekt/kamera.

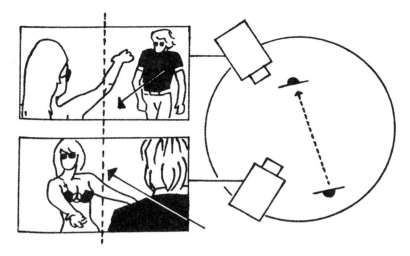

Rys. 13.9 Podejście proste z użyciem zespołu zewnętrznych kontrplanów.

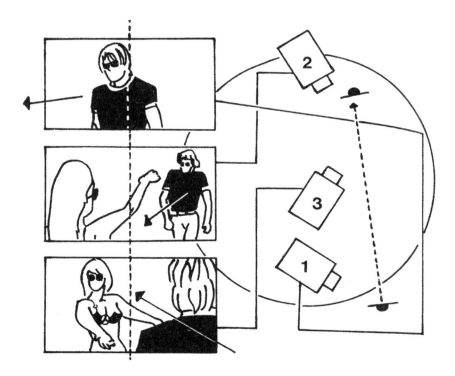

Rys. 13.10 Pierwsze ujęcie jest ulepszeniem do objęcia zewnętrznymi kontr-planami akcji w poprzednim przykładzie.

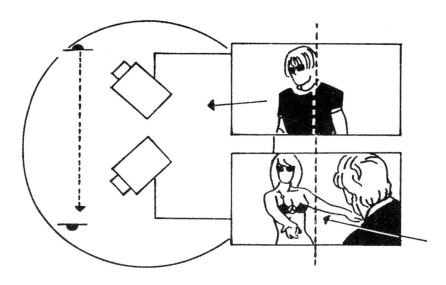

Rys. 13.11 W tym wariancie użyto pary zewnętrznych kontrplanów by objąć aktora w ruchu.

Równoległe położenie kamery

Poprzednio szczegółowo rozważaliśmy równoległe położenie kamery do rejestrowania ruchu aktora, wystarczy więc podać tu tylko jeden, najprostszy przykład (rys. 13.12).

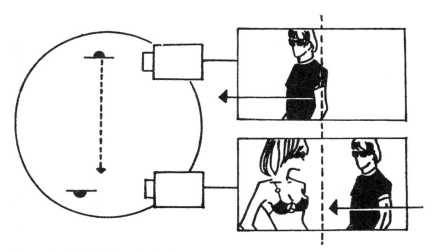

Rys. 13.12 Układ równoległych kamer do zarejestrowania ruchu aktora, który idzie do swej stojącej partnerki.

Wspólna oś wizualna

Kluczem do niżej opisanych przykładów są pozycje kamery na wspólnej osi wizualnej. Metoda przedstawiona na rys. 13.13 jest prosta w wykonaniu i zapewnia wizualnie czyste objęcie tematu. Stąd tak częste jej zastosowanie.

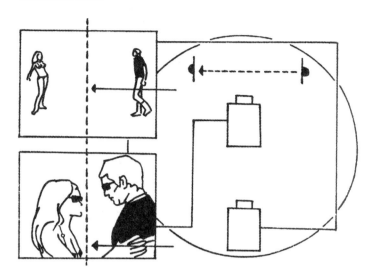

Rys. 13.13
Linia wspólnej osi
wizualnej użyta
do tego przykładu,
by pokazać aktora
w ruchu.

Linia ruchu przebiega tutaj równoległe do linii osi dwóch miejsc kamery (rys. 13.14).

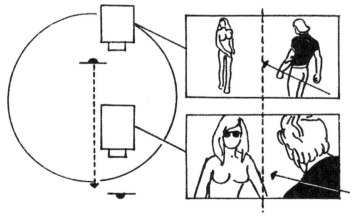

Rys. 13.14
Ruch w kierunku
na wprost przy
układzie miejsc
kamery na wspól-
nej osi wizualnej.

W poprzednich przykładach miejsce przybycia aktora B było zawsze widoczne w dwóch lub trzech ujęciach, na które rozdzielono ruch aktorki A.

W następnych przykładach aktorka A ukazuje się tylko w drugim ujęciu. Dzieje się tak dlatego, że objęty kamerą ruch jest przekątną naszego pola widzenia (rys. 13.15).

W pierwszym ujęciu aktor A oddala się od kamery, po drodze skośnej, i opuszcza kadr z lewej. W drugim ujęciu wchodzi w kadr z prawej i zatrzymuje się przed B. W obu ujęciach A widoczny jest od tyłu. Teraz odwracamy sytuację z poprzedniego przykładu. Aktor zwrócony jest twarzą do kamery w obu ujęciach (rys. 13.16). W ujęciu 1 aktor A zbliża się do kamery, po przekątnej, i wychodzi z kadru w lewo. W drugim ujęciu możliwe są dwa rozwiązania. Aktorka B jest włączona w pierwszy plan w obu możliwościach. A jest pośrodku (bądź w prawym wycinku) kadru, zbliżając się do nas, lub też wchodzi z prawej i zbliża się do pierwszego planu.

W drugim ujęciu, w tylnym planie, może być lustro ustawione w stronę aktorki A. W ten sposób w drugim ujęciu widzimy ją wchodzącą w kadr z prawej, podczas gdy w rzeczywistości postać jej wchodzi w kadr z lewej (rys. 13.16a).

Użycie luster daje podwojenie ruchu, zapewniając zaskakujące i nieszablonowe efekty wizualne. Ta sama formuła możne służyć do pokazania aktora A opuszczającego C, aby podejść do aktorki B, w drugim ujęciu (rys. 13.17).

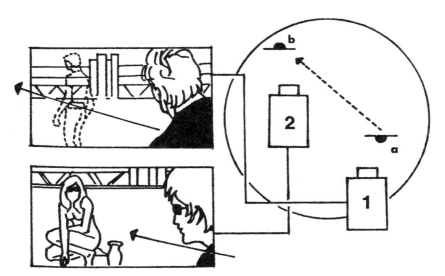

Rys. 13.15 W pierwszym ujęciu A odchodzi skośnie od kamery i wychodzi w lewo. W drugim ujęciu wchodzi z prawej, ciągle widziany z tyłu, i zatrzymuje się zwrócony twarzą do B.

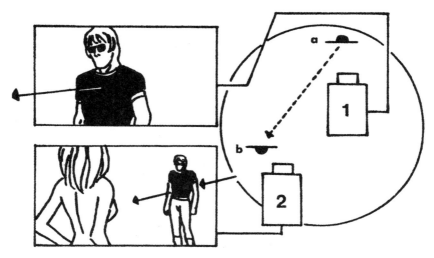

Rys. 13.16 Różnica między tym przykładem a poprzednim polega na tym, że tutaj aktor w ruchu przybywa twarzą do nas, podczas gdy w poprzednim przykładzie poruszał się plecami do kamery.

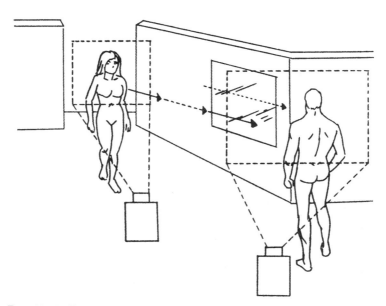

Rys. 13.16a Lustro w drugim ujęciu powtarza wejście aktora w ruchu dwukrotnie w tej samej części ekranu.

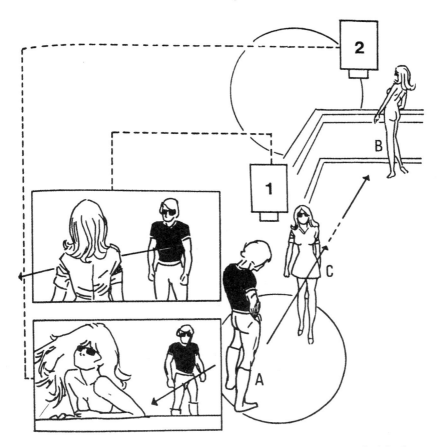

*Rys. 13.17 Pokazany tu wariant polega na tym, że w akcji mamy dwóch ak-
torów statycznych. Aktorka w ruchu postępuje od jednej do drugiej postaci
w dwóch ujęciach.*

W obu ujęciach ruch odbywa się po skosie. Aktorka C zostaje wyłączona w drugim ujęciu. W pierwszym ujęciu C i A rozmawiają, po czym
A przechodzi skośnie za C i zbliża się, wychodząc z kadru z lewej.

W drugim ujęciu A jest już w kadrze pośrodku prawego wycinka ekranu i zbliża się do B, która jest w pierwszym planie i mówi do niego.

A przechodzi za B

Często spotyka się sytuację, gdy aktor przechodzi za statyczną postacią i zatrzymuje się za nią. Można to sfilmować w następujący sposób:
Aktora B, który jest postacią statyczną, używa się jako osi obrotu w obu
ujęciach, na które został rozbity ruch, wiążąc je w ten sposób ze sobą wizualnie.

Aktor B zwrócony jest plecami do kamery w pierwszym ujęciu, zaś *en face* w drugim (rys. 13.18). A wychodzi z kadru w pierwszym ujęciu i wchodzi w drugim. By uzasadnić jego ruch, dajemy mu jakieś zadanie aktorskie, np. podniesienie ciężkiej skrzynki w ujęciu 1 i postawienie jej w ujęciu 2.

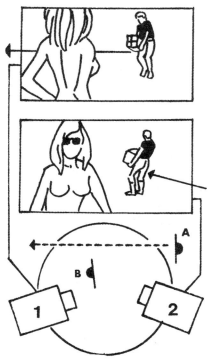

Rys. 13.18 Aktor w ruchu przechodzi za stojącą dziewczyną, która służy jako oś obrotu dla obu pozycji kamery. Dziewczyna pozostaje w pierwszym planie w obu ujęciach.

Inne rozwiązanie widzimy na rys. 13.19.

W ujęciu 1 aktor A jest widziany w tylnym planie. Zbliża się do nas, wprost na kamerę. B siedzi z prawej strony ekranu, w pełnym planie. Gdy A się do niej zbliży, tniemy na ujęcie 2, w którym A wchodzi z lewej strony kadru i przecina nasze pole widzenia, przechodząc przed B i wychodząc z ujęcia po prawej stronie kadru. Tniemy powtórnie na ujęcie 1, na którym A już minął B, porusza się w naszym kierunku i zatrzymuje się w pierwszym planie.

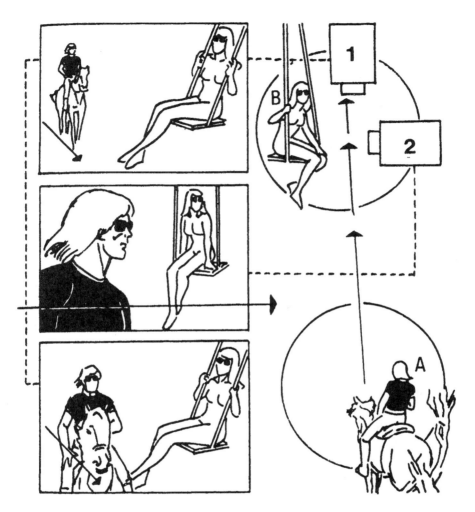

*Rys. 13.19 Układ kąta prostego użyty w sytuacji, kiedy idący aktor przecho-
dzi poza swą partnerkę. Pierwszego ujęcia użyto dwukrotnie by pokazać początek i koniec ruchu. Drugie ujęcie obejmuje środkową część ruchu.*

14

USTAWIENIA PODSTAWOWE (MASTER SHOT) W CELU OBJĘCIA RUCHU NA EKRANIE

Bardzo niewiele ruchów ekranowych (z dotychczas rozpatrywanych) pozwalało na podział i użycie kadrów w dwóch lub więcej częściach. Przebitki lub przerywniki w ujęciu podstawowym mogą zapewnić przerwę w rejestrowanym ruchu, służyć do wprowadzenia napięcia w danej sytuacji lub pozwolić widzowi na poznanie uczestniczących w akcji postaci.

W omawianym przykładzie aktor zatrzymuje się przed frontem dużego budynku, by po chwili ponownie ruszyć w jego kierunku. Wstawiono kontrplan.

Ujęcie podstawowe 1: W tle duży budynek. A wchodzi w pole widzenia z lewej i zatrzymuje się tyłem do nas, spoglądając na budynek. Cięcie na...

Przebitka 2: Kontrplan A widzianego po tej samej stronie obrazu. Patrzy poza ekran (*off*) w prawo. Idzie do przodu i wychodzi z kadru z prawej. Cięcie na...

Ujęcie podstawowe 1: A, pośrodku obrazu, oddała się od nas w kierunku budynku.

Powyższa kombinacja jest łatwa do wykonania. Ujęcie podstawowe zostało sfilmowane bez przerw. Aktor A wchodzi, zatrzymuje się i oddala w kierunku budynku. Cięcie. Aktora cofnięto i ustawiono do drugiego ujęcia. Widzimy jego twarz, kiedy ogląda budynek, po czym zaczyna iść do niego. W montażu część ujęcia podstawowego, odpowiadająca akcji widzianej w przebitce, zostaje usunięta i zastąpiona przebitką 2. Ten kontrplan, który jest ujęciem *en face* aktora, ukazuje jego reakcje o wiele wyraźniej, niż gdybyśmy pozostali przy ujęciu 1 w jego całości.

W innym przykładzie postać widziana w ruchu, w planie ogólnym powoduje u widzów dążenie do rozpoznania jej przed jakąkolwiek dalszą akcją. Można to przeprowadzić w sposób następujący (rys. 14.1).

Ujęcie podstawowe 1: A wchodzi w pole widzenia z lewej, biegnąc do prawej. Pokazany jest w bardzo małej skali, jako sylwetka na tle nieba. Biegnie w poprzek plaży. Gdy przebiegnie około jednej trzeciej drogi przez kadr, cięcie na...

Przebitka 2: A, pośrodku ekranu, biegnie do nas i opuszcza kadr blisko kamery, z prawej. W czasie gdy nadbiega, mamy okazję mu się przyjrzeć.

Ujęcie podstawowe 1: A przebiega ostatnią, trzecią część ekranu, widziany z daleka pod horyzontem i opuszcza kadr z prawej.

Rys. 14.1 Aktor A, samotny, zwrócony jest twarzą do budynku. Wchodzi w plan, staje, po czym w drugim ujęciu oddala się w kierunku budynku, znowu objęty pierwszą pozycją kamery.

Rys. 14.2 Pierwsze ujęcie zostało użyte dwukrotnie. Poziomy ruch aktora odbywa się w dwóch z trzech części, na jakie umownie podzielono szerokość ekranu: pierwszej i trzeciej. Ruch, jaki powinien być w środkowej części ekranu w ujęciu 1, został zastąpiony ruchem ukazanym w ujęciu 2, które jest bliższe aktora w ruchu, z prostokątnej pozycji kamery.

W ujęciu podstawowym aktor A biegnie przez całą szerokość ekranu. Bliższy plan pokazuje wycinek tego ruchu. Podział ruchu na trzy wycinki przestrzeni ekranowej w ujęciu podstawowym pozwala nam pokazać wykonawcę i jego otoczenie na początku i na końcu, używając wycinków 1 i 3. Ruch wykonany w środkowym segmencie ekranu zostaje wycięty i zastąpiony przebitką.

Poprzedni układ zastosowano w ulepszonej kombinacji. Po cięciu z powrotem na ujęcie podstawowe, scenę zakończono dodaniem trzeciego ujęcia, które zamyka akcję.

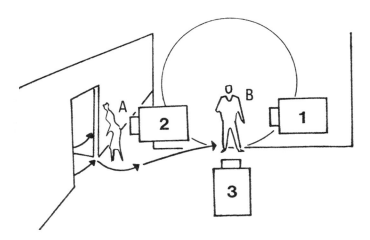

Rys. 14.3 Plan podłogi pokazujący układ kamer do objęcia prostego ruchu jednego aktora.

Plan pełny. Dziewczyna A wchodzi przez drzwi na korytarz. Jest nieświadoma obecności mężczyzny. B zamyka drzwi, będąc plecami do nas. Mówi cicho: „Hallo!" Zaskoczona zaczyna się obracać do nas, tniemy na ruchu na bliski plan po tej samej osi wizualnej.

Dziewczyna kończy obrót w kierunku kamery i spogląda poza ekran, w prawo. Rozpoznawszy B, uśmiecha się. Rozpoczyna ruch (w prawo) i kiedy jej głowa jest w połowie poza ekranem, ponownie wykonujemy cięcie w naszym kierunku, na plan pełny.

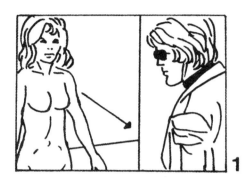

Dziewczyna pośrodku ekranu idzie do nas i do B, będącego w pierwszym planie. Kiedy jest już blisko, wykonujemy cięcie na boczne ujęcie aktora B.

Na początku tego ujęcia aktorka A wchodzi z lewej i zatrzymuje się. Rozmawiają. Skomplikowany ruch zarejestrowany na pojedynczym, podstawowym ujęciu można zaakcentować wprowadzeniem dwóch przebitek. Pozycje kamery w takim przypadku pokazuje rys. 14.4.

Scena rozgrywa się na kamienistej pustyni. W tle widać łańcuch górski. Przez częste używanie trasy wydeptano ścieżkę. Jeźdźcy galopują po trzech w rzędzie, mniej lub bardziej regularnie rozstawieni.

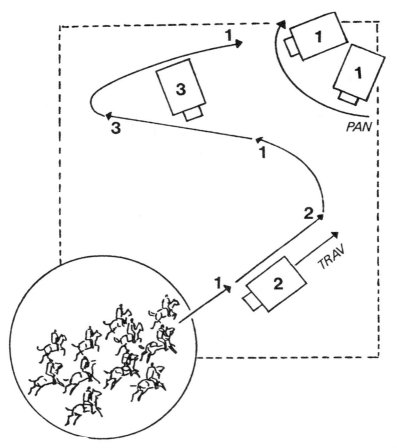

Rys. 14.4 Plan terenu i umiejscowienie kamer, które obejmują przebieg ruchu z różnych punktów widzenia, zaś ujęcie nr 1 użyte jest jako podstawowe.

Wysokie ujęcie, plan ogólny. Jeźdźcy zbliżają się z lewej do środka.

Plan pełny. Kamera na wózku przy drodze jedzie wraz z nimi. Jadą do nas.

Znowu wysoki plan ogólny. Jeźdźcy pokonują zakręt w prawo i galopują przez ekran. Panorama zostaje w prawo za nimi.

Ujęcie niskie, plan pełny. Jeźdźcy zbliżają się po przekątnej (od strony lewej do prawej) i opuszczają kadr (z prawej).

Ponownie wysokie ujęcie, plan ogólny. Jeźdźcy są na zakręcie. Jadą w kierunku kamery, poruszają się po przekątnej (z prawej do lewej). Kamera panoramuje i pochyla się śledząc ich wyjście z kadru.

W tym przykładzie dwie przebitki zostały użyte po to, by dodać dynamiki ujęciu podstawowemu. Ujęciem podstawowym jest widok w panoramie. Jego wartość polega na tym, że ukazuje samotnych jeźdźców w wielkim, dzikim terenie. Przebitka wprowadza gwałtowny ruch, który kontrastuje ze spokojem ujęcia podstawowego. Podniesienie poziomu dźwięku, kiedy dwie przebitki ukazują się na ekranie, oraz nagłe ściszenie, gdy następuje ujęcie podstawowe, podkreśla przeczucie nadchodzącego niebezpieczeństwa. Dla podkreślenia wszystkich możliwości dramatycznych można montować równolegle szereg ujęć podstawowych ruchu wykonawcy i budować kolejność obrazów tworzących dla widzów napięcie, ekscytację i wartką akcję. Oto przykład z filmu *El Señor del Este*. Scena rozgrywa się w fortecy Santa Teresa, w Urugwaju. Gaucho, w mundurze portugalskiego żołnierza, którego pokonał, przekracza patio fortecy w kierunku arsenału, gdzie ma dokonać sabotażu. Na wale stoi na warcie żołnierz, tyłem do podwórza. Gaucho rozpoczyna swą drogę przez patio (rys. 14.5).

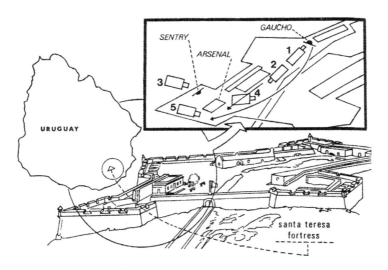

Rys. 14.5 Sekwencja ujęć, montowanych równolegle, zgodnie z opisem w tekście.

Ujęcie 1: Gaucho wychodzi z ukrycia w łuku kamiennego przejścia i wychodzi z kadru w prawo.

Ujęcie 2: Kontrplan. Gaucho wchodzi z lewej i idzie w głąb planu. Tam widzimy jego cel: arsenał.

Ujęcie 3: Zza ściany fortu widzimy w pierwszym planie wartownika stojącego plecami do gaucho, którego widać w tylnym planie, idącego w kierunku arsenału.

W scenie tego rodzaju ważny jest nastrój. Daleki głos męski śpiewający piosenkę pod płaczliwy akompaniament gitary, zestawiony z ostrym dźwiękiem butów wartownika na kamieniach wału, służy do wypunktowania poczucia ciągłego zagrożenia.

Ujęcie 4: Z niska. Kamera cofa się przed gaucho. Ujęcie gaucho w średnim planie.

Ujęcie 3: Pełny plan. Ściany. Gaucho idzie w tle.

Ujęcie 4: Niskie ujęcie gaucho w travellingu.

Ujęcie 3: Pełny plan. Ściany. Gaucho osiąga arsenał i znika za nim.

Ujęcie 5: W pierwszym planie ściany arsenału. Gaucho zbliża się do nas na wprost i klęka pod oświetlonym oknem, czeka.

Ujęcie 3: Na ścianie fortu. Wartownik zmienia pozycję i patrzy w kierunku tła.

Ujęcie 5: Gaucho powoli podnosi się i zagląda przez szparę okna arsenału.

Cała scena zawiera dziesięć fragmentów wziętych z trzech ujęć podstawowych i dwóch ujęć pojedynczych. Ujęć pojedynczych użyto na początku sceny do pokazania dwóch skrajnych stref, między którymi odbywa się akcja. W ujęciu 1 widzimy gaucho opuszczającego swoją kryjówkę, zaś w ujęciu 2 widzimy go dążącego do swego celu, jakim jest widoczny z daleka arsenał. Ujęcia podstawowe ukazują jego śmiałe posuwanie się przez niebezpieczną strefę. Ujęcie podstawowe 3 pokazuje na pierwszym planie wartownika, który w każdej chwili może się odwrócić i mu zagrozić. W tym ujęciu pokazano ruch gaucho w trzech kolejnych wycinkach ekranu. Zostały one zmontowane z ujęciem podstawowym 4, które ukazuje przeżycia gaucho poruszającego się po otwartej przestrzeni podwórka. Kiedy nasz bohater osiąga arsenał, tniemy na ujęcie podstawowe 5, w którym pokazujemy go podchodzącego do okna. Następnie wcinamy ujęcie podstawowe 3.

Żonglowaliśmy emocjami widzów ustalając jasno (w poprzedniej części opowieści), że gdyby wartownik odwrócił się nagle, plany naszego bohatera byłyby zniweczone (widzowie już wiedzą, że co noc w fortecy panuje podwyższona gotowość). Pokazując obracającego się wartownika podkreślamy w ten sposób, że niebezpieczeństwo było wielkie, lecz nasz bohater miał szczęście. Następnie powracamy do ujęcia podstawowego (5), gdzie gaucho rozpoczyna następną fazę swojej działalności, opowieść biegnie dalej.

15

PRZYPADKI NIEREGULARNE

Potrzeby dramaturgii dyktują takie prezentacje wizualne, w których zostają pogwałcone omówione już prawa ruchu. Poniżej przedstawiamy tego rodzaju przykłady. Aby je zrealizować, zastosowaliśmy dwa rozwiązania: pauzę lub użycie małego wycinka ekranu. W wielu filmach powstaje problem, kiedy wykonawca musi działać między dwoma różnymi strefami zainteresowania, których dominujące centra są przeciwstawne. W takich przypadkach z ogólnej pozycji kamery widzimy jedno centrum zainteresowania, a tylko tył drugiego. Jeżeli mamy tego uniknąć, musimy zastosować pauzę wizualną na początku drugiego ujęcia.

Wyobraźmy sobie przypadek, w którym widać dwóch aktorów, jednego w ruchu, drugiego zaś statycznego (rys. 15.1). By objąć ruch między obiema strefami zainteresowania użyto tylko dwóch ujęć.

Ujęcie 1: Plan ogólny. Aktor B stoi po prawej, tyłem do nas, zwrócony twarzą do malowniczego tła. A, z lewej strony, idzie przez ekran w kierunku B. Kiedy osiąga środek ekranu, cięcie na...

Ujęcie 2: Kontrplan średni. Aktor B jest teraz po lewej stronie kadru, twarzą do nas. Przez chwilę pozostaje sam, po czym A wchodzi z prawej i staje obok niego. Obie postacie są teraz zwrócone twarzą do kamery i patrzą na siebie.

Pauzę, która zamaskowała zmianę kierunku, wprowadzono na początku drugiego ujęcia. Aktywną postać na chwilę wyłączono z kadru. Wtedy statyczna postać jest przez chwilę sama. Daje to widzom czas, aby mogli się dostosować do nowej pozycji kamery. Poprzednio, kiedy rozpatrywaliśmy ruch przeciwstawny wewnątrz kadru, mieliśmy aktora w ruchu, tyłem do kamery w jednym wycinku ekranu, zaś twarzą w drugim wycinku (rozdział 11, przykład 52). Warunek ten był potrzebny dla uzyskania spójności ruchu. W obecnym rozwiązaniu wprowadzono pauzę na początku drugiego ujęcia, zaś aktor będący w ruchu widziany jest z profilu w obu ujęciach. Ruch aktora może odbywać się w poprzek ekranu lub po przekątnej.

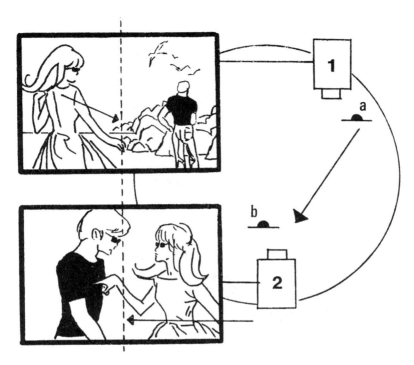

Rys. 15.1 Aby uzyskać płynną zmianę kierunku w ruchu jednej postaci, na początku drugiego ujęcia wprowadzono wizualną pauzę.

Pauza wizualna przy większych grupach

Rozczłonkowanie ruchu przy dużej grupie statycznej może zostać zapoczątkowane przez ruch innego aktora (rys. 15.2).

Ujęcie 1: Widzimy aktorów A i C rozmawiających. B wchodzi z prawej, przechodząc za C i zatrzymuje się (środek). B mówi do A, który przechodzi w kierunku B. Kiedy A przebył jedną trzecią powierzchni kadru, cięcie na...

Ujęcie 2: Kontrplan średni. B (teraz po lewej) widoczny jest prawym profilem. Wtedy z prawej wchodzi A i staje twarzą do niego. Potem oboje odwracają się od nas i odchodzą po prostej w kierunku tła. W tym rozwiązaniu konieczne jest odwrócenie pozycji ekranowych obu głównych aktorów (B i A). Pauza na początku drugiego ujęcia pomaga stworzyć chwilowe zamieszanie u widzów, umożliwiając im reorientację, dzięki złamaniu kierunku dominującego ruchu. Zamiast mieć obie postacie obecne w obu ujęciach widzimy je razem tylko w jednym (rys. 15.2a).

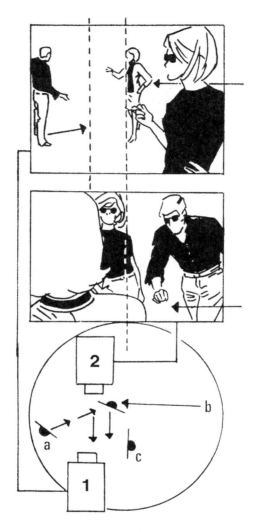

Rys. 15.2 Ludzie są w ruchu, a pauzę wizualną wprowadzono w działaniu drugiego aktora. W ujęciu następuje wymiana pozycji między aktorami.

Aktor A, przeszedłszy od środka ekranu, wychodzi z ujęcia pierwszego do lewej strony. Ujęcie drugie rozpoczyna się od stojącego aktora B, w prawym wycinku. Po pauzie A wchodzi z lewej strony i staje pośrodku. Ruch odbył się w tym samym wycinku ekranu (lewym), w przeciwnych kierunkach.

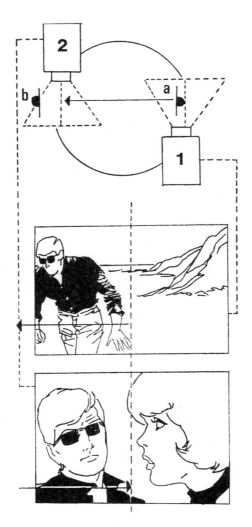

Rys. 15.2a Przeciwstawny ruch aktora w tym samym wycinku ekranu.
Pauza na początku drugiego ujęcia jest pomostem łączącym oba ruchy.

Pauza zostaje pominięta

Przy objęciu akcji kamerami w układzie kąta prostego pauzę czasami się pomija. Używa się bezpośredniego cięcia i aktor porusza się od ujęcia do ujęcia w przeciwnych połówkach ekranu (rys. 15.3) ale w szczególny sposób. W jednym ujęciu jego ruch odbywa się w poprzek wąskiej przestrzeni środkowej. Na rys. 15.3 w drugim ujęciu zastosowano ten krótki ruch.

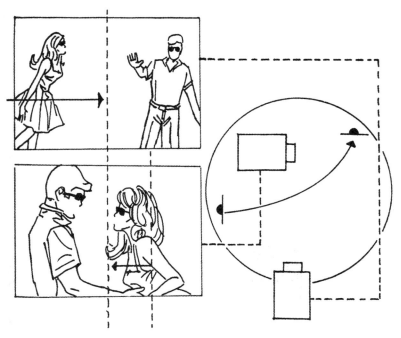

Rys. 15.3 Objęcie akcji kamerami pod kątem prostym. Ruch zbiega się w obu ujęciach pośrodku ekranu.

Oba fragmenty ruchu zbiegają się w kierunku środka ekranu. Ten sposób prezentacji sprawdza się nie tylko w spotkaniu dwóch osób, lecz również w przypadkach, kiedy np. jeden wykonawca pomaga drugiej osobie wdrapać się na podwyższenie terenu, na którym sam już przebywa (rys. 15.4).

Ruch A i B jest zbieżny do środka ekranu. A wyciąga rękę do B. Cięcie na akcji do drugiej pozycji kamery, pod kątem prostym. A wchodzi z lewej i dołącza do B. W tym przypadku niewielki ruch aktorów miał miejsce w pierwszym ujęciu.

Stosowanie kontrplanów

Kiedy jeden wykonawca siedzi, drugi, stojący, może być zmuszony np. do przejścia z jednej strony na drugą. Tutaj raz jeszcze ruch dzieli się używając przeciwnych połówek ekranu (rys. 15.5).

Bardzo ważny jest czynnik prędkości i planując tego rodzaju inscenizację musimy go brać pod uwagę. W tym przykładzie w pierwszym ujęciu pokazano mały wycinek ruchu.

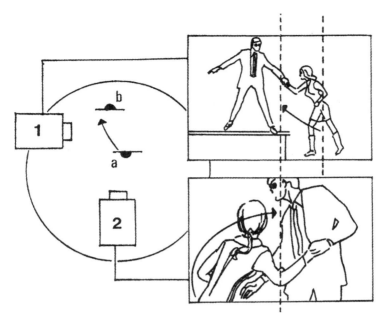

Rys. 15.4 Pominięto pauzę na początku drugiego ujęcia i dokonano bezpośredniego cięcia. Ruch w obu ujęciach zbiega się na środku ekranu.

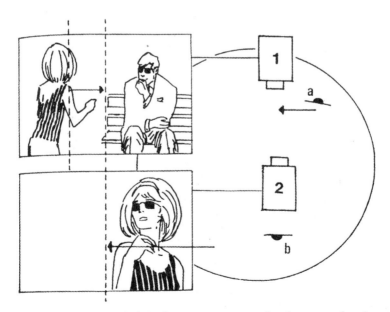

Rys. 15.5 W tym przykładzie aktor statyczny został wyłączony z drugiego ujęcia.

Takie rozwiązanie jest identyczne z przedstawionym w rozdziale 11 (przykład 52), z tym wyjątkiem, że w drugim ujęciu aktor wchodzi, a nie tylko porusza się od boku do środka. Przez użycie bliskiego planu, jako drugiego ujęcia, wejście aktorki staje się bardziej dynamiczne. Przechodzi ona przestrzeń połowy ekranu szybciej, niż w poprzednim ujęciu.

Pojedynczy ruch, rozbity na dwie części, powinien odbywać się w obu połowach z taką samą prędkością. Prędkość ruchu zwiększa również plan bliski (przez powiększenie sylwetek aktorów). Ponieważ planu bliskiego używa się by uzyskać akcent wizualny, takie zwiększenie prędkości montuje się dobrze z wolniejszym ruchem, jaki go poprzedzał. Odwrotność nie jest wskazana, gdyż nastąpi zwolnienie w prezentacji jednego ciągłego ruchu.

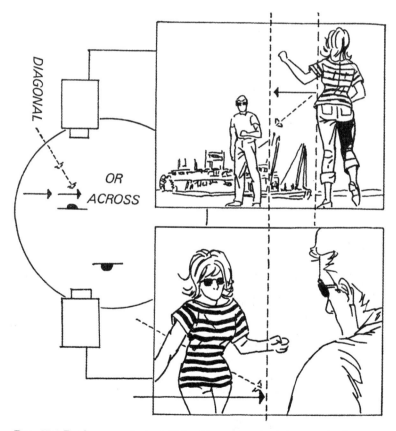

Rys. 15.6 Ruch po przekątnej. Gdy aktorzy wymieniają pozycje ekranowe od ujęcia do ujęcia. W obu ujęciach ruch zbiega się do środka ekranu.

Chociaż postać B została wyłączona z drugiego ujęcia (który był jej punktem widzenia), to jednak może być w nim obecna – tworząc odwrotność wycinków, w których znajdują się aktorzy (rys. 15.6). Jak to wyraźnie widać z ilustracji, istnieją możliwości przekazania kierunku, w jakim porusza się aktorka. Może poruszać się poziomo, w połówce ekranu w każdym ujęciu, lub też po przekątnej, najpierw w kierunku odchodzenia od kamery, zaś w ujęciu następnym w kierunku zbliżania się do niej (rys. 15.7).

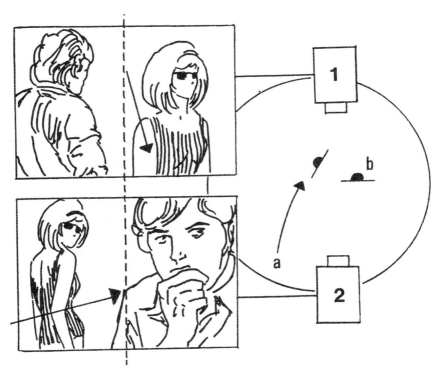

Rys. 15.7 Ruch w kierunku na wprost, aktorzy wymieniają pozycje ekranowe w drugim ujęciu, kiedy poruszająca się postać A kończy swój ruch.

Ujęcie 1: Aktor B, w pierwszym planie, stoi plecami do kamery. Aktor A zbliża się do nas z prawej strony. Kiedy jest blisko B, wykonujemy cięcie na...

Ujęcie 2: Odwrotność. B, w pierwszym planie (z prawej), A wchodzi z lewej. Kiedy znajduje się za B, odwraca się do niego.

Zamiast przekraczać ekran do jego środka, po jego bokach wykonano ruchy przychodzenia do i od kamery. Pokazanie aktora wchodzącego w ekran z boku nie jest w drugim ujęciu niezbędne, chociaż użycie takiego wejścia pomaga w dynamizowaniu akcji. Wystarczy, jeśli tylko ukażemy aktorkę plecami do kamery, stojącą obok B i odchodzącą w głąb, w przestrzeń ekranu, która jest przeciwna przestrzeni użytej w pierwszym ujęciu. Kadrowanie w planie bliskim obu ujęć umacnia odwrócenie obu aktorów w kadrze. Gdyby akcja została sfotografowana w planach ogólnych, obowiązywałaby ta sama zasada, jednakże odwrócenie pozycji aktorów będzie mniej zauważalne, ponieważ obaj aktorzy będą widziani w pełnych postaciach pośrodku ekranu. Powierzchnia, w jakiej odwracają się aktorzy, jest mniejsza, niż by to miało miejsce, gdyby ta sama akcja została przedstawiona w planach bliskich.

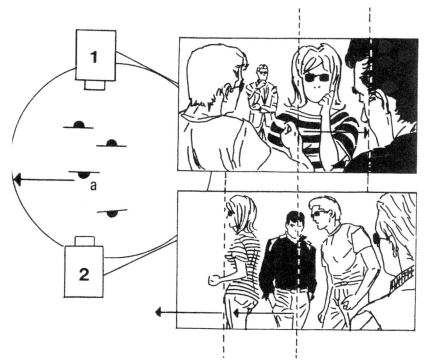

Rys. 15.8 Kierunek ruchu aktora jest rozbieżny od środka ekranu na boki.

Ruchy rozbieżne

Wykonawca może odchodzić ze sceny od środka ekranu.

Najpierw jest plan średni grupy. Aktor A odchodzi od środka ekranu w prawą stronę i wychodzi. Potem następuje pełny kontrplan. A (środek) kończy swój ruch. Wychodzi z lewej lub zatrzymuje się tam i zwraca twarzą do grupy.

Stała pozycja ekranowa dla jednego aktora

W niektórych przypadkach jeden aktor może być utrzymany w stałej przestrzeni ekranu, podczas gdy drugi zmienia swe położenie (rys. 15.9).

Ujęcie 1: Aktor B (z lewej strony, statyczny); A (z prawej) odchodzi na wprost kamery. Cięcie na...

Ujęcie 2: Ujęcie boczne. B (z lewej strony, statyczny). A wchodzi z tej strony i przemierza ekran, zatrzymując się w prawym wycinku.

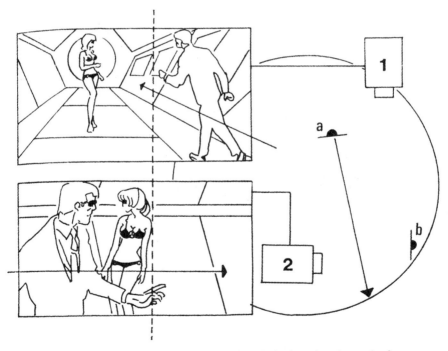

Rys. 15.9 Aktor B pozostaje statyczny w obu ujęciach po lewej stronie ekranu, podczas gdy drugi porusza się na wprost w pierwszym ujęciu i w poprzek ekranu w drugim.

Dwaj aktorzy w ruchu

Dalszy wariant nieregularny pojawia się, gdy dwaj aktorzy są w ruchu. Aktorzy chodzą po równoległych trasach, lecz w przeciwnych kierunkach. Równocześnie zatrzymują się i zwracają się do siebie (rys. 15.10).

Pozycje aktorów zostają w drugim ujęciu odwrócone, lecz ich zbieżne ruchy w każdym z wycinków ekranu są identyczne, chociaż od ujęcia do ujęcia zmieniają się aktorzy w obu wycinkach ekranu.

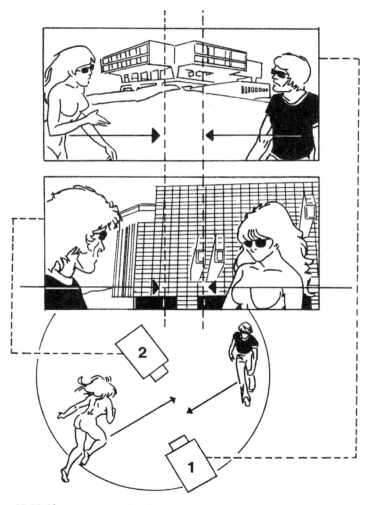

Rys. 15.10 Aktorzy poruszają się w przeciwnych kierunkach do punktu, w którym się spotkają. Druga pozycja kamery zmienia ich położenie na ekranie, lecz montaż będzie płynny, ponieważ ich zbieżne ruchy są jednakowe w obu ujęciach.

16

AKTOR *A* ODCHODZI OD AKTORA *B*

Ujęcia, w których jedna postać odchodzi od drugiej, wymagają odwrócenia postępowania. By gładko zmontować objęcia tych sytuacji, wystarczy tylko odwrócić kolejność i kierunki ruchu. Podobnie działo się w rozdziale 13, gdy aktor A zbliżał się do aktora B, i tutaj stosuje się zasadę trójkąta przy umieszczaniu kamery.

Zanim zajmiemy się najczęściej używanym i klasycznym już podejściem do tego rodzaju sytuacji ruchowych, zanotujmy jedną osobliwość. Można pokazać odchodzącego aktora przez umieszczenie na ekranie dwóch luster, pod kątem do siebie. Najpierw widzimy go w jednym lustrze, później w drugim. Lustra działają jak dwa mini-ekrany (rejestrując jego ruch), podczas gdy aktor statyczny jest ciągle obecny na swoim ekranie.

Dwie pozycje kamery, umieszczone na wspólnej osi wizualnej, mogą sfilmować ruch odejścia w poprzek ekranu (lub po przekątnej) w kierunku kamery, w obu ujęciach (rys. 16.2).

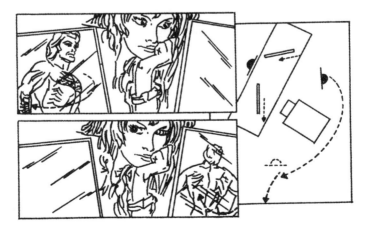

Rys. 16.1 Dwa lustra rejestrują odejście aktora na dwóch przeciwnych połowach ekranu.

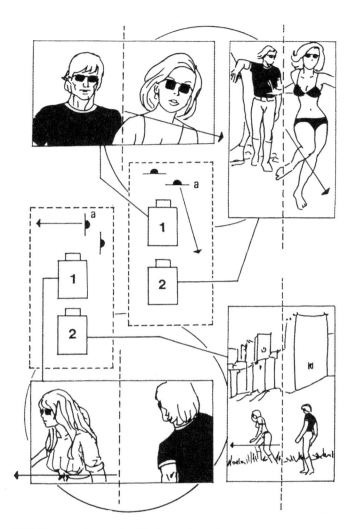

Rys. 16.2 Dwa warianty do objęcia ruchu odchodzenia. Pierwszy z nich obejmuje ruch na wprost, drugi zaś ruch w poprzek ekranu.

Fragmenty ruchu zostają zarejestrowane tylko na połowie ekranu – i w tym samym wycinku dla obu ujęć. A wychodzi z boku ekranu pierwszym ujęciem i przechodzi od środka, w tę samą stronę, w drugim. Objęcie kontrplanami pokazuje rys. 16.3. Obejmując odejście wykonawcy, układ prostego kąta, przy umieszczaniu kamery, ukazałby obu aktorów w pierwszym ujęciu i tylko jednego, będącego w ruchu, w drugim (rys. 16.4).

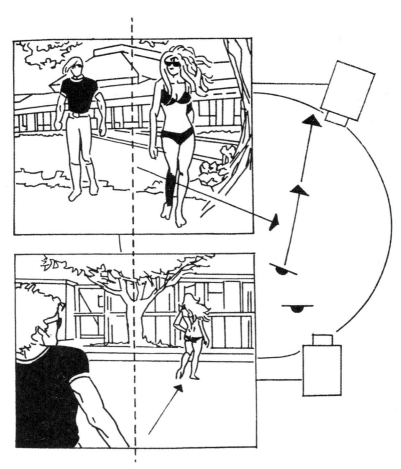

Rys. 16.3 W tym przykładzie, by objąć odejście jednego aktora, zastosowano zespół miejsc kamery do zewnętrznych kontrplanów.

A wychodzi z pola widzenia w pierwszym ujęciu, lecz w drugim jest już w środku ekranu i odchodzi od nas w kierunku na wprost kamery.

To drugie ujęcie faktycznie staje się punktem widzenia aktora, który pozostaje w miejscu. Odległość, z jakiej w drugim ujęciu widzimy aktora w ruchu, odpowiada osobistemu punktowi widzenia statycznego aktora. Gdybyśmy widzieli ich obu, w pierwszym ujęciu, w planie pełnym, to aktor w ruchu byłby postrzegany, w planie pełnym, jako odchodzący w drugim ujęciu. Wynika to z faktu, że odległość, jaką przechodzi on przez ekran do brzegu, jest dłuższa, niż ta, którą dostrzegałby widz w planie średnim. W tym ostatnim przypadku, odchodzący aktor jest widziany bliżej kame-

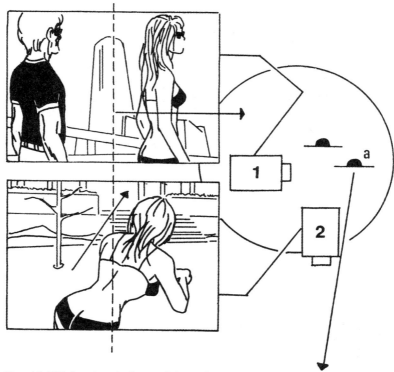

Rys. 16.4 W drugim ujęciu pominięto aktora statycznego.

ry w drugim ujęciu, by odpowiadał krótszej przebytej odległości. Dzięki temu, że widzimy aktora w ruchu najpierw blisko kamery, potem daleko, a następnie znów blisko, narzucamy rytm rozczłonkowanemu ruchowi ciągłemu.

Innym rozwiązaniem, przy objęciu akcji kamerami w układzie kąta prostego, jest wykonanie drugiego ujęcia jako panoramy (rys. 16.5). Pierwsze ujęcie (bliski plan), A w pierwszym planie odwraca się i wychodzi z pola widzenia, w prawo. Cięcie na plan pełny, gdzie A (pośrodku) kontynuuje swą drogę w prawo. Kamera prowadzi ją w panoramie. Efekt, jaki otrzymujemy, jest identyczny z tym, który został przedstawiony na rys. 16.4. Z wyjątkiem tego, że obecnie drugie ujęcie nie jest punktem widzenia, który akcentuje ruch odchodzącego aktora. Na tym właśnie polega subtelna różnica między dwoma jednakowymi sposobami objęcia akcji takiej sceny. Pierwszy z nich można określić jako nieco przesadny, a drugi jest skromniejszy. Filmowiec wybiera sposób, jaki uważa za najbardziej właściwy dla swoich potrzeb w narracji sceny.

Rys. 16.5 W drugim ujęciu kamera śledzi aktora panoramą, gdy ten odcho-dzi od swej statycznej towarzyszki.

Czasem ruch można objąć szeregiem punktów kamery, szczególnie ruch o długim przebiegu. Przykład zastosowania trzech fragmentów pokazuje rys. 16.6.

Rys. 16.6 Ruch odchodzącego aktora został podzielony na trzy ujęcia.

Ujęcie 1: A w pierwszym planie obraca się i wychodzi w prawo.

Ujęcie 2: Odwrotność. B w pierwszym planie, A w tle, pośrodku, odchodzi w prawo. W tym ujęciu nie opuszcza on kadru.

Ujęcie 3: Bliski plan, z dołu. A wchodzi z lewej strony i przecina nasze pole widzenia, opuszczając kadr z prawej strony (lub też może zatrzymać się pośrodku).

Dwie osoby zwrócone do siebie. Objęte są dwoma zewnętrznymi kontr-planami. Osoba dominująca (widziana za osobą na pierwszym planie) od-chodzi od swej towarzyszki. Jeżeli ten ruch w pierwszym ujęciu jest skie-rowany do kamery, to jego kontynuacja w drugim ujęciu będzie w grani-cach ram ekranu (rys. 16.7).

Rys. 16.7 Aktorka będąca w ruchu, podchodzi do nas na wprost. Kiedy zbli-ża się do stojącej postaci, tniemy na kontrplan za nią, w którym odchodzi ona od kamery, mija stojącego aktora i kontynuuje swą drogę w głąb. Akcja objęta jest zewnętrznymi kontrplanami.

Rozwiązanie jest analogiczne do przykładu na rys. 15.7, ale aktor będący w ruchu nie wchodzi ponownie w kadr.

W pierwszym ujęciu aktorka zaczyna ruch, w drugim – kończy go mijając statyczną postać. Jeżeli odchodzący wykonawca przechodzi od tła
w pierwszym ujęciu, to wychodzi z kadru w drugim. W praktyce montuje się równolegle dwa ujęcia podstawowe na przemian między sobą (rys.
16.8).

Rys. 16.8 Proste objęcie kontrplanami sceny rozstania. Ruch został rozczłon-
kowany na szereg części z użyciem tylko dwóch ujęć podstawowych, otrzyma-
nych z pokazanych tu pozycji kamery.

Ujęcie 1: Średni plan. Aktorzy A i B wchodzą w kadr z prawej strony
i stają zwróceni do siebie. Ona plecami do nas, on dominuje. On mówi: „Kiedy cię znowu zobaczę"?

Ujęcie 2: Kontrplan bliski obojga. Ona odpowiada: „...po nieszporach,
w kościele...", po czym zaczyna się od nas odwracać.

Ujęcie 1: Średni plan. Ona kończy swój obrót, idzie w naszym kierunku
i wychodzi z kadru w lewo.

Ujęcie 2: Z tej pozycji kontrplanu widzimy ją w lewym wycinku ekranu,
odchodzącą w kierunku tła.

Ujęcie 1: Plan bliski. On pozostaje sam przez chwilę, patrząc poza ekran
w lewą stronę. Następnie obraca się i przecina ekran wychodząc w lewo.

Ruch dziewczyny został w obu ujęciach zarejestrowany w tej samej
połowie ekranu. Scena pożegnania zyskuje cechę dynamiczności ruchu
na ekranie, dzięki użyciu tego samego wycinka ekranu do wszystkich ujęć
ruchu. Jest to powtarzający się wzór montażowy z montowanych ujęć podstawowych. Przeciwstawne sobie plany bliskie i średnie dodają kontrastu
odległościom. Ruch musi gładko przechodzić w ruch. Ruch odejścia, chociaż jest tylko małą częścią całości, może zostać włączony do ogólnej zasady montowania sekwencji ujęć (rys. 16.9).

*Rys. 16.9 Rozstanie w bardziej złożonym wzorze ruchu poprzedzającego
i kontynuującego ukazaną tutaj akcję centralną.*

Ujęcie 1: B w pierwszym planie kończy rozmowę telefoniczną, odwraca się w prawo. Kamera panoramuje z nim, kadrując go po lewej stronie kadru. Z tyłu widać A pakującą walizkę. B mówi do niej.

Ujęcie 2: Średni plan A, unoszącej głowę na początku ujęcia. A reaguje na kwestię wypowiedzianą przez B poza kadrem. Dziewczyna odpowiada, a następnie zamyka walizkę, bierze ją i wychodzi w prawo.

Ujęcie 3: B w pierwszym planie, z prawej strony. A wchodzi z lewej i idzie do drzwi pośrodku w tle. Otwiera je i wychodzi.

Ujęcie 4: Odwrotność. Bliski plan. B pochyla się, ponownie chwyta słuchawkę telefonu, wykręca numer, przykłada słuchawkę do ucha, odczekuje chwilę i mówi.

Ujęcie 4 może zostać zastąpione licznymi wariantami. Po wyjściu dziewczyny w ujęciu 3, następne ujęcie mogłoby ukazać ją idącą korytarzem hotelu, dalsza akcja pozostałaby z nią. Jeśli natomiast narracja wyszczególnia, co dzieje się z aktorem B, można zainscenizować rozwój wypadków po ujęciu 3. Zwróćmy uwagę na sposób, w jaki przesunięto kamerę z prawej na lewą stronę aktora A. W pierwszym ujęciu, po zakończeniu ruchu panoramy, widzimy aktora A skadrowanego po lewej stronie ekranu, tyłem do nas. Ujęcie 2, ukazujące aktorkę B, jest wysunięciem kamery w przód na wspólnej osi wizualnej. Spogląda ona w lewo, co wiąże wizualnie to ujęcie z poprzednim. Wtedy aktorka wychodzi z kadru w prawo. W ujęciu 3 wchodzi z lewej i idzie w głąb. Teraz jesteśmy po drugiej stronie aktora A, który znajduje się po prawej stronie ekranu. Dominuje tu akcja wchodzenia i wychodzenia rozgrywana po przeciwnych stronach ekranu.

Metodę użytą w tym przykładzie, polegającą na wizualnym przejściu na drugą stronę aktora (bez pozorów pogwałcenia zasady trójkąta przy umiejscowieniu kamery), można dodać do innych metod (wymienionych w rozdziale 9) stosowanych w celu przekroczenia osi kontaktu lub osi ruchu.

Jeżeli wykonawca wychodzi z kadru, to jego ruch nie musi być kontynuowany w następnym kadrze. Bardziej efektywne może być cięcie na reakcję mimiczną drugiej, statycznej postaci.

Na rys. 16.10, gdy tylko A opuszcza ekran w ujęciu 1, tniemy na bliski plan B, po tej samej osi wizualnej. Jeśli zastosować to np. do odjazdu samochodu ruszającego z planu pełnego, tniemy na bliski plan bohatera, którego widzieliśmy poprzednio w tle. W ten sposób akcentujemy aktora pozostającego na ekranie, czyniąc z niego postać kluczową. Przecięcie na jego bliski plan podkreśla każdy kolejny ruch, jaki wykona.

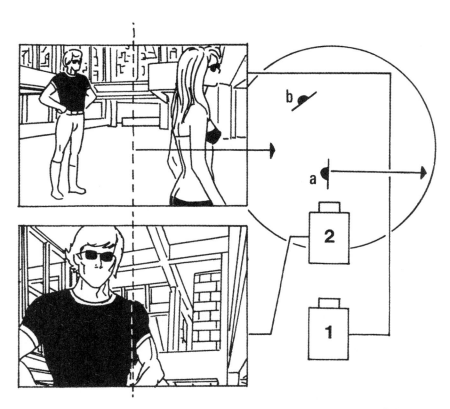

Rys. 16.10 Aktor w ruchu zostaje wyłączony z drugiego ujęcia, co powoduje wyodrębnienie postaci statycznej, która pozostaje w planie, widziana z bliska.

Odwrócenie kolejności ujęć nie jest tak wymowne. Dla przykładu tniemy od zbliżenia aktora statycznego, odskakujemy po tej samej osi wizualnej do aktora, który rozpoczyna ruch i wychodzi z kadru z boku, pozostawiając samotną postać statyczną jako małą figurkę w scenie. W ten sposób umniejszamy rolę obu aktorów: aktorkę odchodzącą, gdyż w ostatnim ujęciu była krótko na ekranie, a aktora statycznego, ponieważ jest on skadrowany z dala.

Kontrastujące kierunki ciągłego ruchu odchodzenia możliwe są przy dwóch miejscach kontrplanów zewnętrznych, obejmujących ruch poprzeczny przez ekran (rys. 16.11).

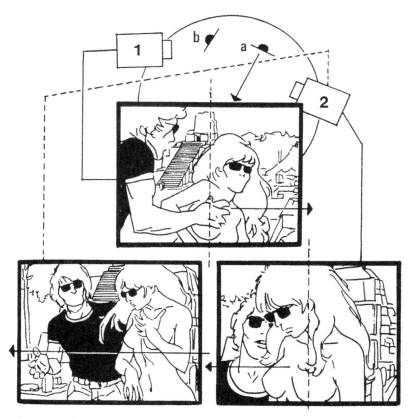

Rys. 16.11 Postać odchodząca porusza się w przeciwstawnych kierunkach ekranowych od ujęcia do ujęcia. W tym przykładzie użyto kontrplanów zewnętrznych.

Najpierw plan bliski obu wykonawców; A wychodzi z kadru, w prawo. Tniemy na kontrplan 2, również plan bliski. Tutaj możliwe są dwa podejścia. W jednym, A jest na środku ekranu zasłaniając ciałem aktora B. A przechodzi od środka w lewo i wychodzi. W innym rozwiązaniu A wchodzi w pierwszy plan z prawej, plecami do nas, przechodzi pomiędzy B i kamerą, wychodząc w lewo. B odwraca głowę od prawej strony w lewą.

Przy pozycjach kamery dla zewnętrznych i wewnętrznych kontrplanów odejście aktora nie jest pokazane, lecz tylko zasugerowane przez zwrot głowy drugiego wykonawcy (rys. 16.12). Kiedy A wychodzi z pierwszego ujęcia, tniemy na drugie, gdzie B kontynuuje upozorowany ruch A. Wyjście z kadru, z jednej strony ekranu w kierunku środka, jest również możliwe (rys. 16.13).

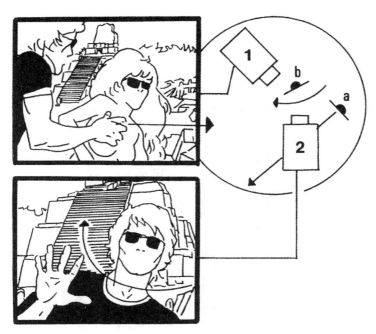

Rys. 16.12 Aktorkę w ruchu wyłączono w drugim ujęciu. Aktor statyczny, zwracający głowę w drugim ujęciu, sugeruje kierunek ruchu aktora, będącego teraz poza polem widzenia kamery.

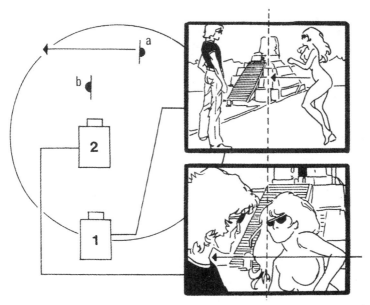

Rys. 16.13 Dwa miejsca kamery na wspólnej osi wizualnej użyte by pokazać osobę, która odchodząc, przechodzi za statyczną postacią.

Ujęcie 1: B i A rozmawiają. A decyduje się odejść i idzie w lewo, osiągając środek ekranu. Cięcie.

Ujęcie 2: Bliski plan B (w przód, po linii wizualnej poprzedniego ujęcia). A wchodzi z prawej strony, przechodzi za B i opuszcza kadr w lewo.

W pierwszym ujęciu krótki ruch A, w lewą stronę, obejmuje pół ekranu. W drugim A przecina całą szerokość obrazu za statycznym aktorem, który ze swojej środkowej pozycji dominuje w scenie.

Innym wariantem byłoby skadrowanie obu aktorów w oddzielnych ujęciach. Zaczynając ujęciem, które ukazuje ich razem, przechodzimy do oddzielnych ujęć dla każdej postaci. Ujęcia montujemy równolegle. Wtedy jeden aktor odchodzi. Ten prosty sposób pokazano na rys. 16.14.

Rys. 16.14 Statycznego mężczyznę wyłączono z pierwszego ujęcia. W drugim kobieta przechodzi za nim.

Ujęcie 1: Bliski plan. A wychodzi z kadru od środka, w lewą stronę.

Ujęcie 2: Bliski plan B. Za nim, w nieostrości, A przechodzi z prawej strony w lewą.

Jest to bardzo znany sposób powiązania ujęć indywidualnych bez podpierania się wcześniejszym ujęciem lokalizującym. Ukazując A, poruszającą się w tle i nieostrą, w drugim ujęciu, pomniejszono jej udział w scenie, nie tracąc jednak sensu akcji.

Odejście można zaprezentować w taki sposób, że odsłoni ono w drugim ujęciu pozostającą postać, dając nam frontalne ujęcie tego aktora (rys. 16.15).

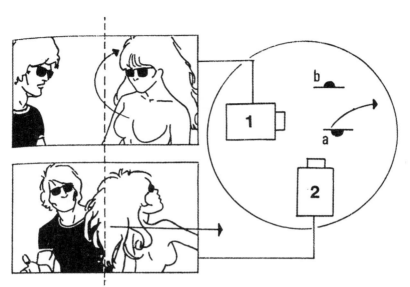

Rys. 16.15 Objęcie akcji odchodzącego aktora w kątach prostych.
W pierwszym ujęciu postać zaczyna oddalać się od kamery. W drugim
ujęciu, gdy kończy ruch, odstania frontalny widok aktora statycznego.

Miejsca kamery są pod prostymi kątami do siebie. W pierwszym ujęciu aktorka A odwraca się, aby odejść. W drugim – opuszcza kadr, odsłaniając aktora statycznego. Dzięki tej prostej i dynamicznej prezentacji, uwaga zostaje skierowana na drugą postać (rys. 16.16).

Jeżeli opuszczenie kadru wiąże się z dużym ruchem, wystarczy pokazać tylko skrajne momenty tego ruchu. Jest to nawiązanie do zasady skracania czasu, o czym była już mowa poprzednio (rys. 16.17).

Ujęcie 1: Plan bliski. A i B rozmawiają, po czym A obraca się i zbliża się do nas, wychodząc w prawą stronę. Kamera przez chwilę pozostaje na B. Kiedy ten kontynuuje swą mowę, wykonujemy cięcie.

Ujęcie 2: Plan pełny. A w pierwszym planie idzie w kierunku kamery, zatrzymuje się i zwraca twarzą do B, który znajduje się w tle. Tutaj akcja jest znowu w tej samej przestrzeni ekranu i na tej samej osi wizualnej.

Postępowanie różni się tym, że kiedy A idzie do B, pauza jest na początku drugiego ujęcia, lecz kiedy A odchodzi od B, pauzę mamy na końcu pierwszego ujęcia.

Można również zastąpić pauzę przez wizualne odwrócenie uwagi. Problem taki powstaje, kiedy odchodzący aktor idzie bezpośrednio do tła, gdzie widoczne jest jego miejsce przeznaczenia. Odwrócenie uwagi wpro-

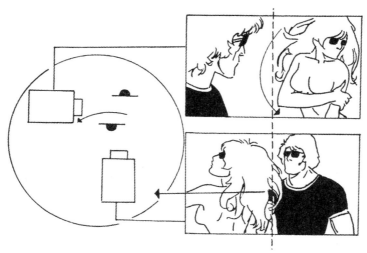

Rys. 16.16 Różnica między tym, a poprzednim przykładem sprowadza się do tego, że w tym przypadku odchodząca aktorka rozpoczyna swój ruch, w pierwszym ujęciu, w kierunku kamery.

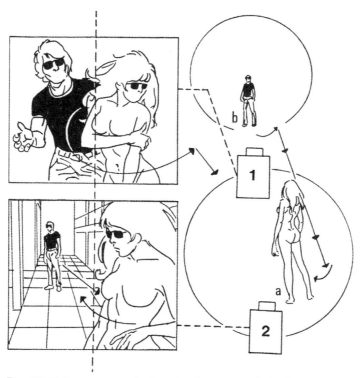

Rys. 16.17 Pauza przy zakończeniu pierwszego ujęcia (pozostanie ze statycznym aktorem) służy do skrócenia powtarzającego się ruchu po długiej trasie.

wadza się po to, abyśmy na chwilę stracili zainteresowanie aktorem w ruchu i jego miejscem docelowym, a skoncentrowali się na postaci, która pozostaje w pierwszym planie (rys. 16.18).

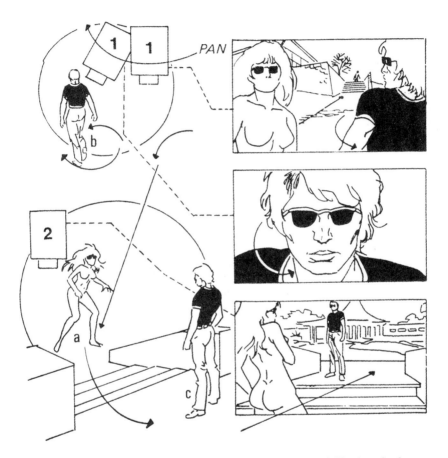

Rys. 16.18 W zakończeniu pierwszego ujęcia, aby pominąć długi ruch aktorki do aktora w tle, wprowadzono ruch odwracający uwagę widza.

Ujęcie 1: A i B rozmawiają w przednim planie. C, widziany w ogólnym planie na szczycie krótkiego biegu schodów – czeka w tle. Wtedy A zaczyna odchodzić od nas w kierunku C. Idzie w prawo. Kamera przez chwilę pozostaje na B, oczekując na jego reakcję lub wypowiedź, która posunęłaby naprzód narrację.

Ujęcie 2: Średni plan C. A wchodzi z lewej, osiągając szczyt schodów, po czym obraca się i wraz z C patrzą poza ekran, w prawo, w kierunku B. W powyższym przykładzie kombinacja ruchu pierwszoplanowego aktora i kamery jest wizualnym odwróceniem uwagi widza. Mógłby to również być ruch panoramy na jakiś szczegół pierwszoplanowy, wskazany przez pierwszego aktora. Można również uniknąć ruchu kamery, jeżeli aktor pierwszoplanowy pójdzie na kamerę, przesłaniając sobą tło i zmuszając widza do oglądania jego twarzy w zbliżeniu. By skrócić odległość między odejściem i przybyciem, można zamiast pauzy wstawić przebitkę. Przebitka musi być tematycznie powiązana z główną akcją narracji (rys. 16.19).

Rys. 16.19 Przykład wzięty z filmu Alfreda Hitchcocka „Północ, Północny-Zachód", w którym użyto przebitki do skrócenia trasy, którą musi przebyć aktor w ruchu.

Ujęcie 1: Cary Grant wychodzi z pola kukurydzy, zaczyna biec do szosy w tle, po której szybko zbliża się ciężarówka.

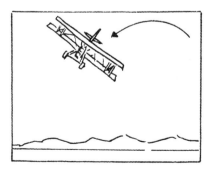

Ujęcie 2: Plan ogólny. Dwupłatowiec w powietrzu. Skręca w naszym kierunku i leci prosto w kierunku kamery.

Ujęcie 3: Pełny plan. Kamera na środku szosy. Cary Grant wchodzi w plan, plecami do nas, i zatrzymuje się, w pierwszym planie, machając rękoma, by zatrzymać ciężarówkę.

Scenę tę znajdziemy w filmie *Północ, Północny-Zachód* Alfreda Hitchcocka. Jest ona częścią słynnej dziś sekwencji, w której samolot ściga Cary'ego Granta w biały dzień, na otwartej przestrzeni. Przerywnik w podanym przykładzie jest istotny dla narracji, ponieważ informuje widzów o miejscu przebywania oraz intencjach pilota. Przerywnik został użyty, by skrócić długość trasy naziemnej przebytej przez aktora od pola kukurydzy do szosy oraz kieruje uwagę widza na istotne punkty akcji.

17

AKTORZY WE WSPÓLNYM RUCHU

Rozpatrzyliśmy ruch ekranowy, gdzie jeden, dominujący wykonawca, wchodzi i wychodzi. Również obaj mogą być w ruchu równocześnie. W takim przypadku wyróżniamy trzy rodzaje ruchów:

1) oboje przemieszczają się w jednym kierunku,

2) zbliżają się do siebie,

3) rozchodzą się.

Każdy z wymienionych tu ruchów przestudiujemy oddzielnie i rozpatrzymy szereg przykładów w ramach każdego wariantu.

Przykład 1

Kiedy obaj aktorzy idą w jednym kierunku, np. jeden za drugim, pokażemy to dynamicznie montując pary zewnętrznych kontrplanów w sposób opisany poniżej, a przedstawiony na rys. 17.1.

Ujęcie 1: Plan pełny. B przechodzi od środka ekranu w prawo i wychodzi. Cięcie na...

Ujęcie 2: Pełny kontrplan. A wchodzi w kadr z lewej i oddala się, idąc za B.

W ujęciu 1, A idzie od lewej do środka, B natomiast od środka do prawej. W ujęciu 2 oboje wykonują te same ruchy w tych samych częściach ekranu. W ujęciu 1 wykonawca B wychodzi z kadru, podczas gdy w ujęciu 2 – wchodzi od przeciwnej strony. W drugim ujęciu B jest już pośrodku kadru, odchodząc w dal.

Przykład 2

Jeżeli troje ludzi idzie w jednej linii, rozwiązanie jest podobne (rys. 17.2).

Ujęcie 1: A, B i C idą po przekątnej w jednym szeregu, wychodząc z kadru z prawej. Kiedy znika ostatni, cięcie na...

Ujęcie 2: C pośrodku kadru, porusza się w prawo. Zatrzymuje się, B i A wchodzą z lewej i zatrzymują się.

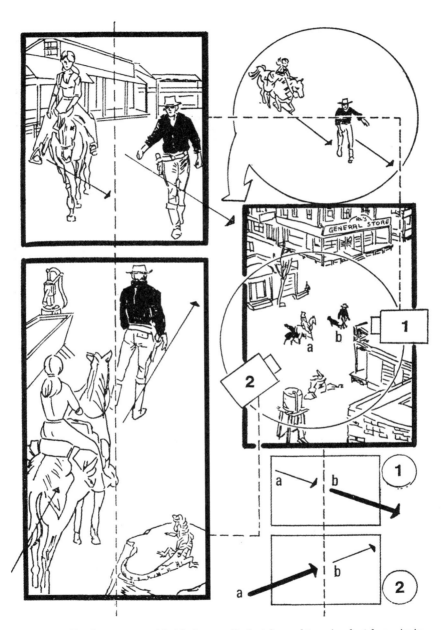

Rys. 17.1 Ruch poprzez połówki ekranu dla każdego aktora i w każdym ujęciu.

Rys. 17.2 Do zespolenia wizualnego obu ujęć, użyto tutaj ruchu postaci
rozpoczynającego się od środka ekranu.

Jak widać, pominięto wejście C w kadr, pozwalając mu poruszać się od
środka do zewnątrz. W ten sposób zwiększyła się dynamika montażu.

Przykład 3

Na rys. 17.3 pokazano ujęcie prostokątne. W pierwszym ujęciu stoją
cztery postacie, profilami do kamery, obserwujące coś poza ekranem z lewej, następnie zaczynają iść w lewo. A wychodzi z kadru, B (środkowa)
dochodzi do lewego skraju kadru; C i D osiągają środek. Cięcie na drugie
ujęcie, pod kątem prostym. A i B są już w kadrze z prawej i odchodzą do
płonącego samolotu w tle, za nimi idą pozostali, wchodzą w kadr z prawej. Dla C i D otrzymujemy powtórzenie przestrzeni ekranowej, podczas
gdy A i B poruszają się najpierw w jednej połowie ekranu, zaś w następnym ujęciu w drugiej.

Przykład 4

Sytuacja dwóch, zbliżających się do siebie aktorów sugeruje objęcie
akcji ujęciami z kamer w układzie kąta prostego (rys. 17.4). W pierwszym
ujęciu obie postacie, poruszające się w kierunkach na wprost, idą do siebie. Cięcie na ujęcie 2, w które oboje wchodzą po swoich stronach i zatrzymują się w pobliżu środka.

Rys. 17.3 Objęcie odejścia szeregu postaci, idących jedna za drugą, ujęciami w układzie kąta prostego.

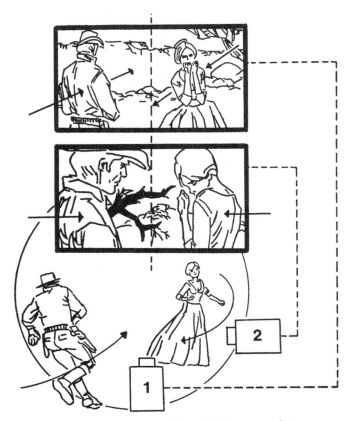

Rys. 17.4 Zbieżny ruch dwóch postaci objęty układem prostokątnym.

Przykład 5

Kamery umieszczone na wspólnej osi wizualnej równie dobrze zare-
jestrują tę akcję zbliżania (rys. 17.5).

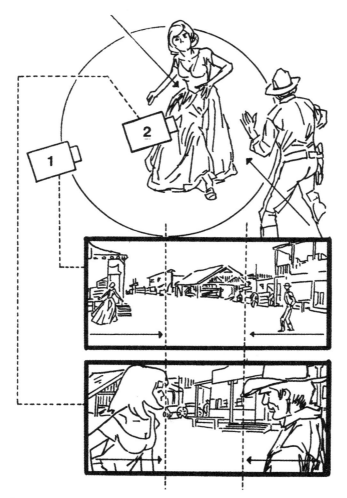

*Rys. 17.5 Zbliżający się do siebie aktorzy widziani z dwóch pozycji kamery
na wspólnej osi wizualnej.*

Pierwsze ujęcie zostało podzielone na trzy części kompozycyjne.

Obaj aktorzy znajdują się w skrajnych częściach kadru i poruszają się
w kierunku granic tych części. Wtedy dokonujemy cięcia na plan bliski,
gdzie każdego z aktorów widać początkowo w ruchu, z obu boków, a następnie zatrzymujących się. Obaj aktorzy powinni poruszać się mniej wię-

cej z tą samą szybkością, tak aby ich ruch na ekranie zakończył się we właściwych przestrzeniach kadru. Wymowa tego ujęcia byłaby słabsza, gdyby jeden z aktorów poruszał się wolniej od drugiego i ruch odbył się w drugim ujęciu niezręcznie. Jeśli takie różnice wychodzą w pierwszym ujęciu, należy je wyrównać, tak aby oboje weszli w drugi kadr jednocześnie.

Przykład 6

Aktorzy zbliżają się do siebie. Kamery ustawiono pod kątem prostym (rys. 17.6).

Montujemy tak samo jak w poprzednim przykładzie.

Tutaj prostokątny układ kamer zbiega się z prostokątnym ruchem obu aktorów. Ruchy aktorów są złagodzone w półprzestrzeniach ekranu od ujęcia do ujęcia.

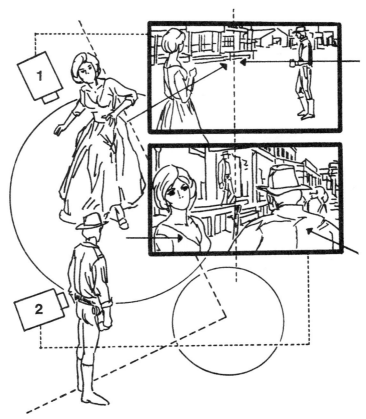

Rys. 17.6 Aktorzy zbliżają się do siebie pod kątem prostym. Kamery w układzie kąta prostego.

Przykład 7

Spotkanie dwóch aktorów, których ruchy zbiegają się w punkcie środkowym, zamieniono na spotkanie grup. W montażu ruchy można pokazywać na przemian lub oba we wspólnym kadrze. Dla przykładu: wódz indiański i dowodzący oddziału kawalerii porozumieli się co do spotkania na neutralnym gruncie, aby omówić sporne zagadnienia. Obaj przybywają ze zbrojnymi eskortami, które pozostają na skałach, podczas gdy ich wodzowie schodzą do miejsca spotkania w dolinie. Oto kolejność ujęć:

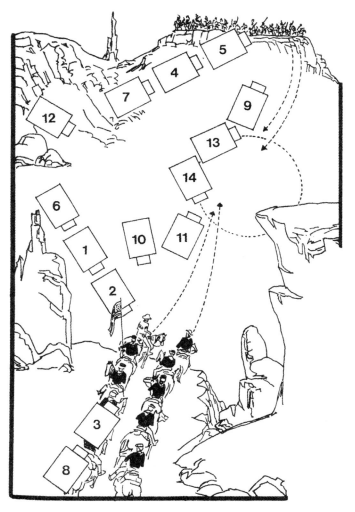

Rys. 17.7 Ruchy postaci zbiegające się w punkcie środkowym, rozciągnięte na dwie grupy.

Ujęcie 1: Niski plan pełny. Oddział kawalerzystów ukazuje się nad szczytem skał i zatrzymuje się. Oddział porusza się z prawej strony w lewą. Zatrzymuje się.

Ujęcie 2: Niski bliski plan trzech kawalerzystów. Oficer, podoficer i indiański szeregowy patrzą i czekają.

Ujęcie 3: Kontrplan pełny. Zza grupy żołnierzy na koniach widać drugą skałę. Słychać oddalone dźwięki podków.

Ujęcie 4: Niski pełny plan. Indianie ukazują się na grzbiecie drugiej skały i zatrzymują się (poruszali się od lewej strony do prawej).

Ujęcie 2: Bliski plan trzech kawalerzystów. Oficer dowodzący robi ruch ręką.

Ujęcie 5: Niski bliski plan trzech Indian. Środkowy to wódz.

Ujęcie 2: Niski bliski plan trzech kawalerzystów. Czekają.

Ujęcie 5: Niski bliski plan trzech Indian. Wódz unosi i opuszcza rękę.

Ujęcie 2: Niski bliski plan trzech kawalerzystów. Indiański żołnierz i głównodowodzący przechodzą w lewo i wychodzą z kadru. Zaczynają zjeżdżać w dół.

Ujęcie 6: Pełny plan. Obaj kawalerzyści (indiański żołnierz i oficer dowodzący) schodzą w dół, w lewo i wychodzą z kadru. Pozostali żołnierze czekają na szczycie góry.

Ujęcie 5: Niski bliski plan trzech Indian. Wódz i jego syn odchodzą w prawo i zjeżdżają w dół, po prawej.

Ujęcie 7: Plan pełny. Obaj Indianie schodzą z lewej strony w prawą i wychodzą z kadru z prawej. Zjeżdżają na koniach powoli. Pozostali Indianie rozchodzą się po całym szczycie ich góry.

Ujęcie 8: Pełny plan. Szereg żołnierzy na koniach w pierwszym planie. W dali, w dolinie dwaj kawalerzyści i dwaj Indianie zjeżdżają w dół do siebie. Na oddalonej górze szereg obserwujących Indian.

Ujęcie 9: Pełny plan. Po tej samej co i w poprzednim ujęciu osi wizualnej z szeregiem Indian na szczycie góry. Wódz i jego syn zjeżdżają w naszym kierunku po stoku i wychodzą z kadru w dole.

Ujęcie 10: Plan średni. Indiański żołnierz i oficer wchodzą w plan z prawej, przecinają kadr po przekątnej schodząc w lewo i wychodzą z kadru.

Ujęcie 11: Pełny kontrplan. Obie pary jeźdźców zbliżają się do siebie.

Ujęcie 12: Pełny plan (z boku). Dwaj Indianie wjeżdżają z lewej, dwaj kawalerzyści wjeżdżają z prawej i spotykają się pośrodku ekranu.

Ujęcie 13: Bliski plan wodza Indian. Oczekuje w ciszy.

Ujęcie 14: Bliski plan oficera dowodzącego. Mówi pierwszy.

Ujęcie 13: Bliski plan wodza Indian. Odpowiada.

Ujęcie 14: Bliski plan oficera. Znowu mówi.

Cała sekwencja odznacza się powolnym rytmem, który dodaje napięcia całemu wydarzeniu. Obie grupy nieufnie zbliżają się do siebie z zachowaniem ostrożności. Budowa sceny z punktu widzenia scenariusza jest prosta i jasna: żołnierz i Indianie przyjeżdżają i wymieniają uzgodniony sygnał. Obaj wodzowie zjeżdżają w dolinę, by przeprowadzić rozmowę. Język filmowy zastosowany do tej sceny jest również prosty: identyfikacja pierwszej grupy (żołnierze). Potem prezentacja terenu. Przybywa druga grupa (Indianie). Dokonuje się rytuał wymiany sygnałów. Jest to objęte oddzielnymi ujęciami obu grup. Gdy obie delegacje zjeżdżają w dół, zostają najpierw oddzielnie przedstawione dwoma ujęciami dla każdej grupy. W drugich ujęciach pole widzenia jest rozszerzone w celu równoczesnego ukazania terenu, w jakim poruszają się obie grupy. W tym miejscu wprowadzono ujęcie powtórnie lokalizujące akcję, w którym widoczne są obie grupy. Następnie uwaga zostaje skierowana na obu dowódców i towarzyszących im postaciach, powoli zjeżdżających w dolinę. Od tej chwili zbrojna ochrona każdego z nich zostaje wyłączona z sekwencji ujęć. Dwa pełne plany pokazują nam, jak obaj zatrzymują się, obserwując się wzajemnie. Teraz, w bliskich planach, widzimy twarze obu wodzów. Od tej chwili ci dwaj ludzie dominują w scenie. Kiedy później obie delegacje będą wracać do swoich zbrojnych eskort, ich ruchy staną się żywsze. Po skończeniu pertraktacji nie ma potrzeby, aby spowalniać ich ruch, bo osłabiłoby to kulminację wydarzeń.

Przykład 8

Trzecim rozwiązaniem – o którym wspominaliśmy na początku tego rozdziału – jest użycie odwrotności formuł opisanych przy omawianiu filmowania idących do siebie postaci (rys. 17.8).

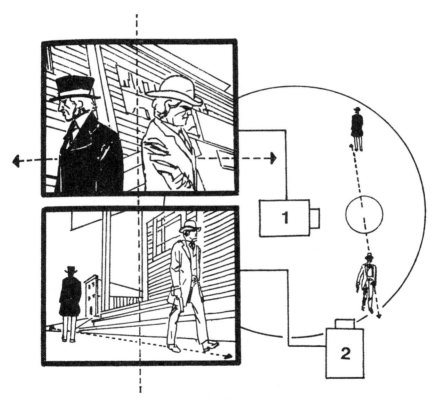

Rys. 17.8 Aktorzy oddalają się od siebie po rozbieżnych trasach. Scenę zarejestrowano objęciem prostokątnym.

Dwaj przeciwnicy biorący udział w pojedynku stoją do siebie plecami. W pierwszym ujęciu widzimy ich w bliskim planie. Spoza ekranu pada komenda i obaj zaczynają oddalać się od siebie. Z chwilą, gdy wyszli z kadru, tniemy na drugie ujęcie, na którym widzimy ich odchodzących i powiększającą się odległość między nimi. Wreszcie zatrzymują się.

Przykład 9

Czasami grupa rozchodzących się aktorów zapowiada wejście nowej osoby lub nową akcję. Na przykład: we wspaniałym hallu wielkiego pałacu zgromadziło się na przyjęciu tanecznym doborowe towarzystwo. Nagle wchodzi lokaj i zapowiada pompatycznym głosem: „Jego Wysokość Król Karol!" Muzyka cichnie, a tancerze rozstępują się, robiąc miejsce na przejście króla i odsłaniając lordów w końcu sali. Zjawia się książę, idzie do przodu przez tłum, w kierunku gospodarzy zamku. Jesteśmy tu zainteresowani tylko ukazaniem ruchu rozsuwającego się tłumu.

Ujęcie 1: Plan ogólny. Goście w pierwszych szeregach tłumu zaczynają usuwać się na boki kadru i wychodzą z pola widzenia w obie strony.

Ujęcie 2: Plan pełny, bliżej tłumu. Ci w pierwszym planie schodzą na boki kadru.

Ujęcie 3: Średni plan. Kilku ostatnich gości usuwa się z planu, odsłaniając gospodarzy pałacu.

Każde ujęcie trwa dwie do trzech sekund. Wszystkie ujęcia mają wspólną oś wizualną i wraz z wprowadzeniem kolejnego ujęcia jakby wchodzimy w tłum gości. Damy dworu usuwają się od środka na boki. Ruch jest we wszystkich ujęciach jednakowy.

Rys. 17.9 Efekt rozsuwanej kurtyny odsłaniający nieruchomych aktorów w tyle grupy.

Ruch przerywany

Dotychczas omówiliśmy tylko ruch ciągły jednego lub dwóch wykonawców. W filmach stosuje się jednak bardzo często ruch przerywany, czyli taki, kiedy aktorzy są kolejno w ruchu.

Przykładami może być większość scen dialogowych, kiedy obaj aktorzy są w ruchu, zmieniając swoje pozycje. Takie przypadki omówimy w dalszych rozdziałach, kiedy rozpatrywane będą ujęcia z montażem wewnątrzkadrowym oraz budowanie ciągów ujęć.

18

ROZWIĄZYWANIE TRUDNYCH SYTUACJI MONTAŻOWYCH

Przy montowaniu ze sobą ujęć filmu pojawiają się dwie trudności. Dotyczą one takich dwóch skrajnych sytuacji, jak całkowity brak ruchu lub jego nadmiar. Rozdział niniejszy poświęcony jest różnym wariantom objęcia takich trudnych sytuacji w jasny, a równocześnie interesujący sposób.

Ruch między kamerą i statycznym obiektem
Przykład 1

Rozpatrzmy najpierw przypadek braku ruchu u głównego wykonawcy w scenie. Nasz aktor siedzi samotny przy stole w nocnym lokalu. Puste stoły dokoła podkreślają jego samotność. Widzimy go w ogólnym planie sali. Teraz chcielibyśmy przeciąć na średni plan aktora, aby umożliwić widzom identyfikację postaci i zobaczyć wyraz jego twarzy: zmęczenie, rozczarowanie, oczy opuszczone, wpatrzone w pustą szklankę. Człowiek się nie porusza. Nie jest to potrzebne, a nawet byłoby dramaturgicznym błędem. Lecz jak przeciąć ze statycznego planu ogólnego na statyczny plan średni, unikając równocześnie wizualnego skoku na ekranie? Jednym sposobem jest wprowadzenie, odwracającego uwagę, ruchu osoby przechodzącej i ciąć z użyciem tego ruchu (rys. 18.1).

Ujęcie 1: Ogólny plan A. Po chwili z boku zjawia się osoba, która przechodzi w poprzek ekranu. Kiedy osoba ta znajdzie się pośrodku ekranu i całkowicie sobą zasłoni A, nastąpi cięcie.

Ujęcie 2: Średni plan. Widok siedzącego A. Jest on całkowicie przesłonięty przez przechodzącą osobę. Po jej przejściu A ponownie staje się widoczny, natomiast osoba przechodząca wychodzi z kadru.

Ujęcie na tej samej osi wizualnej, jak poprzednie. Istotne jest to, że otrzymuje się gładkie przejście od ujęcia do ujęcia. Postać przechodząca nie musi całkowicie przesłaniać ekranu w pierwszym lub drugim ujęciu. Powinna natomiast przesłonić osobę, która ma być ukazana w bliskim planie.

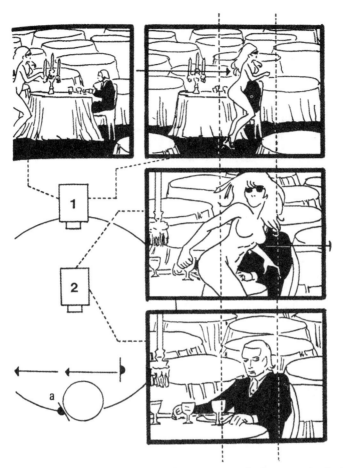

Rys. 18.1 Przez ukrycie statycznego aktora za przechodzącą postacią i cięcie na ruchu tej postaci (przecinającej ekran) otrzymuje się płynne połączenie montażowe.

Przykład 2

Osoba użyta na ekranie by ułatwić nam gładkie cięcie może być już obecna w kadrze, np. w sytuacji statycznej. Do naszego celu trzeba jedynie, by przeszła w poprzek ekranu (rys. 18.2).

Ujęcie 1: Średni plan. A siedzi przy stole. W pierwszym planie, z prawej strony stoi B. Mówi do A. Nieco później B przechodzi w lewo. W chwili gdy zakrywa sobą A, wykonujemy cięcie na...

Ujęcie 2: B pośrodku ekranu odsłania A i zatrzymuje się. A jest teraz w planie bliskim.

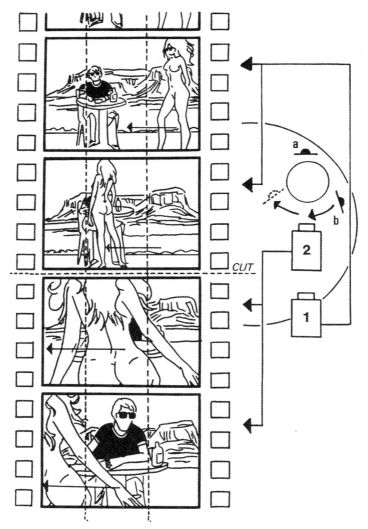

Rys. 18.2 Aktor, który umożliwia nam efekt przesłonięcia (swoim ruchem przez kadr), nie musi opuszczać planu w żadnym z ujęć, na jakie ruch został podzielony.

Ruch na początku drugiego ujęcia

Przykład 3

Można odwrócić powyższą sytuację, tzn. przejść od bliskiego planu statycznego wykonawcy do dalszego (rys. 18.3).

Ujęcie 1: Plan bliski A. Siedzi nieruchomo, rozmawiając przez telefon. Cięcie.

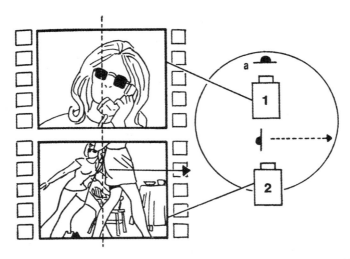

Rys. 18.3 Aktor w ruchu od środka do boku ekranu. Aktor statyczny widoczny jest w drugim ujęciu z tyłu osoby będącej w ruchu.

Ujęcie 2: Plan pełny. Osoba w środku kadru przechodzi i odkrywa A w tle. W pierwszym ujęciu nie było żadnego ruchu. Ruch zostaje wprowadzony na początku drugiego ujęcia.

Za postacią statyczną aktora wprowadzamy ruch w tle, który może trwać w czasie drugiego ustawienia. Nie przeszkadzałby on w cięciu, ponieważ ruch, który jest bliżej kamery, jest ostrzejszy i wybija się. Dla takiego kluczowego ruchu nadaje się każda postać będąca naturalnym uczestnikiem sceny, jak np. kelner, jeśli akcja dzieje się w restauracji.

Przykład 4

Do opisanych celów montażowych zamiast postaci przypadkowej można użyć ważnego w scenie aktora. Istotne jest, by jego ruch sprzyjał płynności cięcia (rys. 18.4).

W pierwszym ujęciu stoi dziewczyna z telefonem. Druga kobieta w jej pobliżu, po krótkim czasie opuszcza kadr, w lewą stronę. Po chwili następuje cięcie, gdzie widok przesłania nam ta druga kobieta, siedząca w pobliżu kamery. Ta, kiedy siada, odsłania dziewczynę, ciągle mówiącą. Teraz w ujęciu skadrowana jest druga kobieta (blisko, w pierwszym planie), profilem do dziewczyny w tle, widzianej w pełnym planie, po drugiej stronie ekranu. W ten sposób spełniono dwa cele: druga postać została powtórnie wprowadzona do sceny i wizualnie powiązana ze swoją przyjaciółką, której nowa pozycja w kadrze została wyjaśniona widzom.

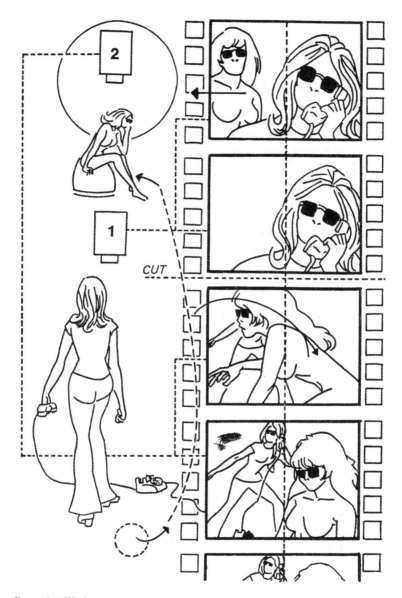

Rys. 18.4 W pierwszym ujęciu kobieta w tle wychodzi z pola widzenia. W drugim ujęciu kobieta w ruchu (przesłaniająca nam widok), siada ukazując kobietę przy telefonie, znajdującą się za nią. Siedząca kobieta jest widziana z profilu, a jej ruch zapewnia płynną ciągłość oraz ponownie ukazuje lokalizację sceny.

Ruch za statycznymi postaciami

Przykład 5

W omówionych przykładach ruch odbywał się między kamerą, a głównym obiektem zdjęciowym. Akcent był położony na statycznym wykonawcy. Jeśli aktor jest w ruchu za postacią statyczną, wtedy to on staje się tym dominującym, podczas gdy drugi znajduje się w sytuacji podporządkowanej (rys. 18.5).

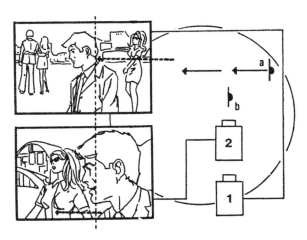

Rys. 18.5 Aktor w ruchu jest schowany w pierwszym ujęciu za postacią statyczną. Cięcie na drugie ujęcie wykonujemy w momencie, kiedy ten wyłania się zza postaci pierwszoplanowej.

Ujęcie 1: Plan średni. B stoi pośrodku. A wchodzi z prawej strony, idąc w lewą. Przechodząc za B jest przez niego zasłonięta. Następuje cięcie.

Ujęcie 2: Bliski plan B, po prawej. Zza niego ukazuje się A, która przechodzi w lewo i zatrzymuje się w tym rejonie kadru.

W pierwszym ujęciu może znajdować się szereg postaci statycznych, lecz tylko jedna z nich jest w ruchu – A. Natomiast B musi znaleźć się w pierwszym ujęciu po środku kadru, abyśmy uzyskali udane cięcie z ujęcia na ujęcie.

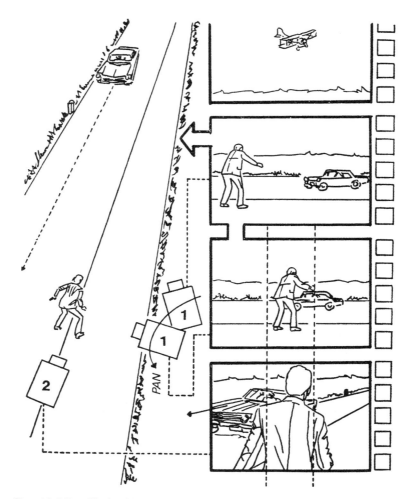

*Rys. 18.6 Przykład z filmu Alfreda Hitchcocka „Północ, Północny-Zachód".
Prostokątny układ kamer użyty do cięcia, kiedy obiekt w ruchu (samochód)
przejeżdża za obiektem statycznym w pierwszym planie.*

Przykład 6

Stosując wspomnianą tu technikę maskowania osób lub pojazdu w ruchu, gdy przesuwają się za postacią statyczną, można powiązać ujęcie panoramowane ze statycznym (rys. 18.6).

W pierwszym ujęciu człowiek na drodze, z lewej strony, macha rękoma by zatrzymać nadjeżdżający samochód. Samochód w planie ogólnym przecina ekran z prawej do lewej. W chwili, gdy zaczyna przejeżdżać za stojącym człowiekiem (teraz skadrowani pośrodku ekranu), tniemy na drugie ujęcie fotografowane pod kątem prostym do pierwszego, kadrując średni plan stojącego, plecami do nas, człowieka. Zza niego wyłania się samochód przecinający ekran i opuszczający kadr z lewej. Stojący człowiek obraca się do nas, obserwując oddalający się samochód (poza ekran) z rozczarowaniem na twarzy. To drugie ujęcie jest nieruchomym ustawieniem kamery.

Przykład pochodzi z filmu Hitchcocka *Północ, Północny-Zachód* i jest częścią sekwencji, w której dwupłatowiec ściga Cary'ego Granta po pustej, wiejskiej drodze. W tym przypadku inną zauważalną zmianą jest to, że zamiast obu ujęć na wspólnej osi wizualnej, jak miało to miejsce w poprzednich przykładach, wprowadzono układ prostokątny. Ruch, zarejestrowany w pierwszym ujęciu, trwa dłużej niż w drugim, kiedy to obiekt szybciej znika z planu, z racji swych większych rozmiarów.

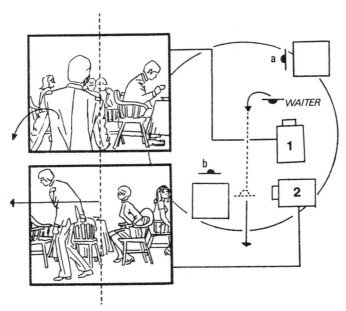

Rys. 18.7 Dwie statyczne postacie połączone odejściem z planu drugorzędnej osoby. Użyto prostokątnego umiejscowienia kamery.

Ustawienia kamery w układzie kąta prostego
Przykład 7

Kiedy dwaj statyczni aktorzy są fotografowani oddzielnie, jeden w każdym ujęciu (pod kątami prostymi), mogą zostać połączeni przez ruch obiektu podporządkowanego (rys. 18.7).

W pierwszym ujęciu kelner (w pierwszym planie) stoi przez chwilę plecami do nas, po czym obraca się i wychodzi w lewo. Cięcie. W drugim ujęciu, pod kątem prostym, kelner (środek) wychodzi z planu w lewo, odsłaniając B. W ten sposób zrezygnowaliśmy z ujęcia lokalizującego, w którym A i B byliby pokazani razem. Zamiast tego (odwołując się do opisanej tu formuły) wprowadza się postać B, co jest bardziej dramatyczne i czytelne dla widzów, dzięki ruchowi postaci podporządkowanej (czyli kelne-
ra), którego sytuacja w stosunku do pierwszego aktora została już ustalona (dla widzów) w ujęciu 1.

Poza tym (dzięki tej metodzie) obaj główni aktorzy mogą mieć swoje
własne ośrodki zainteresowania (np. potrawy, które jedzą) bez potrzeby
przeciwstawnych spojrzeń by ich powiązać od ujęcia do ujęcia. Taki wy-
móg może czasami działać na niekorzyść sceny.

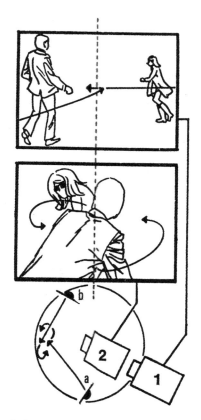

Rys.18.8 Kiedy drogi obu wykonawców krzyżują się pośrodku ekranu, cięcie
można wykonać na tym ruchu, stosując dwa miejsca kamery na wspólnej osi.

Obaj aktorzy są w ruchu
Przykład 8

Tę samą formułę można zastosować w sytuacji, gdy obaj aktorzy, będący w ruchu, przecinają nawzajem swoje trasy (rys. 18.8).

W ujęciu pierwszym, w planie pełnym, A idzie (skośnie, z lewej strony) do środka ekranu, podczas gdy B porusza się w poprzek, od prawej do środka. W chwili, gdy się mijają, a B jest przesłonięty przez A, następuje cięcie. Średni lub bliski plan aktorów (ta sama oś wizualna). B ukazuje się zza A, aż w końcu aktorzy zatrzymują się po bokach ekranu.

Ukrycie ruchomego obiektu w pierwszym ujęciu
Przykład 9

Jeżeli obiekt porusza się w kierunku na wprost, pośrodku ekranu, wtedy rzadko kiedy możemy przeciąć bezpośrednio na bliższy plan po tej samej osi wizualnej. Oddalająca się postać staje się coraz to mniejsza. Przecięcie na bliski plan gwałtownie zwiększyłoby rozmiary postaci, która znowu będzie się stopniowo zmniejszać. Taki efekt jest wizualnie niekorzystny. Z ruchem poprzecznym nie ma takiego problemu, ponieważ nie zmienia się wielkość obiektu. Tak więc, by przybliżyć się po tej samej osi do obiektu, poruszającego się na wprost, trzeba odwrócić na moment uwagę widza (rys. 18.9).

Ujęcie 1: Człowiek w pierwszym planie, z prawej strony ekranu (plecami do nas) patrzy na jezioro. Z prawej ukazuje się motorówka, zakręca i oddala się pośrodku kadru. Człowiek robi ruch do przodu, przesłaniając widok łodzi. Cięcie na...

Ujęcie 2: (po tej samej osi) Bliski plan łodzi, która się oddala.

Było to proste rozwiązanie, kiedy dla płynności cięcia ruch na wprost zostaje przesłonięty przez odwracający uwagę mocniejszy ruch.

Użycie mocnego ruchu pierwszoplanowego
Przykład 10

Nadmiar ruchu, to druga skrajność, z którą wiąże się problem dopasowania cięcia, kiedy oba ujęcia są na tej samej osi wizualnej. Ruch, szczególnie ten charakteryzujący sceny w tłumie, ma często przeciwstawne kierunki. Mogą być trudności ze zmontowaniem ujęć jednego lub dwóch głównych wykonawców, znajdujących się na tle ruchliwego tłumu, bez spowodowania zauważalnych skoków montażowych. Zasada użycia odwracającego uwagę ruchu, na którym byłoby wykonane to cięcie, jest skuteczna również przy rozwiązywaniu takich problemów ruchu wielokierunkowego.

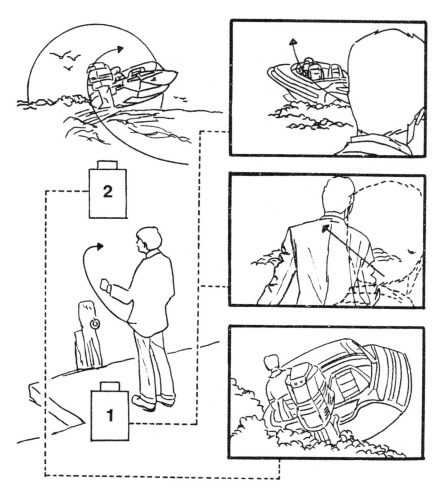

Rys. 18.9 Obiekt pierwszoplanowy w ruchu, by ukryć oddalającą się postać pośrodku ekranu. Z chwilą zasłonięcia postaci głównej, możemy wykonać cięcie w przód, na jej bliższy plan, uzyskując w ten sposób gładkie cięcie.

Przykład 11

Zmiana spojrzenia kamery, w układzie kąta prostego, nadaje się również do techniki użycia dwóch różnych osób, by zamaskować na chwilę akcentowanego aktora, w czasie cięcia na ruchliwym tle (rys. 18.10).

A stoi sam wśród tłumu. Aby wykonać gładkie cięcie na plan pierwszy wchodzi nowa osoba i zasłania aktora A. Druga osoba w pierwszym

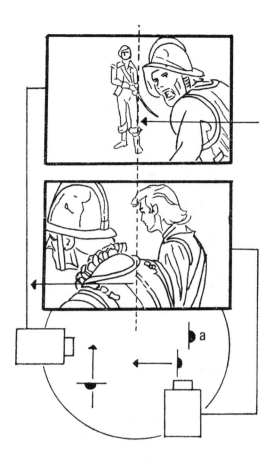

Rys. 18.10 Dwaj podporządkowani aktorzy, poruszający się pod kątem
względem siebie, gwarantują płynne cięcie montażowe.

planie (w przybliżeniu w tej samej skali) przechodzi w tym samym kierunku i oto widzimy A nie tylko bliżej, ale również w widoku bocznym.

Przykład 12

Stosując takie rozwiązanie, możemy sfilmować dwa ujęcia z tłumu,
na tej samej osi wizualnej. Najpierw mamy średni plan wielu par wiru-
jących w tańcu na parkiecie. Aby odskoczyć do tyłu, w celu ujęcia ogólnego planu sali balowej, wystarczy, by dwie postacie przecięły pierwszy plan,
chwilowo odwracając uwagę. Wtedy niedokładności w ruchach przejdą niezauważone.

Zastąpienie nieruchomego obiektu

Przykład 13

Ruch aktora, który przesłoni nasz ośrodek zainteresowania, tuż przed cięciem zmieniającym ustawienie, może być również użyty do przeskoku w czasie. David Lean w swoim filmie *Doktor Żywago* użył takiego chwytu w sekwencji, w której Jevgraf (Alec Guinness) odwiedza swego przyrodniego brata (Omar Sharif). Jevgraf spotyka Żywago, gdy ten łamie płot, by zdobyć drzewo do pieca. Później, w pokoju, Żywago spotyka jego rodzinę i rozmawiają. Na ścieżce dźwiękowej scena ta jest opowiedziana głosem Jevgrafa. Interesujący nas efekt ma miejsce prawie w środku sekwencji ujęć. Żywago stoi, w planie średnim, przed gołą ścianą. Jevgraf wchodzi z prawej i przecina kadr, przesłaniając pośrodku postać Żywago. Następuje cięcie na drugie ujęcie, po tej samej osi wizualnej, z odchodzącą osobą w pierwszym planie. Osoba ta odsłania Jevgrafa w planie bliskim, który stoi nieruchomo pod ścianą. Efekt jest zaskakujący. To „odwrócenie ról" sugeruje równocześnie upływ czasu (rys. 18.11).

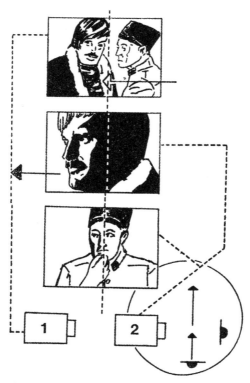

Rys. 18.11 Pozycje aktorów zostają zamienione, osoba w ruchu staje się statyczna i vice versa, by uzyskać skok czasowy, z zastosowaniem cięcia na ruchu pośrodku kadru, odsłaniając postać statyczną.

Kierowanie uwagą widza

Przykład 14

Kiedy dokonujemy cięcia (od planu bliskiego do ogólnego) postaci w ruchu na wprost, pojawia się poważny problem dotyczący rozmiarów w drugim ujęciu. Wynika to z faktu, że odległość zmniejsza i osłabia ruch. Tak więc na początku drugiego ujęcia powinna pojawić się dominująca akcja. Przykład takiego podejścia pokazano na rys. 18.12.

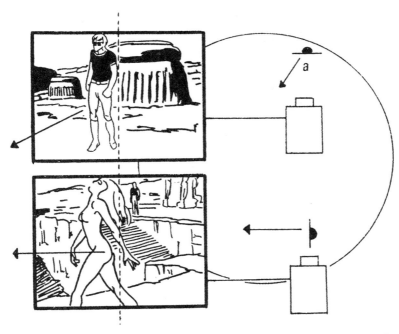

Rys. 18.12 Uwaga widza zostaje odwrócona, przez silny ruch pierwszoplanowy drugiego aktora, na początku drugiego ujęcia. Główny aktor w tle idzie do przodu.

A idzie do przodu i wychodzi z kadru z lewej strony. W drugim ujęciu drugoplanowa postać przechodzi od środka ekranu i wychodzi w lewą stronę. Odsłania aktora zbliżającego się z tła. W innym rozwiązaniu postać drugoplanowa może wejść w pole widzenia ze strony, z której wyszedł A (rys. 18.13).

Ruch podporządkowanej osoby kieruje uwagę widzów na postać centralną. Jej wejście blisko kamery ma silnie oddziaływanie. Jej ruch będzie uważnie śledzony przez widzów. Z chwilą, gdy A znów znajdzie się w centrum naszej uwagi, przechodząca postać zgubi się w scenie, stając przed oknem wystawowym, wchodząc do sklepu lub znikając w bocznej ulicy.

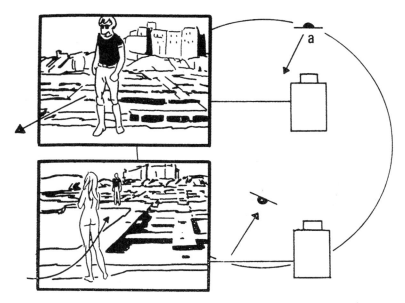

Rys. 18.13 Wejście podporządkowanej postaci (na początku drugiego ujęcia) kieruje naszą uwagę na małą postać głównego aktora w tle.

Przykład 15

Analogiczne rozwiązanie zastosowano w scenach, w których tłum otacza z boków i z tyłu postacie głównych aktorów będących w ruchu (rys. 18.14).

W pierwszym ujęciu A i B idą do nas z tłumu w ruchu. A i B zbliżają się i wychodzą z planu w lewo. Tniemy (po tej samej osi wizualnej) na plan, w którym z prawej strony wchodzi obserwator C. Przecina po przekątnej kadr i staje po lewej stronie wraz z innymi postaciami z tłumu. Z tła, pośrodku, idą A i B. C, przechodząc blisko kamery, pomógł w zamaskowaniu wszelkich niezgodności ruchu w tłumie. Kiedy A i B mijają C, osiągają przedni plan, mogą np. zatrzymać się lub też kamera może rozpocząć wózkowanie do tyłu wraz z nimi, w zależności od tego, jak chcemy dalej rozegrać tę scenę.

Przykład 16

Wariantem powyższego będzie taki układ, w którym plan zostanie całkowicie zasłonięty na początku drugiego ujęcia (rys. 18.15).

Ujęcie 1: A i C twarzami do nas. A idzie w przód i wychodzi z lewej.

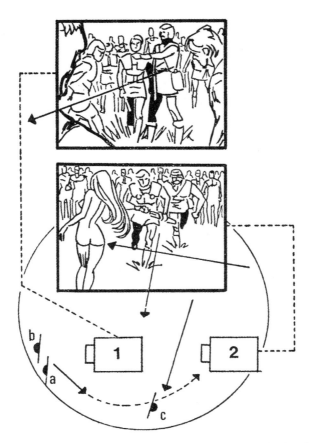

Rys. 18.14 Silny ruch pierwszoplanowy podporządkowanego obiektu C, na
początku drugiego ujęcia, został użyty by zmniejszyć rozbieżność ruchów,
od ujęcia do ujęcia, w scenie z tłumem.

Ujęcie 2: (Ta sama oś wizualna). B w pierwszym planie, tyłem do kamery, przesłania nam widok. Oddala się w lewą stronę i staje, odsłaniając A, który zbliżając się do kamery, zatrzymuje się, by porozmawiać
z B. C pozostaje w tle.

Ekran został przesłonięty na początku drugiego ujęcia. Aktor B przecina
plan przed postacią C. Cięcie następuje w chwilę przed tym, zanim C opuści
całkowicie kadr. Ten ruch przecinania planu ma miejsce w lewym wycinku ekranu i (by pasował ciąg dalszy) powinien być kontynuowany w tej
samej przestrzeni w drugim ujęciu. Zamiast tego widzimy ich po prawej
stronie i stąd pierwszoplanowe odwrócenie uwagi.

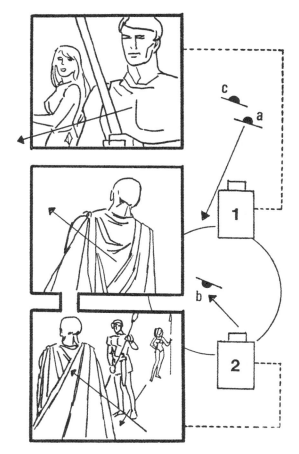

Rys. 18.15 Aktor przesłaniający sobą obiektyw kamery na początku drugiego ujęcia. Silny ruch pierwszoplanowy ukrywa wszelkie niezgodności w ruchu drugiego aktora (A), kiedy ten idzie w przód, widziany po tej samej osi wizualnej, co i w poprzednim ujęciu.

Przykład 17

Przesłonić obiektyw może nie tylko aktor. Zjawiska przyrody, jak woda, piasek, kurz lub dym, służą temu samemu celowi. Mogą opaść lub przemieścić się między kamerą i aktorem i odsłonić bliższy plan akcentowanego aktora. Podobny efekt daje błysk światła prosto w obiektyw kamery. Następne ujęcie także powinno rozpocząć się błyskiem, po którym ukaże się bliższy plan postaci lub nowy kąt widzenia tego lub innego aktora. Cięcie ma nastąpić na błysku.

Efekt rozsuwanej kurtyny
Przykład 18

Bywają sytuacje, gdy ze względu na bezpieczeństwo aktora konieczne jest zafałszowanie jego ruchów. Wyklucza to możliwość cięcia na akcji głównego aktora. By ukryć pominięcie jakiejś fazy akcji, trzeba na początku drugiego ujęcia wprowadzić odwrócenie uwagi. Powinien to być ruch, który rozpoczyna się pośrodku ekranu i rozchodzi na boki jak kurtyna.

Rys. 18.16 Ożywiony ruch w grupie aktorów w pierwszym planie, w kierunku boków, odsłaniający akcję w głębi, służy zamaskowaniu niepełnego ruchu odsłoniętego aktora. W tym wypadku w pierwszym ujęciu zasugerowany upadek z konia nie został pokazany w drugim ujęciu, w którym został zastąpiony silnym ruchem w pierwszym planie. Odsłonięcie głównego aktora oszczędza mu ostatniej fazy upadku, który mógł być niebezpieczny.

Na rys. 18.16 zafałszowano w ten sposób niebezpieczne momenty ruchu, czyli upadek z konia. W pierwszym ujęciu główny aktor symuluje początek spadania z konia. W rzeczywistości tylko się pochyla. W ujęciu drugim pierwszoplanowy tłum (plecami do kamery) rozdziela się, ukazując aktora padającego z wyczerpania na ziemię. Tłum na krótki czas przesłonił pozorny upadek. Można to przeprowadzić również z pojazdami lub innymi przedmiotami istotnymi w danej scenie.

19

INNE RODZAJE RUCHU

Chociaż ruch po linii prostej stosuje się najczęściej, istnieją inne warianty, dzięki którym akcja ekranowa jest bardziej interesująca i żywa. Chodzi tu o ruch po okręgu, ruch pionowy, oraz wchodzenie w pole widzenia kamery i wychodzenie z niego. Poniżej omówimy szereg przykładów.

Ruch okrężny
Przykład 1

Przy ruchu okrężnym należy uważać, by nie powstało wrażenie mylnych kierunków (rys. 19.1).

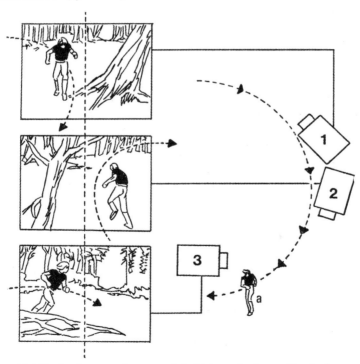

Rys. 19.1 Ruch aktora po kręgu został objęty z użyciem połówek ekranu. Pierwsze dwa miejsca kamery są styczne do okrężnej drogi aktora, zaś trzecie jest wewnątrz okręgu.

Ujęcie 1: Z wysoka. A wchodzi w tło, z lewej strony, biegnąc po łuku najpierw w prawo, potem w lewo, blisko kamery. Wychodzi z planu z lewej, u dołu.

Ujęcie 2: Odwrotność. A wchodzi w plan w dolnym prawym rogu i biegnie po łuku w lewo, zwrot w prawo i opuszcza kadr.

Ujęcie 3: A wchodzi z lewej i zatrzymuje się pośrodku.

Ruch okrężny jest styczny do pierwszych dwóch pozycji kamery, umieszczonej na zewnątrz obwodu koła. Trzecia pozycja kamery mieści się wewnątrz koła. Zmiana kierunków ekranowych, spowodowanych okrężną drogą A, jest wyraźnie czytelna w pierwszych dwóch ujęciach. Gdyby trzecia pozycja kamery została umieszczona na zewnątrz okrężnej drogi, po jakiej przebiega aktor, to ruch, pokazany w ujęciu 1, zostałby powtórzony.

Pierwsze dwa ujęcia można np. odnieść do postaci skręcającej na rogu ulicy. Bez względu na to, czy do zarejestrowania tego rodzaju ruchu użyto wysokich, normalnych czy niskich ujęć, pozostaje niezmienną zasada stosowania połówek ekranu, by uwidocznić ruch okrężny.

W opisanym podejściu do pierwszych dwóch ujęć stosuje się parę kontrplanów w położeniach kamery „plecami do siebie". W ten sposób możemy połączyć dwa różne plenery ruchem, który na ekranie stanie się ciągłym. Wystarczy, aby w obu widokach plenerowych obecny był ten sam aktor.

Przykład 2

Ruch po okręgu daje się również objąć od wewnątrz drogi okrężnej. Pozycje kamery mogą być „plecami do siebie" (rys. 19.2).

W pierwszym ujęciu A wychodzi z prawej strony, w drugim wchodzi z lewej. Zatrzymuje się, zwracając się do B, który go oczekuje. W pierwszym ujęciu A, wychodząc w prawą stronę, patrzy poza ekran w lewo, podkreślając tym kolistość swej trasy.

Przykład 3

Jeśli jedna pozycja kamery znajduje się na zewnątrz kolistej trasy, druga zaś wewnątrz, wtedy względne położenie aktorów jest, od ujęcia do ujęcia, odwrócone (rys. 19.3).

B, trzymając A za rękę, przyciąga ją do siebie. To zmusza ją do wykonania kołowego ruchu dokoła prawego ramienia B. Ruch A zostaje zarejestrowany po przeciwnych stronach ekranu.

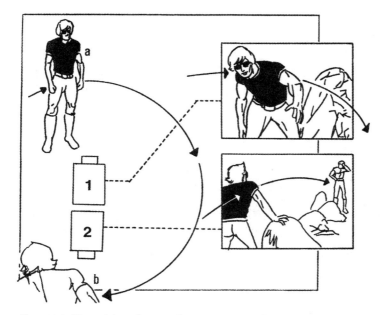

Rys. 19.2 Oba miejsca kamery leżą wewnątrz okręgu utworzonego przez drogę, jaką przebiega aktor w ruchu.

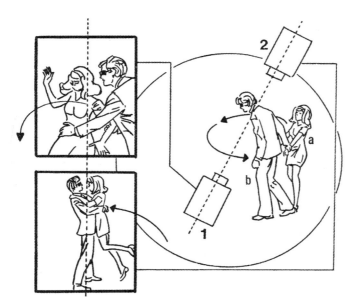

Rys. 19.3 W tym zewnętrznym kontrplanie aktorzy zostają odwróceni w swych położeniach na ekranie.

Przykład 4

Ruch okrężny dwóch aktorów, objęty stycznymi kontrplanami kamery, przestawia ich pozycje. Tylko jeden z aktorów jest w ruchu, obaj zaś mają ten sam ośrodek zainteresowania w środku ekranu. Zostaje to zasugerowane w jednym z ujęć i widoczne jest w drugim (rys. 19.4).

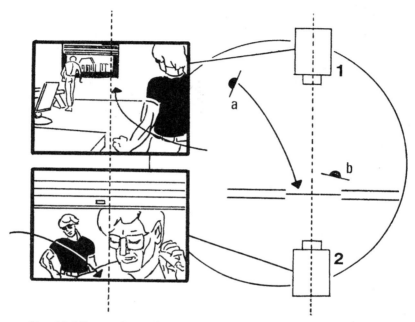

Rys. 19.4 Styczne kontrplany zewnętrzne tworzą przestawienie przestrzeni ekranowych zajętych przez aktorów.

Ujęcie 1: Plan średni. W pierwszym planie A porusza się po półkolistej trasie w kierunku okna, przy którym stoi B, wyglądając na zewnątrz. Kiedy zbliża się do swego towarzysza, cięcie na...

Ujęcie 2: Bliski plan na okno, od zewnątrz. B w pierwszym planie, z prawej. A wchodzi z lewej strony; kończy swój ruch i zatrzymuje się.

W tych ujęciach ruchy A odbywają się w przeciwstawnych kierunkach; oba są zbieżne do środka ekranu.

Przykład 5

Wykonawca poruszający się dokoła dużej grupy może zostać objęty dwoma miejscami kamery – kontrplanami, jednym z zewnątrz, drugim od wewnątrz kręgu.

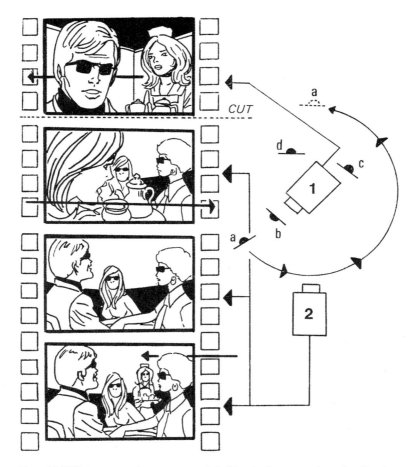

Rys. 19.5 Wewnętrzna i zewnętrzna lokalizacja kamery użyta do objęcia ruchu okrężnego. W drugim ujęciu aktorka w ruchu opuszcza plan z jednej strony i wchodzi ponownie z tej samej strony (zamiast z przeciwnej).

Rys. 19.5 pokazuje plan podłogi tej sceny. Aktorzy B, C i D siedzą; są statyczni. Aktor A odbywa ruch okrężny dokoła nich. W pierwszym ujęciu widzimy B w pierwszym planie. Za nim A wchodzi z prawej strony i przechodzi w lewo. Z chwilą jej wyjścia z planu, cięcie na drugie ujęcie, odwrotne. B jest do nas plecami, zaś aktorzy D i C są widoczni. A wchodzi w pierwszy plan, z lewej strony, i przechodzi szybko w prawo. Przez kilka chwil widzimy tylko B i D. Wtedy A wchodzi ponownie w tło, z prawej, po czym staje wśród grupy. Niesie tacę z napojami, które zaczyna rozdawać innym aktorom. W ujęciu drugim A opuszcza plan i ponownie wchodzi weń z tej samej strony, co wyjaśnia widzowi jej ruch jako okrężny.

Przykład 6

W tym przykładzie w pierwszym ujęciu ruch ma miejsce w tle, zaś w drugim na pierwszym planie (rys. 19.6). Oba miejsca kamery zabezpieczają objęcie akcji ujęciami zewnętrznymi, dokoła statycznych aktorów w scenie. W pierwszym ujęciu A porusza się i wychodzi z prawej strony kadru. W kontrplanie 2 A wchodzi z prawej strony w pierwszym planie i porusza się w lewo. Na końcu pierwszego ujęcia niezbędna jest pauza dla uwzględnienia drogi przebytej przez aktora A poza planem, zanim wejdzie on w plan ponownie.

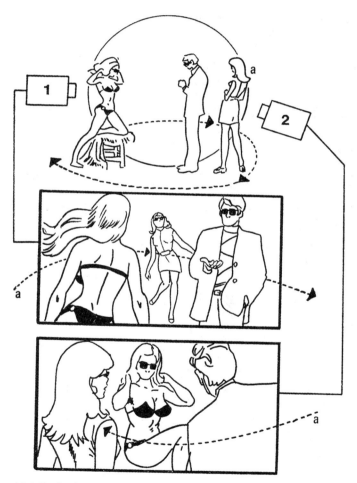

Rys. 19.6 Ruch okrężny rejestrowany w pierwszym ujęciu w tle, zaś na pierwszym planie w drugim ujęciu.

Przykład 7

Umieszczenie kamery pod kątami prostymi, gdy obecni są dwaj aktorzy (jeden w ruchu, zaś drugi statyczny), służy zaakcentowaniu aktora
statycznego w drugim ujęciu (rys. 19.7).

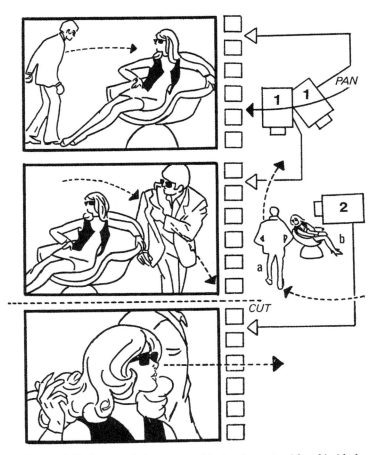

*Rys. 19.7 Umieszczenie kamery pod kątami prostymi by objąć kołowy ruch
aktora dookoła statycznego partnera. Pierwsze ujęcie jest w panoramie.*

Zmiana kąta utrzymuje przejście aktora w poprzek kadru – jest to kierunek, który zwiększa do maksimum aktywność ekranową.
Ujęcie 1: Średni plan. A z lewej i B z prawej. Rozmawiają. Po chwili
    A przechodzi za B i zawraca w kierunku kamery. Kamera, śledząca A,
    teraz kadruje obu aktorów pośrodku ekranu. Gdy A znajdzie się bez-
    pośrednio za B, następuje cięcie.

Ujęcie 2: Bliski plan B. Za nią A wychodzi ze środka ekranu w prawo.
B pozostaje sama w kadrze.

Główna część ruchu okrężnego ma miejsce w pierwszym ujęciu, zaś
część kończąca jest pokazana na początku drugiego ujęcia

Przykład 8
Jeżeli aktor wychodzi w lewo, pozostawiając pusty ekran (a ujęcie biegnie dalej), to nie może ponownie wejść w plan z drugiej strony (widzowie
byliby wtedy świadomi tego, że się ich oszukało), chyba że druga, pozo-
stająca na ekranie, postać porusza głową, jakby śledziła ruch swego partnera poza planem. Widz wiedziałby wówczas, że poza jego polem widzenia odbywa się okrężna zmiana kierunku (rys. 19.8). Można umieścić za
postacią statyczną lustro, w którym aktor, który opuścił kadr w pierwszym planie, byłby widoczny w tle. Widzowie śledziliby obraz odbity, podczas gdy aktor, plecami do lustra, obserwowałby jego ruch. W takim zdjęciu powstaje tylko jeden problem: jak ukryć kamerę odbijającą się w lustrze. W tym przypadku statyczny aktor, pozostający w kadrze, przesłania swym ciałem odbicie kamery w lustrze.

Drugim wariantem może być wprowadzenie transfokacji w przód, kiedy aktor opuszcza kadr, tak że kompozycja zostaje ściśnięta, przez skadrowanie statycznej postaci, w bliższym planie, z odbitym obrazem wykonawcy po lewej. Aktor przechodzi poza statyczną postacią, w prawo od lustra. Później, kiedy jego, widziany w lustrze, obraz odwraca się, a on zaczyna iść do przodu, następuje transfokacja do tyłu, dając mu miejsce na
ponowne wejście w kadr z drugiej strony i zatrzymanie się w pierwszym
planie, z lewej.

Ruch pionowy
Ruch pionowy wejścia lub wyjścia z planu może następować w górę lub
w dół. Ma tu zastosowanie układ umiejscawiający kamery w trójkącie.

Przykład 9
Wysunięcie kamery w przód, po osi wizualnej, jest proste do wykonania. Aktorka A podnosi się, przy czym górna część ciała wychodzi z kadru
i w drugim, bliskim ujęciu wchodzi z dołu w kadr. Jest to wejście „mocne",
jasno akcentujące wykonany ruch pionowy (rys. 19.9).

Można uzyskać efekt bez wychodzenia z kadru podnoszącej się aktorki (tak jak byłaby ona widoczna w planie ogólnym) używając ruchu wchodzenia w kadr tylko w drugim ujęciu. Jeżeli w pierwszym ujęciu występuje większa liczba osób, to cięciem na plan bliski równocześnie wyłączamy je
z kadru. Dla różnych sytuacji kolejność planów może zostać odwrócona.

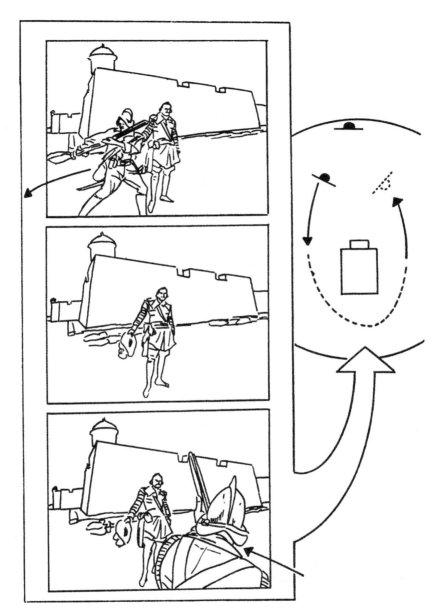

Rys. 19.8 Jeżeli aktor wychodzi z planu z jednej strony, po czym (w tym samym ujęciu) wchodzi z drugiej, potrzebna jest wówczas obecność statycznej postaci w kadrze, która (obracając głowę i śledząc go oczami) wskazuje widzowi drogę, jaką przebywa nieobecny na ekranie aktor. Usprawiedliwia to ponowne ukazanie się postaci z drugiej strony.

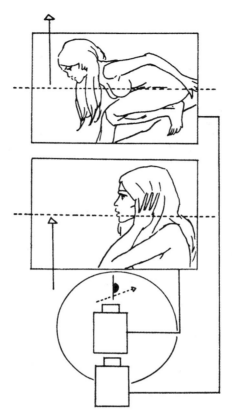

*Rys. 19.9 Ruch pionowy objęty dwoma ujęciami na wspólnej osi wizualnej.
Drugie ujęcie jest bliskim planem.*

Przykład 10

Podobne zasady dotyczą objęcia akcji kamerami w układzie kąta prostego (rys. 19.10). Dziewczyna podnosi się, widziana z boku, i kończy ruch
wchodząc w drugie ujęcie, bliskie, z dołu i frontalnie.

Tak w tym, jak i w poprzednim przypadku, drugie ujęcie oznacza wyż-
sze położenie kamery niż ustawienie je poprzedzające. Dzieje się to w zgod-
ności z ruchem aktora w górę, któremu towarzyszy kamera.

Przykład 11

Objęcie akcji kontrplanami, stosując ujęcia zewnętrzne, podlega tym samym prawom, co poprzednie dwa przykłady. W przypadku przedstawionym
na rys. 19.11 podnosząca się postać użyta jest jako oś ruchu w scenie.

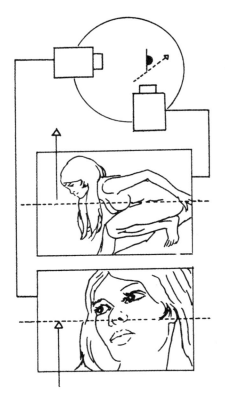

Rys. 19.10
Objęcie ruchu pionowego
prostokątnym układem kamery.

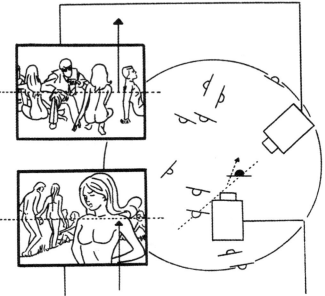

Rys. 19.11
Objęcie ruchu pionowego
kontrplanami, kiedy pod-
noszący się aktor został
użyty jako oś ruchu ka-
mery w scenie.

Przykład 12

Czasami ruch poziomy, wykonany w kierunku na wprost kamery, staje się w drugim ujęciu ruchem pionowym na ekranie. Występuje to wtedy, kiedy kamera zostaje umieszczona wysoko nad aktorami i skierowana na nich w dół (rys. 19.12).

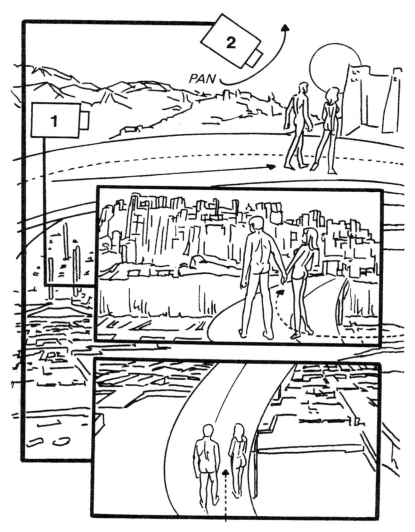

Rys. 19.12 Ustawienie kamery z wysoka powoduje, że aktorzy poruszają się w górę kadru przez pole widzenia.

Opis takiej sceny przedstawiałby się następująco:

Ujęcie 1: Ujęcie z dołu. W pierwszym planie dwójka aktorów wchodzi
z prawej, obracają się i odchodzą w tło.

Ujęcie 2: Ujęcie z góry. Wchodzą z dołu i idą do tła (opuszczają kadr u góry lub też kamera śledzi ich dalszą drogę w głąb, podniesieniem panoramy pionowej).

Jeżeli w drugim ujęciu kamera śledzi odchodzących aktorów panoramą pionową, pozostaną oni w tym samym wycinku ekranu do czasu, aż
zatrzyma się pionowy ruch kamery. Aktorzy, kontynuując swoją drogę do
tła, będą się wówczas przemieszczać w górę kadru.

Przykład 13

Interesujący sposób montażu ruchu w dół z użyciem lustra podajemy
na rys. 19.13.

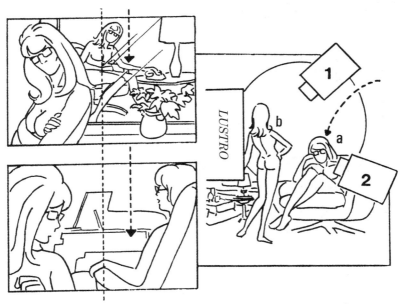

*Rys. 19.13 W tym przykładzie ruch pionowy zachodzi najpierw w lustrze,
a potem z aktorem obecnym w kadrze.*

Ujęcie 1: Plan bliski B, w pierwszym planie, z lewej strony. Z prawej odbita w lustrze (umieszczonym za B) A zaczyna siadać.

Ujęcie 2: Średni plan B, z lewej strony. Z prawej A siada.

Obie postacie są teraz widoczne z profilu. Pionowa akcja, odbita i rzeczywista, miała miejsce w tym samym wycinku ekranu.

Przykład 14

Ciało człowieka w czasie siadania porusza się normalnie po łuku. Z pozycji kamery, w układzie kąta prostego, powstaje interesujące zjawisko. W pierwszym ujęciu (rys. 19.14) A zaczyna siadać. Cięcie. Boczne ujęcie A przesłaniającej ekran i siadającej po łuku na jedną stronę, odsłaniając B za nią.

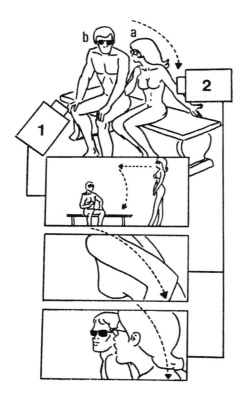

Rys. 19.14
Prostokątne umieszczenia kamery. Na początku drugiego ujęcia aktorka, siadając w pierwszym planie, odsłania partnera w tle.

Przykład 15

Kobietę opuszczającą jakiś przedmiot znad głowy do poziomu bioder można przedstawić w dwóch ujęciach. Drugie z nich ukazuje szczegóły opuszczanego przedmiotu.

W pierwszym ujęciu (rys. 19.15) aktorka opuszcza przedmiot w dół, do środkowej linii poziomej przestrzeni ekranu. Cięcie wykonujemy na plan bliski, po tej samej osi wizualnej. Przedmiot wchodzi z góry i jest opuszczany w kadr. Czasami dla drugiego ujęcia stosuje się kontrplan, kontrastując łukowe trasy ruchu z utrzymaniem ruchu stale w kierunku pionowym (rys. 19.16).

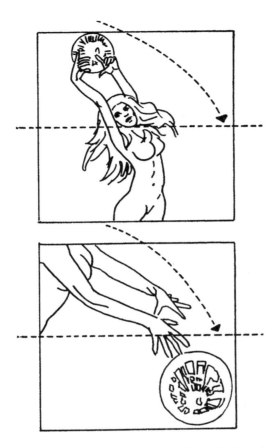

Rys. 19.15 Ruch pionowy powtórzony na ekranie z użyciem górnej przestrzeni ekranu w obu ujęciach.

Dynamika nagłego zatrzymania

Przykład 16

W ruchu aktora można przewidzieć nagłe zatrzymanie, szczególnie
gdy biegnie i staje. Trzeba przedstawić to dynamiczne by podkreślić gwałtowność i kontrast. Najodpowiedniejszymi w takich przypadkach są dwa
miejsca kamery, umieszczone na wspólnej osi wizualnej (rys. 19.17).

Ujęcie 1: A biegnie szybko, wprost na kamerę. Opuszcza kadr (prawie)
tuż przy kamerze.

Ujęcie 2: A pośrodku obrazu, biegnie tylko dwa kroki w naszym kierunku i gwałtownie staje (ta sama oś wizualna dla obu ujęć).

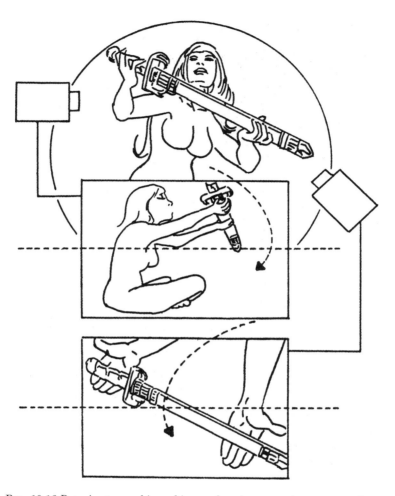

Rys. 19.16 Przeciwstawne kierunki w ruchu pionowym (w prawo w pierw-szym, w lewo w drugim ujęciu). Dla obu ujęć użyto górnej przestrzeni ekranu.

Zatrzymanie jest lekkim szokiem, ponieważ ujęcie poprzedzające sugerowało coś przeciwnego. Jeżeli w drugim ujęciu biegnący aktor zrobi tylko jeden krok do przodu i nagle skoczy do rowu, do dołu lub w dół, jego niespodziane zejście będzie wyglądało mocniej na ekranie, szczególnie gdy nagle pokażemy widzom w drugim, szerszym ujęciu przeszkodę, jaką napotkał na swej drodze.

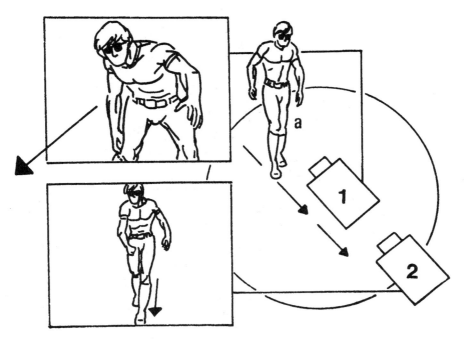

Rys. 19.17 Dynamiczne zatrzymanie uzyskuje się pokazując aktora poruszającego się bardzo szybko w pierwszym ujęciu, zaś w drugim zatrzymującego się po wykonaniu dwóch kroków.

Przykład 17

Można zastosować taką samą technikę, gdy jeden lub dwaj wykonawcy prawie wylatują z planu i zatrzymują się pośrodku obrazu w drugim ujęciu, w pobliżu kamery. Człowiek będący wyżej unosi rękę z nożem i uderza swego przeciwnika. Kiedy drugie ujęcie jest przedstawione w ten sposób, akcja zyskuje na dramatyczności.

Przykład 18

Formuła ta sprawdza się również, gdy akcja jest objęta z góry w pierwszym ujęciu i z poziomu normalnego w drugim (rys. 19.18).

Ponieważ aktor jest w trakcie chodzenia, wystarczy, by w drugim ujęciu wykonał jeden krok do przodu i zatrzymał się. Jeśli zaś będzie w biegu, wystarczą dwa lub trzy kroki.

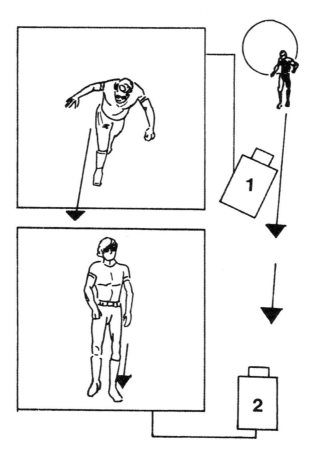

Rys. 19.18 By uzyskać dynamiczne zatrzymanie można kombinować ujęcie aktora z góry z ujęciem z normalnej wysokości spojrzenia.

W przykładzie na rys. 19.18 przedstawiono tylko jedną osobę, lecz używając tej samej techniki można doprowadzić do zatrzymania grupy sześciu czy siedmiu osób poruszających się w tym samym kierunku.

20

DWADZIEŚCIA PODSTAWOWYCH REGUŁ RUCHU KAMERY

Ruchoma kamera wprowadziła do filmu nowy wymiar, nową swobodę prezentacji, lecz równocześnie stała się niebezpieczną bronią. Nieuzasadnione użycie ruchu kamery szybko staje się dokuczliwe i niezgodne z rytmem, a nawet ze znaczeniem narracji. Johnowi Fordowi przypisuje się *dictum* „Przymocuj kamerę i uzależnij się od montażu". Tak drastyczne podejście do sprawy, ma swoje uzasadnienie, zawiera jednak, jak wszelkie skróty – pewną dozę przesady.

Ruch i kamera

Z grubsza biorąc, istnieją trzy rodzaje ruchu stosowanego w filmie:
1. Ludzie lub obiekty poruszają się przed kamerą.
2. Kamera porusza się do, w poprzek lub od statycznych osób i obiektów.
3. Ruchy te zachodzą w tym samym czasie.

Sama kamera może dostarczyć trzech różnych ruchów: panoramowanie, jazda towarzysząca (travelling) lub transfokacja (w czasie zdjęcia w ruchu). Na szybkość ruchu na ekranie wpływa również szybkość przebiegu taśmy w kamerze i możliwe jest uzyskanie tak przyśpieszenia jak i zwolnienia ruchu w stosunku do szybkości normalnej. Na udany ruch ekranowy składa się nie tylko umiejętność stworzenia go, lecz także świadomość kiedy to robić i dlaczego.

Podstawowe wskazówki dla ruchu kamery

Poniżej podajemy zestaw przykładów, które będą pomocne w prawidłowym sterowaniu ruchami kamery.
1. Kamera w ruchu może dostarczyć widzom mocnych odczuć fizycznych, których doznaje bohater, przez wprowadzenie jego punktu widzenia. Kierowca w samochodzie nagle stwierdza, że nie działają mu hamulce. Widzimy jego twarz reagującą przerażeniem, kiedy patrzy na drogę. Następne ujęcie, to plan z jego punktu spojrzenia. Kamera pędzi po wijącej się drodze, w kierunku zbliżającego się niebezpiecznego zakrętu.

2. Kamera zachowuje się tak, jakby była oczami aktora. Jest to tak zwana technika ujęć subiektywnych, która zapewnia bliższe utożsamienie się z odczuciami postaci. W poprzednim przykładzie zajmowaliśmy miejsce wykonawcy tylko chwilowo, montując takie ujęcia z ujęciami zewnętrznymi jego i pojazdu. Jeżeli ujęcie jest dłuższe, kamera może zachowywać się tak, jak zachowałaby się jedna z postaci, wykonując jej ruchy. Pozostali aktorzy w scenie traktowaliby kamerę jak grającą swoją rolę postać, patrzyliby i reagowaliby prosto do obiektywu zwracając się do tej postaci. Jednak uzyskanie sukcesu przy użyciu tej techniki jest trudne, ponieważ widzowie zdają sobie sprawę z tego, że manipuluje się ich doznaniami. Na początku filmu *Pożegnanie z ringiem* w reżyserii Ralpha Nelsona jest dobra scena, w której zastosowano taką technikę. Cechą charakterystyczną filmu Roberta Montgomery *Tajemnica jeziora*, wyprodukowanego w latach czterdziestych, jest stosowanie tej techniki od początku do końca, wyjawiając zarówno jej możliwości jak i ograniczenia.

3. Do przedstawienia sceny obiektywnie lub też widzianej oczami aktora można użyć panoramowania lub travellingu. W filmie w stylu dokumentalnym informacja bywa zwykle przekazywana obiektywnie. Przedstawia się np. serię obiektów bez nawiązania do ujęcia poprzedzającego lub następującego, w którym widzimy aktora obserwującego. Jeżeli w komisariacie policji ktoś patrzy na podejrzanych (ustawionych w szeregu), to panoramowanie lub jazda kamery po ich twarzach staje się subiektywnym ujęciem tej osoby, ponieważ to ujęcie zostaje zmontowane z innymi, ukazującymi ją w trakcie przeglądu podejrzanych.

4. Ujęcia panoramowane lub wózkowane mogą odsłonić na końcu ruchu nieoczekiwaną sytuację. Dla przykładu: kamera najpierw ukazuje przewrócone krzesło, potem lampę leżącą na podłodze, porzucone w dziwnych pozycjach obuwie, stłuczoną doniczkę z kwiatem, a wreszcie ciało zabitego. W miarę przebiegu takiego ustawienia widzowi stopniowo sugeruje się coś, czego się może spodziewać na końcu.

5. Zwykłe cięcie jest szybsze niż ujęcie z ruchem kamery, ponieważ nowy punkt spojrzenia zostaje ustalony natychmiast. Jeżeli przejście na nowy ośrodek zainteresowania odbywa się zamiast cięcia panoramą lub przejazdem kamery, tracimy zbędny metraż fotografując rzeczy drugorzędne. W czasie panoramy lub jazdy powinno się fotografować jedynie znaczącą akcję bądź obiekty uzasadniające użycie tego ruchu. Inaczej zdjęcia będą nużące.

6. Zdjęcie panoramowane lub wózkowane, z jednego punktu zainteresowania na inny, można wykonać na ruchu jakiegoś współistniejącego w scenie obiektu, który ukaże się na początku i wyjdzie z pola widzenia, gdy kamera zatrzyma się na nowym ośrodku zainteresowania. Dla przykładu: początkiem ujęcia może być występ estradowy w nocnym lokalu. Kelner, niosący tacę z napojami, zjawia się w kadrze, kamera panoramuje lub jedzie wraz z nim, mijając stoły z gośćmi, zatrzymuje się na dwóch głównych postaciach przy stole, w pierwszym planie, a kelner wychodzi z kadru.

7. Zdjęcie panoramowane lub wózkowane, przesuwające widza z jednego ośrodka zainteresowania do drugiego, ma trzy części: początek, kiedy kamera jest statyczna; część środkową, kiedy kamera jest w ruchu; i część końcową, gdy kamera znowu staje się statyczna. Nie możemy ciąć od zdjęcia w ruchu na zdjęcie statyczne tej samej osoby lub przedmiotu, gdyż powstanie skok wizualny. Lecz z chwilą gdy kamera zatrzymała się w pierwszym ujęciu, możemy z powodzeniem dokonać cięcia na następne statyczne ujęcie tego samego obiektu.

8. By śledzić ruch postaci, czy poruszającego się pojazdu, przed kamerą, często stosuje się łączne panoramowanie i wózkowanie. Ruchomą kamerą towarzyszymy człowiekowi na wózku inwalidzkim, jadącemu przez korytarz. Kiedy dojeżdża do zakrętu, odwraca się od nas. Kamera zatrzymuje się w wózkowaniu i panoramuje za nim, gdy wjeżdża do sali pełnej oczekujących go słuchaczy.

9. Zależnie od potrzeb montażu, zdjęcie obiektu, będącego w ciągłym ruchu, można ciąć w różnych długościach. Takim zdjęciem jest np. śledzenie kamerą jadącego samochodu. W montażu trwa to dziesięć bądź dwie sekundy. Możemy również takie zdjęcie podzielić na odcinki i montować je równolegle z innymi ujęciami ruchomymi lub statycznymi, obejmującymi ten sam lub inny temat.

10. Przechodząc od ujęcia panoramowanego czy z ruchomej kamery na ujęcie statyczne, ukazujące postać lub obiekt w ruchu, dobrze jest utrzymać temat ujęcia w tym samym wycinku ekranu. Kierunek ruchu musi również być zgodny. Dla przykładu: w statycznym planie ogólnym widać człowieka płynącego rzeką, w pobliżu środka ekranu, z prawej w lewo. Bliski plan: panorama za płynącym z prawej w lewo, kadrując pływaka pośrodku. Ogólny plan: inna część rzeki. Widać daleką postać płynącego pośrodku ekranu, z prawej w lewo. Średni plan: kamera z łodzi towarzyszy płynącemu, z prawej w lewo, kadrując go pośrodku.

11. Ruch panoramującej lub towarzyszącej kamery może być użyty wybiórczo, do wyłączenia niepożądanego materiału lub wprowadzenia nowych postaci, przedmiotów lub tła, w ciągłym ruchu wraz z główną akcją.

12. Panoramowanie lub wózkowanie musi być wykonywane w sposób płynny i dokładny. W prowadzeniu kamery konieczne jest zdecydowanie. Szarpana panorama, niepewne ruchy kamery najpierw w jedną stronę, potem w drugą, charakteryzują amatora, któremu brak doświadczenia w koncepcji i wykonaniu.

13. Ruch obiektu zdjęciowego odwraca uwagę od ruchu kamery. Obiekt zdjęcia powinien się ruszać, zanim zaczniemy go śledzić kamerą. Ruch kamery należy zakończyć, zanim zatrzyma się obiekt.

14. Ujęcia panoramowane czy wózkowane powinny zaczynać się i kończyć kompozycjami obrazowo wyważonymi.

15. Należy poruszać kamerę jedynie po prostych trasach. Niech aktorzy, czy pojazdy, wykonują wszelkie skomplikowane ruchy w kadrze.

16. Długość użytkowa ujęcia statycznego zależna jest od zawartości akcji, podczas gdy długość użytkowa ujęcia w ruchu określana jest czasem trwania ruchu kamery. Rozplanowanie czasowe ujęcia panoramowanego lub wózkowanego musi być dokładne. Ruch zbyt krótki lub zbyt długi będzie działać na niekorzyść narracji.

17. Zdjęcia w panoramie lub wózkowaniu stosuje się często by odzyskać równowagę kompozycyjną kadru. Kiedy postać główna opuszcza kadr, pozostałe postacie, lub grupa, nie równoważą się wizualnie w przestrzeni obrazu. Za pomocą nieznacznej panoramy lub przemieszczenia kamery łatwo jest jednak odzyskać równowagę kompozycji kadru. To samo dzieje się wówczas, gdy zjawia się w scenie nowy wykonawca. Chodzi tu o nieznaczne i powolne ruchy kamery, korygujące naruszoną równowagę kompozycji.

18. Mamy złudzenie ruchu przez umieszczenie obiektu zdjęcia przed ekranem tylnej lub przedniej reprojekcji lub niebieskiego tła do systemu maski wędrującej. Chociaż sam obiekt może być nieruchomy, to ruch tła powoduje złudzenie, że znajduje się on na ruchomym pojeździe. Jeśli chcemy, by aktor chodził na tle ekranu reprojekcji, to stosuje się ruchomą bieżnię, zainstalowaną poza polem widzenia kamery na podłodze studia. Bieżnia daje pełną naturalność ruchów chodzenia, pozostawiając wykonawcę w tym samym miejscu.

19. Często stosuje się upozorowany ruch pojazdu, na którym znajdują się wykonawcy. Ujęcie informacyjne pokazuje samochód jadący nocą przez ulicę. Następuje cięcie na aktorów we wnętrzu samochodu. Tak że

względów praktycznych, jak i ekonomicznych ujęcia takie filmuje się w studio. Nie jest rzeczą konieczną, aby za użytym do zdjęcia fragmentem samochodu znalazł się ekran reprojekcji. W tym przykładzie nocnej jazdy wystarczy gra świateł symulujących lampy uliczne na twarzach aktorów, by spowodować złudzenie ruchu samochodu. Złudzenie będzie większe, gdy zakończy się scenę ujęciem przedstawiającym przejeżdżający przez nocną ulicę samochód.

20. Ujęcia wózkowane bywają przydatne, gdy chcemy uzyskać stałą kompozycję ekranową, która jest utrzymana przez cały czas trwania zdjęcia. Kamera cofająca się przed idącą postacią kadruje ją stale w tej samej odległości, podczas gdy tło ciągle się zmienia.

Waga solidnej motywacji dramaturgicznej

Ruch kamery musi być umotywowany. Gdy decydujemy się na użycie ruchomej kamery musimy brać pod uwagę rezultat, który powinien sprzyjać jasnej, dynamicznej i precyzyjnej narracji ekranowej.

21

KAMERA PANORAMUJE

Panorama może opisywać poziomo obiekt zdjęciowy lub śledzić obiekt w ruchu. W tym drugim przypadku kamera lub obiekt mogą być w ruchu ciągłym lub przerywanym.

Skaning panoramiczny

Przykład 1

Pozioma, ciągła panorama ujawnia zespół statycznych obiektów, jak ludzie, maszyny, przedmioty lub odległe widoki. Takie panoramy skanujące obejmują szerokie wycinki, do 180°, przy średnim tempie panoramy. (Panoramowanie w pełnym kręgu jest trudniejsze do przeprowadzenia i wygląda mniej naturalnie.) Zbyt szybka lub zbyt powolna panorama mija się z celem. Kamera albo zbyt długo (jak na potrzeby widza) pozostaje na obiekcie zdjęciowym, albo też zbyt szybko prześlizguje się po nim, nie pozostawiając widzowi czasu niezbędnego by uchwycić szczegóły.

Często po takich ujęciach (lub przed nimi) umieszcza się inne, na których ukazano jedną lub szereg postaci rozglądających się dokoła i sugerujących w ten sposób subiektywne spojrzenie. Krótkie panoramy stosuje się czasami dla przesunięcia uwagi widza z jednego ośrodka na inny. Jeśli istnieją tylko dwa ośrodki zainteresowania, wtedy ruch panoramy służy tylko do wizualnego zespolenia dwóch tematów.

Przykład 2

Opisana w poprzednim przykładzie reakcja aktora, kiedy ten zaczyna się rozglądać, jest widziana w ujęciu poprzedzającym panoramę. Istnieje jednak możliwość połączenia w jednym ujęciu motywacji i reakcji. Na rys. 21.1 ujęcie rozpoczyna się skadrowaniem aktorki A patrzącej w lewo. W pewnej chwili A, słysząc dźwięk spoza kadru, obraca głowę w prawo, kamera zaś rozpoczyna panoramę w tym kierunku i wytracając ją z kadru, osiąga aktorkę B, która zwróciła na siebie uwagę A. W ten sposób akcja i reakcja zostały zawarte w jednym ujęciu. Można to zastosować również do wykonawcy, który rozpoczyna swe przejście do nowej przestrzeni w dekoracji. Na początku ujęcia – statyczny aktor w jednej strefie, a gdy zaczyna iść, kamera panoramuje za nim. Lecz zamiast pozostać z nim, panorama odbywa się szybciej, osiągając nową strefę przed aktorem. W ten sposób widzowie otrzymują spojrzenie na drugą strefę z jej własnym ośrodkiem zainteresowania (który może być statyczny lub w ruchu, ze swą własną kompozycją obrazową), zanim wypuszczony z kadru aktor wejdzie weń ponownie.

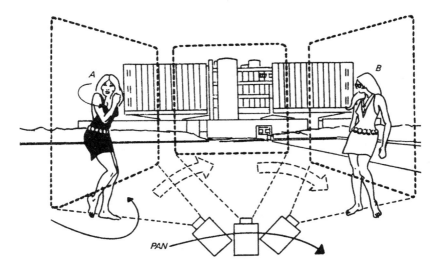

Rys. 21.1 Obrót aktora jest uzasadnieniem dla panoramy, na końcu której ujawnia się postać, będąca przyczyną ruchu kamery.

Pościgi

Przykład 3

W scenach pościgów często powtarzają się panoramy śledzące ściganego i ścigającego, czy to indywidualnie, czy łącznie, w różnych kombinacjach. Jedna z nich zawiera parę ujęć w panoramie, z tego samego miejsca, po czym następuje znowu para ujęć z innego miejsca. Oto przykład:

Ujęcie 1: Plan pełny. Dwóch kawalerzystów galopuje w naszą stronę. Prowadzimy ich panoramą w półkolu, z prawej w lewo.

Ujęcie 2: Plan pełny z tego samego miejsca. Czwórka Indian zbliża się w pełnym galopie. Jak poprzednio, panorama za nimi, w lewo. Znikają w dali. Ten sam chwyt powtarza się z innej pozycji kamery, w innym terenie. W ten sposób uzyskaliśmy różne ujęcia ścigających i ściganych.

Przykład 4

W innej technice zastosowano montaż równoległy ściganego i ścigającego, poruszających się w indywidualnych ujęciach panoramowanych. Każdy aktor kadrowany jest centralnie, w panoramie półkolistej.

W poprzednim przykładzie trasa aktorów była styczną do ruchu kamery (rys. 21.2). Teraz aktorzy będą się poruszali po kręgu i znajdując się stale w jednakowej odległości od kamery. Jeżeli do panoramowania zostanie użyty obiektyw długoogniskowy, a odległość od obiektów do zdjęcia będzie niezbyt wielka, to mała głębia ostrości pozwoli na utrzymanie w ostrości jedynie aktorów, podczas gdy zarówno pierwsze plany jak i tło zostaną zmazane (rys. 21.3). W ten sposób ukryje się fakt, że droga przebyta przez aktorów nie jest drogą prostą. Kiedy między kamerą i aktorami w ruchu znajdą się różne obiekty, to otrzymamy bardzo dynamiczne zdjęcia, gdyż aktorzy będą widziani w kilku nieprzesłoniętych odcinkach. Lecz jeśli tymi obiektami będzie szereg pionowych, powtarzających się elementów, jak np. płot, wtedy pojawi się nieprzyjemny efekt stroboskopowy. Przy tego rodzaju przeszkodach lepiej mieć do czynienia z kształtem nieregularnym.

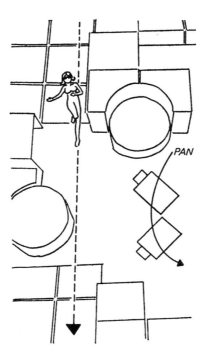

Rys. 21.2 Obiekt zdjęciowy w ruchu po trasie stycznej do ruchu panoramicznego kamery.

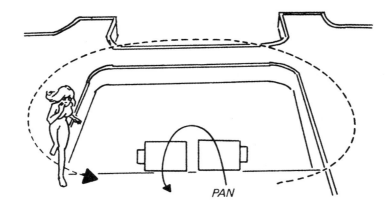

*Rys. 21.3 Obiekt zdjęciowy w ruchu po trasie półkolistej dokoła kamery,
z utrzymaniem jednakowej odległości, ułatwiającej panoramowanie.*

Przykład 5

Ścigający i ścigany będą widziani na przemian pośrodku ekranu,
w miarę następujących po sobie ujęć. Jeżeli zamiast dwóch osób pięć lub
sześć biegnie w tym samym kierunku, każdą fotografuje się oddzielnie,
obiektywem długoogniskowym, zaś panoramy są coraz krótsze. Tak bu-
duje się nastrój napięcia: w pozornie ciągłej panoramie ukażą się kolejno
różni aktorzy.

Przykład 6

Tę samą technikę można zastosować do sfilmowania biegnącej postaci. Aktor ujęty w bliskim planie, obiektywem długoogniskowym, biegnie
za przeszkodami, po trasie kolistej, dokoła kamery. Jeśli w chwili, gdy taka pierwszoplanowa przeszkoda całkowicie przesłoni pole widzenia, wykona się cięcie na inne podobne ujęcie w ruchu, zaczynając od innej przeszkody, całkowicie przesłaniającej kadr, otrzymamy pozorną trasę, nie-
możliwą do przebycia przez kamerę w ruchu. Szereg takich ujęć, zmontowanych ze sobą, tworzy wrażenie jednego, ciągłego ujęcia o dużej długości i dużej dokładności kadrowania. Zmiana w odległości od kamery do
obiektu nie powinna być zbyt duża w poszczególnych ujęciach. Jeśli po
każdorazowym przesłonięciu widoku (przez obiekt pierwszoplanowy) będzie zbyt duża rozbieżność skali zdjęcia, to otrzymamy wówczas (zamiast
wrażenia ciągłości) wzór oddalania się i zbliżania, co może być także in-
teresującym wariantem wizualnym. Aby zaznaczyć upływ czasu zmieniamy w kolejnych ujęciach tło, oświetlenie czy kostiumy.

Przykład 7

Akira Kurosawa, ten niezwykły japoński mistrz języka filmowego, często stosował w swoich filmach opisane powyżej efekty.

Ulepszył on technikę przemiennych ujęć panoramowanych do objęcia sekwencji pościgu, która sprowadza się do montowania panoramy ścigającego ze statycznym zdjęciem ściganego. Reżyser nie zadowolił się prostym przeciwstawieniem, lecz wprowadził subtelną zmianę do drugiej części sceny, wzbogacając w ten sposób jej oprawę wizualną. Jego film *Ukryta forteca* zawiera słynną scenę, w której Toshiro Mifune, na koniu, ściga dwóch żołnierzy uzbrojonych w lance. Akcja ma miejsce na wąskiej ścieżce, w gęstym lesie. Popatrzmy na sekwencję ujęć, by zrozumieć technikę montażu Kurosawy:

Ujęcie 1: Pierwszy żołnierz, pośrodku ekranu, odjeżdża od nas na koniu. Drugi jeździec wchodzi w kadr z lewej i odjeżdża w głąb. Kamera jest w pozycji stałej, a ruch ma miejsce z lewej do środka.

Ujęcie 2: Mifune jedzie z lewej do prawej. Panorama utrzymuje go pośrodku ekranu, tło nieostre, pierwszy plan pusty. Mifune unosi miecz. Ruch panoramy obejmuje tylko kąt prosty.

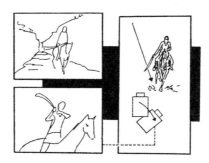

Ujęcie 3: Dwaj żołnierze na koniach wchodzą z lewej i jadą do środka ekranu. Spoglądają przez ramię. Kamera statyczna.

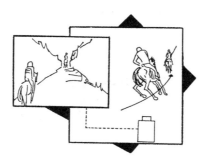

Ujęcie 4: Mifune na koniu, w średnim planie (skadrowany od kolan przednich nóg konia). Trzymając wysoko miecz, stoi w strzemionach. Panorama z lewej w prawo (90°).

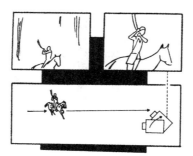

Ujęcie 5: Kamera statyczna. Pierwszy żołnierz pośrodku ekranu, w planie pełnym. Odjeżdża oglądając się przez ramię. Z lewej wjeżdża drugi żołnierz, a kiedy osiąga środek ekranu, w średnim planie, cięcie na...

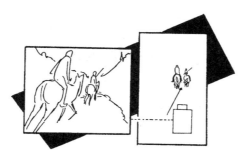

Ujęcie 6: Wielkie drzewa w tle. Mifune jedzie z lewej do prawej. Panorama prawie do kąta prostego.

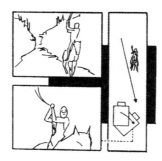

Ujęcie 7: Statyczne. Pierwszy jeździec (środek) odjeżdża. Drugi żołnierz wchodzi z lewej i gdy osiąga środek, cięcie na...

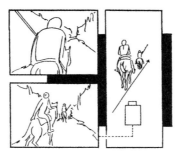

Ujęcie 8: Panorama z lewej w prawo. Mifune, w średnim planie, przejeżdża przed kamerą aż do skadrowania go od tyłu, w trakcie pościgu za drugim żołnierzem. Panorama prawie pół obrotu.

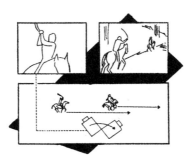

Ujęcie 9: Mifune w średnim planie. Jedzie z lewej w prawo. Panorama prawie do kąta prostego.

Ujęcie 10: Bliski plan drugiego żołnierza. Panorama w prawo, za nim, gdy się oddala. Pierwszy jeździec widoczny w tle. Mifune wjeżdża z lewej i zbliża się do drugiego żołnierza. Zaczyna rąbać mieczem. Cięcie na ruchu miecza w dół (panorama pod prostym kątem).

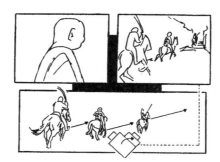

Ujęcie 11: Spojrzenie z dołu. Panorama z lewej w prawo. Drugi żołnierz w przednim planie, z prawej. Z lewej Mifune kończy ruch miecza w dół. W czasie panoramy drugi jeździec zaczyna spadać z konia. Uderza w ziemię w chmurze kurzu. Przez chwilę widać w tle pierwszego żołnierza, z prawej. Kiedy Mifune i koń bez jeźdźca przebiegają przez środek ekranu, cięcie na...

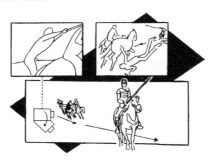

Ujęcie 12: Statyczne. Pierwszy żołnierz z lewej jedzie do środka, oglądając się za siebie. Gdy znajdzie się pośrodku, cięcie na...

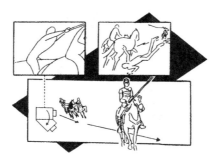

Ujęcie 13: Mifune pośrodku, biegnie w prawo. Po lewej widzimy konia
bez jeźdźca, galopującego z tyłu. Panorama prawie o 90°, w prawo.
Ujęcie z dołu.

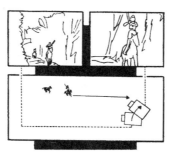

Ujęcie 14: Niskie. Panorama od lewej do prawej. Ujęcie rozpoczyna się
średnim planem pierwszego żołnierza, opuszczającego kadr w prawo.
Mifune wchodzi z lewej. Pierwszy jeździec obraca się w siodle i przygotowuje lancę do odparcia ataku. Kamera przestaje panoramować
i widać odjeżdżających drogą.

Ujęcie 15: Niskie. Panorama z lewej w prawo, kadrując tylko nogi dwóch koni. Szwenk obejmuje pół koła.

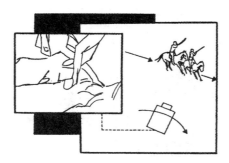

Ujęcie 16: Obaj jeźdźcy pośrodku ekranu, widziani w planie pełnym. Z tyłu Mifune zadaje mieczem ciosy, które pierwszy żołnierz odparowuje swoją lancą. Panorama obejmuje kąt prosty.

Ujęcie 17: Niskie. Panorama w półkolu śledzi nogi dwóch biegnących koni z lewej w prawo. Ujęcie zawiera 24 klatki.

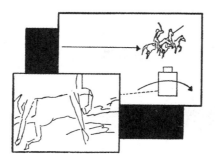

Ujęcie 18: Obaj jeźdźcy, pośrodku ekranu, w ruchu do nas, jadą blisko kamery i przejeżdżają do tła (panorama pół koła). Mężczyźni wymieniają ciosy.

Ujęcie 19: Niskie. Panorama w półkolu z lewej w prawo, za nogami koni przebiegających przed kamerą. Ujęcie zawiera 29 klatek.

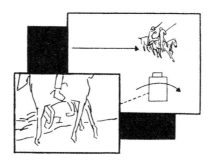

Ujęcie 20: Średni plan obu jeźdźców (skadrowanych od kolan końskich w górę). Konie biegną bok przy boku. Jeźdźcy wymieniają ciosy. Zostają uchwyceni w ruchu panoramy, gdy się zbliżają, a kiedy są plecami do kamery, następuje cięcie.

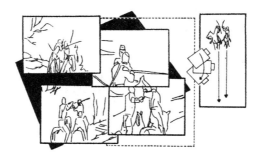

Ujęcie 21: Niskie. Panorama w półkolu z lewej w prawo, śledząca nogi
końskie w biegu (27 klatek).

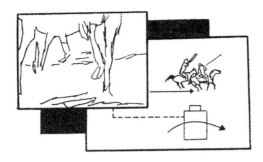

Ujęcie 22: Z wysoka. Konie bok przy boku. Mężczyźni ciągle walczą.
Krótka panorama z lewej w prawą.

Ujęcie 23: Niskie. Panorama w półkolu z lewej do prawej, śledząca nogi
końskie w biegu (25 klatek).

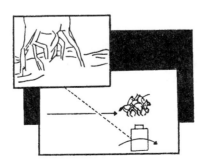

Ujęcie 24: Plan pełny. Obaj jeźdźcy pośrodku ekranu. Panorama z lewej w prawo o kąt prosty. Gdy obaj znajdą się w bliskim planie, Mifune rzuca się z tyłu na pierwszego żołnierza. Pod koniec panoramy żołnierz zaczyna spadać w prawo z planu.

Ujęcie 25: Z dołu. Kamera statyczna. Oba konie wchodzą blisko kamery i raniony żołnierz spada w pierwszym planie. Mifune i konie oddalają się do tła. Po czym Mifune zawraca w lewo i znika w zaroślach.

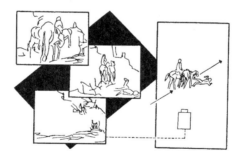

Technika, jakiej użył w tej sekwencji ujęć Kurosawa, jest prosta i bogata. Ujęcia 1, 3, 5 i 7 pokazują odjeżdżających ściganych żołnierzy. Działania ich mają miejsce tylko po lewej stronie ekranu, a sfotografowane są ze stałych stanowisk kamery. Ścigający Toshiro Mifune, ukazuje się w ujęciach 2, 4 i 6 w ruchu w przód, w panoramach o kątach prostych, od lewej do środka. Reżyser, ustaliwszy gwałtowny rytm dla pogoni, pozbywa się w czterech ujęciach pierwszego ściganego człowieka. Ujęcia 8 do 11 dokumentują, jak Mifune dopada pierwszego przeciwnika i zabija go. Ujęcie 8 ustala odległość między tymi dwiema postaciami, ujęcie 9 ukazuje Mifune zmniejszającego odległość, ujęcia 10 i 11 przedstawiają śmierć żołnierza. Ujęcie lokalizujące 8 jest panoramą w półkolu; ujęcie 9 tylko panoramą Mifune pod prostym kątem, od lewej do środka. Ujęcia 10–11 są ruchem od środka w prawo, po czym cięcie, na uderzeniu miecza Mifune. W ujęciu 12 (kamera statyczna) zostaje ponownie zlokalizowany pozostający żołnierz. Porusza się po lewej stronie ekranu. Ujęcie 13 ukazuje Mifune jadącego przed koniem zabitego przezeń żołnierza. W ujęciu 14 Mifune dościga swego drugiego przeciwnika. Ujęcia 13 i 14 są panoramami w kącie prostym, lecz pierwsze jest od lewej do środka, drugie zaś od środka do prawej. Teraz reżyser zmienia swą taktykę wizualną. Montuje przemiennie ujęcia dwóch ludzi, wymieniających ciosy, z bliskimi planami nóg koni galopujących bok w bok. Ujęcia 15, 17, 19, 21 i 23 to szwenki po nogach biegnących koni. Każde z tych ujęć trwa tylko 1 sekundę na ekranie. Ujęcia 16, 18, 20 i 22 ukazują walczących. Z wyjątkiem pierwszego (panorama w kącie prostym) wszystkie są panoramami półkolistymi. Jedna długa, szeroka panorama (ujęcie 18) i dwie szybsze, bliskie panoramy (ujęcia 20 i 22). Reżyserowi potrzeba było tylko dwóch ujęć do zakończenia sceny. Ujęcie 24 pokazuje w panoramie prostokątnej, z lewej do środka, jak Mifune rani swego przeciwnika. Raniony żołnierz zaczyna spadać z konia. Ostatnie (statyczne, niskie) ujęcie ukazuje wchodzące oba konie, blisko kamery, i żołnierza padającego na pierwszym planie. Mifune i koń bez jeźdźca odjeżdżają w dal po drodze.

Konstrukcja tej sekwencji ujęć jest przykładem oszczędności. Pominięto w niej wszelkie mniej ważne szczegóły. Na przykładu ujęcie 12 nie tylko ponownie lokalizuje pominiętego żołnierza, lecz maskuje postęp Mifune na drodze: w następnym ujęciu widzimy go daleko w przód od konia bez jeźdźca. W 14 ujęciu Mifune dościga swego drugiego przeciwnika. Z dwudziestu pięciu ujęć, w sześciu kamera jest statyczna, zaś pozostałe dziewiętnaście to wszystko panoramy.

Panoramy przerywane

Przykład 8
Przerywana akcja różnych grup może być objęta panoramą ciągłą (rys. 21.5).

Grupa żołnierzy porusza się w dwuszeregu (1), od prawej do lewej. Kamera panoramuje za nimi. Oddalając się, spotykają obserwującą ich grupę, zwracającą się w lewo (2). Kamera ich śledzi. Żołnierze zatrzymują się przed ogrodnikiem (3) pchającym taczkę. Kamera go śledzi. Ogrodnik staje, kiedy człowiek na koniu mija go z przodu (4). Kamera przejmuje

jeźdźca, kiedy ten opuszcza kadr z lewej, kamera zatrzymuje się na pierwszym planie. Ruch kamery był cały czas powolny i ciągły. Koniec ujęcia
był statyczny. Przerywane, nakładające się akcje dały nam poczucie terenu, zaś w końcu dwie główne postacie (5) zostały wprowadzone w sposób
naturalny jako część całego zespołu.

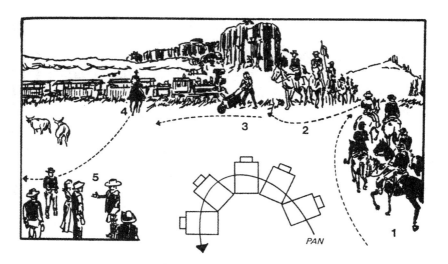

*Rys. 21.5 Panorama ciągła obejmuje nakładające się działania grup, które
poruszają się dokoła kamery w jednym ogólnym kierunku.*

Przykład 9

Jeśli ujęcie panoramiczne musi w swym przebiegu objąć szereg punktów zainteresowania, godne polecenia byłoby zapewnienie przerw w ruchu, ułatwiających widzom lepsze na nie spojrzenie (rys. 21.6).

W tym przykładzie reżyser rozdzielił działania trzech aktorów, sto-
sownie do sytuacji, tak aby ich kolejne akcje uzasadniały ruch kamery na
kolejną osobę lub grupę. W ten sposób rezultaty na ekranie zyskają na au-
tentyczności. Kolejne krótkie panoramy, obejmujące aktorów na swych
miejscach, wymagają wyraźniejszej motywacji dramaturgicznej, niż wtedy gdy sama akcja aktorska wyraźnie uzasadnia ruchy kamery. W tym
ostatnim przypadku ruch kamery uzupełnia ruchy aktorów.

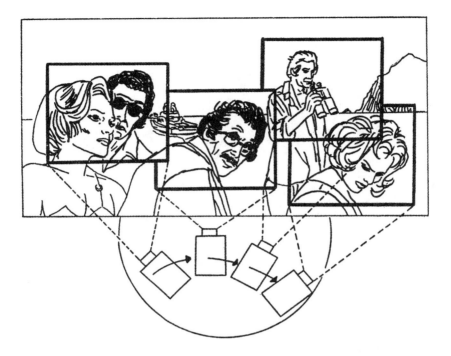

Rys. 21.6 Postacie pozostają na miejscach, kamery panoramują ruchem nieciągłym od aktora do aktora, w zależności od przebiegu akcji między nimi.

Panoramowanie w pełnym kręgu

Przykład 10

Sytuacje, w których wykonawcy poruszają się wkoło, stwarzają potrzebę panoramowania w pełnym kręgu, w miarę zmieniających się sytuacji. Tego rodzaju panorama zapewnia zarejestrowanie całej sceny. Takiej inscenizacji użył Michelangelo Antonioni w swym filmie *Cronaca di un Amore*. Rys. 21.7 przedstawia schemat ruchów, jakie wykonano w tym ujęciu.

Scenę rozegrano na środku mostu, między dwiema postaciami głównymi. Wielokrotne przerwy w panoramie tak współgrają z akcją sceny, że widz nie zdaje sobie sprawy z faktu, że wykonano panoramę w pełnym kręgu. Sukces takiego ujęcia jest ściśle związany z rozplanowaniem akcji przed kamerą.

Rys. 21.7 Ruchy postaci do panoramy 360-stopniowej w filmie Antonioniego
„Cronaca di un Amore". Cała scena sfilmowana w sposób ciągły ma długość
132 m (około) i odbywa się na moście.

Przykład 11

W scenach tańca często stosuje się szybkie panoramy w pełnym kręgu, wykonane w sposób sugerujący subiektywne spojrzenie osoby tańczą-
cej. Partner lub partnerka w czasie tańca są widziani w zbliżeniu, lecz dekoracja za nimi wiruje szybko dokoła. Zwykłym sposobem sfilmowania takiego ujęcia jest związanie aktora i operatora w pasie rzemieniem o odpo-
wiedniej długości. W ten sposób, gdy oboje wirują w tańcu, można zapewnić wystarczającą dokładność w kadrowaniu. Ten rodzaj ujęcia należy stosować oszczędnie. Jest to akrobacja operatorska, a bywa nadużywana.

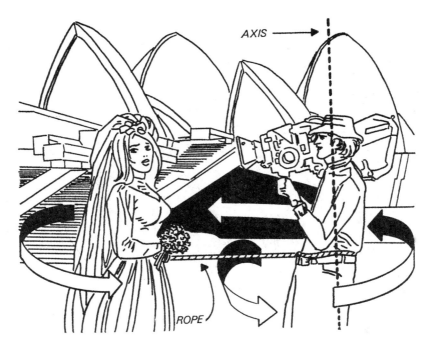

Rys. 21.7a Utrzymanie stałej odległości od kamery do obiektu zdjęcia w scenie zawierającej szybki ruch wirowania.

Przykład 12

Aktor idący po kręgu jest śledzony panoramującą kamerą. W ten sposób można (utrzymując w pierwszym planie jednakowo skadrowaną postać) całkowicie objąć otaczające go tło, np. ukazać aktora w tłumie (rys. 21.8). Dobrym przykładem jest w tym przypadku postać Harry'ego Andrewsa w scenie buntu w więzieniu, w filmie *Wzgórze* Sidneya Lumeta, czy Burt Lancaster i jego grupa otoczeni przez Meksykanów w filmie *Vera Cruz* Roberta Aldricha. W obu tych filmach zastosowanie tej techniki przyniosło pozytywne rezultaty.

Szybkie panoramy

Przykład 13

Bardzo szybką panoramę nazwano szwenkiem (z niemieckiego). Łączy dwa punkty zainteresowania i daje krótki zamazany obraz sceny w czasie swego przebiegu. Stosowana jest do przestrzennego połączenia dwóch scen.

Rys. 21.8 Obrotowy ruch kamery utrzymuje aktora w pierwszym planie przez cały czas trwania ujęcia.

W końcu pierwszego ujęcia wykonuje się nieostrą panoramę. Drugie ujęcie zaczyna się podobnie (zamazaną panoramą) po czym mamy kadr już w nowej scenie. Oba odcinki łączymy w ten sposób w całość. Współcześni filmowcy stosują często rozmazane panoramy wklejane pomiędzy statycznymi ujęciami i uzyskują podobny efekt. Używa się ich do zaznaczenia upływu czasu czy zmiany miejsca akcji. David Lean w filmie *Doktor Żywago* posłużył się taką techniką, by powiązać dwie sceny, których akcja odbywa się w tej samej dekoracji: Komarovski i Lara tańczą. Muzyka kończy się i oboje zatrzymują się na parkiecie. Następuje zamazana panorama w prawo, widzimy Komarovskiego i Larę siadających do stolika w tymże lokalu. Posługując się tą metodą można było uniknąć pokazywania ich drogi przez salę do stolika, co nie wniosłoby nic do sceny, a zwolniłoby tempo.

Przykład 14

Zamazaną panoramę można zastosować do wizualnego powiązania dwóch pojazdów, informując w ten sposób widza, że aktor podróżuje już w innym miejscu i czasie. Takiego efektu użył Richard Brooks w filmie *Z zimną krwią.* Widzimy zbliżający się autobus. Kamera rozpoczyna panoramę za autobusem, w prawo. Kiedy autobus znajduje się blisko kamery, w czasie panoramy, otrzymuje się jego zamazany obraz. Tu następuje cięcie. Następne ujęcie zaczyna się takim samym obrazem pociągu przejeżdżającego koło kamery, która panoramując w tym samym kierunku, jak w poprzednim ujęciu, zatrzymuje się kadrując pociąg odjeżdżający w dal (rys. 21.9).

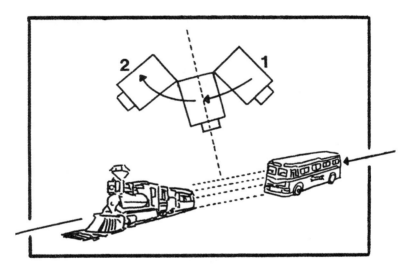

Rys. 21.9 W filmie „Z zimną krwią" użyto zamazanej panoramy do zespolenia ze sobą ujęć dwóch pojazdów, poruszających się w poprzek kadru w tym samym kierunku.

Przykład 15

Zamazana panorama bywa czasami używana w środku ujęcia, w sekwencji pościgu. Rozpoczynamy ujęcie kadrując aktora A, biegnącego z lewej w prawo. Kamera towarzyszy mu panoramą prawie przez pół kręgu. W pewnej chwili kamera nagle szwenkuje w lewo, chwytając aktora B (ścigającego A), gdy wbiega w pole widzenia. Teraz kamera towarzyszy B, śledząc go panoramą (w prawo) do momentu, aż ten wyjdzie z kadru.

Przykład 16

Czasami ujęcie panoramiczne zaczyna się skadrowaniem głównej postaci po jednej stronie ekranu, a kończy tą postacią po drugiej stronie. Czyli ruch panoramy odbywa się szybciej od ruchu, któremu towarzyszy kamera. Tego rodzaju sytuacje są czasami potrzebne do utrzymania zrównoważonych kompozycji obrazowych w skrajnych pozycjach, kiedy kamera jest nieruchoma (rys. 21.10). Takie postępowanie bywa również potrzebne. Można posłużyć się tą metodą by dać aktorom przestrzeń ekranową (przed nimi), w której wychodzą z kadru, kiedy kamera przestaje panoramować.

Rys. 21.10 Kamera panoramuje szybciej, niż odbywa się ruch obiektu zdjęciowego, tak że na końcu zdjęcia postać znajduje się po drugiej stronie ekranu.

W dwóch kierunkach

Przykład 17

Kamera może panoramować w tym samym ujęciu w przeciwnych kierunkach, pod warunkiem, że będzie przerwa między tymi ruchami. Oto prosty przykład: B i A stoją razem. A przechodzi w prawo i staje, a w czasie tego ruchu kamera panoramuje w prawo, kadrując go samego. Po chwili A powraca do B. Teraz kamera panoramuje w lewo, kadrując znowu obu aktorów.

Panoramy pionowe

Ruchów pochylenia kamery nie stosuje się tak często, jak panoramy poziome. Pochylenie kamery w dół lub w górę jest łatwiejsze do wykonania. Przeważnie używa się ich tylko do objęcia pionowych ruchów postaci lub przedmiotów.

Przykład 18

Ciągła panorama pionowa może łączyć różne punkty zainteresowania mieszczące się jeden nad drugim. Ruchy takie są zwykle powolne. Umożliwiają widzom stopniowe dostosowanie się do zmiany obrazu.

Oto przykład: akcja dzieje się w nocy. Na ciemnym niebie wybuchy fajerwerków. Kamera panoramuje w dół, mija grupę muzyków umieszczonych na płaskim dachu budynku, którzy zaczynają grać wesołą melodię. Kamera kontynuuje ruch w dół, kończąc kompozycją otwartego patio, w którym goście, w strojach wieczorowych, zebrani są dookoła długich stołów. Wśród gości krążą kelnerzy. W dalszym ruchu kamery w dół skadrowano fantazyjny tort na stole, w pierwszym planie.

Przykład 19

Połączeniu ośrodków zainteresowania w pionie, kiedy wykonawcy lub obiekty nie poruszają się w pionie, nie sugerując panoramy pionowej, może służyć panorama przerywana. Przytaczamy tu przykład z filmu Johna Hustona *The Unforgiven*: otwierają się drzwi, tworząc prostokąt światła na podłodze. Widzimy w pierwszym planie malowaną skórę zwierzęcą rozciągniętą na podłodze.

Przez drzwi do pokoju wchodzą dwie pary nóg w butach i zatrzymują się przed leżącą skórą.

Człowiek z lewej odchodzi w głąb. Kamera panoramuje w górę, śledząc go. Ten otwiera okno i do pokoju wpada więcej światła. Aktor z prawej obraca się do nas. Widzimy środkową część jego ciała z pistoletem w prawej ręce.

Aktor z lewej wraca z głębi do pierwszego planu. Kamera panoramuje znów do góry i kadruje twarze obu mężczyzn. Patrzą w dół na skórę (teraz poza ekranem).

Aktor po prawej pochyla się, znikając z kadru, chwyta skórę i ponownie wchodzi w kadr z dołu, trzymając skórę.

Obaj aktorzy odwracają się i odchodzą do stołu w tle, na którym rozkładają skórę. Kamera pochyla się, kadrując ich w planie średnim.

W tym przykładzie ujęcie jest ciągłe, kamera zaś śledzi kolejne ośrodki zainteresowania, pozostając na każdym przed wykonaniem kolejnego ruchu pionowego.

Przykład 20

Ujęcia w panoramach pionowych, w górę lub w dół, zmieniają się w łukach pod kątem prostym względem siebie. Gdyby, zaczynając od horyzontu, panoramować pionowo przez pół łuku, to cała scena będzie widziana na końcu do góry nogami. Wykorzystuje się ten efekt również w sekwencjach pościgu. Na przykład czołg ściga człowieka. Ruch odbywa się na kamerę. Kamera początkowo ustawiona z wysoka kadruje ich, kontynuując ruch pochylenia, kiedy przechodzą pod nami. Teraz scena jest odwrócona do góry nogami. W znanym radzieckim filmie *Ballada o żołnierzu* jest właśnie takie ujęcie (rys. 21.12).

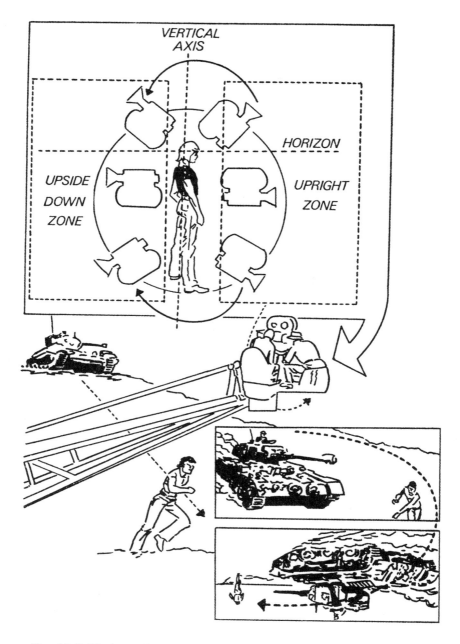

Rys. 21.12 Ujęcie z radzieckiego filmu „Ballada o żołnierzu", w którym kamera pochyla się w dół o 180 stopni, dając odwrócony widok akcji w części końcowej.

Przechyły boczne

Przykład 21

Kadrowanie do góry nogami, przy końcu panoramy pionowej, bywa czasem użyte by skomentować utratę równowagi umysłowej głównej postaci w scenie. W innych przypadkach filmowcy faworyzują kompozycje przekrzywione bocznie, kadrując w ten sposób kilka kolejnych ujęć w sytuacjach, gdy pragną zobrazować stan załamania moralnego postaci. Takie przechyły kamery trwają, aż stan psychiczny postaci wróci do równowagi. Pochylone kontrplany mają odwrócone kierunki od ujęcia do ujęcia (rys. 21.13). Przechył boczny kamery w kącie prostym jest możliwy w wyjątkowych przypadkach, uzasadnionych mocnymi racjami dramaturgicznymi, ponieważ horyzont przybiera wtedy pozycję pionową. Przechyły kamery, na przemian w lewo i prawo, stosuje się do sytuacji w kabinie statku czy łodzi podwodnej do symulowania wybuchu itp. Odpowiednie ruchy aktorów będą sprzyjać wzmocnieniu złudzenia.

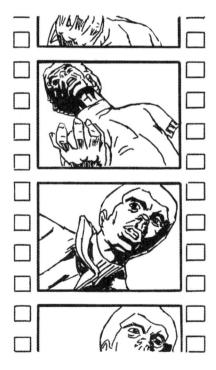

Rys. 21.13 Pochylonych kompozycji obrazowych używa się dla zaznaczenia odbiegających od normy sytuacji lub postaci. Przy przeciwstawnych kierunkach otrzymuje się kontrast wizualny od ujęcia do ujęcia.

Łączenie ujęcia statycznego z panoramicznym

Przykład 22

Ujęcie statyczne i ujęcie w ruchu, obejmujące ruch poziomy lub pionowy, można połączyć ze sobą przez wykonanie drugiego ujęcia jako panoramę poziomą lub pionową. Procedura ta jest dosyć prosta: w ujęciu pierwszym A wychodzi z kadru z jednego boku ekranu (porusza się w poprzek albo też idzie do nas i wychodzi z kadru w pobliżu kamery). W drugim ujęciu wchodzi z przeciwnej strony i kamera prowadzi go panoramą. Gdy osiągnie swój cel w tle, kamera przestaje panoramować (rys. 21.14).

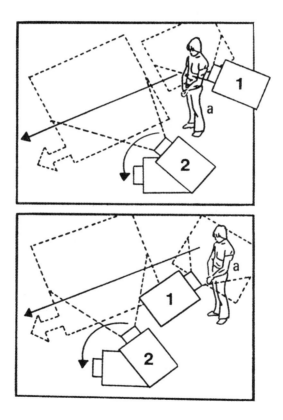

Rys. 21.14 Dwie analogiczne formułki do połączenia ujęcia statycznego z panoramicznym, obejmujących ruch aktora. W pierwszym przypadku aktor wychodzi z kadru w pierwszym ujęciu, równolegle do kamery, zaś w drugim przypadku wyjście jego odbywa się po przejściu skośnej drogi, w kierunku kamery.

Przykład 23

Tę samą kombinację można też zastosować mając w kadrze dwóch aktorów: jednego w ruchu, drugiego zaś statycznego (rys. 21.15). W pierwszym ujęciu A idzie od tła, mija B i wychodzi z prawej, blisko kamery. Na początku drugiego ujęcia obu aktorów widzimy w profilu. A, pośrodku ekranu, porusza się w prawo. Kamera panoramuje za nim, wypuszczając z kadru B, z lewej.

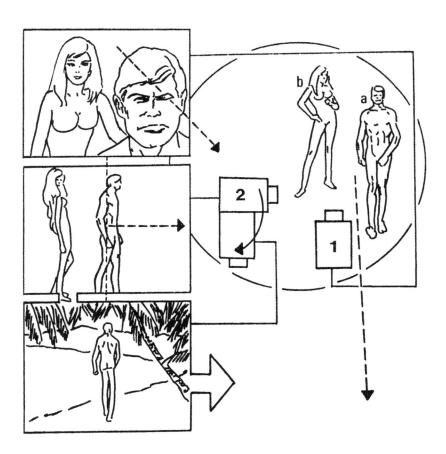

Rys. 21.15 Inny wariant łączenia ujęcia statycznego z panoramowanym. W tym przykładzie miejsca kamery ustawione są pod prostymi kątami do siebie.

Przykład 24

Wysunięcie kamery w przód, po tej samej osi wizualnej, by rejestrować ruch A, przechodzącego za statyczną B, ukazując jak B zatrzymuje się z drugiej strony. Łatwe do osiągnięcia przy zastosowaniu statycznego pełnego planu, po którym następuje bliski plan panoramowany (rys. 21.16).

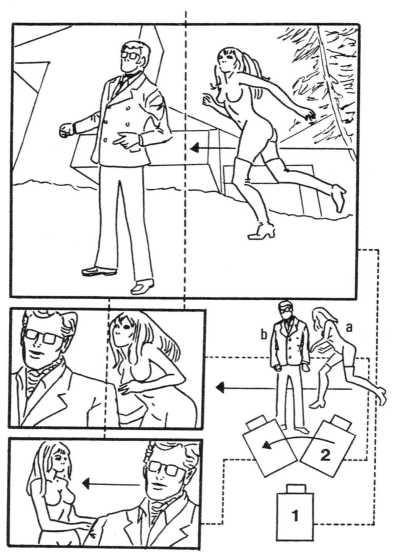

Rys. 21.16 Dalszy wariant łączenia ujęcia statycznego z panoramowanym.

Oto opis sceny:

Ujęcie 1: Pełny plan. B stoi po lewej stronie ekranu. A, z prawej, zaczyna iść w lewo. Kiedy osiąga środek ekranu i znajduje się blisko B, cięcie na...

Ujęcie 2: Bliski plan. B z lewej i A z prawej. Na początku ujęcia kamera jest już w ruchu panoramy w lewo za A, który teraz przechodzi za B i staje z drugiej strony. Ostateczna kompozycja kadru zawiera A po lewej i B po prawej.

Cięcie na akcji jest na ruchu aktora w tym samym wycinku ekranu w obu ujęciach.

Montowanie dwóch kolejnych ujęć panoramowanych

Przykład 25

Mamy jeszcze inną możliwość zastosowania panoramy: aktor w ruchu wychodzi z jednego ujęcia i wchodzi w drugie (rys. 21.17).

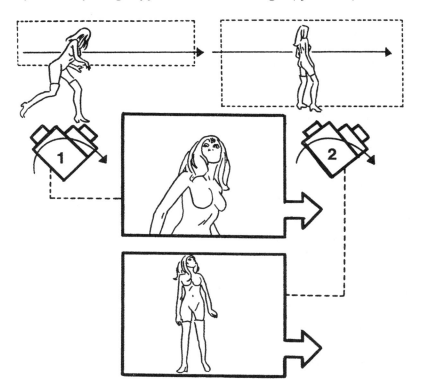

Rys. 21.17 Dwa kolejne ujęcia panoramowane tej samej postaci w ruchu, łączone ze sobą ten sposób, że aktor wychodzi z pierwszego ujęcia i wchodzi w drugie.

W pierwszej pozycji kamera kadruje aktorkę w ruchu, w planie bliskim. W końcu panoramy ta wychodzi z planu. Wchodzi w następne ujęcie z przeciwnej strony. To drugie ujęcie jest planem pełnym i w nim dalej prowadzimy panoramowaną aktorkę.

Przykład 26
Dwa kolejne ujęcia panoramowane (w których aktor nie opuszcza pola widzenia) dają się zmontować ze sobą z użyciem pierwszoplanowej przeszkody na trasie panoramy jako momentu cięcia (rys. 21.18).

A oto opis sceny:
Ujęcie 1: A spaceruje wśród tłumu. Przed nią i za nią widać ludzi. Skadrowana jest w planie pełnym. Panoramując za nią, kadrujemy w pewnej chwili osobę na pierwszym planie, która przesłoniła sobą naszą bohaterkę. Cięcie na...
Ujęcie 2: Osoba w bliskim planie, z prawej. Zza niej ukazuje się A, w planie bliskim, poruszając się w tym samym kierunku jak poprzednio. Kamera śledzi ją w panoramie. Teraz nie ma żadnych przeszkód między nią i kamerą, chociaż tłum porusza się za nią. W końcu panorama zatrzymuje się. Ludzie przecinają ekran w obie strony.

Przykład 27
Jeżeli ruchy aktora będą po przekątnej ekranu, wtedy możliwe jest łączenie ze sobą dwóch ujęć panoramowanych w przeciwnych kierunkach (rys. 21.19).
W pierwszym ujęciu aktor przechodzi łukiem zza narożnika i odchodzi ulicą. Kamera panoramuje za nim z lewej w prawo. Cięcie. Aktor, ciągle po prawej stronie, zbliża się, idąc w lewo i panoramujemy za nim z prawej do lewej. By zyskać dobry styk montażowy, wielkość postaci aktora w miejscu cięcia musi być jednakowa. Na rys. 21.19 postać jest widoczna po prawej stronie ekranu, w tej samej odległości od prawego boku ekranu i o mniej więcej takiej samej wysokości w obu ujęciach. Niewielkie odchylenia będą akceptowane przez widzów. Panorama w końcu pierwszego ujęcia jest coraz wolniejsza, zaś na początku drugiego jej szybkość zwiększa się w przeciwnym kierunku.

Rys. 21.18 Pierwszoplanowe przeszkody w końcu pierwszego ujęcia i początku drugiego służą jako moment cięcia przy połączeniu dwóch kolejnych ujęć panoramowanych.

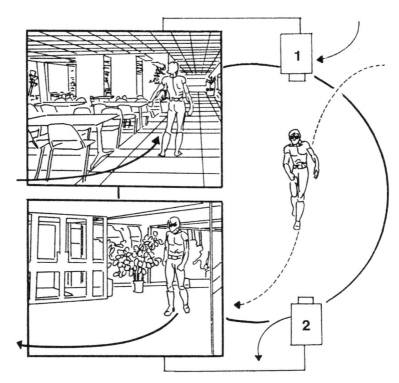

Rys. 21.19 Dwa kolejne ujęcia panoramowane w przeciwnych kierunkach, a obejmujące ten sam obiekt zdjęciowy można połączyć ze sobą, jeżeli w chwili cięcia aktor znajdzie się w tym samym miejscu ekranu.

Przykład 28

Umieszczenie aktora pośrodku ekranu pozwala na zmontowanie ze sobą dwóch kolejnych ujęć. Oba są na wspólnej osi wizualnej (rys. 21.20). Pierwszym ujęciem jest plan bliski, a drugim plan pełny, lecz kolejność może być, rzecz oczywista, odwrócona. Jeżeli aktor umieszczony jest w obu ujęciach po tej samej stronie ekranu, można objąć akcję kontrplanami, przy czym oba ujęcia będą panoramowane w jednym kierunku (rys. 21.21).

Taka formuła umożliwia wykonanie drugiego ujęcia w całkiem innym terenie. Poprzez ciągłość ruchu tego samego aktora otrzymuje się upływ czasu.

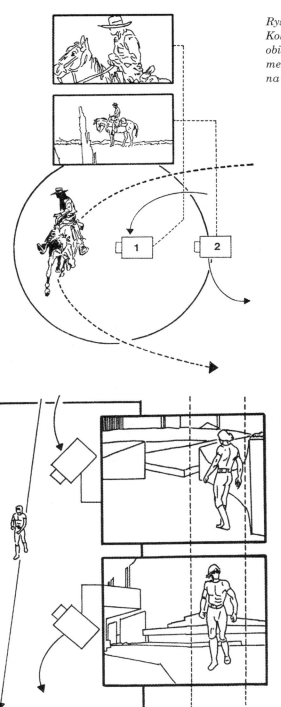

Rys. 21.20
Kolejne ujęcia tego samego
obiektu, gdzie pozycje ka-
mery są w chwili cięcia
na tej samej osi wizualnej.

Rys. 21.21
Dwa kolejne panoramowa-
ne kontrplany zewnętrzne
tego samego aktora, który
porusza się w tym samym
kierunku w obu ujęciach.

Przykład 29

Przerywany ruch w jednym kierunku można objąć ujęciem panoramowanym w pierwszej fazie ruchu i statycznym kontrplanem dla drugiej części (rys. 21.22).

Rys. 21.22 Pierwsze ujęcie jest panoramą, drugie zaś statyczne.

Oto opis sceny:

Ujęcie 1: Z dołu. Zbliża się samochód. Skręca w lewo i kamera panoramuje za nim. Samochód zatrzymuje się w pełnym planie i teraz widziany jest od tyłu. Z chwilą jego zatrzymania, cięcie na...

Ujęcie 2: Niski kontrplan samochodu. Otwierają się drzwiczki, ludzie wyskakują i wybiegają z kadru w przód w lewo.

Przykład 30

Stosując opisane formuły łączymy też ze sobą ujęcia w panoramach pionowych z ujęciami statycznymi. Kolejność da się odwrócić, najpierw ujęcie statyczne, a panoramowane jako drugie, jeszcze bardziej poszerzając możliwości objęcia dalszej akcji.

Panoramy akrobatyczne

Dwa opisane poniżej przykłady dotyczą ujęć panoramowanych dających zaskakujący efekt wizualny. By je wykonać, kamera musi przebyć drogę jakby napowietrznej pętli.

Przykład 31

Jeżeli obiekt zdjęciowy zbliża się do kamery i przechodzi przed operatorem, ten śledzi go normalnie panoramą. Lecz co stanie się, kiedy obiekt przejdzie za operatorem kamery w czasie panoramy poziomej? Aby utrzymać go na ekranie, operator będzie zmuszony odchylić się do tyłu. Ruch ten wymaga, aby kamera znalazła się w położeniu do góry nogami, w czasie wycinka ruchu panoramy. Zachowanie się obiektu zdjęciowego na ekranie będzie następujące: najpierw widzimy aktora w normalnym położeniu, zbliżającego się do nas, następnie jego ciało obróci się bokiem, gdy ten zacznie chodzić dokoła trzech boków ekranu; najpierw po jednym, aż osiągnie górny brzeg, kiedy widziany jest na ekranie całkiem odwrócony. Po czym schodzi po przeciwnej stronie, aby powrócić do normalnego położenia, gdy widzimy go oddalającego się od kamery. Rys. 21.23 przedstawia opisany przypadek.

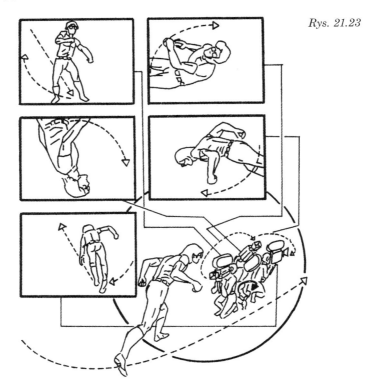

Rys. 21.23

Przykład 32

Kiedy kamera jest skierowana prosto w dół, by zarejestrować ruch przez ekran, można uzyskać zaskakujący efekt przez obrót kamery o 180° dokoła jej osi optycznej. Zastosowano taki chwyt w filmie *The Strawberry Statement*. Wąska łódź wiosłowa, widziana z góry, ukazała się na ekranie od prawej. Kiedy osiągnęła środek ekranu, kamerę obrócono o pół obrotu, tak że łódź odwróciła kierunek i opuściła ekran z prawej, z tej samej strony, od której się ukazała (rys. 21.24).

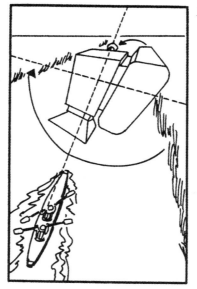

Rys. 21.24

Kierunek obrotu kamery nie ma znaczenia, rezultat końcowy będzie taki sam, jeżeli tylko utrzymamy obrót o 180°.

22

JADĄCA KAMERA (WÓZKOWANIE)

Ruch na ekranie ma kierunek, moc, szybkość, czas trwania i rozkład w czasie. Ruch daje wrażenie energii, pośpiechu, podniecenia lub gwałtowności. Gdy nie ma ruchu lub jest go niewiele, sugeruje to spokój, ciszę, przygnębienie lub też napięcie emocjonalne tak wielkie, że wszelka działalność jest w zawieszeniu. Ruch często zbiega się z mówionym tekstem. Jeżeli ruch poprzedza kwestię, to ją podkreśla. Jeżeli tekst poprzedza ruch, zaakcentowany zostaje ruch. Wiele metod stosowanych do zdjęć panoramowanych daje się również zastosować do zdjęć wózkowanych.

Oto niektóre propozycje:

1. Optymalne zdjęcia w ruchu kamery otrzyma się wówczas, gdy jazda kamery jest gładka, bez wstrząsów, przy jednakowej szybkości. W każdym przypadku, gdy zachodzi potrzeba zmiany szybkości wózkowania, musi to następować bez gwałtownych ruchów.

2. Zdjęcia wózkowane w planach ogólnych lub pełnych będą o wiele lepsze, jeżeli między trasami kamery i obiektów zdjęciowych znajdą się obiekty statyczne. Przy kompozycjach obrazowych należy pamiętać o kontrastowaniu przestrzennym, unikając inscenizacji „płaskich”.

3. Ujęcia wózkowane z przerwami (kiedy kamera i obiekty zdjęciowe mają przerwy w ruchu) wnoszą urozmaicenie i pozwalają przełamać monotonię powtarzającego się ruchu.

4. Jeżeli aktor i kamera mają zatrzymać się w czasie ujęcia wózkowanego, to lepiej unikać zatrzymywania się z widocznymi w pierwszym planie obiektami, chyba że mają istotne znaczenie w narracji, gdyż zostaną w ten sposób bardzo uwydatnione.

Objęcie akcji przerywanej wózkowaniem ciągłym

Nie tylko pojedyncza osoba czy grupa osób może być śledzona kamerą w wózkowaniu ciągłym. Poniżej przytaczamy przykład wózkowania dłuższego wycinka akcji:

Kamera filmuje marsz grupy żołnierzy i oficera, prowadzących kilku skazanych jeńców na miejsce egzekucji. Towarzyszy im ksiądz. Na początku jesteśmy z pełną grupą. Żołnierze zatrzymują się, ksiądz, oficer i sanitariusze z noszami kontynuują marsz. Sanitariusze klękają, by udzielić pomocy rannemu, oficer i ksiądz idą dalej. Oficer zatrzymuje się, ksiądz idzie dalej i dołącza do jednego z jeńców. Kamera zatrzymuje się. Jest to ujęcie z filmu Stanleya Kubricka *Ścieżki chwały* (rys. 22.1).

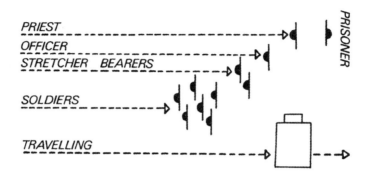

Rys. 22.1 Prosty przykład ruchu przerywanego, objętego ciągłym wózkowaniem kamery. W czasie postojów podczas drogi grupa zmniejsza się. Tylko jedna osoba osiąga miejsce przeznaczenia.

W przytoczonym przykładzie kamera i aktorzy poruszali się po trasach równoległych. Tę samą zasadę można stosować do grupy śledzonej kamerą od tyłu (rys. 22.2).

A zbliża się wzdłuż długiego korytarza. E wchodzi zza kamery (z prawej), mija A, który skręca na rogu do drugiego korytarza, a kamera, panoramując za nim (w lewo), rozpoczyna wózkowanie za A. F idzie korytarzem. Wita się z A i kontynuuje marsz w naszym kierunku, wychodząc z kadru z lewej. Kiedy A osiąga kabinę telefoniczną, gdzie C rozmawia przez telefon, widzimy, jak z pobliskich drzwi wychodzi B i przechodzi przed A, idąc w lewo do drugiego korytarza. Kamera zwraca się w lewo, śledząc B. W tym momencie C opuszcza kabinę i wychodzi za B. W połowie drogi przez korytarz B wchodzi w drzwi po lewej, a kamera kontynuuje jazdę za C, który dołącza do hałaśliwej grupy czterech ludzi. W tym momencie woźny (D) prosi o zachowanie ciszy i wskazuje na drzwi po lewej stronie. Kamera zatrzymuje się i panoramuje w lewo, za gestem woźnego, na drzwi z napisem na szkle „Sala rozpraw".

W trakcie travellingu ciągłego zachodzą nakładające się ruchy, prowadząc zainteresowanie widzów do kulminacji ujęcia. Ruchy zostały starannie powiązane ze sobą, jakby w balecie przeznaczonym wyłącznie dla kamery.

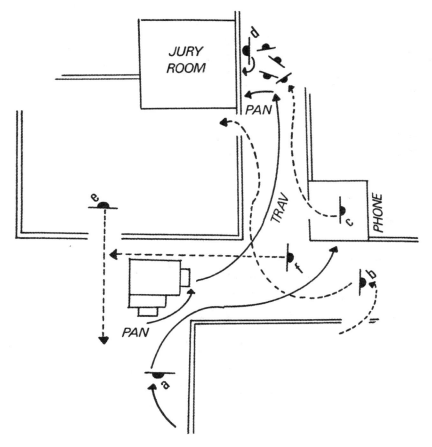

Rys. 22.2 Inny przykład nakładających się na siebie części akcji, objętych kamerą wózkującą za aktorami.

Łączenie ujęcia statycznego z wózkowaniem

Gdy kamera wózkuje, śledząc chodzących lub biegnących ludzi, niełatwo jest zwolnić jazdę, kiedy się zatrzymują. Kadrowanie na końcu takiego zdjęcia jest trudne i nie zawsze daje dobre efekty. Moment zatrzymania aktorów łatwiej osiągnąć cięciem na ujęcie statyczne kamery.

Przykład 1

Jeżeli wykonawca idzie w kierunku kamery, a kamera cofa się przed nim, możemy wykonać cięcie na ujęcie statyczne z tym, że kamera, na wspólnej osi wizualnej, obejmie plan pełny aktora umieszczonego centralnie nie w kadrze (rys. 22.3).

*Rys. 22.3 Ruch na wspólnej osi wizualnej użyto do połączenia ujęcia wózko-
wanego z ujęciem statycznym tego samego obiektu w ruchu.*

Przykład 2

Jeżeli w pierwszym ujęciu odbywa się szybki ruch, np. aktor biegnie
na cofającą się kamerę, to może w końcu przegonić kamerę i wybiec z kadru w przód. W drugim ujęciu aktor (pośrodku) biegnie w przód dwa lub
trzy kroki i zatrzymuje się (rys. 22.4).

Przykład 3

Kamera cofa się przed aktorem, który zmienia kierunek. Zmianę kierunku należy pokazać w ujęciu statycznym (rys. 22.5).

Pierwsze ujęcie odpowiada podobnym z poprzednich przykładów. Aktor
w bliskim planie, kamera wózkuje cofając się przed nim. Następuje cięcie
na plan pełny (pośrodku). Aktor wykonuje jeszcze dwa kroki w przód, odwraca się i wychodzi z planu, ewentualnie śledzony panoramą kamery.

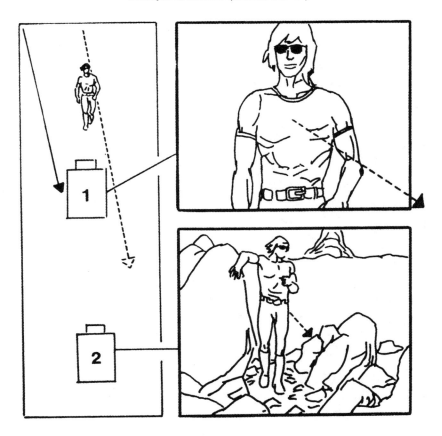

Rys. 22.4 Połączenie zdjęcia wózkowanego ze statycznym będzie łatwiejsze, jeśli pozwolimy (w tym pierwszym), by aktor wybiegł z planu.

Przykład 4

Innych rozwiązań można użyć przy wózkowaniu kamerą równolegle do aktora w ruchu. W pierwszym, bliskim planie śledzimy aktora widzianego z profilu lub trzech czwartych. Tniemy na pełny plan statyczny. Aktor wchodzi ze strony przeciwnej do kierunku swego ruchu i zatrzymuje się pośrodku (rys. 22.6).

Przykład 5

Jako drugiego ujęcia można użyć zdjęcia w panoramie. Panoramowanie należy zwolnić wraz z zatrzymującym się aktorem (rys. 22.7).

W pierwszym ujęciu aktor porusza się wraz z towarzyszącą kamerą. Następuje cięcie na plan pełny. Aktor pośrodku porusza się w tym samym kierunku: kamera panoramuje za nim, aż ten się zatrzyma. Wielkość

postaci w obu ujęciach i położenie aktora w tym samym miejscu ekranu
są decydujące dla uzyskania płynności w przejściu w chwili cięcia. Należy
pamiętać, że sylwetka aktora, w miarę odchodzenia w głąb ekranu, zaczyna się gwałtownie zmniejszać.

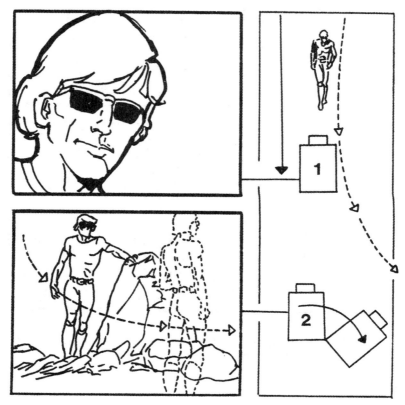

*Rys. 22.5 Zmianę kierunku ruchu obiektu najlepiej pokazać w drugim, sta-
tycznym ujęciu.*

Przykład 6

Jako drugiego ujęcia dla biegnącej postaci można użyć statycznego
miejsca prostokątnego. W pierwszym ujęciu aktor ukazany jest pośrodku w średnim planie. Kamera jedzie, śledząc go z boku, równolegle do linii jego biegu.

W pobliżu końca ujęcia kamera lekko panoramuje, pozostawiając puste pół ekranu przed aktorem. W następnym ujęciu statycznym aktor,
w tej samej pozycji ekranowej, odbiega od nas do środka przestrzeni ekranowej (rys. 22.8).

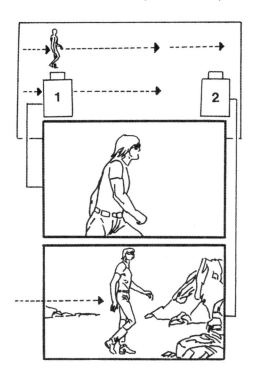

Rys. 22.6
Do przedstawionej tu formuły
użyto równoległego układu
miejsc kamery.

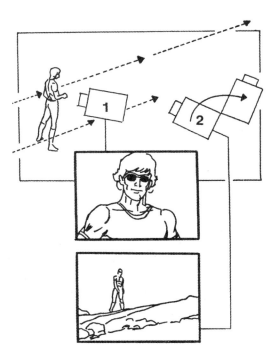

Rys. 22.7
Jeśli ruch obiektu jest szczegól-
nie szybki, drugie ujęcie przy
tym układzie prostokątnym
może być panoramą.

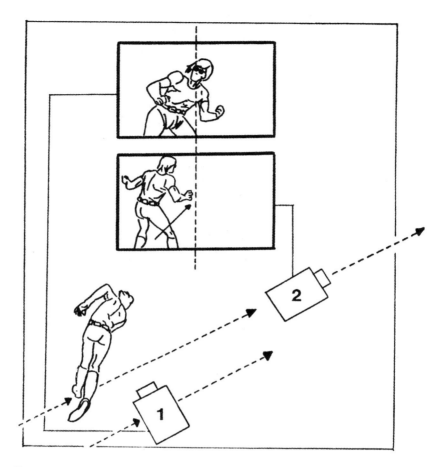

Rys. 22.8 W tym układzie prostokątnym aktor w ruchu pozostaje w obu ujęciach po tej samej stronie ekranu. Ujęcie statyczne kadruje go z tyłu, odbiegającego w kierunku na wprost.

Przykład 7

By pokazać przejście i zatrzymanie się grupy aktorów można użyć kontrplanowych pozycji kamery (rys. 22.9).

W pierwszym ujęciu kamera towarzyszy w marszu grupie osób, w planie pełnym. Cięcie na kontrplan średni. Kamera statyczna. Aktorzy wchodzą w kadr, poruszając się przeciwnym kierunku, i stają. Stanowisko statycznej kamery umieszczono po drugiej stronie linii akcji, otrzymując w ten sposób bardzo dynamiczne pod względem wizualnym zakończenie ruchów chodzenia lub biegu.

Rys. 22.9 Kamera w pozycjach zewnętrznych kontrplanów, z użyciem ujęcia wózkowanego i ujęcia statycznego do objęcia grupy w ruchu, zatrzymującej się w drugim ujęciu.

Przerywane wózkowanie kamery

Przykład 8

Dla większości ujęć wózkowanych (travellingów) kamerę montuje się na wózku lub dolly, biegnących po szynach specjalnie zmontowanych do każdego ujęcia. Kamera może się przemieszczać w sposób ciągły lub przerywany, może również w każdym miejscu zmieniać kierunek jazdy. Na rys. 22.10 uwidoczniono w planie scenę z użyciem wózkującej kamery. Dwaj żołnierze A i B idą przez pole bitwy. Kamera biegnie wraz z nimi, z boku.

Gdy osiągają pozycję 1, obaj kładą się i czekają. Kamera zatrzymuje się. Żołnierze podnoszą się, lecz tylko A idzie w kierunku pozycji 2, gdzie się zatrzymuje, kamera go śledzi. Uprzytomniwszy sobie, że jest sam, A odwraca się i idzie z powrotem do B. Kamera jedzie z powrotem wraz z A, dojeżdżając do pozycji 1, trzeciego miejsca jej zatrzymania. B jest ranny. A pomaga mu stanąć na nogi i zakłada ramię B na swój bark. Obaj z trudem idą do pozycji 2 – czwartego miejsca zatrzymania kamery. Kamera ponownie zaczyna jazdę w swym pierwotnym kierunku. Obaj żołnierze, odpocząwszy, wędrują do pozycji 5, gdzie znowu zatrzymują się wraz z kamerą. B oświadcza, że nie może iść dalej. Między miejscami postojów aktorzy mijają po drodze różne przeszkody, np. druty kolczaste, przewróconą armatę, wysoką trawę.

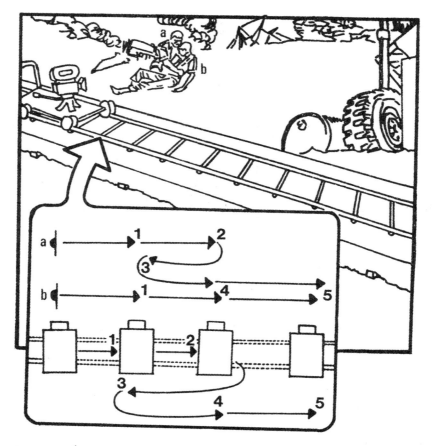

Rys. 22.10 Śledzenie akcji ruchem przerywanym. Kierunek jazdy zostaje odwrócony, po czym podjęty ponownie w pierwotnym kierunku.

Przykład 9

Na rys. 22.11 przedstawiona jest sytuacja, w której aktorzy poruszają się z przerwami, zaś kamera wózkuje w długim przebiegu, staje, po czym powraca do pierwszej pozycji.

Rys. 22.11 W tym przykładzie ruchy aktorów i ruchy kamery są przerywane.

Ujęcie rozpoczyna się statyczną pozycją kamery, kadrując A w środku grupy. Gdy A zaczyna iść między rozstępującymi się ludźmi, kamera prowadzi w prawo. Aktor dochodzi do B, staje, zaś B idzie w prawo i zatrzymuje się przy C. Kamera zatrzymuje się, kadrując B i C wśród grupy. Wtedy C występuje i staje w pierwszym planie. Kamera jest jeszcze statyczna. C idzie w lewo, między ludźmi. Kamera zaczyna jechać z powrotem (w lewo). C zatrzymuje się koło D i daje mu klucz. D przechodzi w lewo i wkłada klucz do maszyny. Kamera zatrzymuje się, kadrując D manipulującego przy maszynie w pierwszym planie. W głębi widoczni inni aktorzy.

Użycie obu stron szyn

Przykład 10

Kamera może, poruszając się ciągle w jednym kierunku, dać na ekranie odwrotny kierunek, przez wykonanie w czasie jazdy panoramy na drugą stronę. Ruch jest ciągły i widzowie bez trudu akceptują sytuację kontrastujących kierunków (rys. 22.12).

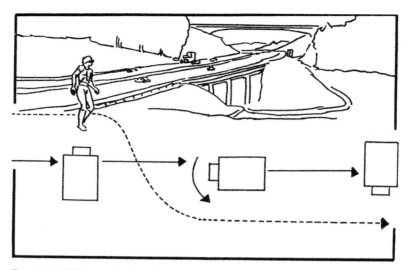

Rys. 22.12 Wykorzystanie obu stron szyn przez panoramę w czasie zdjęcia wózkowanego.

Przykład 11

Kamera może przejeżdżać całą trasę szynową i fotografować po obu stronach szyn (rys. 22.13).

Rys. 22.13 Inny przykład użycia obu stron szyn do ciągłego travellingu z okresowym odwracaniem poczucia kierunku, jaki towarzyszy akcji.

A zbliża się do B i oboje krótko biegną do punktu 1, gdzie się zatrzymują. Zaczynają biec znowu w lewo, kamera śledzi ich, przejeżdżając krótko przed płotem, który był widoczny w pierwszym planie poprzedzającego ujęcia. Kamera zatrzymuje się w punkcie 2 i panoramuje, śledząc aktorów z punktu 2 do 3, następnie kamera, skierowana na drugą stronę szyn, zaczyna ruch, śledząc oboje aktorów z 3 do 4. Kamera i aktorzy zatrzymują się na chwilę, po czym biegną do punktu 5, w którym padają na ziemię. Kamera śledzi ich cały czas, kończąc zdjęcie w punkcie 5. Panorama w półkręgu, w jednym końcu toru odwraca kamerę z jednej strony szyn na drugą. Podczas gdy ruch kamery od punktu 1 do punktu 5 był ciągły, to ruch wózka nie był. Płotek wprowadzał pewne wizualne urozmaicenie do zdjęcia.

Wijące się trasy

Przykład 12

Aktor ukazujący się w travellingu nie musi poruszać się po linii prostej. Może zbliżać się lub oddalać od kamery po wijącej się drodze, lecz tylko przy prostoliniowym torze wózka. Przy zdjęciach tego rodzaju ważne są różne obiekty statyczne między kamerą i aktorem, które dodają ujęciu złudzenie głębi i kontrastu planów. Jeżeli aktor ma na swej drodze pokonywać różne przeszkody, jak np. przedzierać się przez krzaki, las czy przez tłum, to bardzo dobrze wypadnie jego całkowite, nawet okresowe, znikanie z planu. Ruch kamery i dwa warianty kadrowania pokazano na rys. 22.14.

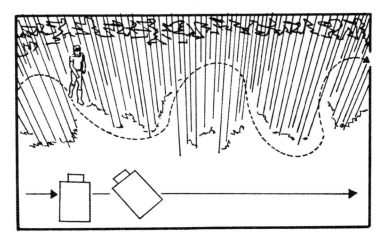

Rys. 22.14 Kręta droga aktora objęta z prostej trasy szynowej. Na ilustracji pokazano dwa warianty kadrowania.

Przykład 13

Inny wariant polega na tym, że kamera cofa się po prostej, podczas gdy obiekt zdjęciowy porusza się po krętej trasie. By utrzymać go w kadrze, kamera panoramuje w obie strony. Formułę tę można zastosować do postaci przepychającej się przez tłum (rys. 22.15).

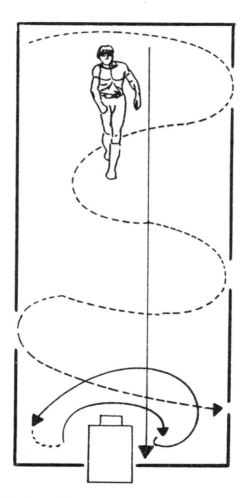

Rys. 22.15 Objęcie aktora idącego w przód po krętej drodze. Kamera jedzie do tyłu po prostej trasie szynowej, równocześnie śledząc aktora ruchami panoramy poziomej.

Przykład 14

Prostej drogi kamery, panoramującej równocześnie na boki, można użyć do statycznej grupy rozmieszczonej w półkolu. Ujęcie rozpoczyna się planem ogólnym grupy. Kamera, jadąc w przód, równocześnie wybiera panoramą kompozycje coraz to bliższe, kończąc na bliskim planie głównej postaci. Ruch taki wymaga mocnej motywacji dramaturgicznej. To samo odnosi się do podobnego zdjęcia wykonanego transfokatorem (rys. 22.16).

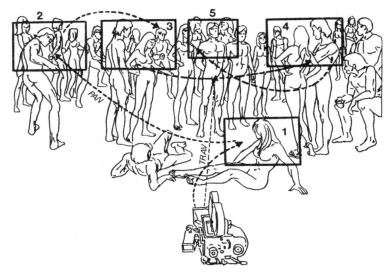

Rys. 22.16 Kamera jedzie do przodu po prostej drodze, panoramując z boku na bok, aż do chwili zatrzymania się na głównej postaci.

Przykład 15

Przerywane wózkowanie kamery, śledzącej osobę przechodzącą z jednej strefy do drugiej, zmienia krętą drogę w serię trójkątów (rys. 22.17). Z pozycji 1 kadrujemy A w planie bliskim. Gdy ten przechodzi do strefy 1, kamera przejeżdża z nim do pozycji 2. Teraz widziany jest w planie pełnym. Nalewa sobie do kieliszka. B przechodzi w pierwszym planie. Wtedy A wychodzi w przód i staje w planie bliskim, w pozycji 2. B przechodzi za nim z jednej strony ekranu na drugą, w przeciwnym kierunku. Teraz A idzie z powrotem do strefy 3. Kamera przejeżdża z pozycji 2 do 3. A popija, wyglądając przez okno, po czym odwraca się i przechodzi do strefy 4. Kamera jedzie z pozycji 3 do 4, by skadrować A, znowu w planie bliskim. Ruch poziomy B wprowadzono po to, by przerywać powtarzające się ruchy (w przód i w tył) głównego aktora.

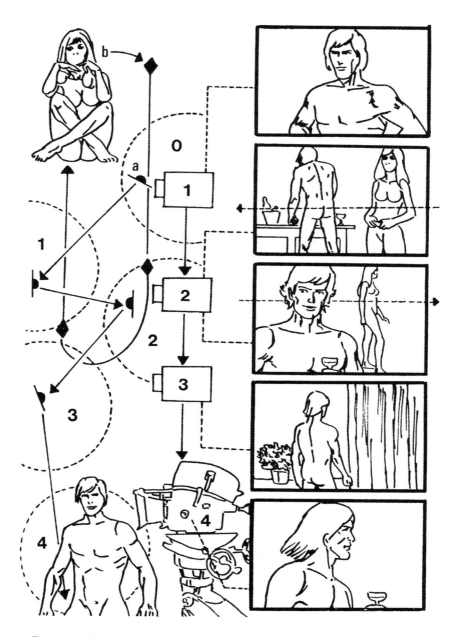

Rys. 22.17 Kamera w travellingu przerywanym obejmuje przerywaną akcję aktora, którego ruchy tworzą trójkąty.

Przykład 16

Kręte drogi dwóch aktorów mogą się przecinać przed kamerą w ruchu (rys. 22.18).

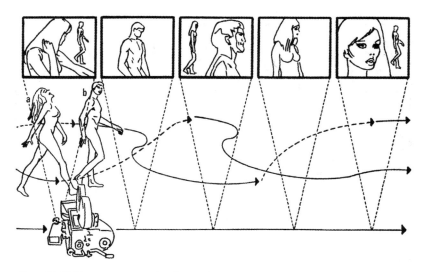

Rys. 22.18 Kręte wzory ruchu łączą się w tym zdjęciu w taki sposób, że dwaj aktorzy ukazują się na ekranie na przemian.

Pozwala to na pewien kontrast w liczbie postaci ukazujących się na ekranie. Aktorka A w pierwszym planie zwalnia i pozostaje poza kadrem jadącej kamery. Kamera koncentruje się na B, który wysuwa się do przodu. Kiedy B znajdzie się blisko kamery, A wchodzi ponownie w tylny plan, z tej samej strony, z której wyszła z kadru. Przechodzi za B, by znaleźć się po prawej stronie ekranu. Przez chwilę zostaje utrzymana kompozycja B–A, po czym B odchodzi i A powtórnie ukazuje się w bliskim planie. Później B zjawia się powtórnie w tylnym planie. Linie kreskowane na rys. 22.18 odnoszą się do fragmentów tras aktorów, które nie są rejestrowane przez kamerę.

Panoramowanie podczas wózkowania

Przykład 17

W czasie wózkowania (lub pod koniec) można wykonać półkolistą panoramę. Możliwe są warianty. Jeżeli kamera rozpoczyna wózkowanie, kadrując aktora z przodu, po panoramie będzie skadrowany z tyłu (rys. 22.19).

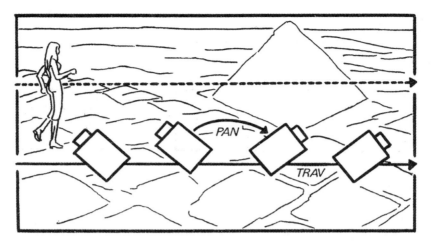

Rys. 22.19 Ruch panoramowania, wykonany równocześnie z wózkowaniem, zmienia kadrowanie obiektu z widoku z przodu na widok z tyłu.

Gdy zaczniemy ujęcie kadrując aktorów od tyłu, otrzymamy odwrotny efekt. Pod koniec ujęcia znajdą się twarzami do kamery, w odwrotnych pozycjach (rys. 22.20).

W tych dwóch przykładach kamera wózkuje po prostej trasie i jej odległość od aktorów pozostaje taka sama.

Przykład 18

Kamera może wózkować po trasie prostej, zawierającej zakręt, np. pod kątem prostym, jeżeli aktor skręca w boczną ulicę (rys. 22.21).

W bardziej skomplikowanej inscenizacji aktorzy mogą poruszać się po trasie przeciwnej do trasy kamery (rys. 22.22). Kamera wózkuje za dwoma żołnierzami, którzy biegną przez opustoszałą ulicę. Gdy dobiegają do rogu, oddalają się w kierunku opuszczonego na środku ulicy, zdemolowanego trolejbusu. Słychać daleki terkot karabinów maszynowych. Obaj żołnierze zatrzymują się koło trolejbusu, rozglądając się na wszystkie strony. Kamera kontynuuje jazdę, panoramując by utrzymać aktorów w kadrze, i skręca w inną ulicę. Żołnierze zaczynają biec w kierunku kamery i w czasie dalszej jazdy utrzymują już od niej jednakową odległość. Zmieniające się tutaj odległości do obiektu zdjęcia dodają walorów plastycznych. Kiedy aktorzy się zatrzymują, a kamera nie przerywa jazdy, wprowadza to nastrój przygnębienia wynikający z kontrastu ruchu i scenerii: odludzie opuszczonej ulicy, dochodzące skądś groźne odgłosy, trwa wojna.

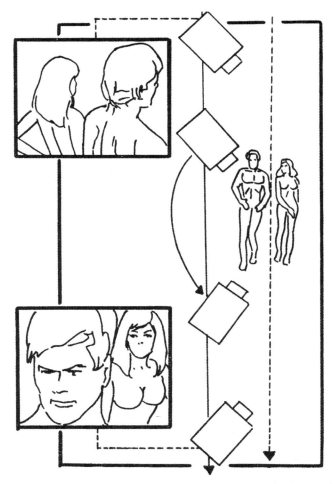

Rys. 22.20 Jeżeli kamera zaczyna wózkowanie obrazem aktorów z tyłu, to po panoramie w czasie jazdy kamery zobaczymy ich z przodu. Przy takim manewrze kamera musi wózkować szybciej, niż idą aktorzy, by uzyskać pod koniec jazdy ich widok z przodu. W poprzednim przykładzie kamera zwalniała jazdę w czasie panoramy.

Przykład 19

Na rys. 22.23 pokazany jest przykład objęcia zdjęciem wózkowanym akcji dwojga statycznych aktorów. Kamera na początku kadruje A i B w planie bliskim, po czym jedzie w przód do B i dalej, ciągle panoramując w prawo, dokoła postaci B użytej jako oś. W dalszym ciągu swej trasy kamera oddala się od obu postaci, by zakończyć kadrem A i B w planie średnim.

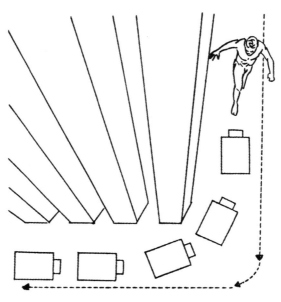

Rys. 22.21 Ruch aktora skręcającego pod kątem zostaje powtórzony przez kamerę jadącą przed nim.

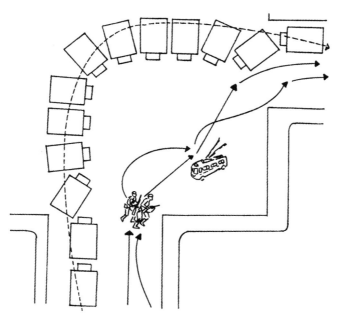

Rys. 22.22 Zwrot kamery pod kątem prostym przy travellingu ciągłym, obejmującym przerywane działania aktorów w scenie.

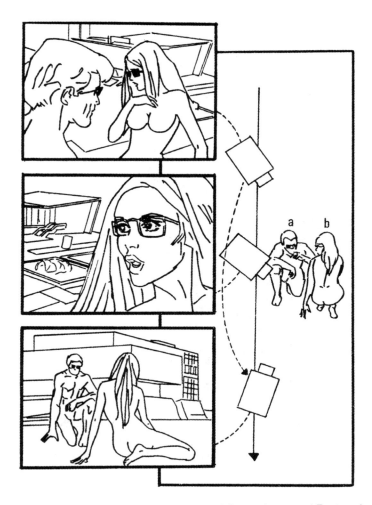

Rys. 22.23 Kamera panoramuje w czasie wózkowania; postać B użyta jest jako oś. Obie postacie są statyczne.

Kamera i wykonawcy poruszają się w przeciwnych kierunkach

Czasami aranżuje się ujęcie, w którym kamera i wykonawcy poruszają się w przeciwnych kierunkach. Układ taki możliwy jest w kilku wariantach.

Przykład 20

Aktor i kamera zbliżają się do siebie i zatrzymują „twarzą w twarz". Jeżeli zdjęcie zawiera inne postacie, pod koniec zostają wyłączone z kadru (rys. 22.24).

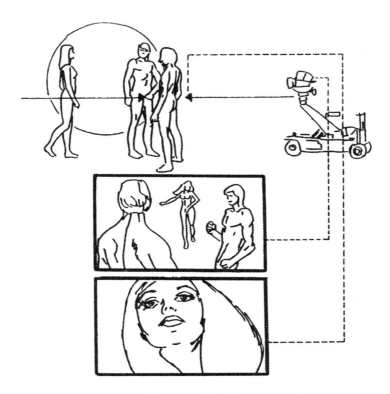

Rys. 22.24 Aktor i kamera zbliżają się do siebie w ruchach na wprost.

Opisane tu rozwiązanie przydaje się zwłaszcza do wprowadzenia napięcia. Przeciwstawne ruchy kamery i postaci są równie efektywne w kierunkach odwrotnych, czyli w przypadku oddalenia się aktora od odjeż-
dżającej kamery. Można podkreślić w ten sposób środkami wizualnymi
załamanie się nastroju opowieści.

Powtórzenie kilka razy takich ruchów z różnymi aktorami, w kolejnych ujęciach (czy będą to ruchy zbieżne czy rozbieżne) służy wzmożeniu
napięcia w sytuacji, jaka nastąpi po nich. Do wywołania napięcia wystarczy dwójka lub trójka aktorów.

Przykład 21
Jeżeli drogi kamery i aktora są zbieżne lub ukośne, zdjęcie również
rozpocznie się pełnym planem i skończy bliskim (rys. 22.25).

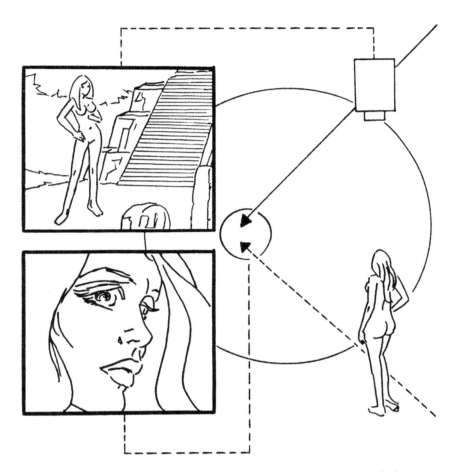

Rys. 22.25 W tym przykładzie trasy aktora i kamery są zbieżne i ukośne.

Przykład 22

Jest to układ, w którym obiekt zdjęcia i kamera mijają się w kierunkach do siebie przeciwnych, lecz równolegle. Kamera panoramuje za obiektem zdjęcia, który na początku się zbliża, a potem oddala (rys. 22.26).

Zarówno obiekt zdjęcia jak i kamera poruszają się z tą samą szybkością w przeciwnych kierunkach. Postać może zatrzymać się chwilę przed zatrzymaniem kamery.

Rys. 22.26 Kamera i aktorka poruszają się w przeciwnych kierunkach.
Podczas mijania kamera, panoramuje za aktorką, oddalając się od niej.

Przykład 23

Jeżeli w zdjęcie włączymy postać statyczną, powstaje nowy wariant. Aktor w ruchu i kamera zbliżają się do aktora statycznego, lecz aktor zatrzymuje się przed zatrzymaniem się kamery. Kamera zatrzymuje się po osiągnięciu położenia, będącego odwrotnością położenia początkowego (rys. 22.27).

Przykład 24

Kiedy kamera wózkuje w kierunku przeciwnym do nadjeżdżającej grupy, a nie panoramuje za nią, wtedy najkorzystniejszym kątem widzenia jest spojrzenie trzy czwarte w przód (rys. 22.28). Takie skierowanie kamery pozwala nam korzystnie obserwować aktorów w czasie ich zbliża-

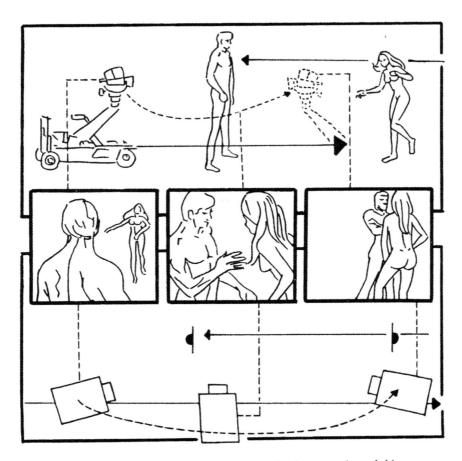

Rys. 22.27 Jeden z aktorów i kamera poruszają się w przeciwnych kierunkach. Postać statyczna użyta jest w scenie jako oś wizualna.

nia się i opuszczania kadru. Jeśli kamera zostaje ustawiona równolegle do ruchu aktorów, widzimy ich w półprofilach i wydają się szybciej ruszać.

Przykład 25

Ten przykład zawiera panoramę po ćwierci kręgu, wraz z jazdą kamery (rys. 22.29). Kamera wózkuje w kierunku przeciwnym do chodzącego aktora A, używając postaci statycznej B jako osi.

Rys. 22.28 Duża grupa porusza się w kierunku przeciwnym do ruchu kamery.

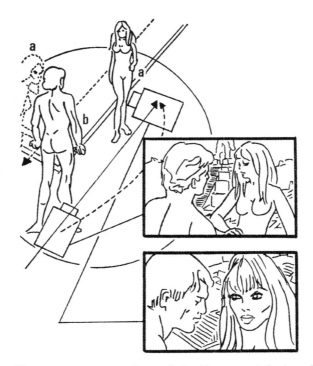

Rys. 22.29 Użyto toru szynowego, by przejechać kamerą z jednej strefy statycznej do drugiej, pod kątem prostym.

Przykład 26

Kiedy aktor A idzie do B, wtedy ostatnia pozycja kamery daje spojrzenie boczne na jedną i drugą postać (rys. 22.30). Różnica polega na tym,
że w czasie ruchu A pozostaje przed B w profilu, podczas gdy w przypadku 25 obaj aktorzy przyjęli wzajemne pozycje w układzie litery L. A stał
za B w widoku frontalnym, podczas gdy B stała profilem do widzów.

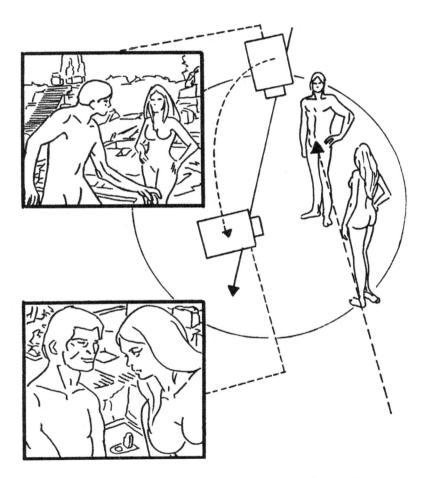

*Rys. 22.30 Tutaj metoda jest taka sama jak w poprzednim przykładzie,
z wyjątkiem tego, że w końcu aktorzy znajdują się twarzami do siebie.*

Przykład 27

Odwrócenie pozycji aktorów na ekranie uzyska się, gdy aktor, będący w ruchu, przechodzi między aktorem statycznym i kamerą w ruchu (rys. 22.31).

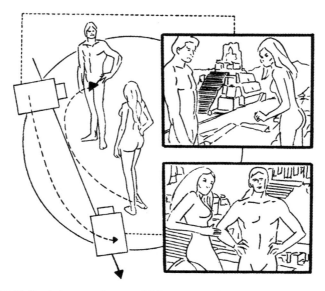

Rys. 22.31 Ruch kamery jest tutaj identyczny jak w poprzednich. przykładach, lecz aktorzy mijają się i zamieniają swe pozycje na ekranie.

Dalsze kombinacje ruchów, składających się z panoramy i równoczesnego wózkowania, otrzymuje się, odwracając kierunki panoramy i jazdy kamery, w drugiej części ujęcia. Dziewczyna mówi do swego chłopca, po czym idzie w lewo. Kamera jedzie za nią i panoramuje w tę stronę, by pokazać ich odbitych w lustrze. Dziewczyna zatrzymuje się, zwrócona do lustra, kamera przestaje jechać i panoramować kadrując ją po prawej, jej odbicie pośrodku i odbicie mężczyzny po lewej. Teraz dziewczyna odwraca się do kamery. Widziany w lustrze człowiek zbliża się do niej i zatrzymuje, nie wchodząc fizycznie w kadr. Ona rozpoczyna ruch w przód i w prawo, kamera odjeżdża i panoramuje za nią w prawo. Przechodzi za mężczyzną i kamera kadruje ją samą. Zatrzymuje się; zatrzymuje się również kamera. Dziewczyna zwraca twarz do mężczyzny poza ekranem, w lewo. Gdy kończy ten ruch, mężczyzna wchodzi w kadr z lewej i oboje pozostają profilami do kamery. Kamera i aktorzy poruszali się jakby w choreograficznym układzie, będącym podstawą montażu ujęć „w kamerze", co szczegółowo opiszemy później.

Przykład 28

Ruch panoramy może być użyty na początku ujęcia. Kontynuacją tej panoramy będzie wózkowanie, po czym ewentualnie nastąpi jeszcze panorama kończąca ujęcie, już po zatrzymaniu się wózka kamery. Jest to prosta metoda wprowadzenia aktorów (pierwsza panorama): jazda kamery towarzyszy aktorom, którzy rozmawiają idąc, po czym widzimy ich odchodzących (druga panorama). Tego sposobu wózkowania używa się tylko do najważniejszej części ustawienia. W końcowej panoramie ujęcia 1 miejsce przeznaczenia aktorów A, B i C jest widoczne w tle (aktorzy D i E). Ujęcie 2 może objąć zbliżanie się głównych aktorów za pomocą panoramy o ćwierć kręgu, a następnie skadrować całą grupę (rys. 22.32).

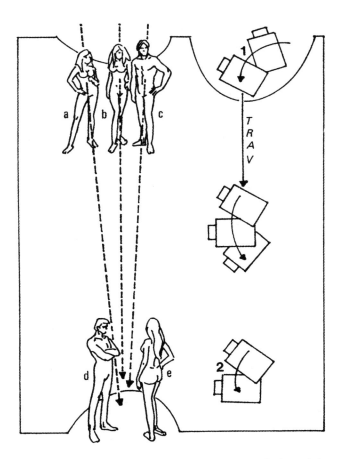

Rys. 22.32 Ruch przechodzi w ruch, gdyż oba ujęcia cechuje ruch kamery, wpasowujący się gładko by objąć grupę idącą do dwóch oczekujących ich postaci.

W jednym szeregu

Gdy aktorzy poruszają się w jednym szeregu, kamera śledząca ich w travellingu może poruszać się szybciej lub wolniej niż oni. Kiedy kamera jedzie szybciej, ukazują się kolejni aktorzy i szybko pozostają z tyłu. Jeśli kamera utrzyma stałą prędkość, aktorzy mogą wchodzić w pole widzenia jeden po drugim; zwolnić, by utrzymać tempo ruchu kamery; po czym przyśpieszyć i wyjść z planu, by ustąpić miejsca następnej osobie. Taki cykl ruchu może być powtarzany każdą potrzebną ilość razy. Można też fotografować jedną z osób, idącą szybciej od innych, tak że osoba ta mijałaby kolejno każdą z pozostałych idących postaci. Taka jedna osoba wiodąca mogłaby iść między kamerą i rzędem ludzi lub poza ich szeregiem (w tylnym planie). W kolejnym wariancie ludzie idą w rzędzie, w przeciwnym kierunku do idącego z kamerą, w przednim lub w tylnym planie aktora głównego. Układ taki daje bardzo dynamiczny rezultat, gdy kamera na wózku jest ustawiona pod kątem trzech czwartych do linii, a nie równolegle do niej (rys.22.33).

Rys. 22.33 Widok pod kątem trzy czwarte. Obejmuje grupę w marszu z wózkującej kamery, przedstawia akcję w sposób daleko wyraźniejszy, niż mogłoby dać równoległe spojrzenie kamery.

Prędkość wózkowania

Prędkość, z jaką porusza się kamera, jest prawie zawsze podyktowana prędkością przemieszczania się obiektu zdjęcia. Jeżeli kamera porusza się dojeżdżając lub odjeżdżając od statycznego obiektu lub grupy, wtedy jej prędkość jest istotnym elementem wyrazowym w scenie. Typowe przejście od ujęcia aktora w pełnym planie do jego zbliżenia służy podkreśleniu mimiki twarzy (dojazd) lub ruchu ciała (odjazd) w końcowym odcinku wózkowania.

Można użyć szybkiego ruchu odjazdu by odsłonić na pierwszym planie nową informację, będącą przyczyną reakcji aktora widzianego poprzednio w zbliżeniu.

Powolna jazda stwarza nastrój intymności, klimat niezauważalnego podpełzania do aktora. Spokojne i powolne ruchy wózkującej kamery w kierunku mówiącego lub słuchającego aktora pozwalają widzom na pełniejsze zidentyfikowanie się z nim. Jego troski stają się naszymi, nasze współczucie dla niego płynie swobodniej. Powolne wózkowanie w tył podkreśla odczucie smutku lub samotności. Izoluje ono statycznego aktora od widzów.

Przy szeregu kolejnych wózkowanych odcinków należy pamiętać o zgodnym ustawieniu ich prędkości. Uwaga ta dotyczy opisowych jazd po różnych motywach plenerowych lub jazd towarzyszących obiektom w ruchu, fotografowanym oddzielnie. Również gdy powtarzają się ruchy podjazdu lub odjazdu kamery od obiektów, ich prędkość powinna być jednakowa.

Gdy wypadnie nam montować ujęcia z odjazdami z ujęciami zawierającymi dojazdy dla podkreślenia statycznych obiektów lub postaci, ważne jest takie zestawienie ze sobą ujęć w ruchu, aby widz nie odczuł różnych prędkości ruchu kamery.

Obiekt zdjęciowy zbliża się do wózkującej kamery

Obiekty fotografowane wózkującą kamerą od przodu nie muszą zaczynać się w ujęciu bliskim. Samochód jadący po drodze widziany jest najpierw frontalnie, w pełnym planie, przez kamerę poruszającą się przed nim. Samochód nabiera szybkości i zbliża się. Gdy jest prawie równoległy do kamery, ta panoramuje lekko w lewo i, przy zrównoważeniu z szybkością pojazdu, obejmuje w bliskim planie pasażera na tylnym siedzeniu (rys. 22.34). Podobnego typu ujęcie można wykonać w ten sposób, że kamera przygotowana do wózkowania rozpoczyna zdjęcie będąc statyczną, zaś rozpoczyna jazdę, gdy zbliżający się do niej obiekt jest wystarczająco blisko (rys. 22.35).

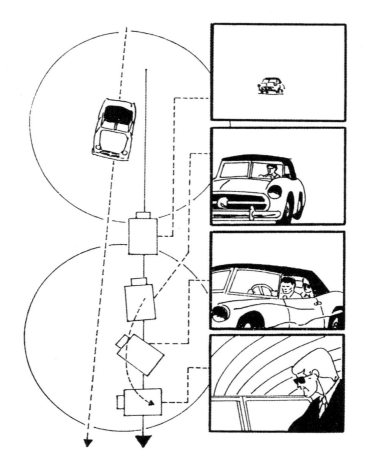

Rys. 22.34 Samochód jedzie szybciej od kamery, zbliżając się do nas, po czym szybkości są zrównane.

Ważną rzeczą jest to, by zaczynająca lub kończąca się w czasie ujęcia jazda kamery nie przyciągała uwagi widza. Początek lub koniec jej ruchu musi zawsze być powolny. W każdym przypadku korzystne są takie układy, w których ruch aktora jest motywacją do rozpoczęcia ruchu kamery.

Widzowie pragną podświadomie być w ruchu wraz z postaciami na ekranie. Umotywowane akcją ruchy kamery są przyjmowane w sposób naturalny.

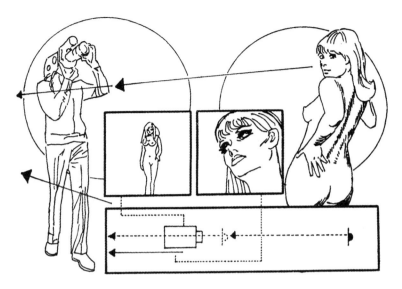

Rys. 22.35 Kamera oczekuje w pozycji statycznej na zbliżającą się aktorkę.
W chwili, gdy znajdzie się dość blisko, kamera rozpoczyna jazdę do tyłu,
towarzysząc aktorce.

Montowanie kolejnych ujęć wózkowanych

Długie, wózkowane ujęcie aktora może zostać przerwane ujęciami
w odwrotnym kierunku ruchu, ukazującymi to, co widzi idący. Ujęcie takie jest w istocie subiektywnym spojrzeniem aktora (rys. 22.36).

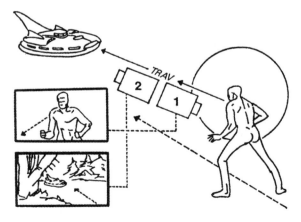

Rys. 22.36 Druga pozycja kamery jest subiektywnym punktem widzenia idącego aktora. Tutaj użyto kierunku na wprost.

I tak widz staje się na moment aktorem zdążającym do swego celu. Jeżeli prowadzimy wózkowanie boczne z aktorem, pozostanie on w tym samym wycinku ekranu, przy czym tło jest widoczne po jednej stronie ekranu, zaś ukryte w drugiej. W wózkowanym kontrplanie zostaje zaprezentowany jego punkt widzenia (rys. 22.37).

Rys. 22.37 Druga pozycja kamery jest subiektywnym punktem widzenia. Poziomy ruch kamery użyty jest w obu ujęciach.

Jeżeli kamera wózkuje za idącą postacią, jadąc za nią do przodu, wtedy w kontrplanie kamera cofa się przed postacią idącą w jej kierunku (rys. 22.38), podobnie jak w przedstawionym poniżej przypadku:

Ujęcie 1: Na niższym patio. Kamera śledzi aktora z tyłu. Aktor zaczyna wspinać się na schody. Kiedy kamera dojeżdża do schodów, cięcie na...

Ujęcie 2: Kamera na górze schodów, skierowana na aktora. Z chwilą gdy ten osiągnie górę schodów, kamera cofa się i towarzyszy idącemu aktorowi, gdy ten wchodzi do korytarza. Tej samej formuły można użyć do prostszego ruchu, gdy aktor porusza się po płaskim terenie.

Rys. 22.38 Zewnętrzne kontrplany wózkowane obejmują ruch idącego aktora.

Ujęcie statyczne montowane z wózkowanym ujęciem podstawowym

Przykład A

Wózkowane ujęcie frontalne pozwała na wcinanie statycznych przerywników. W podstawowym ujęciu wózkowanym aktor utrzymywany jest stale w kadrze. Do takiego ujęcia można włączać tematycznie z nim związane ujęcia statyczne.

Oto przykładowa sekwencja: (rys. 22.38a)

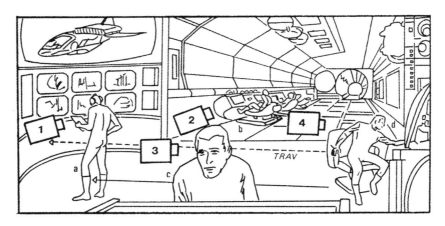

Rys. 22.38a

Ujęcie 1: Średni plan A. Kamera z niskiego punktu porusza się w tył z aktorem, gdy ten idzie do nas. Aktor ma słuchawki na uszach i mały mikrofon przed twarzą. Trzyma listę kontrolną i porusza się pośrodku wielu ludzi w podziemnej sali sterowniczej. A: „...w porządku, proszę podać wasze sprawozdanie...”

Ujęcie 2: Bliski plan B, siedzącego w lewym profilu przed dużą tablicą sterowniczą. Naciska włączniki. B: „Komputer gotowy, sir? ”.

Ujęcie 1: Średni plan A. Kamera cofa się wraz z nim A: „O.K. Burke?”

Ujęcie 3: Bliski plan C, stojącego przed tablicami przyrządów, w prawym profilu. C: „Stacja obserwacyjna włączona do sygnału”.

Ujęcie 1: Średni plan A. Kamera śledzi go, wózkując przed nim. Sprawdza pozycje na wykazie. A: „Układ zapłonowy gotowy?”

Ujęcie 4: Bliski plan D. Jest tyłem do nas, siedząc przed dwoma ekranami monitorów TV, na których widać rakietę na stanowisku startowym. D: „Tak, sir, wszędzie zielone światła.”

Ujęcie 1: Średni plan A, który idzie do nas i staje. Kamera również zatrzymuje się, utrzymując odległość średniego planu. A: „W porządku. Sterownia. Dwie minuty przed nami.”

Jak pokazuje powyższy przykład, gra pytań i odpowiedzi daje większą spójność stronie wizualnej, chociaż w tym przypadku żaden z aktorów nie jest powiązany z innymi osią kontaktu między nimi. Czterej aktorzy w tej scenie działają plecami do siebie.

Przykład B

Wspólny szum, utrzymany na ścieżce dźwiękowej, pomaga w uzyskaniu spójności w analogicznej sytuacji montażowej, w której ujęcie podstawowe (wózkowane) montowane jest z ujęciami statycznymi.

Oto przykład (rys. 22.38b)

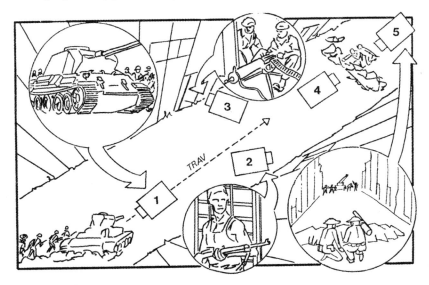

Rys. 22.38b

Ujęcie 1: Wśród ruin domów i zwalisk gruzu, po zdemolowanej ulicy jedzie ciężki czołg. Za nim idzie grupa uzbrojonych żołnierzy. Rozglądają się wkoło, wypatrując snajperów. Kamera wózkuje z boku, mając w kadrze grupę w pełnym planie.

Ujęcie 2: Snajper z karabinem zajmuje pozycję za połamaną ramą okienną, na pierwszym piętrze opuszczonego domu. Celuje po przekątnej, w kierunku prawego, dolnego rogu.

Ujęcie 1: Czołg i żołnierze w ruchu wraz z kamerą.

Ujęcie 3: Dwaj ludzie przy drzwiach, za kupą gruzu, oczekują przy karabinie maszynowym. Celują w lewo.

Ujęcie 1: Czołg i grupa żołnierzy, w ruchu po zniszczonej ulicy, mijają spalone przedmioty i odłamy gruzu.

Ujęcie 4: Dwaj cywile przygotowują bazookę i kierują wylot broni w naszą stronę.

Ujęcie 1: Czołg i żołnierze w ruchu śledzeni ruchomą kamerą.

Ujęcie 5: W pierwszym planie dwaj ludzie trzymający bazookę, plecami do nas, celują do czołgu i żołnierzy widocznych w tle, idących w naszym kierunku.

Ujęcie 4: Spojrzenie odwrotne. Dwaj cywile twarzami do nas, wystrzał w lewo od kamery.

Ujęcie 1: Czołg i żołnierze. Kamera jedzie z nimi. Pocisk wybucha na ziemi, pod przodem czołgu. Eksplozja dymu i płomienia.

Ujęcie 2: Snajper za połamanym oknem, strzela.

Ujęcie 3: Dwaj ludzie przy drzwiach strzelają z karabinu maszynowego.

Silnik i gąsienice czołgu, wstrząsające brukiem ulicy, tworzą robiący duże wrażenie hałas w całej sekwencji.

Ujęcia 2 i 3 zostały wcięte do ujęcia podstawowego by pokazać, jak ruch oporu przygotowuje się do niespodziewanego ataku. Chociaż ich lokalizacja w stosunku do czołgu nie jest podana, jednak ich powiązanie, poprzez montaż i ciągły hałas jadącego czołgu, tworzy sugestywną całość. Ostatnia część sekwencji zawiera ujęcia 4 i 5. Ujęcie 4, pokazane po raz pierwszy, odznacza się tak samo nikłym związkiem z głównym wydarzeniem, co ujęcia 2 i 3. Lecz gdy wprowadzone zostaje ujęcie 5, łącząc oba elementy wizualne we wspólnym kadrze, znaczenie poszczególnych ujęć staje się jasne. Ujęcie główne, będące elementem powtarzającym się i ciągłym, pozwala na częste cięcia montażowe.

Kamera na torze kolistym

Ruch kamery po kręgu może być użyty jedynie w przypadku, gdy względy dramaturgii wskazują na taką konieczność. Ujęcie z kamery jadącej po okręgu zaciemni bowiem narrację zwracając uwagę widzów na akrobatykę kamery. Ciągłe ujęcie dokoła dwojga ludzi służy do przekazania emocji tak mocnych, że stają się kluczowym punktem ich wzajemnego stosunku (rys. 22.39).

Pewną odmianą takiego ujęcia może być np. ruch kamery wraz z jednym z aktorów w okręgu dokoła jednego statycznego wykonawcy. Aktor w ruchu zwrócony jest do kamery, drugiego oglądamy z ciągle zmieniającego się punktu widzenia (rys. 22.40).

Czasami dla wywołania specyficznego nastroju w zdjęciu wystarcza już ruch kamery po półkolu. Na przykład: wódz zwraca się do tłumu. Kamera porusza się po półkolu za ludźmi, utrzymując wodza skadrowanego pośrodku tła (rys. 22.41). Poczucie zależności od centralnej postaci zostaje podkreślone nawet w ruchu, kiedy kamera jedzie jakby dookoła postaci wodza, będącej osią ruchu. Na skrajnych partiach tego ruchu można jeszcze przewidzieć ruchy panoram. Podobny układ zastosowano

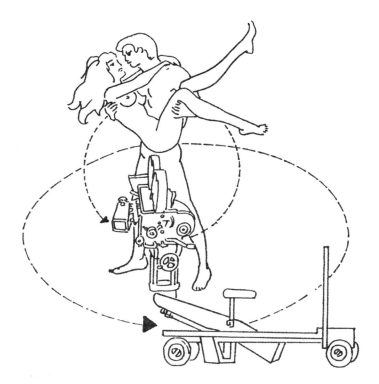

Rys. 22.39 Kolisty ruch kamery dokoła dwóch aktorów.

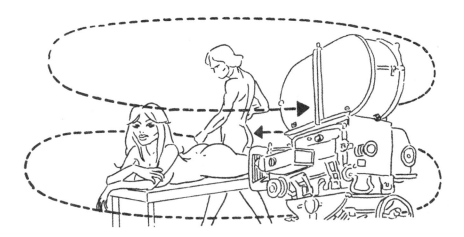

Rys. 22.40 Aktor A chodzi dokoła swego statycznego partnera, śledzony przez kamerę.

Rys. 22.41 Półkolisty ruch kamery dokoła statycznej grupy aktorów.

w *Hamlecie* Laurence'a Oliviera: w czasie przedstawienia odbywającego się w zamku (które zaaranżował Hamlet, by udowodnić winę swego ojczyma) kluczowe postacie dramatu rozdzielono na trzy grupy rozmieszczone przed podwyższeniem, na którym odbywało się przedstawienie (rys. 22.42).

Rys. 22.42a

Oto opis tego unikalnego zdjęcia:

Ujęcie rozpoczyna się ukazaniem Poloniusza, króla Klaudiusza i królowej Gertrudy (1) widzianych z boku, w pełnym planie. Widać, że król jest niespokojny, a Poloniusz go obserwuje. Podchodzi bliżej, by lepiej widzieć króla. Kamera panoramuje w lewo (2), ukazując Horacego po drugiej stronie części centralnej podwyższenia. Horacy również patrzy na króla. Kamera kontynuuje panoramę w lewo (3) ukazując kobietę wchodzącą na scenę i spostrzegającą ciało drugiego aktora. Hamlet, w pierwszym planie, patrzy w prawo na króla poza ekranem. Za nim klęczy aktorka. Teraz kamera przejeżdża w prawo, półkolem za postaciami, podczas gdy trwa przedstawienie. Kamera (4) przejeżdża za królową, królem i Poloniuszem. W tej chwili morderca-aktor wchodzi na scenę i pociesza płaczącą kobietę. Dwaj zakapturzeni mężczyźni wchodzą i zabierają trupa. Kamera zatrzymuje się (5) za Horacym. Widoczny jest w pierwszym planie, z prawej, zaś aktorzy odgrywanej sztuki za nim, z lewej. Horacy spogląda w lewo i przechodzi w lewo. Kamera panoramuje za nim (6). Hamlet i Ofelia widoczni w tle, z lewej. Horacy ciągle w pierwszym planie, z prawej. Po czym idzie znowu w lewo. Kamera panoramuje za nim. Klaudiusz i Gertruda skadrowani z lewej (7). Horacy jeszcze w pierwszym planie, z prawej, obraca głowę w prawo, w kierunku podwyższenia, a kamera śledzi w półkolu w lewo, równocześnie z jazdą panoramując w prawo (8). Skadrowani są teraz aktorzy-mimowie, pogodzeni. Kamera, mijając królową w pierwszym planie, panoramuje w prawo (9) ujmując Horacego w tle, damy dworu stojące dokoła środka podwyższenia i zatrzymuje się w średnim planie króla i królowej z lewego profilu. Król wstaje, jawnie wzburzony i unosi ręce do oczu.

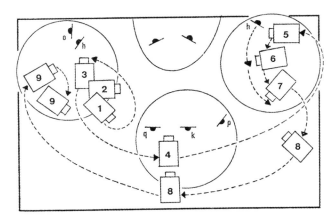

Rys. 22.42b
Plan przedstawiający ruchy kamery, po pół-kolistym torze, w czasie pantomimy odgrywanej dla króla i jego dworu, w filmowej wersji „Hamleta" w reżyserii Laurence'a Oliviera.

W czasie jednego ujęcia użyto dwukrotnie przejazdu kamery po pół-kolistej trasie, ukazując w końcu każdego przejazdu centralne postacie (król, królowa) *en face* i obserwujące ich dwie inne grupy (Hamlet, Horacy). W czasie trwania ujęcia na podwyższeniu toczy się nieprzerwanie akcja odgrywanej sztuki, lecz tę akcję widać było tylko w lukach i tylko w chwilach szczytowych, które były istotne dla reakcji trzech grup centralnych.

23

KRAN ZDJĘCIOWY I TRANSFOKATOR

Za pomocą kranu zdjęciowego można unosić pionowo lub po łuku kamerę wraz z ekipą operatorską. W większości przypadków kranu używa się nie do zdjęć z ruchomej kamery, lecz by ustawić ją w położeniach, które innymi sposobami byłyby trudne lub niemożliwe do uzyskania bez specjalnych, czasochłonnych zabiegów.

Śledzenie akcji

Kranu używa się dla przemieszczania kamery w przestrzeni prostymi i zwykle łagodnymi ruchami. Najbardziej oczywiste zastosowanie kranu to śledzenie aktorów przechodzących z jednego poziomu na drugi, jak np. chodzenie po schodach. Z kamery umieszczonej na kranie można ich wówczas śledzić np. ciągle w średnim planie. Ruchy kranu pozwalają na wizualne „wypunktowanie" akcji lub przejście od ciasnej grupy w pierwszym planie do wielkich zbiorowisk w tle, a także wpływać na nastrój sceny używając powolnych ruchów w pionie. Czasami nieprzewidziane spojrzenie z góry oraz towarzyszące mu ruchy kamery dają odrębny punkt widzenia sugerujący widzom bezstronność obserwacji.

Elementy pierwszoplanowe podkreślają wysokość

Kiedy przedmiot o znanej wysokości znajduje się w pierwszym planie w czasie wykonywania ruchu w górę, przekazujemy widzom wzmocnione wrażenie wysokości. To samo dzieje się przy ruchach kranu z góry do dołu. Na rys. 23.1 zbliża się do nas grupa jeźdźców skadrowanych w planie ogólnym. Kamera (wysoko na kranie) widzi ich z daleka. W pierwszym planie wystają z dołu nagie gałęzie drzew. W miarę zbliżania się jeźdźców kamera śledzi ich w dół po łuku. W kadrze przesuwają się gałęzie pierwszoplanowych drzew, w końcu ujęcia jeźdźcy w pełnym planie zatrzymują się na ulicy, w pobliżu budynku.

*Rys. 23.1 Pionowy rekwizyt na pierwszym pianie podkreśla poczucie wyso-
kości przy zdjęciu z kranu.*

Wizualne zespolenie dwóch lub więcej kluczowych miejsc w narracji

Ruchów kamery na kranie używa się często do opisania wizualnie
skomplikowanych inscenizacji, zaczynając od ogólnego pokazu z góry całej grupy aktorów. Kamera zjeżdża od planu ogólnego do szczegółów lub
odwrotnie, przechodząc od jednego ośrodka zainteresowania do innego.
Ujęcia z kranu należy dostosowywać do wzorów wynikających z akcji, a nie
odwrotnie. Akcję projektuje się przede wszystkim by osiągnąć dramaturgiczny cel sceny. Kiedy to już ustalimy, ruch kamery trzeba podporządko-
wać wzorom niezbędnym do osiągnięcia najpełniejszego efektu wizualnego. Ruchu na kranie łatwo nadużyć, a często występująca tendencja do
przesady może zniszczyć kompozycję filmu. Kranu należy używać oszczędnie i tylko wtedy, gdy może to wnieść nowe wartości do sceny.

Wprowadzenie elementu ruchu do sytuacji statycznych

Ruchy kranu połączone z jazdą mogą służyć do opisu statycznej grupy lub sytuacji. Sidney Lumet w swym filmie *Wzgórze* użył następujących ujęć by opisać grupę żołnierzy w szyku na placu defilad, oczekujących przybycia dowodzącego oficera. Dzień był gorący, a punktem kluczowym był pokaz dyscypliny. Na rys. 23.2 przedstawiono plan inscenizacji.

Ujęcie 1: Pełny plan szeregów ludzi. Na przednim planie flaga na maszcie. Kamera jedzie powoli w górę.

Ujęcie 2: Boczny plan wózkowany. Kamera pod kątem trzy czwarte do ludzi, na wysokości ramienia, plan w ruchu wzdłuż szeregów.

Ujęcie 3: Kamera zniża się zza grupy. Gdy znajduje się w dole, ujmuje bok budynku w lewym pierwszym planie.

Ujęcie 4: Boczne wózkowanie w lewo, kamera bardzo nisko, równolegle do ludzi. Niektórzy żołnierze klęczą, czyszcząc buty innym. Kiedy kamera zatrzymuje się, ujmuje w pierwszym planie ręce czyszczące parę butów żołnierza stojącego na baczność.

Ujęcie 5: Widok z dołu kamerą zadartą do góry (blisko masztu) na flagę zwisającą w bezwietrznym powietrzu.

Ujęcie 6: Zbliżenie spoconej twarzy. Patrzy w prawo.

Ujęcie 7: Zbliżenie innej spoconej twarzy żołnierza. Prawy profil.

Ujęcie 8: Zbliżenie trzeciej spoconej twarzy w lewym profilu. Dwie muchy na policzku żołnierza. Kamera odjeżdża i kieruje się w górę, ujmując szeregi żołnierzy z tyłu. Widać bramę fortu, przez którą wjeżdża oficer w łaziku.

Ujęcia z kranu, efektowne same w sobie, służyły do podkreślenia nastroju danej sceny, pokazując psychiczne i fizyczne napięcie ludzi na ekranie. Jedyne ruchy w całej scenie wykonane były nie przez aktorów, a przez kamerę. Gdyby sfotografować tę scenę statyczną kamerą, to montaż poszczególnych ujęć charakteryzowałby się skokami. Statyczne szeregi aktorów i statyczne ujęcia kamery nie zgadzają się ze sobą. Przeciwstawienie jest zawsze wizualnie silniejsze.

Wypunktowanie szczegółu narracji w ruchu panoramy

Kombinacja dwóch ruchów, panoramy w dół kranu i w górę, bywa często użyteczna do objęcia sielankowych scen z powolnym ruchem lub też do podkreślenia bardzo szybkiej akcji. Pierwszą z tych dwóch możliwości przedstawia rys. 23.3.

Kamera z wysokiego położenia ujmuje parę idącą do nas. Kamera powoli się opuszcza, równocześnie korygując kompozycję panoramą pionową, by utrzymać aktorów pośrodku kadru. Kiedy obie postacie znajdą się

Rys. 23.2 Stojąca grupa objęta jest czterema układami ruchomej kamery. Dwa z nich to ujęcia z kranu.

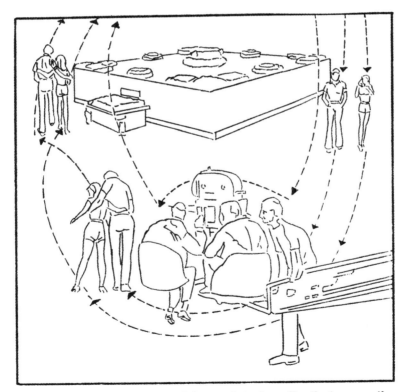

Rys. 23.3 W tym przykładzie ruch kranu służy do podkreślenia szczegółu w scenie, przechodząc od planu ogólnego do szczegółu.

blisko, kamera śledzi je panoramą z równoczesnym ruchem strzały (ramienia) kranu. Teraz aktorzy widziani są z tyłu i w czasie, gdy odchodzą, kamera unosi się z równoczesnym pochyleniem panoramy pionowej by utrzymać ich w kadrze. Gdy kamera znajduje się na poziomie postaci, może nastąpić przerwa w ruchu, co pozwala aktorom na zaprezentowanie istotnej dla narracji części akcji przed dalszym ruchem kamery w górę. Szybciej poruszające się obiekty, jak np. samochód zbliżający się do kamery, można objąć szybszym ruchem kranu. W takim przypadku strzała kranu opuszczając lub podnosząc kamerę wykonuje pełny łuk, równocześnie zbliżając kamerę do pojazdu. Kluczem do tej formuły jest ruch od planu ogólnego do szczegółu i z powrotem do majestatycznego widoku całości akcji. W ten sposób w połowie ujęcia zostaje podkreślony istotny szczegół akcji, a jej protagoniści zostają ponownie włączeni do masowych działań.

Zapewnienie mocnych punktów ruchu do cięcia akcji

Obejmując widok tłumu z wysokości, trudno jest ciąć na kontrplan, jeżeli brak w scenie mocnego ruchu (jak np. ludzi chodzących w tłumie). Rozpatrzmy ruch niezorganizowanego tłumu poruszającego się w różnych kierunkach. Będzie tu pomocny ruch kranu, ponieważ nie możemy zahaczyć się o żaden wyraźny wzór ruchu (rys. 23.4).

Rys. 23.4 Niezorganizowane wzory ruchu w akcji można uczynić spójnymi przez wprowadzenie ruchu kamery na kranie.

Ujęcie 1: Plan ogólny. Kamera statyczna wysoko na kranie, pochylona w dół. Widzimy barwny tłum kłębiący się na placu targowym.

Ujęcie 2: Stragan z owocami w bliskim planie. Kamera unosi się, odsłaniając ludzi z kontrplanu.

Przez cięcie od statycznego planu ogólnego do ruchomego planu bliskiego zostaje rozwiązany problem montażu akcji, ponieważ ruch przed kamerą na początku drugiego ujęcia jest mocny dzięki temu, że jest bliski. Dalej, ruch unoszącej się kamery pozwala na przeprowadzenie płynnego cięcia montażowego między ujęciami. Ruch kamery do góry można połączyć z wózkowaniem. Jeżeli pierwsze ujęcie będzie również wózkowane (poruszając się w przeciwnym kierunku) wtedy sam ruch kamery wystarczy, by nadać spójność wizualną niezorganizowanym ruchom, jakie ona obejmuje.

Transfokacja

Podstawowa różnica między najazdem kamery do obiektu zdjęcia, a najazdem wykonanym transfokatorem polega na tym, że zdjęcia wózkowane zmieniają perspektywę sceny (obiekty pierwszoplanowe powiększają się szybciej od tych w tle), podczas gdy w podobnym zdjęciu z transfokacją wszystkie partie sceny są powiększone jednakowo. Transfokator ustawiony w położenie „tele", nabiera cech teleobiektywu: płaszczyzny w głębi obrazu zostają w efekcie „spłaszczone", a tło wydaje się przybliżone do obiektów pierwszoplanowych.

Podobnie jak w przypadku kranu zdjęciowego, podstawowe zastosowania transfokatora to te, w których jego możliwości ruchowe nie są całkiem wykorzystywane. Platformę kranu można szybko ustawić na każdą żądaną wysokość. Transfokator, łączący w sobie szeroki wybór ogniskowych, zapewnia możliwość szybkiego dostosowania ogniskowej do konkretnej sceny. Niektóre transfokatory odznaczają się szerszym zakresem ogniskowych niż inne. Transfokatora używa się trojako:

1) dojazd lub odjazd od statycznego tematu zdjęcia,

2) transfokator obejmuje obiekt w ruchu,

3) kamera jest w ruchu łącznie z transfokacją.

Pierwsze dwie możliwości, to statyczna kamera, zaś efekt transfokacji jest jedynym widocznym ruchem. W trzeciej możliwości do ruchu zmiany ogniskowej zostaje dodany ruch kamery, którym może być panorama, jazda lub oba łącznie ze zmieniającą się ogniskową.

Szybkości transfokacji

Powolne zmiany ogniskowej dają zwykle stały postęp dojazdu lub odjazdu. Szybkie ruchy stosowane są do efektów szokujących, lecz transfokacja może (i powinna) zaczynać się ruchem powolnym i zwiększać stopniowo szybkość. Należy unikać gwałtownych ruchów ruszania i zatrzymywania transfokacji. Połączenie ruchu szybkiego z powolnym startem i zatrzymaniem wydaje się szczególnie wskazane, kiedy użyty jest pełny zakres ogniskowych transfokatora. Zmiany ogniskowych w krótszych odcinkach są na ogół bardziej efektywne. Podjazdy do statycznych obiektów przyciągają uwagę widza do samej transfokacji. Szybka zmiana ogniskowej daje wizualną koncentrację na danym obiekcie z wyłączeniem wszelkiego otoczenia. W ten sposób można zaakcentować reakcję aktora (jak zawołanie bądź krzyk) czy obiekt częściowo ukryty przez odzież (np. lufę pistoletu wycelowanego do kamery) lub zbliżenie niemego świadka w tle, którego wyodrębniamy podjazdem. Powolny, prawie niezauważalny podjazd do wypełnionych łzami oczu aktorki nadaje scenie intymności, sugerując widzowi jego współuczestnictwo. Najlepszą motywacją (stąd lepsza integracja ze zmianą ogniskowej obiektywu) jest ruch aktora równoczesny z przeprowadzeniem transfokacji.

Użycie transfokatora okazuje się potrzebne w aktorskich sytuacjach ruchowych (rys. 23.5).

Rys. 23.5 Ruch aktora jest motywacją do zmiany ogniskowej. Może to być zmiana zwiększająca lub zmniejszająca rozmiary obrazu.

Na początku ujęcia A w lewym profilu. Widać, że czegoś szuka. Gdy zwraca głowę do nas, następuje transfokacja do tyłu, ukazująca obiekt w pierwszym planie.

Oto przykład zdjęcia z transfokacją umotywowaną ruchem ciała:

Człowiek idzie do kamery. Transfokator w położeniu „tele" kadruje go w bliskim planie. Wraz z idącym człowiekiem stopniowo rozszerza się pole widzenia, ciągle utrzymujące go w bliskim planie. Ten ruch optyczny do tyłu symuluje fizyczny travelling, lecz rezultaty są różne.

Inny wariant, to przeciwstawne kierunki ruchu – dojeżdża transfokacją do zbliżającego się aktora idącego do nas. Zmianę ogniskowej kończymy wraz z zatrzymaniem się aktora.

Transfokacja łączona z panoramowaniem

Zmianę ogniskowej można łączyć z poziomą lub pionową panoramą. Na przykład: krótka panorama, towarzysząca aktorowi idącemu do drugiego, może rozpocząć się kadrem pierwszego aktora w średnim planie i zakończyć transfokacją na obu aktorów w bliskim planie.

Rys. 23.6 Transfokacja w czasie panoramy daje dobry rezultat.

W przykładzie przytoczonym na rys. 23.6 odległość, jaką pokrywa aktor w ruchu, jest bardzo krótka, zaś zmiana ogniskowej następuje tylko w części pełnego zakresu transfokacji. Obrót głowy w bliskim planie wystarcza, by uzasadnić panoramowanie opisowe z dodaniem ruchu transfokacji.

*Rys. 23.7 Ruch obrotu lub chodzenia aktora jest motywacją do panoramy
i transfokacji, która gubi pierwszego aktora i dochodzi do spoczynku na
drugiej postaci.*

W sytuacji z rys. 23.7 aktor A ukryty za kolumną w skąpo oświetlonym, wschodnim ogrodzie jest skadrowany w planie bliskim. Patrzy w lewo. Nagle reaguje na hałas słyszany spoza ekranu i obraca głowę w prawo. Kamera zaczyna panoramować wraz z ruchem jego głowy i kontynuuje ruch panoramy przez cały ogród. Równocześnie z panoramą odbywa się podjazd transfokatorem, kończąc kadrem aktora B, w średnim planie, z bronią w ręku, ukrytego za posągiem.

Opisana tu powolna panorama „informacyjna" połączona z transfokacją dała złudzenie płynnego przejazdu przez ogród między oboma centrami zainteresowania.

Panorama w półkolu, połączona z transfokacją w przód lub w tył, daje omiatający ruch analizujący pejzaż, budynek czy wnętrze domu. Taką techniką łączenia obu ruchów można objąć np. samotnego aktora przechodzącego od strefy do strefy. W poprzednim rozdziale przytoczono przykład, w którym kamera błądziła wózkując i panoramując (rys. 22.16) między cząstkowymi sytuacjami w scenie grupowej. Michelangelo Antonioni w swym filmie *Powiększenie* użył tego efektu jako subiektywnego punktu widzenia głównego aktora oglądającego dwie fotografie. Kamera przez chwilę kadrowała jedną z odbitek, panoramowała w bok na drugą, podjechała transfokacją do bliższego planu. I panorama z powrotem na pierwsze zdjęcie, i podjazd do dużo większego zbliżenia. Kiedy nastąpił ponowny ruch kamery na drugie zdjęcie, transfokacja zakończyła się skrajnie bliskim planem, kończącym ujęcie. Mario Camus w filmie wyprodukowanym w Argentynie pt. *Digan Lo Que Digan* z pieśniarzem Raphaelem użył podobnego efektu w inscenizacji jednej z piosenek (*Cierro mis Ojos*) transfokując przemiennie z aktora na jego odbicia w pięciu lustrach umieszczonych z tyłu.

Transfokacja z pionową panoramą

Panorama pionowa, z rozszerzeniem pola widzenia, bywa często stosowana do zdjęć lokalizujących: bliski plan pomarszczonej powierzchni wody na rzece zmienia się na pełny plan rzeki z mostem wieńczącym kadr.

Jazda kamery (wózkowanie) z równoczesną transfokacją

Połączenie elementów wózkowania i transfokacji z polem widzenia w poprzek do kierunku jazdy oraz ruchów aktorów stwarza szereg wzorów montażowych. Pokazuje to przykład na rys. 23.8.

Scena obejmuje pole bitwy – nierówny teren, pełen naturalnych szczelin, usków i zapór z drutu kolczastego. Żołnierze nacierają z prawej w lewo. Na ich trasie wybuchają granaty i pociski, powodując ciężkie straty. Dowódca pogania żołnierzy do przodu, kamera wózkuje w lewo ze stałą szybkością, w jednakowym poziomie. Scena ujęta jest w planie ogólnym. W czasie wózkowania następuje transfokacja na dowodzącego do średniego planu, po czym z powrotem na plan ogólny. Powtarza się to szereg razy, dając na przemian bliskie plany dowódcy i szerokie plany pola bitewnego. Przez cały czas trwania sceny ludzie i kamera poruszają się z prawej w lewo. W ruchu można rozróżnić: prostą poziomą trasę kamery, falistą trasę żołnierzy oraz przybliżanie i oddalanie się obrazu z jadącej kamery.

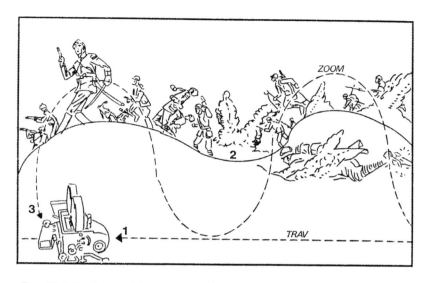

Rys. 23.8 Ruch transfokatora w przód i w tył, w połączeniu z ruchem wózkowania po prostej, obejmujący falujący ruch aktora.

Takiej kombinacji z powodzeniem użył Stanley Kubrick w filmie *Ścieżki chwały*. Wózkująca, a równocześnie zmieniająca ogniskową kamera daje złudzenie, że porusza się w przestrzeni bez fizycznych ograniczeń. Wózek i panorama sprawiają, że transfokacje są prawie niezauważalne.

Jeżeli ruchy zostaną trafnie dobrane, wtedy transfokacja wraz z wózkowaniem mogą dać wstrząsający efekt. Jeśli kamera będzie wózkować do tyłu, a transfokator będzie równocześnie działał do przodu, (zwłaszcza gdy filmujemy w korytarzu) otrzymamy szczególne zniekształcenie odległości i wielkości przedmiotów.

Alfred Hitchcock wykorzystał ten efekt w filmie *Zawrót głowy*, w scenie, gdy James Stewart patrzy w dół klatki schodowej, w wieży dzwonnicy kościelnej. Inny rodzaj zniekształcenia (nie tak szokującego) otrzymuje się, gdy kamera ustawiona pod kątem trzy czwarte do grupy, szybko cofa się i skośnie transfokuje na zbliżenia. W filmie *Doktor Żywago* reżyser David Lean zastosował ten efekt w scenach ataku kawalerii, kiedy kamera towarzyszy jadącej grupie żołnierzy po zamarzniętej rzece. Na rys. 23.9 przedstawiono schematy uzyskania wspomnianych efektów.

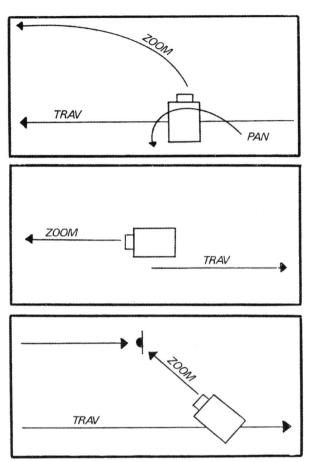

Rys. 23.9
Transfokacja w czasie
wózkowania i panoramo-
wania. Przy zmianie ogni-
skowej do przodu, w czasie
jazdy do tyłu, otrzymuje
się zniekształcenie optycz-
ne. W trzecim przykładzie
obiekt zdjęcia i kamera
biegną w tym samym kie-
runku, a transfokacja od-
bywa się po skosie.

Transfokacja przez przeszkody pierwszoplanowe

W pierwszym planie ujęcia z transfokacją mogą się znaleźć przedmioty o nieregularnych kształtach. Kiedy obiektyw jest w położeniu szerokokątnym pierwszy i dalsze plany będą równocześnie ostre, lecz przy zmianie ogniskowej na coraz dłuższą, przedmioty w pierwszym planie stopniowo przechodzą w nieostrość, aż w końcu stają się bezkształtną barwną smugą, przez którą w ostrości widać główną akcję. Szczególnie interesujące efekty powstają wówczas, gdy takie pierwszoplanowe przedmioty są w ruchu, najlepiej w powtarzającym się.

24

DRAMATURGIA AKCJI

Bez napięć dramaturgicznych i wartkiej akcji filmy nie stałyby się tak mocnym elementem działalności handlowej, jakim są obecnie. Skuteczność oddziaływania takich sekwencji opiera się na podstawowych przesłankach języka filmowego – akcji i reakcji, a kluczem do sukcesu jest montaż równoległy.

Akcja ukazywana w sekwencji musi być całkowicie jasna dla widza, nie może to być seria przypadkowo złożonych fragmentów, lecz solidnie skonstruowana fabuła. Ważna jest klarowność motywacji i troska o szczegóły. Rozwój opowieści zależy od chwytów dramaturgicznych, takich jak np. pościg, bójka lub walka bądź wypadek. Każdy z wymienionych przykładów staje się bardziej dramatyczny, jeżeli zawiera zmagania z czasem. Pościg ma różne odmiany. Bohater jest prześladowany przez czarny charakter lub łotrów z opowieści. Zwykle posiada coś, co pragną zdobyć przeciwnicy, bądź podąża do celu by odnieść zwycięstwo i dostać wymarzoną nagrodę. Sytuacja jest odwrócona, gdy protagonista ściga łotrów. Siły, jakie każda ze stron wprowadza do akcji, mogą być zrównane bądź istnieje spora różnica na korzyść jednej z nich.

Gdy któraś z grup wpada w kłopoty, musi sobie poradzić dzięki własnej sile i wyobraźni, a jeśli to zawiedzie, zdając się na przypadek czy zbieg okoliczności. Pościg może być pieszy, wierzchem na zwierzętach (konie, wielbłądy, słonie) bądź w różnych pojazdach lądowych, wodnych czy powietrznych, jak i z użyciem wszystkich wspomnianych kombinacji.

Istnieje sporo wariantów fizycznej bójki. Przeciwnicy mogą się bić gołymi rękoma, posługiwać się bronią, starożytną lub nowoczesną. Człowiek może walczyć z dzikim zwierzęciem lub z mechanizmem. Bójka może rozszerzyć się na grupę i stać się bijatyką. A kiedy liczne siły znajdą się w konflikcie, inscenizuje się pełną walkę. Każdą z wymienionych kategorii rządzą kardynalne prawa: bójkę projektuje się cios po ciosie. Każda sytuacja w scenie działania jest starannie zaplanowana z góry. Intryga nie może być ujawniona zbyt wcześnie, gdyż zmniejszy to zainteresowanie akcją. Mechanizm, który ma spowodować katastrofę, jeśli nie zostanie w porę wyłączony, czy też taki, który może wybuchnąć z powodu omyłki lub fał-szywego ruchu, był już wielokrotnie efektownie prezentowany na ekra-nach. Przenoszenie niebezpiecznego elementu z miejsca na miejsce, moż-liwość powstania wypadków, to drugi wariant. Mechanizmy, które wy-zwalają alarm, to trzeci wariant. Włączenie do tego elementu granicy cza-su zwiększa pozory niebezpieczeństwa i podnosi temperaturę zaintereso-wania widzów. Wypadki na ekranie mogą być prawdziwe lub zainsceni-zowane. Wykorzystuje się w nich zwykle szybkie pojazdy, takie jak samo-chody wyścigowe, motocykle czy samoloty.

Prawdziwe sytuacje czy szarpiące nerwy wypadki filmowane na miej-scu zdarzeń włączano do sekwencji akcji w wielu filmach. Takie wypad-ki to zwykle treść jednego ujęcia, ponieważ niemożliwe było jakiekolwiek planowanie. Inscenizowane zdarzenia są bardziej „filmowe", ponieważ mo-gą być rozbite na szereg ujęć, dając w ten sposób wielostronny ogląd rze-czywistości ze świadomym akcentowaniem pewnych jej aspektów. Kaskaderzy-specjaliści potrafią w sposób spektakularny rozbijać pojazdy, a równocze-śnie prostym trikiem kamerowym jesteśmy w stanie przewrócić każdy pojazd. Samochód wyścigowy lub łódź motorowa pędzi po przekątnej na kamerę, która śledzi ją panoramą. Z chwilą, gdy wypełnia kadr, kamera zostaje nagle przewrócona na bok. Efektem jest pozorne przewrócenie się pojazdu. Robiąc takie zdjęcie trzeba uwzględnić dwa czynniki: po pierw-sze, linia horyzontu nie może być widoczna na ekranie, inaczej efekt bę-dzie zniweczony. Po drugie, kamera musi zostać przewrócona w kierun-ku przeciwnym do ruchu pojazdu. Powoduje to nagłą zmianę kierunku pojazdu na nagły ruch pionowy w górę ekranu.

Formuły standardowe

Jak wynika z wieloletnich doświadczeń, w scenach posuwających na-przód akcję sprawdziły się następujące reguły:

Dialog hamuje akcję. Widzom trzeba pokazać, co się dzieje, a nie mó-wić o tym. Wyjątek stanowią komendy wydawane przez walczących. Nieprzerwana akcja szybko nasyca wzruszenia, a te muszą być odnawia-ne. Dobrze jest użyć dialogu jako przerwy w akcji, by dać odpocząć wi-dzom, a przy okazji wyjaśnić i uzupełnić opowieść. Pauza w akcji może być przerwą fizyczną. Daje ona walczącym czas, by złapać oddech przed ostatecznym rozwiązaniem. Po intensywnej walce jej uczestnicy rozdzie-lają się dla odzyskania sił i oceny stanu przeciwnika. Nagle rzucają się w ponowny wir walki i krótka wymiana ciosów kończy bójkę.

Realizując sekwencje bitewne można założyć, że narastanie akcji bę-dzie powolne, ale rozwiązanie powinno nastąpić szybko. Gdy rozpoczyna się sekwencja walki z jakimkolwiek przeciwnikiem, należy wyraziście i obrazowo przedstawić przeciwności, jakie stoją na drodze do ewentualnego zwycięstwa. Ważne jest, by widz od początku zapoznał się z tymi, którzy do tego zwycięstwa dążą. Zaś prezentacja wszystkich tych elementów i środków, które mają być użyte w walce z przeciwnikiem, winna być dokonana tak, by widz, po zapoznaniu się z nimi, nie uświadomił sobie, na czym polega ich rola i w jaki sposób zostaną wykorzystane w walce. Dopiero w działaniu powinien unaocznić się plan, który ma doprowadzić do pokonania przeciwnika. Z chwilą, gdy zaistnieją nie przewidziane przez walczących sytuacje i gdy może się już wydawać, że położenie jest beznadziejne, okazuje się wówczas, że i te przeszkody są do pokonania. Wysiłki strony nacierającej mogą zakończyć się ostatecznym sukcesem lub klęską. Nie należy podważać wiarygodności wydarzeń, chyba że dla celów humorystycznych.

Wynik pościgu nie powinien być z góry oczywisty dla widzów. Różnorodność przeszkód, na które natykają się tak ścigający jak i ścigani, musi utrzymać wynik w niepewności.

Następny wariant, to pościg podwójny. Ścigający prześladuje swoją ofiarę, zaś oni oboje są ścigani przez kogoś trzeciego, zainteresowanego którymkolwiek z nich. Jeżeli dwaj pierwsi lekceważą obecność trzeciego, rezultat pościgu zależy od zachowania się tego ostatniego. Niebezpieczeństwo zostanie podwojone, kiedy dwie grupy prześladowców ścigają protagonistę opowieści. Urozmaicone zabudowania i zaułki dają w tym wariancie najciekawsze sytuacje, otwarta przestrzeń nie sprzyja takim rozwiązaniom.

W niektórych sekwencjach bójek stosuje się niespodzianki będące kluczowym elementem akcji. Specjalna broń ukryta w nieoczekiwanym miejscu pojawiała się wielokrotnie w filmach szpiegowskich.

Sekwencje akcji nie powinny być przeciągane dłużej, niż tego wymaga moment ich rozwiązania. Włączenie sceny humorystycznej sprzyja rozluźnieniu napięcia.

Subiektywny punkt widzenia

Fizyczne konflikty można przedstawiać z wielu bezosobowych punktów widzenia lub też z punktów zlokalizowanych. By uzyskać bezosobowy punkt widzenia kamera śledzi każdego aktora i każdą z sytuacji, nie wypunktowując żadnej z postaci, której sposób patrzenia zostałby narzucony widzom. Wszystkie fakty są prezentowane z zewnątrz. Widzów utrzymuje się w charakterze obserwatorów nie zmuszając ich do uczestnictwa emocjonalnego.

Z drugiej strony, akcję można przedstawić poprzez punkty widzenia głównych aktorów filmu. Służy do tego seria ujęć fotografowanych z miejsc, w których znajduje się bohater filmu. Jego udział w akcji może być bierny lub czynny. Bierny udział oznacza nie włączanie się aktora w akcję. Jest tylko świadkiem wydarzeń.

Taką rolę gra właśnie James Stewart w filmie *Okno na podwórze* Alfreda Hitchcocka. Akcja widziana poprzez podwórze budynku mieszkalnego jest oglądana przez widzów zawsze z punktu widzenia tego aktora.

Sytuacja, w której postać włącza się do samej akcji, jest aktywna. W scenach tych, w miarę rozwoju akcji w równoległym montażu ujęć, przestrzega się zasady akcentowania postaci bohatera frontalnymi zbliżeniami, ukazując jego adwersarza w dalekich planach. Gdy obaj włączają się do fizycznej walki, kadruje się ich w pełnych planach, obejmujących ich obu (ujęcia bezosobowe), powracając do poprzednich, subiektywnych punktów widzenia, gdy się ponownie rozdzielają. W ten sposób akcent wizualny zostaje znowu położony na bohaterze. Rzadko widzimy go w pierwszym planie, ponieważ akcja prezentowana jest z jego punktu widzenia, a on sam jest wyłączony z ujęcia. Centralna postać bohatera nigdy nie jest prezentowana z punktu widzenia jego adwersarza.

Podejście subiektywne, przez konsekwentne trzymanie się punktu widzenia bohatera, zmusza widzów do patrzenia na akcję jakby jego oczami. Ponieważ oglądamy serię ujęć akcji i reakcji, nie jesteśmy świadomi, że zostaliśmy zmuszeni do obserwacji wydarzeń z wybranego i stałego punktu widzenia. Technika ta jest skuteczna nie tylko w scenach akcji, lecz również sprawdza się w scenach dramatycznych, pełnych wzruszeń, w których dominuje dialog. Główny aktor mówi do drugiego, równocześnie skupiając się na innej sprawie, którą wizualnie podkreśla subiektywne spojrzenie kamery.

Ważnym szczegółem w tej technice jest zachowanie nastroju, kiedy bohater zmienia miejsce. W naszych poprzednich wyjaśnieniach (odnośnie subiektywnego punktu widzenia) przyjmowaliśmy, że postać, poprzez którą patrzy na akcję widz – stoi lub siedzi. Jeśli postać ta ma przejść na inne miejsce w dekoracji, nie wolno ciąć na szerszy plan. Zniszczyłoby to nastrój sceny. Dla panoramowania lub wózkowania należy stosować ten sam plan, w jakim aktor był widziany. W ten sposób zostanie zachowany nastrój sceny.

Subiektywny punkt widzenia jest bardzo użyteczny i daje się zastosować do małych grup rozrzuconych w terenie lub w dekoracji filmowej. Przytoczymy tu przykład z końcowych scen filmu *Most na rzece Kwai*.

Oddział żołnierzy brytyjskich – jeńców wojennych – przechodzi przez most, opuszczając obóz jeniecki. Są obserwowani z trzech różnych miejsc przez grupę wyznaczoną do wysadzenia mostu w powietrze. Plan na rys. 24.1 uwidocznia stanowiska aktorów i kamer.

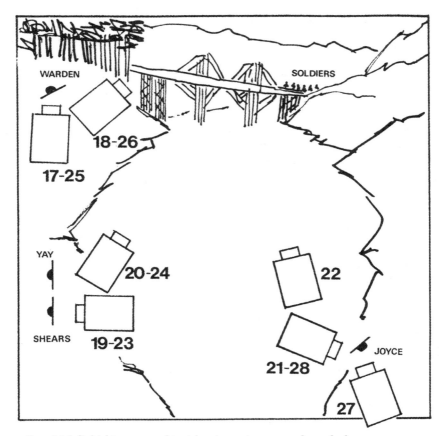

Rys. 24.1 Subiektywny punkt widzenia zastosowany do małych grup rozrzuconych po różnych oddalonych miejscach. Przykład z filmu „Most na Rzece Kwai".

Ujęcie 17: Niski średni plan. Wartownik (Jack Hawkins) przy skale patrzy w prawo, poza ekran. Z tyłu młoda tajska dziewczyna. Wartownik podnosi do oczu lornetkę, patrzy (92 klatki).
Ujęcie 18: Maska przedstawiająca widok przez lornetkę. Most widziany z góry. Jeńcy zbliżają się do mostu (189 klatek).

Ujęcie 19: Średni plan. Shears (William Holden) i Yai (M.R.B. Chakrabandhu) za skałami. Mają ręczną broń maszynową, patrzą poza ekran, w prawo (57 klatek).

Ujęcie 20: Plan ogólny. Most widziany ze stanowiska tych dwóch ludzi. Jeńcy doszli do pierwszej podpory mostu (141 klatek).

Ujęcie 21: Średni plan Joyce'a (Geoffrey Horne). Skulony za skałą patrzy poza ekran, w lewo. Przechodzi w prawo. Kamera panoramuje za nim (130 klatek).

Ujęcie 22: Z jego punktu widzenia; widok na most. Żołnierze brytyjscy osiągnęli środek mostu (164 klatki).

Ujęcie 23: Bliski plan Shears i Yai. Osie wizualne jak w ujęciu 19 (71 klatek).

Ujęcie 24: To zdjęcie jest kontynuacją numeru 20. Żołnierze brytyjscy są teraz rozciągnięci po całym moście (139 klatek).

Ujęcie 25: Średni plan wartownika (jak w ujęciu 17). Trzyma lornetkę w ręku i nie używając jej patrzy poza ekran, w prawo (96 klatek).

Ujęcie 26: Pełny plan. Most z góry. Drzewa w pierwszym planie. Żołnierze idą po moście gwiżdżąc piosenkę (99 klatek).

Ujęcie 27: Pełny plan. W pierwszym planie Joyce tyłem do nas. W dali widać suche koryto rzeki i most. Żołnierze jeszcze są na moście (90 klatek).

Ujęcie 28: Plan średni Joyce'a (jak w ujęciu 21). Podnosi się i przechodzi w lewo. Panorama za nim (156 klatek).

Użyto tu prostej techniki. Pierwsze stanowisko jest zaprezentowane w planie bliskim. Po tym następuje obraz tego, co widzi znajdujący się tam aktor. Jest to plan ogólny głównego wydarzenia. W ten sam sposób przedstawiono drugie i trzecie stanowisko. W ten sposób centralna akcja widziana jest na ekranie z różnych miejsc.

Można przytoczyć inny wariant. Akcja główna, obserwowana z kilku zaakcentowanych punktów widzenia, nagle staje się dominującą. Zbliżamy się do tej akcji głównej.

Oto przykład: Uzbrojony osobnik kryje się w lesie. Widziany jest w bliskim planie. Lampart, widziany w planie ogólnym, posuwa się powoli po ścieżce. Bliżej przedniego planu koza, przywiązana do słupka. Drugi człowiek ze strzelbą. Kryje się w wierzchołku drzewa widziany z dołu, w bliskim planie. Z jego punktu widzenia widać lamparta w dole idącego w przód, w planie ogólnym. Koza jest w dolnym, prawym rogu.

Bliski plan lamparta. Kamera jest na jego poziomie. Podchodzi blisko i staje patrząc przed siebie.

Koza jest widziana w planie ogólnym, z punktu widzenia lamparta. Jest ona przywiązana do słupka pośrodku ścieżki.

Pierwszy myśliwy w bliskim planie patrzy. Z jego punktu widzenia lampart, w planie ogólnym, idzie ścieżką w kierunku kozy.

Drugi myśliwy w bliskim planie, patrzy w dół. Z jego wysokiego punktu widzenia lampart zbliża się do swej zdobyczy.

Średni plan. Lampart podchodzi do kamery i staje.

Z punktu widzenia lamparta koza w pełnym planie.

Lampart nagle zrywa się do przodu i wybiega z kadru w prawo.

Kontrplan. Lampart wchodzi z lewej i biegnie w kierunku kozy w tle.

Widok z góry, z punktu widzenia drugiego myśliwego. Lampart biegnie do zdobyczy, potyka się i wpada do pułapki – dołu pokrytego gałęziami.

Zaobserwujmy, jak lampart, najpierw widziany z punktu widzenia obu myśliwych, jest przemiennie akcentowany w sekwencji by powiązać go z jego centrum zainteresowania, kozą. Ten wzór został w sekwencji ujęć powtórzony dwukrotnie, aż do zamknięcia akcji.

Kolejnym przykładem jest przypadkowe przesuwanie subiektywnych punktów widzenia. Zamiast przestrzegania sztywnego wzoru, który jest powtarzany (dwa poprzednie przykłady), punkty widzenia zmieniają się po emocjonalnej linii wydarzenia, jakie jest rejestrowane. Sekwencja, którą przytaczamy, jest wzięta z filmu Davida Leana *Doktor Żywago*. Użyto w niej na przemian trzech subiektywnych punktów widzenia. Na rys. 24.2 widać plan pozycji kamery.

Ujęcie 1: Dwuszereg kawalerzystów, plecami do nas, patrzący w długą pustą ulicę przed nimi. Zza rogu na końcu ulicy słychać muzykę.

Ujęcie 2: Bliski plan oficera dowodzącego. Patrzy w prawo.

Ujęcie 3: Pusta ulica z jego punktu widzenia. Chwilę później zza rogu ulicy wyłania się tłum.

Ujęcie 2: Bliski plan. Oficer obojętny.

Ujęcie 4: Żywago ukazuje się na balkonie swego domu i zbliża się do nas. Zatrzymuje się patrząc poza ekran, w lewo.

Ujęcie 5: Z jego punktu widzenia. Tłum poniżej skręca za róg i oddala się w górę ulicy.

Ujęcie 4: Bliski plan Żywago.

Ujęcie 5: Z jego punktu widzenia, z góry. Tłum oddala się wraz z hałasem muzyki.

Ujęcie 6: Pasha zbliża się do nas dyrygując orkiestrą.

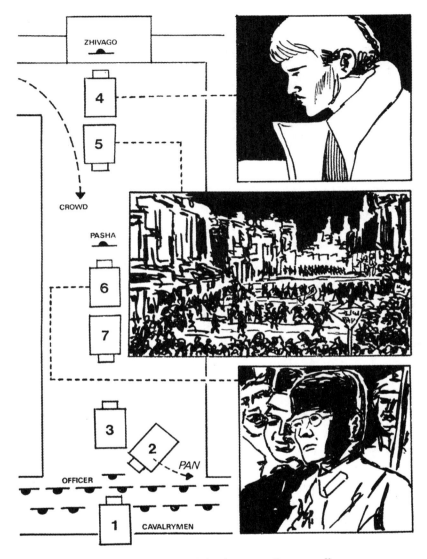

Rys. 24.2 Punkty widzenia zmieniają się w sposób przypadkowy.

Ujęcie 2: Średni plan oficera. Mówi: „Szable w dłoń!". Panorama w lewo na żołnierzy na koniach wyciągających szable i prezentujących broń.

Ujęcie 6: Pasha na czele tłumu. Zatrzymuje się w bliskim planie. Patrzy w kierunku ulicy, w lewo.

Ujęcie 7: Plan ogólny. Kawalerzyści idą w przód blokując całą szerokość ulicy.

Ujęcie 6: Pasha w bliskim planie. Muzyka za nim ucicha, a ludzie nerwowo przesuwają się na bok.

Ujęcie 7: Ogólny plan kawalerzystów. Zwiększają szybkość jadąc w naszym kierunku.

Ujęcie 6: Bliski plan Pashy. Ludzie za nim wpadają w panikę i rozbiegają się.

Ujęcie 7: Ogólny plan. Kawalerzyści zbliżają się w galopie.

Ujęcie 6: Bliski plan Pashy. Ludzie biegną i odpychają go w bok.

Ujęcie 4: Bliski plan Żywago. Jest zdumiony.

Ujęcie 5: Z jego punktu widzenia pełny plan tłumu rozbiegającego się przed atakującymi kawalerzystami.

Ujęcie 4: Bliski plan Żywago.

Ujęcie 5: Zbliżające się zderzenie w widoku z góry.

Trzy postacie kluczowe służą w tej sekwencji do rozwinięcia biegu wydarzeń, a także by wzbudzić nasze uczucia. Oficer kawalerii zjawia się po to, by ukazać nam jego oczami tłum zapełniający ulicę przed masakrą. Następnie zostaje zaprezentowany Żywago zajmujący odwrotne stanowisko. Poprzez jego spojrzenie uzyskujemy szerszą perspektywę wydarzeń. Wtedy Pasha w tłumie (jest to jedyna osoba, jaką identyfikujemy) pozwala nam na zobaczenie jego oczami początku brutalnego ataku kawalerii. W miarę narastania w tłumie histerii, punkt widzenia Żywago daje nam ponownie szerokie spojrzenie na bieg wypadków.

Pięć sposobów wizualnego uwypuklenia akcji

1. Połączenie punktów widzenia statycznej i ruchomej kamery nadaje większą dynamikę scenie pościgu lub grupie biegnących ludzi. Bliższe ujęcia wykonuje się ruchomą kamerą, podczas gdy plany ogólne filmowane są z nieruchomych pozycji kamery. Po ujęciu statycznym następuje wózkowanie i formułę tę powtarza się z przerwami w akcji.

Oto przykład:

Ogólny plan ulicy z góry. Mężczyzna z kobietą biegną po łuku z górnej lewej do dolnej prawej ekranu i wybiegają z kadru.

Średni plan pary aktorów. Kamera wózkuje w tył, przed nimi.

Ogólny plan. Para pośrodku ulicy, biegnie do nas.

Średni plan pary. Znowu jazda kamery przed nimi.

Pełny plan z góry. Para zbliża się do nas i zatrzymuje się w pierwszym planie. Rozglądają się wokoło, po czym rozdzielają się i rozbiegają się w różnych kierunkach.

Ujęcia ruchomą kamerą mogą czasami być niestabilne (z ręki). Powinny trwać krótko (nie więcej niż ok. 5 sekund), by unikać męczących dla widzów szarpnięć. Z drugiej strony, taki nierówny ruch i niestabilność kamery często dodają autentyzmu scenom pościgów.

2. Planowana, narastająca akcja w ujęciach statycznych może być bardzo pobudzająca. Wiele płaszczyzn głębi przed kamerą może być użytych we wzorach akcji narastającej w kierunku kamery lub oddalających się od niej. Akcję w tych płaszczyznach można inscenizować progresywnie lub równocześnie.

Oto przykład:

Indianin w półklęczącej pozycji w lewej stronie kadru, widziany w pełnym planie, wypuszcza z łuku strzałę w kierunku żołnierza, który wchodzi w kadr z prawej, w tle. Żołnierz spada z konia, a koń wybiega z kadru z lewej. Drugi żołnierz, pieszy, wchodzi z prawej i wbija szablę w brzuch łucznika. Indianin pada. Między pieszym żołnierzem i kamerą wchodzi drugi Indianin na koniu i wbija lancę w żołnierza. Indianin wychodzi z kadru z prawej, kiedy drugi żołnierz pada. W pierwszym planie, z prawej trzeci Indianin i trzeci żołnierz wtaczają się walcząc wręcz. Gdy Indianin znajdzie się wreszcie na górze, to zada żołnierzowi szereg uderzeń nożem. Wszystkie te działania szybko nakładają się na siebie, tak że rytm sceny nie zwalnia się, gdy akcja przesuwa się od tła do pierwszego planu. Przytoczona scena pochodzi z filmu Raoula Walsha *Umarli w butach*.

3. Aby zwiększyć na ekranie gwałtowność uderzenia, dzielimy go na dwa ujęcia. Pierwszą część ruchu rejestruje się w średnim planie, a pozostały ruch w bliskim planie, po tej samej osi wizualnej. Kręcąc taką scenę fotografuje się dwa pełne uderzenia, by je potem zmontować w wyżej opisany sposób. W drugim ujęciu możemy utrzymać kamerę statyczną (uderzony wykonawca zostanie „wybity" z ekranu) lub panoramować za postacią, która otrzymała uderzenie, gdy ta się przewraca.

W ten sam sposób można też potraktować pojazd, który rozbija przeszkodę:

Ciężarówka pędzi po drodze w kierunku drewnianej bramy wiodącej na podwórze. Akcję widzimy w planie ogólnym. Pojazd porusza się z lewej w prawo.

Pełny plan bramy. Ciężarówka wjeżdża z lewej i uderza w bramę, która zaczyna się łamać.

Kontrplan pełny. Od strony podwórza widzimy drugą stronę bramy. Ciężarówka przelatuje przez nią i wyjeżdża pełną szybkością z prawej strony kadru.

Z oczywistych przyczyn, do zarejestrowania tej sytuacji konieczne są trzy kamery filmujące równocześnie.

4. Akcja odbywająca się między kamerą i walczącą grupą przerywa miejscami ogląd głównych wydarzeń. Zwiększa to nasze zainteresowanie, bo musimy użyć pewnego wysiłku, by śledzić akcję w głębi kadru. Jeżeli bijące się osoby są częścią większej grupy zamieszanej w bójkę, możemy wprowadzić innych uczestników poruszających się przed centralną grupą i przecinających kadr między nimi i kamerą. Jeśli do zdjęcia użyjemy obiektywu długoogniskowego, wtedy w przednim planie uczestnicy bójki pojawiają się w nieostrości. Takie przecinające ekran postacie mogą się poruszać pieszo, na koniach lub w pojazdach. Nie powinni oni pozostawać długo na pierwszym planie. Ruch nie powinien odbywać się w jednym kierunku, lecz z obu stron kadru.

Jeżeli biją się tylko dwie osoby, można wprowadzać do akcji świadków poruszających się przed kamerą, przecinających pole widzenia przed walczącymi. Wariantem tego może być pokazanie zwierząt (zamiast ludzi) poruszających się między główną akcją a kamerą. Ujęcia z nisko umieszczonej kamery sprzyjają wzmocnieniu wrażeń z takich okresowo przesłanianych fragmentów akcji. Jakaś maszyna w ruchu (np. wielkie, obracające się koło) może również zastąpić zwierzęta czy ludzi jako element w ruchu.

Statyczne przedmioty o nieregularnych kształtach mogą się znaleźć w planie kamery panoramującej za akcją, tworząc dając w efekcie częściowo przesłonięte momenty bójki toczącej się za nimi.

5. W bitwie, ujęcia masowe, w których akcja przebiega chaotycznie, powinny być podzielone na sceny, w których walczy jedna bądź więcej osób. Jeżeli dla objęcia całości akcji zostanie zastosowany taki wzór kurczenia i rozszerzania się na przemian, wtedy uwaga widzów zostaje ciągle przesuwana od uogólnienia do szczegółu i odwrotnie. W ten sposób widz łatwiej utożsamia się z bohaterami tych scen, pomimo że są zintegrowane z całością. Sceny tłumów, jak i te wyodrębniające protagonistów powinny pozostać luźnymi bez specjalnego uzasadnienia.

W narracji należy rozwijać tematy podporządkowane, tak aby każda z sekwencji stanowiła drobną mini całość służącą prowadzeniu tematu głównego.

Wizualna kulminacja

Wszelkie akcje, w których grozi gwałtowne zakończenie, a widzowie są tego świadomi, mogą być zbudowane z ciągów krótkich ujęć szybko prowadzących do konkluzji. Można je uzyskać dwoma sposobami:

1) przez wyrywkowe skracanie ujęć poprzedzających katastrofę lub,

2) przez coraz to krótsze ujęcia, których zamknięciem jest sama kulminacja.

Wiążące się linie narracyjne należy montować równolegle, przedstawiając reakcje prowadzące do nadchodzącego nieszczęścia.

Takie wyrywkowe skracanie ukażemy we fragmencie sekwencji ujęć z filmu *Czworo z Teksasu* Aldricha.

Ujęcie 102: Średni plan Franka Sinatry na siedzeniu woźnicy dyliżansu. Twarzą do kamery, mocno ciągnie za lejce. Prawą nogą naciska dźwignię hamulca (21 klatek).

Ujęcie 103: Zbliżenie. Jego prawa noga naciskająca dźwignię hamulca (2 klatki).

Ujęcie 104: Zbliżenie. Hamulec dociskający się do obręczy obracającego się koła dyliżansu (32 klatki).

Ujęcie 105: Kamera wózkuje do tyłu przed frontem jadącego pojazdu, ujmując w bliskim planie dwa przednie konie. W głębi widać Sinatrę na siedzeniu woźnicy (32 klatki).

Ujęcie 106: Średni plan. Ręce woźnicy ciągnące lejce (31 klatek).

Ujęcie 107: Boczne ujęcie głów pierwszej pary koni. Kamera kadruje je w średnim planie, wózkując z nimi w lewo (36 klatek).

Ujęcie 108: Z dołu. Nogi końskie wzbijające kurz. Kamera wózkuje z nimi.

Ujęcie 109: Z góry. Kamera statyczna. Dyliżans zbliża się po przekątnej, w lewo (33 klatki).

Ujęcie 110: Średni plan, we wnętrzu dyliżansu. Dean Martin po lewej stronie kadru obraca się i łapie za klamkę środkowego okna. Martwy, tęgi człowiek słania się po prawej (35 klatek).

Ujęcie 111: Bliski plan okna od wewnątrz. Panorama po przebiegającym plenerze (10 klatek).

Ujęcie 112: Bliski plan martwego, tęgiego człowieka.

Ujęcie 113: Bliski plan Dean Martina ściskającego klamkę pojazdu. Dyliżans zaczyna przechylać się w lewo. Ekran zostaje zaciemniony, gdy podłoga przesłania kadr (14 klatek).

Ujęcie 114: Frontalny bliski plan Sinatry, jak w ujęciu 102. Wóz zaczyna przechylać się w prawo, a woźnica zsuwa się i znika z ekranu (10 klatek).

Ujęcie 115: Pełny plan. Dyliżans przewraca się przed kamerą. Woźnica zostaje wyrzucony i ląduje na pierwszym planie. Chmura kurzu przesłania ekran. Wraz z opadającym kurzem pojawiają się pierwsze napisy tytułowe. Długie ujęcie.

Budowa sceny uwidocznia staranny układ ujęć. Na początku zobaczyliśmy woźnicę usiłującego zatrzymać pojazd. Efekt tego był widoczny, szybkość się nie zmniejszyła. Kiedy dyliżans pokonywał zakręt, wcięto ponownie ujęcie lokalizujące pojazd w pełnym planie. Potem obserwowaliśmy reakcje osób we wnętrzu pojazdu. Wreszcie dyliżans zaczyna się przewracać (ujęcia 113–114). Ostatnie ujęcie dokumentuje katastrofę.

Ujęcia są krótkie, wiele z nich trwa na ekranie krócej niż sekundę. Ich długości są również dowolne. Ostatnie cztery ujęcia są krótkie i przyśpieszają tempo sceny przed osiągnięciem kulminacji. Czas trwania tych czterech ujęć jest równy w przybliżeniu połowie czasu trwania ujęć je poprzedzających.

Inną możliwość ukazuje przykład z filmu Alfreda Hitchcocka *Ptaki* Stopniowe zmniejszanie długości ujęć poprzedzających wizualną kulminację.

Ujęcie 29: Pełny plan parkingu z punktu widzenia Melanie. Samochód na pierwszym planie pali się gwałtownie. Drugi wóz zapala się i następuje wybuch. Ludzie z głębi śpieszą się, by zwalczyć ogień. Z prawej eksploduje trzeci samochód. Gęsty dym pokrywa scenę (73 klatki).

Ujęcie 30: Bliski plan. Melanie przy oknie kawiarni patrzy w dół, w lewym profilu. Ludzie za nią patrzą w prawo, w górę (20 klatek).

Ujęcie 31: Bliski plan strumyczka benzyny prowadzący do stacji benzynowej. Z prawej w lewo na strumyczku pojawiają się płomienie na środku ulicy (18 klatek).

Ujęcie 32: Bliski plan. Melanie, jak w ujęciu 30. Jej reakcja (16 klatek).

Ujęcie 33: Blisko płomienie, jak w ujęciu 31. Kamera panoramuje w lewo ze zbliżającym się ogniem (14 klatek).

Ujęcie 34: Bliski plan Melanie, jak w ujęciu 30. Patrzy w prawo z przerażeniem na twarzy (12 klatek).

Ujęcie 35: Ogólny plan stacji benzynowej. Strumień płonącej benzyny posuwa się w kierunku zbiorników. Policjant, ranny pracownik stacji i Mitch biegną w lewo (10 klatek).

Ujęcie 36: Bliski plan Melanii, jak w ujęciu 30. Patrzy w prawo (8 klatek).

Ujęcie 37: Ogólny plan stacji benzynowej, jak w ujęciu 35. Zbiornik wybucha w płonącym piekle. Wielkie języki ognia wznoszą się ponad budynkami (34 klatki).

Odejmując z kolejnych ujęć po dwie klatki montażysta filmu, George Tomasini stworzył wznoszące się crescendo prowadzące do eksplozji. Montażysta użył tylko trzech ujęć, które zostały zmontowane równolegle. Za pomocą siedmiu fragmentów przyśpieszył tempo filmu: Każde z ujęć trwa poniżej sekundy: 20–18–16–14–12–10–8 klatek. Ostatnie ujęcie trwa na ekranie tylko trzecią część sekundy. Zauważymy również, że użyto tu zasady subiektywnego punktu widzenia. Kluczową postacią jest Melanie i to jej oczami oglądamy katastrofę. Przyśpieszenie tempa poprzedzające kulminację tworzy krótki okres napięcia, które znajduje swoje rozwiązanie w samej kulminacji.

Rozłożenie kulminacji na szereg ujęć

Kiedy kulminacja nie jest niespodzianką, ponieważ widz przewiduje ją jako logiczny finał, można pokazać szczegółowy przebieg końcowych wydarzeń (od ich rozpoczęcia aż do skutków), wprowadzając reakcje postaci, które spowodowały wydarzenia, a także tych ponoszących ich konsekwencje. Ujęcia najbardziej pobudzające emocje, gdzie ma miejsce gwałtowna akcja, zostają podzielone co najmniej na dwa fragmenty. Jeżeli zniszczenia są powolne i rozległe, akcję można podzielić na szereg ujęć. Następujący przykład jest częścią filmu *Operacja Amsterdam* Michaela McCarthy.

Ujęcie 1: Peter Finch, widziany w pełnym planie, rzuca wiązkę dynamitu. Eva Bartok stoi na ulicy za nim.

Ujęcie 2: Bliski plan. Paczka wpada pod ciężarówkę, blokującą ulicę.

Ujęcie 1: Eva Bartok i Peter Finch odwracają się by wejść do wnętrza sklepu – pełny plan.

Ujęcie 2: Bliski plan, pod ciężarówkę. Żołnierz wczołguje się i wyciąga rękę, by chwycić laski dynamitu.

Ujęcie 3: Średni plan. Oboje wchodzą z prawej do wnętrza sklepu.

Ujęcie 4: Pełny plan. Ciężarówka wybucha.

Ujęcie 5: Ogólny plan. Ta sama oś wizualna, jak w poprzednim ujęciu. Chmura gęstego dymu unosi się w niebo.

Ujęcie 3: Mężczyzna i dziewczyna w uścisku.

Ujęcie 5: Kawałki ciężarówki spadają.

Ujęcie 3: Podjazd kamery do zbliżenia. Para bohaterów trwa w uścisku.

Reżyser nie zawahał się podzielić emocjonującego przebiegu sceny, gdy wylatuje w powietrze ciężarówka, na trzy ujęcia, osiągając dynamiczny rezultat przez równoległe zmontowanie akcji z parą bohaterów ukrywających się w sklepie. Zauważmy również wyrafinowanie w uzyskaniu napięcia: wprowadzenie tuż przed wybuchem żołnierza usiłującego odrzucić ładunek, w chwili gdy para bohaterów już odwróciła się tyłem. Filmowiec-amator prawdopodobnie wahałby się przed cięciem ujęcia, które oceniłby jako niezmiernie wartościowe. Prezentując wydarzenie całościowo, bez przerw, umniejszyłby szok dramaturgiczny, a w konsekwencji satysfakcję widzów. Akcja rozbita na dwie części jest rozciągnięta w czasie, zwiększając tym samym przyjemność uczestniczenia w spektakularnej akcji.

Przytoczymy tu przykład wzięty z filmu *Most na rzece Kwai* – finałową scenę, w której zostaje wysadzony w powietrze most, kiedy przejeżdża po nim pociąg.

Ujęcie 133: Z góry. Lokomotywa wjeżdża w plan z prawej, w kierunku mostu widocznego w głębi (2 sekundy 11 klatek).

Ujęcie 134: Bliski plan Nicholsona (Alec Guinness) z dołu. Robi kilka kroków do nas. Jest śmiertelnie ranny. Podnosi głowę do góry i pada poza kadr (3 sekundy 6 klatek).

Ujęcie 135: Średni plan. W kadr wchodzi Nicholson, w lewo i pada na dźwignię detonatora, naciskając ją (26 klatek).

Ujęcie 136: Plan ogólny. W pierwszym planie leżą martwe ciała Shearsa, Saito, Joyce'a i Nicholsona. W dali most. Widać pociąg jadący po górnej prawej części mostu. Pierwsza podpora mostu eksploduje i środkowa część mostu załamuje się. Pociąg jedzie dalej, aż znajduje się przy brzegu wyrwy (4 sekundy 4 klatki).

Ujęcie 137: Średni plan Wardena i jego grupy tajskich dziewcząt. Niektóre z nich stoją. Wszyscy patrzą w dół, w prawo. Zaczyna się podnosić (2 sekundy 9 klatek).

Ujęcie 138: Ogólny plan mostu od strony rzeki poprzednio zajmowanej przez Yai i Shearsa. Lokomotywa i kilka wagonów wpadają do rzeki (5 sekund 11 klatek).

Ujęcie 139: Średni plan Wardena i jego grupy. Jak w ujęciu 137. Panorama w górę za Wardenem podnoszącym się i opierającym na kuli. Patrzą w dół, w prawo (1 sekunda 11 klatek).

Ujęcie 140: Plan ogólny. Z punktu widzenia poprzedniej grupy. Wagony zagłębiają się w rzece (3 sekundy 5 klatek).

Ujęcie 141: Z dołu, jak ujęcie 138. Dwa ostatnie wagony wpadają do rzeki. Wybuch na drugiej podporze kończący zniszczenie mostu (3 sekundy 10 klatek).

Ujęcie 142: Średni plan. Nicholson leżący obok skrzyni detonatora. Kompozycja kadru jak ujęcie 135 (4 sekundy 7 klatek).

Ujęcie 143: Z punktu widzenia jak ujęcie 136. Ostatnie fragmenty mostu wpadają do wody (7 sekund 20 klatek).

Ujęcie 144: Średni plan. Clipton (James Donald). Patrzy poza ekran w lewo. Przechodzi w lewo, panorama za nim schodzącym w dół. Zatrzymuje się i mówi: „Obłęd!" (4 sekundy 7 klatek).

Ujęcie 145: Z góry. Pełny plan. Cztery martwe ciała leżą na piasku, blisko wody: Nicholson, Saito, Joyce i Shears (3 sekundy 1 klatka).

Ujęcie 146: Średni plan. Warden stoi przed kamerą. Patrzy poza ekran w prawo, po czym obraca się do dziewcząt tajskich w tle i mówi: „Musiałem to zrobić! musiałem!", „Byliby wzięci żywcem!". Obraca się znowu do kamery i jeszcze raz patrzy w prawo (16 sekund 18 klatek).

Ujęcie 147: Punkt widzenia, jak w ujęciu 140. Resztki eksplozji widziane z góry, z pozycji Wardena (3 sekundy 14 klatek).

Zauważmy, że wysadzenie w powietrze pociągu było filmowane z trzech punktów widzenia. Każde z tych ujęć było użyte tylko dwukrotnie w całej sekwencji, obejmując katastrofę od początku do końca. Samo wysadzenie mostu trwało na ekranie 28 sekund (łączna długość sześciu użytych fragmentów), a mimo to cała scena od ujęcia 136 do ujęcia 147 biegnie przez 60 sekund i 6 klatek filmu. Długość całości została rozciągnięta przez włączenie kadrów reakcji Wardena i jego grupy tajskich dziewcząt oraz samotnego medyka Cliptona po przeciwnej stronie rzeki. Taka prezentacja przyczyniła się do wzbogacenia zdarzenia w jego wersji ekranowej.

Modyfikowanie częstotliwości zdjęć

W okresie filmu niemego odkryto, że filmując poniżej częstotliwości normalnej, można nadać dodatkową dynamikę scenom pościgu lub akcji. Odkrycie to jest aktualne i dzisiaj. Normalna szybkość filmowania wynosi 24 klatki na sekundę. Jeżeli obiekty w ruchu zostaną sfilmowane z częstotliwością 16 klatek na sekundę, wtedy film, rzutowany na ekran z normalną szybkością, będzie miał pozornie zwiększoną szybkość ruchu.

Łodzie motorowe, pojazdy, jeźdźcy na koniach, tłumy piesze, wszystko to wyda się bardziej dramatyczne, jeśli użyje się tego podstępu w ujęciach akcji. Należy uważać, by nie nadużyć tego efektu, gdyż ruch stanie się tak szarpany, że spowoduje tylko śmiech. A jeżeli chcemy wywołać śmiech, możemy fotografować akcję nawet z szybkością 8 klatek na sekundę: ruch zostanie karykaturalnie przyśpieszony.

Ruch zwolniony używany jest po to by nadać akcji majestatyczność. Skoki do wody z dużej wysokości, przedmiot padający od nas na ziemię, w ujęciu z góry i inne temu podobne sytuacje zyskują w zdjęciach zwolnionych grację ruchu (nawet kiedy się te przedmioty rozbijają lub rozpryskują), jakiej nie ukaże normalna częstotliwość zdjęcia. Kulminacje, w których ktoś skacze z wysokiej skały, pojazd pogrąża się w wodę lub ma miejsce wielka eksplozja, można filmować z niewielkim zwiększeniem szybkości zdjęć, które demonstrowane z normalną szybkością projekcji, będą się odznaczały efektem podnoszącym walory sceny. Zwiększoną szybkością filmowano niektóre sceny śmierci (np. Akira Kurosawa w *Siedmiu Samurajach*).

Technika prowadzenia ostrości

W czasie gdy kamera wózkuje, panoramuje, gdy aktorzy poruszają się do lub od kamery, gdy przechodzą w różnych odległościach, punkty zainteresowania widziane przez kamerę zmieniają położenia. Niezbędne jest wówczas regulowanie ostrości, by utrzymać główny temat zdjęcia w ostrej definicji. Można tego dokonać dwoma sposobami: kamerą lub przy pomocy urządzenia do zdalnego sterowania ostrości.

Są cztery sytuacje wymagające prowadzenia ostrości:

1. Kamera porusza się w przestrzeni dekoracji filmując obiekty statyczne lub w ruchu. Kamera może dojeżdżać, odjeżdżać, poruszać się obok, kadrując w ruchu z jednakowej odległości.
2. Kamera pozostaje nieruchoma, zaś obiekt zdjęcia zbliża się i oddala w czasie filmowania.
3. Kamera pozostaje statyczną, lecz panoramuje w poziomie, w pionie lub w obu kierunkach równocześnie w czasie zdjęcia, przerzucając ośrodek kompozycji z jednego obiektu na inny przy różnych odległościach.
4. Stacjonarna kamera filmuje dwa lub kilka obiektów statycznych z przenoszeniem ostrości z jednego na inne. Dla tych celów na podłodze dekoracji nanosi się widoczne oznakowania, ułatwiające asystentowi prowadzenie ostrości na prawidłowe odległości początkowe i końcowe punkty wózkowania, oraz odległości pośrednie. Znaki te wykonuje się na podłodze kredą lub taśmą przylepną. Przy takich zdjęciach również stosowane bywają urządzenia pomocnicze, np. zaimprowizowana z listwy i poprzeczki miara dystansowa, którą przytwierdza się do przodu wózka. Ułatwia to aktorom poruszanie się z utrzymaniem ostrości. W niektórych ujęciach ostrość może być celowo przesuwana w tło lub powracać na pierwszy plan. Takie wybiórcze sterowanie ostrością pozwala uzyskać wiele efektów budujących dramaturgię.

25

MONTAŻ WEWNĄTRZKADROWY

Filmowcy uratowali od pójścia w niepamięć długie ujęcie podstawowe. Zapomnienie to nastąpiło po odejściu od dawnych teatralnych inscenizacji typu „tylko frontem do kamery". Ujęcia podstawowe wyposażono w techniki montażu wewnątrzkadrowego. Podejście takie nie wymaga wizualnych cięć dla osiągnięcia efektów, lecz uzależnione jest wyłącznie od organizacji ruchu obiektów zdjęcia i kamery. Z techniką tą przeprowadzono bardzo rozległe eksperymenty. Powstał nawet film fabularny z użyciem tylko dziesięciu ujęć, których montaż wykonano już w kamerze w czasie fotografowania filmu. Mowa tu o filmie Alfreda Hitchcocka *Lina*.

Potrzeba wstępnego planowania

Ujęcia z montażem wewnątrzkadrowym nie mogą być wykonywane w sposób przypadkowy lub z natchnienia chwili. Wymagają starannego zaplanowania, i to w ten sposób by zintegrować ruch aktorów i kamery. Przy dobrym wykonaniu, rezultaty pracy takim systemem są pozytywne. Przebieg scen płynny, widzowie nie świadomi użytej techniki, aktorzy mają większe możliwości wcielenia się w postacie ekranowe, ponieważ sceny wykonywane są w długich odcinkach, podobnie jak w teatrze. Omyłki popełniane w zdjęciach tego typu bywają bardzo kosztowne, szczególnie dla filmów z ograniczonym budżetem. Ilość surowca potrzebnego do wykonania powtórek jest znaczna. Zanim zrobimy zdjęcie, trzeba więc wszystko przemyśleć i sprawdzić, także drobiazgi. W razie popełnienia pomyłki, sprawny reżyser powinien znaleźć rozwiązanie i wykorzystać prawidłowo wykonaną część ujęcia przez posłużenie się przerywnikiem, po którym powraca znowu do ujęcia podstawowego.

Z dobrze zgraną obsadą aktorską i sprawną ekipą operatorską tempo robionych tą metodą zdjęć wielokrotnie przewyższa kręcenie poszczególnych ujęć cząstkowych, składających się na całość sceny. Seriale TV, które dysponują ograniczoną ilością dni zdjęciowych, odnoszą wiele korzyści ze stosowania tej techniki. Wydaje się jednak, że połączenie obu technik: normalnego montażu i montażu wewnątrzkadrowego jest najrozsądniejszym sposobem wykorzystania tego, co najlepsze w nich obu. Oba systemy mają swoje ograniczenia, znając dogłębnie język filmowy można je obejść, łącząc różne techniki do swoich celów twórczych.

Montażem wewnątrzkadrowym rządzi siedem podstawowych technik:

1. Przerwa między ruchami;
2. Zmiana strefy;
3. Zbliżanie się i oddalanie od kamery;
4. Zmiany pozycji ciała;
5. Zastępowanie miejsc wycinkami;
6. Zamienianie wycinków ekranu;
7. Kontrast liczebności.

W zdjęciach wykonywanych metodą montażu wewnątrzkadrowego stosuje się raczej kombinacje różnych technik, niż wyłącznie jedną z nich.

Przerwa między ruchami

Aktor lub kamera przemieszczają się z jednej strefy w drugą, pozostają tam chwilę, po czym przechodzą do trzeciej strefy i zatrzymują się. Jeżeli ruch jest ciągły (nie przerywany pauzami), staje się on po prostu ujęciem, ponieważ bez względu na ilość zmian obrazowych, jakie zachodzą w czasie ujęcia, widzowie nie będą mieli czasu na to, by je odebrać. Każdy zaprezentowany nowy aktor lub nowa pozycja kamery muszą zostać przetrzymane na ekranie przed przejściem do następnej.

Zmiana strefy

Położenie ekranu w kinie jest zawsze stałe. Na nim widzimy rzeczy, jakby oglądane przez wykrój. Jeżeli ten wykrój pozostaje niezmienny (kamera nieruchoma), ilość tła, jakie postrzegamy, będzie zawsze taka sama i widziana ze stałego punktu widzenia.

W ujęciach, gdzie montaż nastąpił w kamerze (montaż wewnątrzkadrowy), stanowiłoby to ograniczenie i stałoby się nieznośne po bardzo krótkim czasie. Tło musi się zmieniać, by dać wrażenie przestrzeni, w której poruszają się aktorzy. Zmianę strefy, potrzebną aby to osiągnąć, możemy uzyskać:

1) kamerą stacjonarną,
2) kamerą panoramującą,
3) kamerą wózkującą (travelling).

Przykład 1

Przy stacjonarnej kamerze strefy są aranżowane w głąb, w kierunku tła (rys. 25.1) Mamy więc: strefę pierwszego planu, strefę pośrednią i strefę tła.

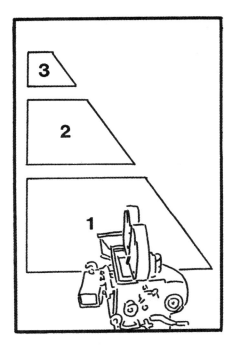

Rys. 25.1 Przed stacjonarną kamerą mogą zostać zaaranżowane trzy strefy akcji.

Przykład 2

Przy panoramowaniu układ między strefami może się zmieniać (rys. 25.2). W pierwszym przypadku trzy strefy zostały rozłożone po łuku przed kamerą, tak że ruch z jednej do drugiej nie zmieni odległości, jednakowych dla trzech stref. Przykłady drugi, trzeci i czwarty sugerują dwie strefy o jednakowych odległościach od kamery, trzecią zaś bliżej lub dalej. Przykłady piąty i szósty pokazują strefy o różnych odległościach od kamery.

Jeżeli ruch kamery obejmuje panoramę w pełnym kole, przejście może zawierać różną liczbę stref (rys. 25.3).

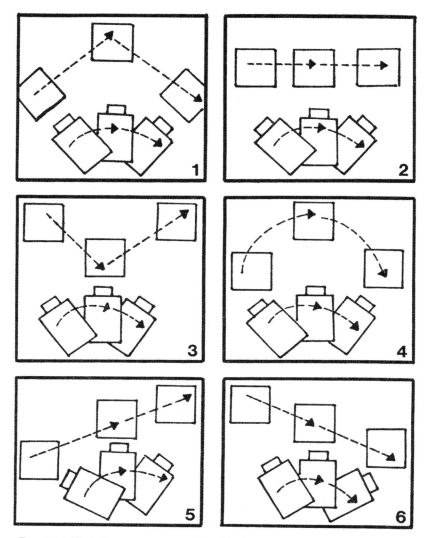

Rys. 25.2 Kiedy kamera panoramuje, układ między strefami akcji może się zmieniać.

Przykład 3

Jeżeli kamera wózkuje od strefy do strefy, przestrzenie te mogą leżeć wzdłuż trasy prostej. Można też obrać układ nieregularny, jeżeli stosowana jest trasa pozioma, wtedy możliwe są trzy podejścia (rys. 25.4). W pierwszym przypadku kamera wózkuje do tyłu lub do przodu przez trzy strefy. W tym przykładzie wszystkie strefy są pokazane czy to na począt-

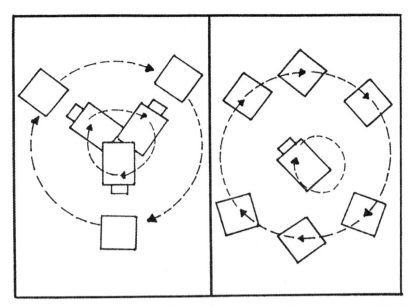

Rys. 25.3 Dokoła panoramującej kamery można zaaranżować szereg stref akcji.

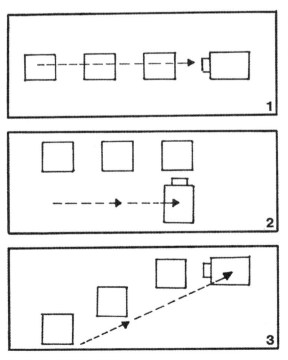

Rys. 25.4
Kamera w ruchu może przejeżdżać przez same strefy akcji (lub równolegle do nich) po linii poziomej lub skośnej.

ku, czy na końcu ujęcia, zależnie od tego czy kamera dojeżdża czy też odjeżdża.

W drugim i trzecim przykładzie strefy rozmieszczono równolegle do
trasy kamery i w jednakowych do niej odległościach. Trójkątny układ stref
w stosunku do trasy kamery daje dalsze warianty wizualnego objęcia akcji (rys. 25.5).

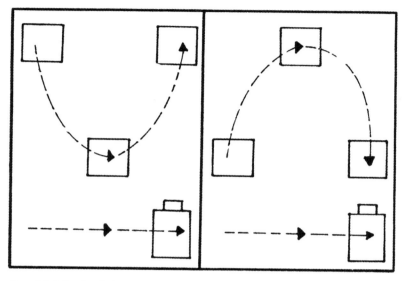

*Rys. 25.5 Strefy akcji można zaaranżować w kształcie trójkąta do analizy
przez wózkującą kamerę, której ruchy pokazano na rysunku.*

Pojedynczy aktor może się poruszać w głąb przy statycznej pozycji kamery (rys. 25.6). Do tej techniki najlepiej nadają się przebiegi w kształcie owalnym, trójkątnym czy litery U.

Aktorzy w scenie mogą poruszać się po trasach trójkątnych, zbliżając
się do kamery lub oddalając się od niej. Jeżeli kamera będzie poruszać się
po przekątnej do prostej drogi obiektu zdjęciowego poprzez strefy, wtedy
odległość będzie się zmieniać (rys. 25.6).

Te strefy akcji mogą być umieszczone również na wysokości i objęte
kamerą panoramującą lub umieszczoną na kranie, ewentualnie łącznie
z panoramowaniem i wózkowaniem kranu. Dalszą możliwością jest odwrócenie ruchu kamery w granicach ujęcia, w rezultacie używając jednej
lub dwóch stref dwukrotnie.

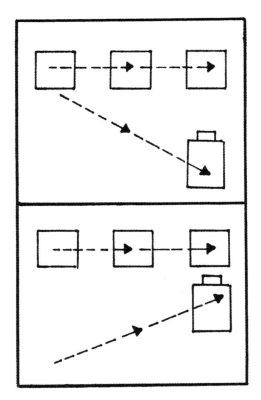

Rys. 25.6 Strefy akcji są zaaranżowane w linii prostej, kamera zbliżając lub oddalając się od strefy akcji, przebiega po skosie.

Rys. 25.6a Pojedynczy aktor porusza się w głąb (do tła) i wraca do kamery. Tu aktorka porusza się po trasie „U".

Zbliżanie i oddalanie się od kamery

Kluczem do tej prostej techniki jest ruch w głąb kadru. Można uzyskać warianty ruchem z przedniego do tylnego planu i odwrotnie stosując:

a) kamerę stacjonarną,

b) kamerę panoramującą,

c) kamerę wózkującą (w przód lub w tył).

Strefy akcji mogą przebiegać w linii biegnącej prosto do tła lub stycznie do kamery. Ważne jest, by tylko jeden aktor przemieszczał się od strefy do strefy, bez względu na to czy grupa jest duża czy mała. Inni pozostają na swoich miejscach, zapewniając czyste zmiany stref akcji.

Przykład 4

Stacjonarne pozycje kamery dają sporo podejść do ruchu w głębi kadru. Dostępnych jest tu cały szereg kombinacji wizualnych, Z których przytaczamy te prostsze, z dwoma aktorami.

Obaj aktorzy (A i B) w pierwszym planie. B przechodzi w głąb, A pozostaje w pierwszym planie (rys. 25.7).

Obaj aktorzy w pierwszym planie. B przechodzi w głąb, a następnie wraca do pierwszego planu (rys. 25.8).

Obaj aktorzy w pierwszym planie. B przechodzi w głąb, a następnie A dołącza do niego (rys. 25.9).

Obaj aktorzy w pierwszym planie. B przechodzi do tła i powraca na pierwszy plan. Teraz A przechodzi do tła, zaś B pozostaje w pierwszym planie. Później A powraca do pierwszego planu (rys. 25.10).

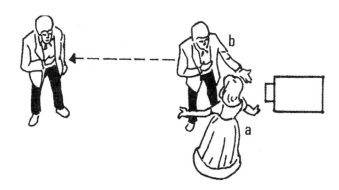

Rys. 25.7 Ruch w głąb: obaj aktorzy są w pierwszym planie. B przechodzi do tła.

Rys. 25.8 Obaj aktorzy w pierwszym planie. B przechodzi do tła, po czym wraca.

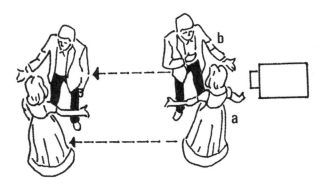

Rys. 25.9 Obaj aktorzy w pierwszym planie.

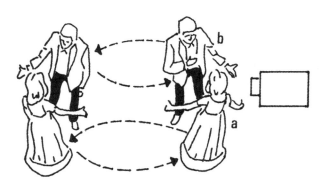

Rys. 25.10 Obaj aktorzy w pierwszym planie. Każdy kolejno przechodzi w głąb i powraca.

Przykład 5

Panoramująca kamera z łatwością połączy dwie strefy umieszczone na linii biegnącej po stycznej do jej stanowiska. Aktor najbliższy kamery przechodzi do tła, a panorama go śledzi. Może być odwrotnie: aktor wraca do pierwszego planu, a kamera panoramuje w przeciwnym kierunku (rys. 25.11).

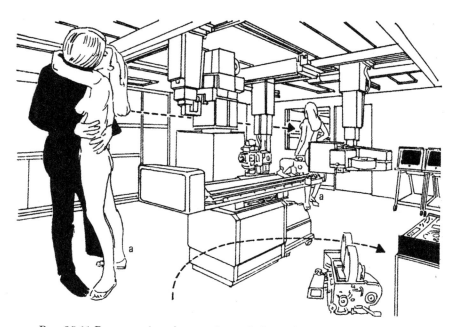

Rys. 25.11 Panoramująca kamera łączy dwie strefy akcji po linii biegnącej stycznie do jej miejsca.

Przykład 6

Kamera wózkująca w przód lub w tył z aktorem w ruchu zwiększa liczbę możliwych kombinacji wizualnych. Oto niektóre przykłady:

Aktor statyczny znajduje się między kamerą i drugim wykonawcą w tle. Ten drugi wychodzi w przód do postaci stacjonarnej na pół odległości w czasie, gdy kamera wózkuje w jego kierunku (rys. 25.12).

Aktor w ruchu znajduje się między kamerą i statyczną osobą w tle. Aktor pierwszoplanowy i kamera przemieszczają się razem w kierunku tła, zbliżając się do aktora statycznego (rys. 25.13).

Kamera może być ruchoma tylko w wycinku ujęcia (rys. 25.14).

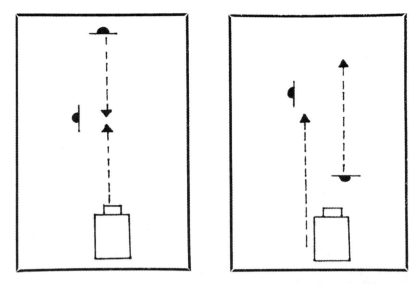

Rys. 25.12 Statyczny aktor stoi między kamerą i drugą osobą w tle. Aktor z tła podchodzi do drugiego w czasie, gdy kamera się do nich zbliża.

Rys. 25.13 Osoba w ruchu umieszczona jest między kamerą i statyczną postacią w tle. Kamera prowadzi postać pierwszoplanową w momencie, gdy ta zbliża się do drugiego aktora.

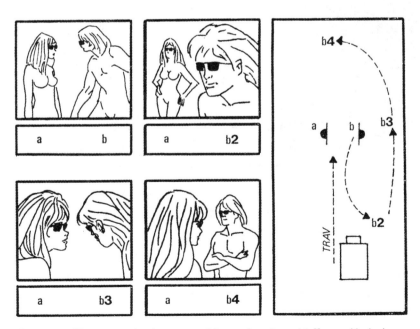

Rys. 25.14 Kamera może się poruszać by zaakcentować tylko część ujęcia.

Zdjęcie rozpoczyna się z oboma aktorami skadrowanymi w średnim planie, rozmawiającymi ze sobą. B występuje w przód i kompozycja kadru staje się A–B². Aktor B obraca się i idzie z powrotem do A. Kamera jedzie z nim i zatrzymuje się, kadrując bliski plan obojga (A–B³). Następnie B idzie w kierunku tła, a kompozycja obrazu zmienia się na A–B⁴.

Poprzeczny ruch kamery w obie strony na wózku wyłączy aktora statycznego (rys. 25.15).

Rys. 25.15 Poprzeczne wózkowanie kamery śledzącej aktora w ruchu wyłączy z kadru obiekt statyczny, w tym przypadku samochód.

Zmiana położenia ciała

Tak, jak to się dzieje w teatrze, również na ekranie filmowym położenie ciała wykonawcy może być dominujące lub podporządkowane (rys. 25.16).

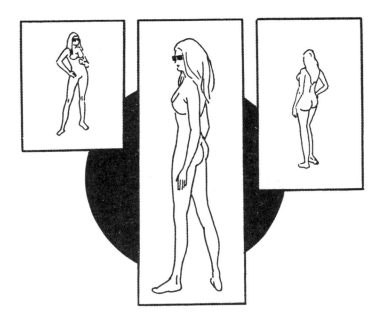

Rys. 25.16 Trzy podstawowe pozycje ciała objęte przez kamerę.

Widok frontalny ciała z twarzą do kamery znany jest jako pozycja otwarta. Widok z boku jest spojrzeniem neutralnym. Gdy wykonawca zwrócony jest tyłem do kamery, jest to pozycja zamknięta. Z punktu widzenia dramaturgii, pozycje frontalne (otwarte) są najmocniejsze, a tylne (zamknięte) najsłabsze. (Teoria ta jest jednak podporządkowana kontekstowi sceny, gdyż np. aktor wchodzący do akcji plecami do kamery stanie się centrum uwagi przez fakt, że nie jest zidentyfikowany.)

Zmiany w układzie ciała są bardziej efektywne, kiedy łączą się ze zmianami w dekoracji filmowej (rys. 25.17).

Gdy chcemy objąć obu aktorów zewnętrznymi kontrplanami, zamiast odwoływać się do cięcia, odwrócenie następuje przez ich ruch w czasie zdjęcia. Zmiana pozycji ciała może oznaczać zmianę kierunku i poziomu – aktor może zmieniać swoje położenie od pozycji leżącej na odchyloną, klęczącą, siedzącą, lub stojącą. Te poziomy z powodzeniem łączy się ze zmianami partnera (rys. 25.18).

Zdjęcie rozpoczyna się z obojgiem aktorów w kadrze (A i B). B podnosi się, a kamera panoramuje do góry, kadrując ją samą. Teraz A wstaje i wchodzi w kadr z dołu. Teraz oboje aktorzy stoją. Wtedy B klęka, opuszczając kadr. Na ekranie pozostaje A.

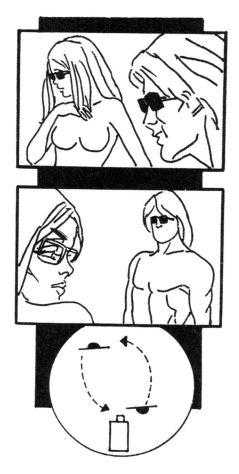

*Rys. 25.17 Kamera stacjonarna. Odwrócenie pozycji aktorów przez ich prze-
chodzenie z pierwszego planu w głąb i odwrotnie.*

Zmiana postaci w wycinkach ekranu

W technice tej zakłada się stałą pozycję kamery. Trick polega na za-
stąpieniu aktora, umieszczonego w danym wycinku ekranu, przez innego, bez zmieniania innych, widocznych w zdjęciu.

Jak już wiemy, ekran można umownie „podzielić" na dwa lub trzy pionowe odcinki i ruch może odbywać się w planach przednich lub tylnych.
Zmiana aktorów daje te czynniki potrzebne do uzyskania specyficznego
efektu.

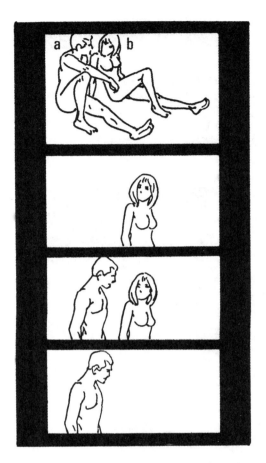

Rys. 25.18 Pionowy ruch aktorów z kontrastem liczebności.

Przykład 7

A i B widziani są w przednim planie, profilami do siebie. B odwraca się – wychodzi w prawo. Wtedy C wchodzi z tej strony i zajmuje wycinek ekranu. Opuszczony przez B, A pozostaje w tym samym wycinku ekranu (rys. 25.19).

Przykład 8

Drugim łatwym do spełnienia wariantem jest zamiana w głąb (rys. 25.20). Na początku zdjęcia A i B są widoczni w pierwszym planie, twarzami do kamery. Kiedy A wychodzi z kadru w lewo, odsłania C w tle. C albo pozostaje w tle, albo też idzie w przód, do bliskiego planu i staje obok.

Rys. 25.19 Prosta zamiana postaci w wycinku ekranu. Aktorka wychodzi z kadru i zostaje zastąpiona przez inną.

Przykład 9

W realizowaniu scen, w których dowódca wydaje rozkazy podwładnym, korzystne jest podzielenie ekranu na trzy wycinki. Dowódca jest skadrowany pośrodku, zaś aktorzy wchodzą i wychodzą z obu jego stron, zastępując jeden drugiego (rys. 25.21).

Rys. 25.20 W tym przypadku zamiana aktorów w wycinku odbywa się ruchem w głębi.

Przykład 10

Przemienne zmiany w wycinkach z użyciem tylko dwóch części ekranu, to przykład bardziej złożonego rozwiązania (rys. 25.22).

A i B są na ekranie na początku ujęcia. B opuszcza kadr i zostaje zastąpiony przez C. Wtedy opuszcza kadr A i zostaje zastąpiony przez D. Teraz D opuszcza kadr i zostaje z kolei zastąpiony przez E. E pozostaje w czasie, gdy C zostaje zastąpiony przez F.

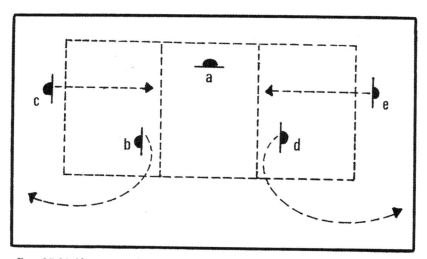

Rys. 25.21 Aktorzy po obu stronach ekranu zmieniają się, podczas gdy postać środkowa pozostaje przez całe ujęcie.

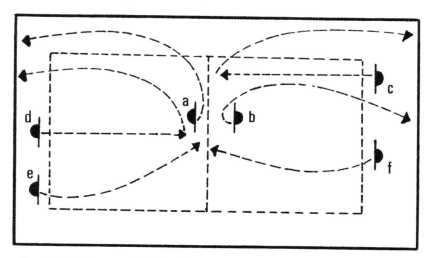

Rys. 25.22 W tym przykładzie aktorzy są wymienieni aż do dwóch ostatnich.

Przykład 11

Istnieją sytuacje, kiedy zmiana postaci w wycinkach ekranu zostaje wykonana tylko przez dwóch aktorów. Jeden pozostaje w kadrze, podczas gdy drugi wchodzi i wychodzi. Zostaje to powtórzone, następnie odwrócone. W innym wariancie aktor wchodzi z prawej, zatrzymuje się pośrodku obrazu, po czym wychodzi w prawo. Drugi aktor wchodzi z lewej, zatrzymuje się pośrodku, po czym wychodzi w lewo. Wtedy pierwszy aktor ponownie wchodzi z prawej i cała formuła się powtarza. Do uzyskania wariantu trzy płaszczyzny głębi, na jakie można podzielić scenę, zostają użyte we wzajemnym połączeniu.

Technikę tę można zilustrować na przykładzie (rys. 25.23). Całą akcję pokazujemy w jednym ujęciu statyczną kamerą. Zastosowaną w nim technikę wyjaśnimy poniżej.

Rys. 25.23 Trzy płaszczyzny głębi w scenie użyte w kombinacji.

Na początku zdjęcia dekoracja wygląda następująco: w pierwszym planie biurko, na nim papiery i inne przybory. Powyżej, w pierwszym planie lampa, na razie wyłączona, w tle galeria ze stromymi schodkami po lewej, za blokową konstrukcją pośrodku. W tle, z prawej, zamknięte drzwi.

Akcję sceny opisujemy poniżej. Kamera w stałej pozycji.

1. Światło na pierwszym planie zapala się.
2. Wtedy aktor A wchodzi z prawej (z pierwszego planu) i zajmuje się sortowaniem papierów na biurku.
3. B, nieznany mu, wchodzi po galerii z lewej (w tle) i przykuca by spojrzeć w dół.
4. A wychodzi z planu w prawo.
5. W tle B podnosi się, idzie do schodków i schodzi znikając za konstrukcją blokową.

6. A ponownie wchodzi z prawej z małą torbą. Zbiera niektóre papiery i kładzie je do torby, po czym wychodzi z obrazu w prawo.

7. Przez chwilę nic się nie dzieje, po czym światło w pierwszym planie gaśnie, oczywiście wyłączone przez A, spoza ekranu.

8. B ukazuje się zza bloków pośrodku terenu i spokojnie idzie w naszym kierunku, trzymając się lewej strony ekranu. Kiedy osiąga pozycję bliskiego planu, jego postać jest sylwetą na oświetlonym tle. Wyjmuje ręczną latarkę z płaszcza i przegląda papiery na biurku w wąskim snopie światła.

9. Nagle, w prawym wycinku ekranu, w głębi otwierają się drzwi, w których ukazują się dwaj uzbrojeni strażnicy.

10. B w lewym przednim planie szybko gasi latarkę i klęka, wychodząc z dołu ekranu.

11. Po prawej, w tle strażnicy zapalają silną lampę oświetlając galerię, po czym kierują lampę wprost na kamerę, wyłączając ją przechodzą w prawo i opuszczają kadr.

12. B podnosi się i ponownie zjawia się w pierwszym planie. Zbiera kilka papierów z biurka i wychodzi z kadru w lewo.

Zauważmy, że rozegrano tę scenę w głębi kadru, stosując akcję w pierwszym planie i w tle. Zauważmy również, że A przez cały czas poruszał się w prawym wycinku ekranu, zaś B w lewym. W scenie tej odbyło się dwanaście różnych fragmentów akcji za pośrednictwem czterech elementów:

1. Lampa: była włączona na początku ujęcia i zgaszona w połowie trwania akcji.

2. Aktor A: wchodził i wychodził z kadru dwukrotnie, każdorazowo poruszając się w pierwszoplanowym, prawym wycinku ekranu.

3. Aktor B: wchodził w tle, schodził ze schodów, krył się za przeszkodą, ponownie pojawiał się (ciągłe po lewej stronie ekranu), podchodził do pierwszego planu, opuszczał kadr u dołu, ponownie wchodził i w końcu wyszedł z lewej.

4. Strażnicy: poruszali się wyłącznie w prawym, tylnym wycinku ekranu. W pierwszej połowie ujęcia działania A (w pierwszym planie) były skontrastowane z ruchem w tle. Kiedy ten ostatni podszedł do pierwszego planu, zastosowano tę samą technikę by go powiązać ze strażnikami w tle. Obu przestrzeni ekranu, lewą i prawą, użyto w głębi w sposób przemienny.

Zapalanie i gaszenie lampy w pierwszym planie urozmaiciło obraz i wzmocniło nastrój sceny.

Zamiana wycinków ekranu

Kompozycje obrazowe nie powinny, bez wyraźnego uzasadnienia, pozostawać zbyt długo na ekranie. Dla uniknięcia monotonii, w długim ujęciu podstawowym, trzeba wprowadzić zmiany w grupach aktorskich, montując scenę w kamerze. Kompozycje statyczne mają ograniczoną ilość sposobów akcentowania ważnych momentów akcji lub części dialogów. Więcej możliwości wyrazu wnosi ruch zarówno aktorów jak i kamery. Najprostszym wariantem jest przełączanie wycinków ekranu. Aktor z prawej przechodzi w lewo, a drugi odwrotnie. To przełączenie można otrzymać równoczesnym ruchem obu postaci lub tylko jednej z nich. Ten drugi przypadek wymaga ruchu kamery. Kiedy obaj aktorzy przechodzą, by zamienić wycinki ekranu, ich drogi się przecinają. Podobnie jak w starej konwencji teatralnej, aktor dominujący jest prawie zawsze umieszczany nieco bardziej w głębi sceny niż partner (rys. 25.24).

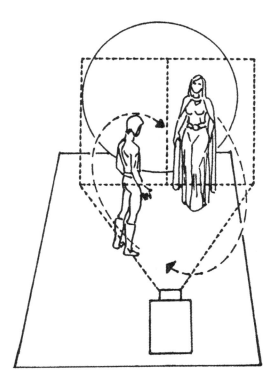

Rys. 25.24 Aktorzy przecinają swe trasy, zamieniając między sobą wycinki ekranu.

Postać główna jest zwrócona twarzą do widowni, druga do niej tyłem. Jeśli zastąpimy widownię przez kamerę, otrzymamy tę samą sytuację na ekranie (rys. 25.25). To wszystko sprawdza się na ekranie, przy stałej pozycji kamery, lecz jeden z aktorów może opuścić kadr, a ten, który pozostaje, będzie wówczas postacią główną. Jeżeli kamera śledzi aktora wychodzącego, akcent zostaje położony na nim. Kiedy dominujący aktor przechodzi obok innej osoby, na scenie teatru przejdzie on raczej przed nią niż za nią, chyba że siada. Łatwo dostrzec przyczynę. Kiedy wiodący aktor przechodzi za inną osobą, spojrzenia widzów, śledzące go do tego momentu, pozostaną na jego partnerze. Jednakże przy bliskim planie, wiodący aktor może przejść za osobą, która jest w zamkniętej pozycji ciała, wtedy wyżej opisane zjawisko nie zachodzi (rys. 25.26).

Rys. 25.25 Główna postać jest zwrócona przodem do kamery, zaś drugi aktor tyłem. Ta dominacja jest jeszcze modyfikowana przez otwartą lub zamkniętą pozycję ciała.

Rys. 25.26 Aktor w ruchu przemieszcza się za aktorem statycznym (widzianym w planie bliskim).

Inna konwencja teatralna, to ruch kompensujący, wykonany przez aktora, przed którym przeszedł partner, dla ponownego odzyskania równowagi scenicznej. Przechodzi on na niewielką odległość w kierunku przeciwnym do tego, w jakim poruszał się aktor w chwili, gdy przesłonił go przed widownią.

Przy objęciu akcji kamerą stacjonarną, metodę tę można zastosować na ekranie (rys. 25.27).

Para aktorska stoi na tle budynku. On po lewej, ona w środku, nieco z tyłu. On zaczyna przechodzić w prawo. Z chwilą, gdy jego postać przesłoni ciało kobiety, ona zaczyna przechodzić w lewo, w ruchu kompensującym. Kiedy mężczyzna osiąga prawą stronę kadru i staje, ona również zatrzymuje się w swej nowej pozycji po lewej.

Kamera pozostawała stacjonarna, a czyste przemieszczenie wykonali aktorzy.

Rys. 25.27 Proste przecięcie trasy, gdy obaj wykonawcy są w ruchu.

Inny stary trik teatralny, dający się zastosować do ruchu ekranowego, zawiera wyżej opisane elementy z wyjątkiem tego, że uwaga widzów zamiast być skierowana na aktorze wiodącym, zostaje przesunięta na jego partnera i z powrotem na wiodącego aktora (rys. 25.28).

Aktor A zaczyna ruch w kierunku głębi sceny, przechodząc za B. W tym momencie B wykonuje ruch w półkolu, w przeciwnym kierunku, pociągając za sobą wzrok widzów. B zatrzymuje się (w pozycji ciała częściowo zamkniętej) i przerzuca uwagę na drugiego wykonawcę, patrząc na niego. A kończy ruch obracając się do widzów w otwartej pozycji ciała.

Rys. 25.28 Przecinanie się tras aktorów po łukach na scenie teatru.

Wszelki ruch musi być umotywowany lub mieć takie pozory. Najbardziej naturalne uzasadnienie dla ruchu tworzy sam dialog, a najbardziej skuteczny jest ruch będący rezultatem emocji. Tam gdzie dla ruchu nie ma przyczyny emocjonalnej, należy znaleźć uzasadnienie praktyczne.

Jeżeli kamera jest blisko aktorów, aktor statyczny nie musi się przemieszczać, by odzyskać równowagę ekranową. Po prostu kamera panoramuje za aktorem będącym w ruchu i otrzymuje się płynne przełączenie odcinków ekranowych, zajmowanych przez postacie (rys. 25.29).

By osiągnąć to przełączenie aktorzy nie muszą znajdować się blisko kamery. Przez ruch osoby w głębi, do czy od kamery, otrzymamy ten sam rezultat przez proste panoramowanie.

Ujęcie rozpoczyna się kompozycją z A w pierwszym planie i B z tyłu (rys. 25.30). Gdy A przechodzi na jej nową pozycję, kamera panoramuje za nią, kadrując B–A². Potem A wraca do swej poprzedniej pozycji w pierwszym planie, a kamera robi z nią w lewo i pierwsza kompozycja obrazowa zostaje powtórzona. Wózkowanie zamiast panoramy da ten sam efekt. W takim przypadku nastąpi również zmiana wycinka (rys. 25.31).

Aktorzy zamieniają swoje wycinki ekranu w czasie wózkowania. Początek trasy wózkowania i zakończenie jej, to kompozycje statyczne. W poniżej opisanych przykładach trzy osoby zamieniają wycinki ekranowe w czasie przerywanych ruchów panoramy i wózkowania.

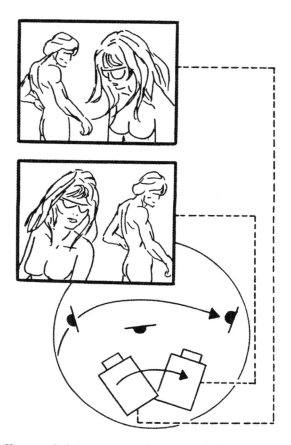

Rys. 25.29 Kamera śledzi panoramą aktora przechodzącego za postacią pierwszoplanową.

Przykład 12

Trzej aktorzy zmieniają wycinki ekranu na wspólnej zasadzie. Wypadnie bardziej dynamicznie, jeśli zmienią również strefy. Kamera może panoramować, jak na rys. 25.32.

Ujęcie to zawiera panoramę w kącie 180 stopni. Zaczyna się ukazaniem aktorów A, B i C rozmawiających w średnim planie. A odchodzi w lewo, a kamera za nią panoramuje. Ona zatrzymuje się w swej nowej pozycji. B wchodzi z prawej i staje w swej nowej pozycji. C wchodzi z prawej (za nimi), przechodzi w lewo i opuszcza kadr z tej strony. Kamera pozostaje, kadrując pozostałych. Teraz A przechodzi w lewo, na drugą stronę B. Kamera znowu panoramuje za nią do nowej kompozycji. B rozpoczyna ruch w lewo i gdy mija A, ta również zaczyna iść w tym samym kierun-

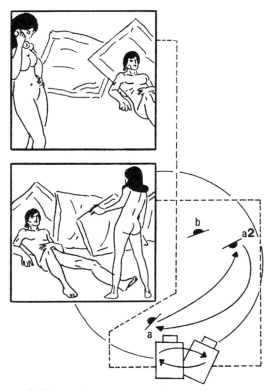

Rys. 25.30 Aktor wiodący porusza się w głąb, zmieniając w ten sposób strefę.

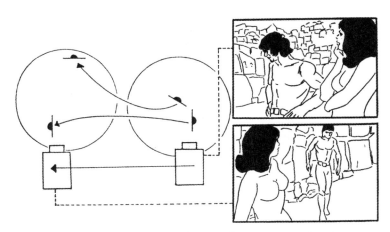

Rys. 25.31 Kamera wózkując powoduje, że aktorzy poruszając się wraz z kamerą zmieniają swe pozycje na ekranie.

ku. Kamera panoramuje z nimi, chwytając C w tle. Gdy kamera staje, widzimy trójkę aktorów odchodzących od nas, jak na rysunku. W czasie ujęcia aktorzy od strefy do strefy wymieniają swoje wycinki ekranowe.

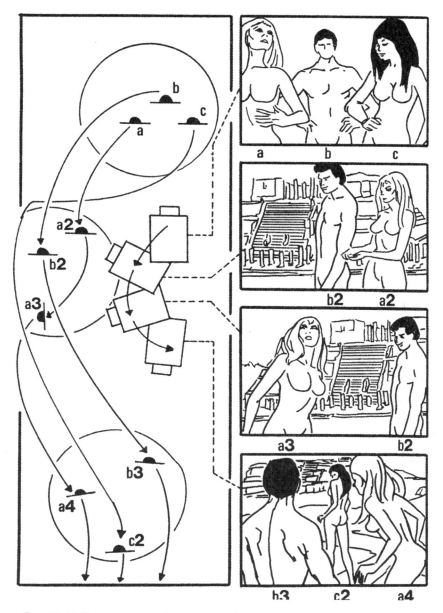

Rys. 25.32 Prosty przypadek montażu w kamerze z użyciem trzech stref akcji.

Przykład 13

Zdjęcie wózkowane z trzema postaciami można zaplanować w różnej liczbie wariantów. W następującym przykładzie zachodzi zmiana wycinka ekranu i stref akcji (rys. 25.33).

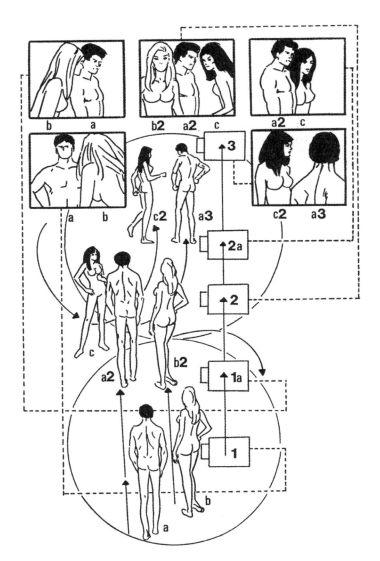

Rys. 25.33 Montaż w kamerze z użyciem trzech pozycji stacjonarnych kamery i pięciu kompozycji obrazowych, w których rozegra się cała scena.

Zdjęcie rozpoczyna się rozmową A i B. Zaczynają iść i kamera idzie wraz z nimi. A idzie pierwszy, mijając B. W czasie wózkowania mamy kompozycję B–A. Gdy się zatrzymują, C wchodzi z prawej. Rozmawiają. Kompozycja jest wtedy B^2–A^2–C. B wychodzi z kadru w prawo. Kamera, po zatrzymaniu się z aktorami, panoramuje w prawo by skadrować A^2–C. Aktorzy zaczynają iść, kamera wózkuje za nimi jeszcze raz w kompozycji A–C. Gdy się zatrzymują, kompozycja na ekranie staje się C^2–A^3.

Chociaż w ujęciu znalazły się trzy pozycje stacjonarne kamery (dwie skrajne i jedna w połowie trasy wózka) razem było pięć różnych zmian obrazowych.

Zmienianie wycinków ekranu to metoda przydatna do realizacji ujęć zawierających montaż wewnątrzkadrowy. Stosuje się ją w połączeniu z innymi technikami. Rezultat jest bogatszy, o silniejszej ekspresji, co służy każdej scenie.

Kontrast liczebności

Konfrontacja między osobą i grupą lub między małą grupą i wielką mają same w sobie znaczenie dramaturgiczne. Kontrast liczebności zostaje podkreślony przez wyizolowanie postaci. Chwyty takie mogą być zastosowane do ujęć podstawowych, przeznaczonych do montażu wewnątrzkadrowego. W takich ujęciach istnieją trzy podstawowe sposoby uzyskania kontrastu liczebności.

Jeden z wykonawców opuszcza kadr, pozostawiając swego partnera samego. Później wchodzi ponownie – kontrast 2–1–2 (rys. 25.34).

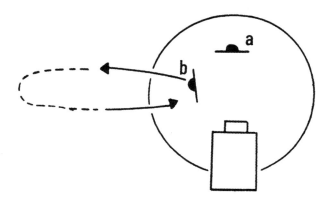

Rys. 25.34 Jeden aktor opuszcza kadr, podczas gdy drugi pozostaje, potem pierwszy ponownie wchodzi. Kontrast liczebności.

Kiedy aktor jest w ruchu, kamera wózkuje lub panoramuje za nim. Jeżeli przechodzi on do strefy, gdzie pozostaje sam, nim powróci do swego partnera, wtedy wzór kontrastu jest prosty: 2–1–2 lub 3–1–3. Jeżeli przechodzi on do strefy, w której obecni są inni aktorzy, to zwiększa się możliwa ilość kombinacji (rys. 25.35).

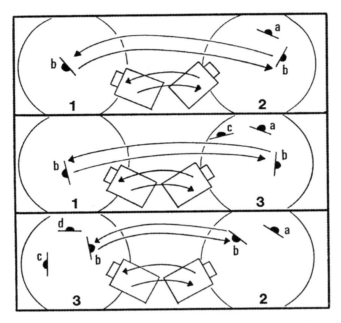

Rys. 25.35 Kamera śledzi odchodzącego wykonawcę, którego ruch zmienia kontrast.

Jeżeli kamera wózkuje od lub do grupy, wtedy zwiększa lub zmniejsza się liczba aktorów, którzy będą objęci, zgodnie z potrzebami dramaturgicznymi (rys. 25.36).

Na rys. 25.37 pokazano kontrast liczebności w połączeniu z innymi technikami. A i B widziani są w średnim planie. B wychodzi, a kamera pozostaje, kadrując A samą. Później A przechodzi ze strefy 1 do strefy 2. Kamera panoramuje za nią. Aktorka zatrzymuje się w strefie 3, twarzą do B. Wtedy B przechodzi do strefy 3. Kamera panoramuje za nim. B pozostaje kilka sekund, po czym dołącza do niego A.

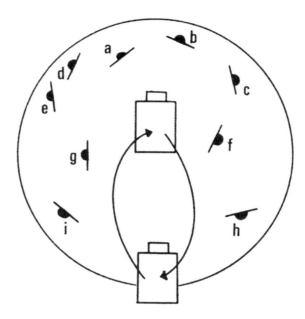

Rys. 25.36 Kamera wózkuje do lub od grupy, która może być objęta w całości lub częściowo.

Zauważmy, jak różne techniki zostały użyte w tym prostym ujęciu:
1. Kontrast liczebności w powtarzalnym wzorze: 2–1–2–1–2.
2. Trzy strefy akcji w półkolu, dookoła kamery, lecz w różnych odległościach, tak że w miarę panoramowania aktorzy byli widziani w coraz to ciaśniejszych kompozycjach, kolejno od średniego planu do bliskiego planu i do zbliżenia.
3. Aktorzy w każdej strefie zmieniali położenia ciała. Najpierw wymieniali się pozycjami „w przodzie sceny" – „w głębi sceny", następnie przeszli do wspólnego planu.
4. Były tylko dwie panoramy kamery. Pierwsza śledziła A, druga B. Ten przykład pokazuje, jak ważne jest stosowanie kombinacji siedmiu technik do uzyskania płynnej konstrukcji ujęć podstawowych. Połączenie ruchów aktorów z ruchami kamery powoduje, że zbędne się stają fizyczne cięcia.

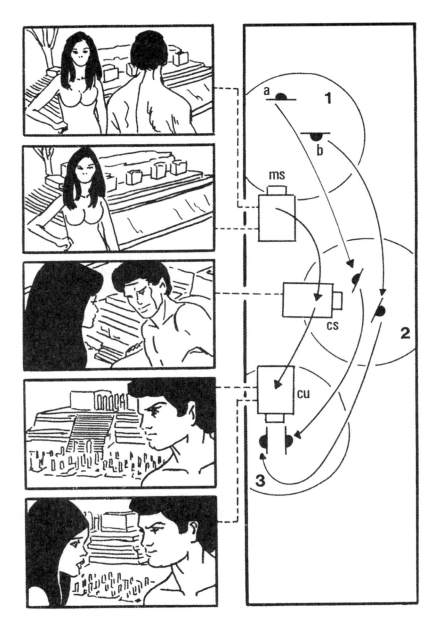

Rys. 25.37 W tym przykładzie użyto kilku formuł do montowania w kamerze. Aktor A jest zawsze po lewej stronie, podczas gdy B pozostaje po prawej.

Montaż wewnątrzkadrowy

Filmowcy francuscy nazywają to *le plan-sequence*, w języku hiszpań-skim brzmi to *montaje en el cuadro*, zaś Amerykanie określają jako *fluid camera style*. Wszystkie te terminy dotyczą formy języka filmowego – dłu-giego ujęcia podstawowego, obejmującego całą scenę lub dużą jej część.

Montaż wewnątrzkadrowy bywa stosowany przez wielu reżyserów, w Stanach Zjednoczonych oszczędniej, niż w Europie. Powszechnie prze-waża montaż konwencjonalny, cięciami. Godnymi wyjątkami są reżyse-rzy Sidney Lumet i Otto Preminger, którzy często montują już w kame-rze. Prawdopodobnie różnica leży w innych metodach pracy, stosowanych po obu stronach Atlantyku. Ogólnie rzecz biorąc, w Ameryce reżyser fil-mowy przeważnie obejmuje scenę kilkoma ujęciami podstawowymi np. z trzech punktów trójkąta, z wewnętrznymi kontrplanami, przebitkami i innymi ujęciami zabezpieczającymi w przypadku późniejszej potrzeby dodatkowego materiału. Doświadczony montażysta filmowy przegląda materiał i kierując się scenopisem, montuje sceny i sekwencje. Jest osobą odpowiedzialną za trafny wybór ostatecznych dubli, to on decyduje o po-łożeniu akcentu na scenie, przez wcięcie zbliżenia lub planu ogólnego. Zadaniem reżysera jest zapewnienie wszechstronnego objęcia obrazowe-go, które da montażyście szeroki zakres możliwości. Okazjonalnie mon-tażysta dostarcza reżyserowi dwie lub trzy wersje montażowe do wyboru. Po wspólnej ocenie zmontowanego materiału podejmowane są decyzje ewentualnych zmian czy dokręcenia ujęć uzupełniających.

Montaż jest oddzielną czynnością wykonywaną w czasie, gdy reżyser jest na planie, kręcąc dalsze partie filmu. Zużycie taśmy bywa w takim przypadku dość wysokie: średnio do montażu wchodzi 1 metr z dziesięciu nakręconych. Przy takiej organizacji produkcji nie idzie się na żadne ry-zyko. Indywidualność, wysoko oceniona przez filmowców europejskich, ma małe szanse rozwinąć się w systemie, w którym potrzebni są przede wszystkim zręczni rzemieślnicy. W przemyśle, który musi się wykazywać wysoką wydajnością produkcyjną, szybki i fachowy pracownik jest bar-dziej ceniony od indywidualnego artysty, który potrzebuje więcej czasu by osiągnąć zamierzony cel. Czynniki czasu i kosztów powodują silny nacisk na sprawność produkcji filmowej. Producenci niezależni, przede wszyst-kim w Europie, mogą pozwolić sobie na dłuższe okresy zdjęciowe, w któ-rych czują się swobodniej, ponieważ ich organizacja produkcji jest inna. Pracują przeważnie lżejszym sprzętem, często kręcą na niemo, zapisując tylko magnetyczny „pilot" dla dialogów, które nagrywane będą w studio pod gotowy obraz. Stać ich na ryzyko artystyczne. Co więcej, w tym przy-padku filmowiec bierze częściej aktywny udział w montażu filmu. Kręci więc mniej dubli, zużywa surowiec oszczędnie. W takiej produkcji można zaplanować różne warianty wykonania sceny i w procesie zdjęć zdecydować, który będzie kręcony. Można również wprowadzić ulepszenia, jakie podpowiada praca na planie. Jako dobrą radę można tu przytoczyć dictum Alfreda Hitchcocka: „Dobre filmy powstają przy biurku, a nie w czasie zdjęć".

Montaż w kamerze stawia reżysera przed koniecznością wyboru. Scena zostaje nakręcona tylko w jednej wersji, bez ujęć zamiennych, dających alternatywę budowy sceny. Równocześnie możliwe jest włączanie przerywników, akcentujących ważne miejsca w narracji, których nie można było sfilmować w ramach ciągłego, długiego ujęcia podstawowego. Paradoksalnie, praca takim systemem pozwala na uzyskanie większej wydajności, niż wielokrotne obejmowanie akcji szeregiem ujęć dla montażu konwencjonalnego. Główne ryzyko polega na tym, że istnieje mniej luzu na pomyłki. Proste dialogi, w czasie których aktorzy poruszają się w ograniczonej przestrzeni, można objąć średnimi lub bliskimi planami. Technikę tę wykorzystuje się często w serialach telewizyjnych, które się do niej, z powodu ich epizodycznego charakteru, szczególnie nadają. Prace zdjęciowe prowadzi się w kilku ekipach równocześnie i produkcja może odbywać się bardzo szybko. Do ruchu aktorów stosuje się wówczas wzory geometryczne, a w szczególności kręgów i trójkątów. Wzór okrężny może być ruchem aktora dokoła drugiej, statycznej postaci bądź mebla czy rekwizytu w scenie.

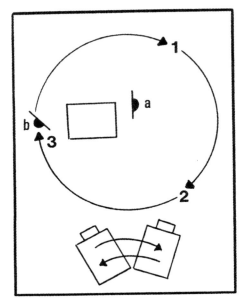

Rys. 25.38
Wzór ruchu okrężnego dookoła mebla i statycznego aktora.

Na rys. 25.38 aktor porusza się w pełnym kręgu dokoła mebla i innego wykonawcy, pozostającego statycznym w czasie zdjęcia.

Aktor, będący w ruchu, zatrzymuje się kolejno w trzech pozycjach dokoła statycznej postaci A. Kamera panoramuje za B, gdy ten przechodzi od pozycji do pozycji. Aktor statyczny może stać pośrodku kręgu czy w pobliżu obwodu lub być np. na zewnątrz. Na rys. 25.39 pokazano kilka przykładów drogi okrężnej w tego rodzaju ujęciu.

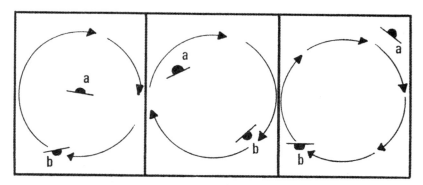

Rys. 25.39 Różne wzory ruchu okrężnego. Aktor statyczny jest na zewnątrz kręgu, pośrodku lub blisko obwodu wewnątrz.

Równie szeroko stosowane są wzory trójkątne. Prosty przykład przedstawia rys. 25.40.

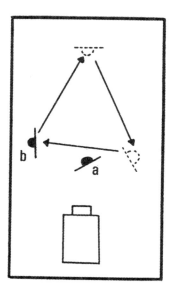

Rys. 25.40
Trójkątny wzór ruchu aktora.

26

RUCH OD STREFY DO STREFY

Rozważając różnorakie sposoby prezentowania grup ludzkich w scenach dialogowych, przyjęto, że grupa pozostaje mniej lub bardziej w tym samym rejonie dekoracji, a warianty akcentów wizualnych osiąga się dzięki wzorom montażowym, opartych na zasadzie trójkąta. Przemieszczanie się aktorów z jednego miejsca w drugie pomaga w uzyskaniu wiarygodności sceny, mimo że momentami wykonawcy są statyczni w różnych miejscach. Ich wzajemne związki określane są przez zmiany położeń ciała, odległości między postaciami, etc. Zmiany stref działania są nie tylko urozmaiceniem tła widocznego za postaciami, lecz również pozwalają reżyserowi zmieniać wzór montażowy.

Widzowie powinni pozostawać nieświadomi formuł użytych do zaprezentowania sceny na ekranie. Formuły te mogą być wielokrotnie powtarzane. Stosowane do różnych wykonawców i w różnych sytuacjach przyczyniają się do zamaskowania ich podobieństwa. Tak więc, jeden z najbardziej przykrych problemów inscenizacyjnych, jakim są statyczne sceny dialogowe, może zostać objęty w sposób naturalny i przyjemny. Sceny dynamiczne, wydarzenia dziejące się równolegle lepiej nadają się dla prezentacji filmowej. Statyczny dialog, choć niezbędny dla wielu scen objaśniających narrację, spowalnia akcję filmu. Problem ten znajduje swe rozwiązanie w montażu wraz ze zmianami stref działania.

Zasady ogólne

Przy zmianach stref grupa może się przemieszczać od strefy do strefy, rozprzestrzeniać na szereg stref lub kurczyć od wielu stref do jednej. Liczba stref jest nieograniczona, lecz wystarczają przeważnie trzy do pięciu, jeśli wymaga tego rozwój narracji.

Ruch powinien być czymś umotywowany lub sprawiać takie wrażenie. Najbardziej naturalne motywacje ruchu znajdują się w dialogach samego scenariusza. Najbardziej przekonujący jest ruch będący rezultatem emocji. Tam, gdzie nie ma uczuciowych racji dla ruchu, trzeba znaleźć dlań praktyczny powód.

W poniższych przykładach występują dwaj aktorzy. Te same prawa obowiązują dla większych grup, z tą różnicą, że większa liczba postaci pozwala na dalsze urozmaicenia ekranowe.

Grupa porusza się od strefy do strefy

Zmiana strefy jest techniką, dzięki której otrzymujemy urozmaicony obraz. Druga jej właściwość polega na tym, że pozwala rozgrywać scenę na różnych poziomach uczuć i nastrojów. Wraz ze zmianą strefy zmienia się również nastrój, stając się intymnym, zagęszczonym etc.

Zmiana strefy powinna następować w czasie ujęcia ponownie umiejscawiającego akcję, użytego do połączenia dwóch różnych wzorów montażowych (rys. 26.1).

W tym przykładzie użyto tylko dwóch miejsc. Kolejność montażowa sekwencji jest następująca:

1 2 3 2 3 1 4 5 4 5

Cała sceneria, wraz z działającymi w niej dwoma aktorami, zostaje ustalona na początku sekwencji. Pierwsza część sceny, z dwoma stojącymi aktorami, zostaje objęta równoległym montażem ujęć podstawowych 2 i 3, które są zewnętrznymi kontrplanami. Kiedy kończy się pierwsza część sekwencji, powracamy do ujęcia pierwszego. Teraz używamy tego miejsca kamery jako pozycji ponownie umiejscawiającej akcję dla widzów. Widzimy tu, jak aktorzy przechodzą razem do tła, w kierunku drugiej strefy. Uzyskuje się dwa dodatkowe warianty: aktorzy zmieniają przestrzenie ekranowe, a i poziom ich ciała obniża się, kiedy siadają. Ujęcia podstawowe 4 i 5 odnoszą się znowu do objęcia pary aktorskiej zewnętrznymi kontrplanami. Choć powtarza się tutaj użyty poprzednio wzór montażowy, to zmienia się kompozycja obrazowa ekranu, ponieważ aktorzy zmienili swoje pozycje ekranowe.

Zmienia się również nastrój sceny. Wykonawcy zajmują teraz wygodniejsze pozycje, nadając scenie atmosferę bliższej intymności w ich wzajemnych stosunkach.

Formuła jest prosta: wzór montażowy, użyty w pierwszej strefie, został powtórzony w drugiej. Te wzory montażowe mogą być różne w każdej strefie i mogą znaleźć się w nich różne kombinacje ujęć podstawowych, zgodnie z pięcioma wariantami zasady trójkąta przy umieszczeniu kamery.

Grupę aktorów można przenosić z jednej scenerii w inną, bez względu na odległość. W ten sposób otrzymuje się różne tła dla statycznych ujęć podstawowych.

Jeżeli w zdjęciu bierze udział duża grupa, do nowej strefy można przenieść tylko same postacie główne.

Jako strefy można wybrać dwie, trzy, cztery lub pięć przestrzeni w dekoracji, w których będą inscenizowane części sekwencji. Dla każdej przestrzeni dostępnych jest wiele rodzajów wariantów wizualnych. Nie tylko różniące się wzory montażowe, lecz także zachowania, położenia ciała, odległości, etc. są planowane świadomie, by uzyskać złudzenie spontaniczności.

Rys. 26.1 Prosty przykład, w którym grupa ludzi przechodzi z jednej strefy do drugiej w czasie rozmowy. Urozmaicenia dodają zmiany poziomów i pozycji ciała.

Rozszerzenie się grupy

Przemieszczanie całej grupy (jak omówiono powyżej) jest podejściem ograniczonym, które można ulepszyć przez rozciągnięcie się grupy lub (używając terminu teatralnego) przez użycie szerokich ruchów między przestrzeniami.

Rozciągnięcie można uzyskać przez wybiórczy montaż lub przenosząc niektóre postaci z grupy do innej przestrzeni. Wybiórczy montaż może podbudować milczącą postać z brzegu grupy lub pozwoli uzyskać urozmaicenie obrazowe przez zmianę wzoru montażowego (rys. 26.2).

Rys. 26.2 Rozciągnięcie grupy przez użycie wybiórczego montażu, korzystając z dwóch stref w dekoracji (dziewczyna i grupa centralna) w czasie drugiej połowy sekwencji.

Wzór montażowy wyglądałby następująco:

Ujęcie 1: Pełny plan grupy tworzącej krąg dokoła dwóch postaci wiodących, w czasie dyskusji. Bierna grupa jest w pozycjach siedzących lub półleżących w pokoju, na różnych elementach umeblowania. Tylko wiodący aktorzy stoją prosto, skupiając naszą uwagę.

Ujęcie 2 i Ujęcie 3: Obejmuje bliskie kontrplany zewnętrzne wiodących aktorów biorących udział w dyskusji. Każde ujęcie jest podstawowe i montowane równolegle.

Ujęcie 4: Cała grupa zostaje ponownie umiejscowiona z innej pozycji w pokoju. W pierwszym planie z lewej, tyłem do kamery siedząca postać kobieca patrząca w kierunku wiodących aktorów w tle. Siedzi na brzegu kręgu otaczającego dominujących aktorów.

Ujęcie 5: Odwrotne ujęcie dziewczyny znajdującej się blisko kamery. Patrzy poza ekran, w prawo. Jest to nieme ujęcie podstawowe, w którym dziewczyna nie wykazuje żadnej reakcji.

Ujęcie 6: Pełny plan dwóch wiodących aktorów i części grupy dokoła nich. Wiodący aktorzy kontynuują dyskusję. Ta pozycja kamery ma tę samą oś wizualną, co ujęcie 4, i jest wysunięciem kamery w przód, po osi. To, co jest skadrowane w tym ujęciu, przedstawia punkt widzenia dziewczyny. Jest to również ujęcie podstawowe, okresowo przerywane przez wcięcia ujęcia 5, na którym dziewczyna w milczeniu słucha dyskusji. Nieme ujęcia dziewczyny są bardzo krótkie, może 2 sekundy każde, podczas gdy wycinki ujęcia 6 są dłuższe.

Ujęcie 7: Scena zostaje ponownie sfilmowana z nowego punktu widzenia, po czym kończy się. Dobrym pretekstem jest, aby jeden z wiodących aktorów (biorący udział w dyskusji) zaczął odchodzić od swego partnera, jak to widać w zakończeniu ujęcia 6 i cięciu na ujęcie dynamiczne 7. W tym ujęciu cała grupa zostaje wprawiona w ruch i wszyscy wychodzą z pokoju do innej części domu.

Jak widać z przytoczonego przykładu, cała grupa, z wiodącymi postaciami włącznie, zajmowała w czasie sekwencji stałe pozycje w dekoracji i poruszyła się tylko w zakończeniu. Ujęcia podstawowe 2 i 3 zwiększyły zainteresowanie skoncentrowane na jednej strefie w dekoracji. Powiązanie między ujęciami podstawowymi 5 i 6 wprowadziło wizualne rozciągnięcie grupy przez osoby wiążące, zajmujące różne przestrzenie dekoracji. Urozmaicenie obrazowe otrzymano bez poruszania któregokolwiek z aktorów.

Dwa dalsze warianty

Jeżeli aktor przechodzi z jednej strefy do drugiej, podczas gdy jego partner pozostaje w pierwszej, to również ma miejsce rozciągnięcie grupy (rys. 26.3).

Rys. 26.3 Tylko jeden aktor przechodzi do innej strefy, podczas gdy jego partner pozostaje w pierwszej.

W montażu pierwszej cześci sekwencji dwa zewnętrzne kontrplany są równolegle. Kiedy cała scena zostaje ponownie zlokalizowana, ruch aktorów przebiega z jednej strefy do innej.

We wzorze montażowym drugiej części sekwencji znalazły się dwie pozycje kamery dla wewnętrznych kontrplanów, po jednej dla każdej strefy, w celu powiązania aktorów wizualnie przed zamknięciem sekwencji ujęciem ponownie lokalizującym akcję. Kolejność montażowa jest następująca:

1–2–3–2–3–2–3–4–5–6–5–6–5–6–7

Rozciągnięcie grupy można połączyć ze zmianami stref dla całej grupy, aby urozmaicić długą sekwencję. W takim przypadku sekwencja zaczyna się z dwoma aktorami w pierwszej strefie i dla tej przestrzeni stosuje się wzór montażowy zewnętrznych kontrplanów. Wówczas obaj aktorzy przechodzą do drugiej strefy i w trakcie tego zmieniają swe przestrzenie ekranowe. W tej strefie, by objąć akcję aktorów można wybrać prostokątowe zewnętrzne pozycje kamery. Później jeden z wykonawców przechodzi do trzeciej strefy, zaś obie przestrzenie (2 i 3) zostają powiązane przez użycie pozycji do wewnętrznych kontrplanów. Każdą zmianę stref zaznacza się miejscami kamery ponownie umiejscawiającymi akcję. Na rys. 26.4 uwidoczniono ruchy i miejsca kamery w opisywanym przykładzie.

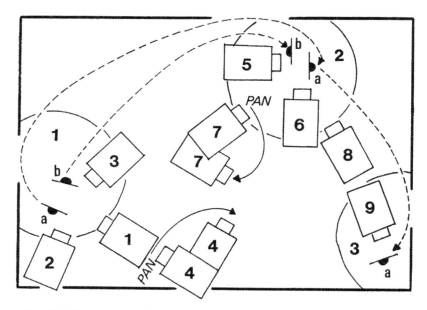

Rys. 26.4 W tym przypadku łączą się dwie poprzednio omawiane techniki. Grupa przemieszcza się ze strefy do strefy.

Jeden aktor w ruchu, drugi pozostaje nieruchomy

W tym wariancie wykonawca odchodzi ze strefy wspólnej dla pary aktorskiej do strefy (lub stref) w tle. Kluczowy wariant jest taki, że pozostaje on w ruchu aż do chwili, gdy powraca do swego partnera, który odpowiedział na wygłoszoną przez niego kwestię, nie ruszając się ze swej pierwotnej pozycji. Formuła tego jest prosta:

Ujęcie 1: Średni plan obu wykonawców. Kamera panoramuje w bok, wraz z odchodzącym aktorem.

Ujęcie 2: Wewnętrzny kontrplan aktora, który pozostaje na miejscu przez cały czas trwania sceny.

Ujęcie 3: Ujęcie podstawowe w panoramie, w której aktor wchodzi do dekoracji. Porusza się wycinkami, kolejno się zatrzymując. To ujęcie podstawowe zostaje przecięte dwoma mniejszymi ujęciami podstawowymi nieruchomego aktora. Te dwa małe ujęcia mają wspólną oś wizualną i są z pozycji wewnętrznych kontrplanów.

Ujęcie 4: Na końcu sceny widzimy, jak wędrujący aktor powraca na swoje poprzednie miejsce obok aktora statycznego.

Rys. 26.5 przedstawia opisaną tu scenę z dialogiem.

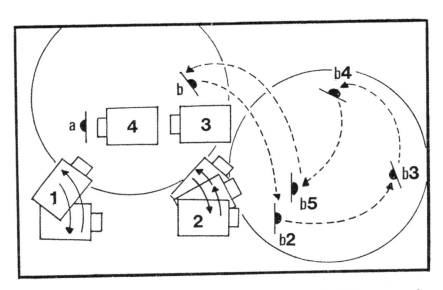

Rys. 26.5 Plan sekwencji pokazanej na następnym rysunku. W tym przypadku jeden aktor porusza się od strefy do strefy, podczas gdy drugi pozostaje w stałej pozycji.

Ujęcie 1: Średni plan. A i B rozmawiają. B odwraca się, idzie w prawo. Panorama za nim. B zatrzymuje się i odwraca się do A, poza ekranem.

Ujęcie 3: Średni plan. A zwrócony do kamery, odpowiada.

Ujęcie 2: Bliski plan. B zwrócony do kamery. Odwraca się i idzie do pozycji B^3 w tle, gdzie zatrzymuje się w średnim planie, zwrócony do kamery. Panorama z nim w lewo. Mówi.

Ujęcie 3: Średni plan A, słuchającego.

Ujęcie 2: Średni plan B. Jest znowu w ruchu, idąc w lewo do pozycji B^4 w bliskim planie. Panorama w tę stronę. Mówi.

Ujęcie 4: Bliski plan A zwróconego do kamery. Słucha.

Ujęcie 2: Bliski plan B. Przechodzi w prawo do pozycji B^5 w planie bliskim. Panorama za nim, w prawo. Mówi.

Ujęcie 4: Bliski plan. A odpowiada.

Ujęcie 1: Średni plan B. Idzie w lewo i dołącza do A. Panorama wraz z nim, aby ukazać obu aktorów w średnim planie. Rozmawiają. Koniec sceny.

Obaj aktorzy nie muszą być w pozycji stojącej w czasie całej sekwencji. Aktor statyczny może np. siedzieć. Drugi aktor, będąc w ruchu, załatwia cały szereg spraw, jak zapalanie papierosa, przeniesienie wazonu z kwiatami z jednego stołu na drugi – drobne czynności uzasadniające jego ruchy od strefy do strefy.

Na rys. 26.6 przedstawiono kompozycje kadrów, jakie osiągnięto i utrzymano dla każdego fragmentu czterech ujęć podstawowych połączonych ze sobą w tej scenie.

W długiej sekwencji aktor, będący w ruchu, może siadać i znowu wstawać by przejść dalej. Kamera nie tylko panoramuje za postacią w ruchu, ale również wózkuje w przód i w tył, w miarę przechodzenia aktora ze strefy do strefy. Jeżeli sekwencja jest bardzo długa, możemy zetknąć aktorów ze sobą gdzieś w czasie trwania sceny, doprowadzając aktora w ruchu do ponownego spotkania się z partnerem, pozostania przez chwilę, po czym aktor przechodzi na drugą stronę, gdzie znowu powtarza wzór ruchu (rys. 26.7). Ważne jest, by jeden aktor pozostawał na miejscu w czasie, gdy drugi przechodzi z jednej przestrzeni do drugiej.

Grupa kurczy się

W opisanym przykładzie grupa kurczy się – aktorzy rozrzuceni po różnych strefach zostają ponownie skupieni w jednej przestrzeni. Taki chwyt przyda się w zakończeniu sceny. Aktorzy byli pokazywani razem w przejściach od strefy do strefy. Grupa, która uległa poszerzeniu, kurczy się teraz, ponownie skupiając aktorów by zakończyć scenę. Wzór ruchu okresowo poszerzającego i kurczącego w czasie trwania sekwencji powinien być podporządkowany narracji, a nie narzucony w scenie arbitralnie. Należy zawsze wybierać najbardziej adekwatne rozwiązanie montażowe.

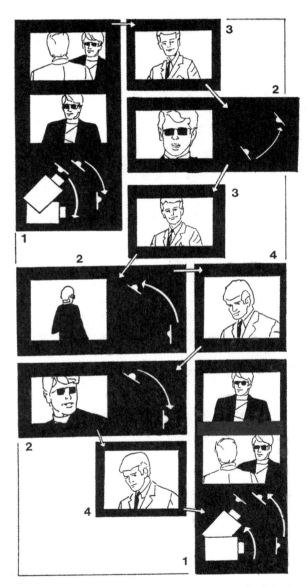

Rys. 26.6 Prosty przypadek, w którym jeden aktor przechodzi od strefy do strefy, podczas gdy drugi pozostaje w jednym miejscu przez całą sekwencję ujęć.

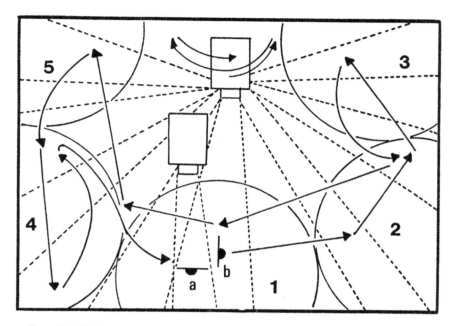

Rys. 26.7 Schemat sekwencji bardziej złożonej, w której jeden aktor jest w ruchu, zaś drugi pozostaje w stałej pozycji w czasie całej sceny.

Sposoby zmieniania stref

Stwierdziliśmy w innym miejscu, że zmiany strefy powinny odbywać się w czasie wprowadzania ujęcia lokalizującego by wyraźnie pokazać obie strefy i podkreślić geografię sytuacji inscenizacyjnej. Istnieje szereg formuł przeprowadzania zmian strefy z zastosowaniem różnych układów montażowych.

Przykład 1

Aktorów A i B widzimy w wewnętrznych kontrplanach. Plany podstawowe montowane są równolegle. A opuszcza swój plan podstawowy, po czym wchodzi w plan podstawowy 2 (teraz skadrowani są razem obaj aktorzy, rys. 26.8).

Skurczenie się grupy osiągnięto przez przejście aktora ze swojej strefy do strefy jego partnera. Teraz można kontynuować z oboma aktorami ujęcie podstawowe 2 lub wprowadzić parę zewnętrznych kontrplanów, by objąć grupę montażem równoległym. Przez odwrócenie formuły uzyskamy rozszerzenie grupy.

Rys. 26.8 Najpierw aktorzy ujęci zostają indywidualnie. Następnie jeden idzie do drugiego. Zajmują jedną przestrzeń ekranową. Objęcie akcji zapewniono z zewnętrznych kontrplanów.

Przykład 2

Można użyć ruchu panoramy aby ponownie skupić aktorów w pojedynczej strefie. Ujęcia podstawowe 1 i 2, obejmujące oddzielnie każdego aktora w kontrplanach wewnętrznych, zostają zmontowane równolegle. Kiedy A idzie w ujęciu podstawowym 1, kamera panoramuje za nią, pokazując jak zbliża się do B i pozostaje z nim (rys. 26.9).

Przykład 3

Dwóch aktorów, zajmujących różne strefy, doprowadzamy do wspólnej sytuacji przez zastosowanie krótkiej jazdy, pokazując ich indywidualnie w wewnętrznych kontrplanach. Sekwencja przedstawia się jak następuje.

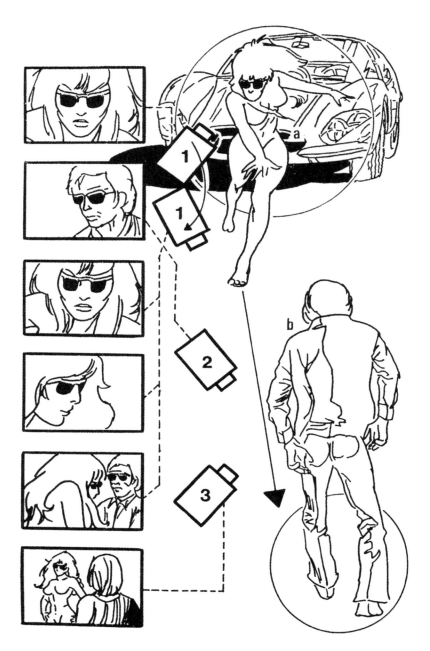

Rys. 26.9 Sytuacja analogiczna do przypadku poprzedniego, jedyna różnica polega na posłużeniu się panoramą do zmiany strefy. Panorama towarzyszy aktorowi w ruchu do drugiej strefy, gdzie oczekuje partner.

Ujęcie 1: Bliski plan A.

Ujęcie 2: Bliski plan B.

Ujęcie 1: Bliski plan A.

Ujęcie 2: Bliski plan B.

Ujęcie 1: A podchodzi do kamery. Kamera wózkuje do tyłu, przejeżdżając koło B i zatrzymuje się kadrując go z tyłu, z boku ekranu. A zatrzymuje się przed B.

Ujęcie 3: Zewnętrzny kontrplan B–A.

Ujęcie 1: Zewnętrzny kontrplan B–A.

Ujęcie 3: B i A widziani razem.

Ujęcie 1: B i A w podwójnym zbliżeniu.

Rozwiązanie jest tu analogiczne z dwoma poprzednimi przypadkami, gdzie wzór montażowy został zamieniony z objęcia wewnętrznego na zewnętrzne, kiedy obie postacie doprowadzono do stanu wspólnej strefy (rys. 26.10).

Rys. 26.10 Ujęcie wózkowane towarzyszy aktorowi w ruchu, gdy ten przechodzi od jednej strefy do drugiej, gdzie oczekuje go druga osoba.

Ilustracja przedstawia drugie rozwiązanie ostatniej części sekwencji. W opisanej scenie ona zatrzymuje się przed nim, dziewczyna jest po lewej, a mężczyzna po prawej stronie kadru, tak jak widziani byli w ostatniej pozycji kamery w ujęciu 1. Drugie rozwiązanie polega na tym, by ona przeszła na drugą stronę niego, tak aby z ostatniej pozycji kamery ujęcia 1 on był umieszczony po lewej stronie ekranu, tyłem do nas, ona zaś twarzą do nas w prawym wycinku ramy ekranu. Miejsce kamery dla ujęcia 3 byłoby teraz po drugiej stronie linii ruchu, zapewniając nam najbardziej prawidłowe spojrzenie zewnętrznego kontrplanu. Linia kontaktu, biegnąca między aktorami na początku sceny, zostaje przesunięta na nowy kierunek przy końcu wózkowania kamery, który łączy ponownie obu aktorów na wspólnej przestrzeni.

Przykład 4

Kiedy dwaj aktorzy przechodzą z jednej strefy do innej, jeden z nich może poruszać się bardziej w przodzie drugiego, niż gdyby mieliby iść razem (rys. 26.11).

Ujęcie 1: A i B rozmawiają. A wychodzi w lewo, pozostawiając B.

Ujęcie 2: A wchodzi z prawej i obraca się twarzą do B, będącego poza ekranem.

Ujęcie 1: B sam mówi kwestię, po czym wychodzi w lewo.

Ujęcie 2: B wchodzi z prawej, dołączając do A.

W podanym przykładzie obaj aktorzy są w obu strefach widziani z profilu. Dwie kamery, ustawione pod kątem prostym do siebie, wprowadzą urozmaicenie obrazowe według tej samej formuły (rys. 26.12).

Ujęcie 1: B i A rozmawiają. B wychodzi w lewo, pozostawiając A samego pośrodku kadru. Wtedy A wychodzi w lewo.

Ujęcie 2: B twarzą do kamery, po lewej stronie kadru. A wchodzi z prawej w kadr i zatrzymuje się po tej stronie, tyłem do nas. Jest to uproszczenie podejścia, wyszczególnionego w poprzednim przypadku.

Przykład 5

Dwie kolejne panoramy z tego samego miejsca kamery mogą zostać użyte do pokazania dwóch aktorów poruszających się ze strefy do strefy jeden po drugim (rys. 26.13).

Ujęcie 1: B i A w średnim planie. Gdy B przechodzi w lewo, kamera panoramuje z nią, aż do spotkania z C.

Ujęcie 2: A, jeszcze w pierwszej pozycji i widziany w średnim planie, idzie w lewo. Panorama z nim na tę stronę, gdzie aktor dołącza do C i B.

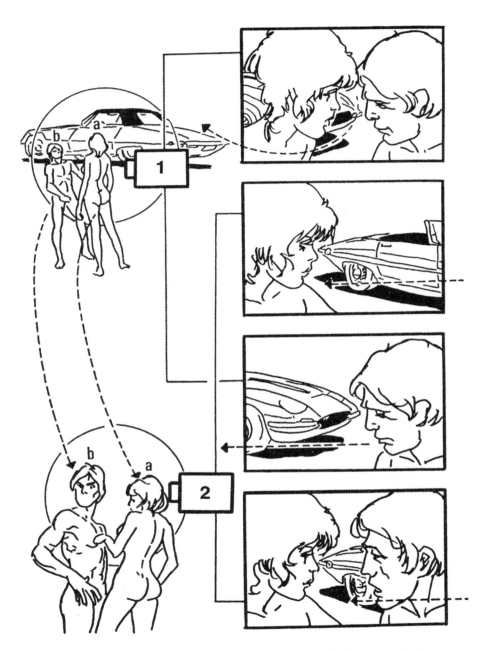

Rys. 26.11 Obaj aktorzy poruszają się przemiennie od pierwszego do drugiego. By zarejestrować ten efekt montuje się równolegle dwa ujęcia podstawowe.

Rys. 26.12 Prostokątowy układ kamery został tutaj użyty do zmiany strefy, w której aktorzy poruszają się na przemian.

Teraz trzej aktorzy są w drugiej strefie i mogą zostać objęci zasadą trójkąta dla podkreślenia grupy jako całości lub jej członków indywidualnie. Druga panorama (ujęcie 2) może, towarzysząc A do trzeciej strefy, przejść poza B i C (rys. 26.14).

Jeżeli ujęcia aktorów panoramowane są planami ogólnymi, wtedy obiekty statyczne lub rekwizyty pierwszoplanowe dodadzą głębi ruchowi panoramy. Drugie ujęcie może również być z pozycji bliższej i na tej samej osi wizualnej, jak poprzednie miejsce kamery.

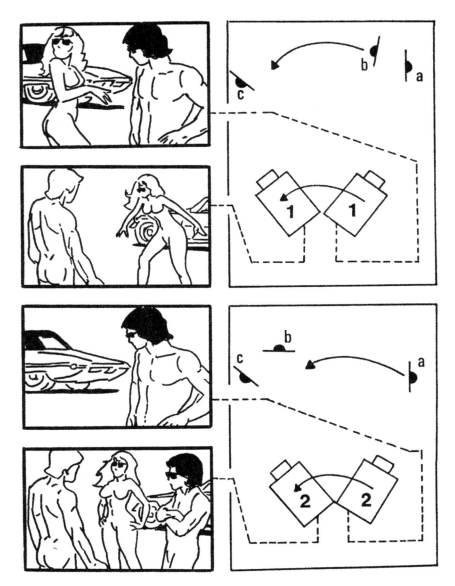

*Rys. 26.13 Dwaj aktorzy przechodzą z jednej przestrzeni do innej, objęci pano-
ramującą kamerą. Obie panoramy są wykonane z tej samej pozycji kamery.*

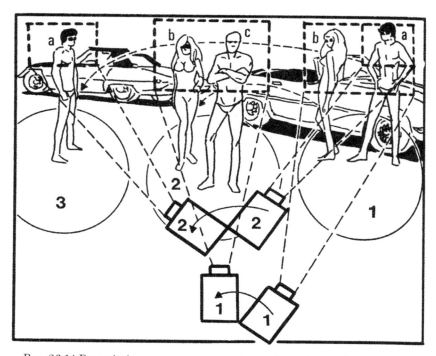

Rys. 26.14 Dwa ujęcia panoramowane mają wspólną oś wizualną i obejmują
indywidualnie dwóch aktorów w ruchu, gdy ci przechodzą ze strefy do strefy.

Przykład 6

Zmianę strefy przez drugiego aktora można opóźnić przez wprowadzenie gry ustawień podstawowych montowanych równolegle (rys.
26.15).

Sekwencja zostałaby zmontowana w następujący sposób:

Ujęcie 1: Bliski plan aktorów A i B.

Ujęcie 2: Odwrotne ujęcie obojga.

Ujęcie 1: (jak powyżej).

Ujęcie 2: (jak powyżej)

Ujęcie 1: Po chwili B przechodzi w prawo. Kamera panoramuje za nią,
aż do skadrowania dziewczyny w bliskim planie.

Ujęcie 3: Bliski plan A.

Ujęcie 1: Bliski plan B.

Ujęcie 3: Bliski plan A. Idzie do nas. Kamera cofa się z nim, aż do skadrowania B od tyłu, po jednej stronie ekranu.

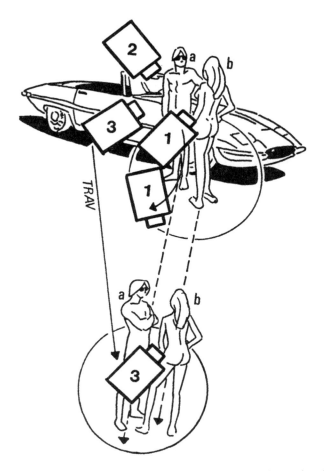

Rys. 26.15 W tym przykładzie połączono panoramę z wózkowaniem by objąć zmianę strefy dwóch aktorów, poruszających się jeden za drugim, z przerwą w ruchu.

A zatrzymuje się twarzą do niej. To opóźnione podejście do zmiany stref wygląda mniej sztucznie i może być wprowadzone, gdy sytuacja pozwala przemieścić płynnie aktorów ze strefy do strefy.

W problemach zmiany stref, gdy udział biorą dwie, trzy lub cztery osoby, istnieje oczywiście więcej rozwiązań. Kilka takich przykładów rozwiązań podaliśmy poprzednio.

27

TECHNIKI ŁĄCZONE

W przeglądzie filmowych środków prowadzenia scen dialogowych musimy wziąć pod uwagę łączenie technik fizycznego montażu z montażem w kamerze. Połączenia te poszerzają zakres dostępnych środków, zapewniając rozwiązania przydatne w różnych okolicznościach. Najważniejsza jest jednak związana z nimi koncepcja.

Montowanie „ujęcia po ujęciu"

Przy takiej metodzie filmujemy daną scenę w ujęciach długich lub krótkich tyle, ile potrzeba, zgodnie z naszym odczuciem. Ujęcia długie mogą być statyczne lub „montowane w kamerze". Zaplanowanie scen dialogowych stanowi pewną trudność, ponieważ przy montowania sekwencji istnieje tylko jedno ujęcie dla każdej frazy dialogu lub kwestii mówionej przez aktorów.

Przy technice montowania kolejnych ujęć można dużo łatwiej poradzić sobie ze scenami czystej akcji, gdzie aktorzy poruszają się niezależnie od dialogu. Przy takim podejściu do montażu filmu stosuje się wiele metod, jak np. zasadę dotyczącą montażu na akcji, rozplanowania kamery dokoła aktora we wzorze trójkąta, akcja i reakcja, etc.

Francuski reżyser filmowy, Serge Bourguignon jest mistrzem w użyciu tej techniki i jednym z bardzo nielicznych, którzy stale stosują montaż „ujęcia po ujęciu" do całych filmów. Jego dorobek artystyczny (*Niedziele w Avray, Nagroda, 15 days in September*) świadczy o możliwościach, jakie daje ta technika. Używał danego ujęcia tylko jeden raz (z wyjątkiem może jednego czy dwóch przypadków na cały film, gdzie musiał przeciąć ujęcie na dwie części i wmontować przebitkę czy przerywnik). Taka metoda robienia filmów wymaga solidnej znajomości techniki filmowej, ponieważ nagromadzenie się błędów w czasie zdjęć daje mniejsze możliwości korygowania na stole montażowym, kiedy składa się sekwencje. Prawie wszyscy reżyserzy stosują częściowo tę technikę do różnych partii pełnometrażowego filmu fabularnego, szczególnie w sekwencjach przedstawiających czystą akcję. Najczęściej do techniki tej sięgają filmowcy dokumentaliści.

Przykład 1

Oto krótki fragment sekwencji ze wspomnianą techniką w zastosowaniu do sceny z dialogiem.

Ujęcie 308: Średni plan pary aktorów siedzących w wysokiej trawie przy pniu drzewa. Kamera podjeżdża do nich powoli i stopniowo staje.

On: „Tak ładnie tu, z dala od miasteczka. Daje mi to poczucie życia, pełnię radości".

Młody człowiek kładzie się na plecy. Cięcie na akcji.

Ujęcie 309: Widok obojga z boku. Młody człowiek na pierwszym planie kończy swój ruch kładzenia się na ziemię i podkłada ręce pod głowę. Dziewczyna, za nim, odwraca się do niego ze śmiechem.

Ona: „Zachowujesz się jak chłopak, Billy".

On uśmiecha się do niej i podnosi. Kamera nieco panoramuje za nim w prawo, kadrując ich oboje siedzących obok siebie na trawie, z prawego profilu.

On: „Czasami powinniśmy się tak zachowywać, to dobre dla organizmu". Zaczyna odwracać głowę do dziewczyny. Cięcie na akcji.

Ujęcie 310: Oboje widziani z tyłu. On dalej odwraca głowę do niej. Unosi prawą rękę i łagodnie ujmuje jej podbródek.

On: „Te piękne, niewinne, wielkie oczy...".

Przyciąga jej twarz by pocałować ją w usta. Cięcie na akcji.

Ujęcie 311: Kontrplan obojga. Twarz młodego człowieka jest w cieniu drzewa. Jego kontury rysują się na tle silniej oświetlonej twarzy dziewczyny. Ona wysuwa głowę w przód do niego. Pocałunek. Kamera wózkuje w prawo za ich głowami, panoramując w lewo tak, że kadruje drugą stronę obu twarzy, na których poruszają się cienie liści poruszanych wiatrem gałęzi. Kończą pocałunek i ona odsuwa się od niego z uśmiechem na twarzy. Patrzą sobie w oczy. Nagle w pobliżu zarżał koń, przerywając nastrój. Oboje spoglądają poza ekran.

Ujęcie 312: Odwrotność. Para w pierwszym planie, plecami do nas skadrowana w planie średnim. Za nimi, w tle człowiek na koniu spokojnie ich obserwuje.

Ujęcie 313: Bliski plan jeźdźca. Ta sama oś wizualna, jak ujęcia poprzedniego. Śmieje się szeroko.

Jeździec: „Czy coś przerwałem?".

Każde ujęcie w tym przykładzie obejmuje cząstkę sceny. Żadnego z miejsc kamery nie użyto dwukrotnie. Żadnego z ujęć nie klejono równolegle z jakimkolwiek innym. Przykład jest sam w sobie mały i raczej prosty.

Przykład 2

W tych zasadach mieszczą się ujęcia montowane wewnątrzkadrowo. Można montować serię o średniej długości (każde o czasie trwania jednej lub dwóch minut) jedno po drugim, obejmując całość lub część sekwencji. Oto przykład realizowany zgodnie z takim właśnie podejściem. Na rys. 27.1 przedstawiono plan podłogi w tej sekwencji.

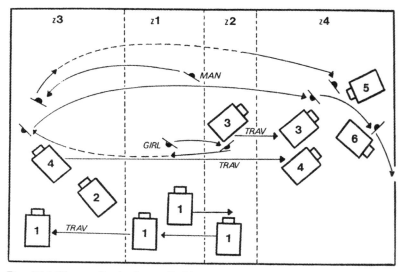

Rys. 27.1 Plan podłogi sekwencji objętej montażem „ujęcia po ujęciu". Każdego ujęcia użyto tylko raz. W niektórych zastosowano montaż wewnątrzkadrowy po to, by urozmaicić obraz.

Ujęcie 426: Kamera wózkuje (z prawej w lewo) z aktorką A, która dołącza do aktora B, w bliskim planie, w drugiej strefie. Po chwili rozmowy A przechodzi w prawo i kamera jedzie wraz z nią. Kiedy osiąga znowu pierwszą strefę, zatrzymuje się i obraca w lewo, kontynuując rozmowę. Potem przenosi się znowu w lewo, w kierunku drugiej strefy. Kamera wózkuje z nią i zatrzymuje się kadrując B i A w bliskim planie. Aktorzy wymieniają między sobą gorzkie słowa. B przechodzi w prawo, śledzona kamerą i osiąga pierwszą strefę, gdzie się zatrzymuje się. Chwilę później B powraca do drugiej strefy i kompozycja łączy A i B w bliskim planie. Aktor rzuca swoją ostatnią gorzką, obraźliwą kwestię. A przechodzi w prawo wychodząc z kadru. Tylko B pozostaje z opuszczoną głową.

Ujęcie 427: A wchodzi w plan z lewej. Oddala się od kamery i zatrzymuje plecami do niej, skadrowana w średnim planie. Zwraca się w lewo, by powiedzieć swą wymówkę i znów odwraca do nas głowę. Cięcie na akcji.

Ujęcie 428: Średni kontrplan. B po lewej stronie ekranu w tle, plecami do nas. A w pierwszym planie idzie w prawo, do drugiego pokoju. Kamera wózkuje za nią. A zatrzymuje się wewnątrz, blisko wejścia, po lewej stronie ekranu. B z profilu, w tle, odwraca się do kamery i zbliża się do A.

Ujęcie 429: Odwrotność. W drugim pokoju, po lewej. B wchodzi z prawej i staje plecami do kamery. Mówi.

Ujęcie 430: Odwrotność. Bliski plan A i B. Jest to wysunięcie w przód po osi wizualnej ujęcia 428. B kończy mówić. A z lewej reaguje odwróceniem się tyłem i zwróceniem twarzy do kamery. Odpowiada gorzkimi słowami. B odwraca się, idzie do tła, wychodząc przez drzwi. A pozostaje sama na ekranie. Zaciemnienie.

W opisie ujęć pominięto pełny tekst dialogu po to, by przykład stał się bardziej obrazowy, a czytelnik skoncentrował się na samej fizycznej akcji. Tak więc możemy wyraźnie zaobserwować, jak każde zdjęcie montowane w kamerze łączy się z poprzedzającym dla uzyskania ciągłości akcji. W technice tu użytej przyjęto zasadę montażu „ujęcia po ujęciu".

Przykład 3

Montowanie pojedynczych ujęć akcji równoległej jest łatwiejsze niż w przypadku akcji powiązanej ruchem ciągłym. Przy montażu równoległym wypunktowanie akcji w czasie można regulować dowolnie poprzez skracanie ujęć lub użycie ich dłuższej wersji.

Przy montażu ciągłym („ujęcie po ujęciu") reżyser, mając swój materiał sfotografowany i w kopii roboczej, może, co prawda, usunąć pewne fragmenty ujęć podstawowych, używając przebitek lub przerywników sfilmowanych jako zabezpieczenie, lecz jest to już praca naprawcza, pełna trudności. Z drugiej strony, montaż „ujęcie po ujęciu", w którym równolegle biegną dwa lub więcej torów narracji, jest łatwiejszy do skompletowania zmiany lub usunięcia pewnych fragmentów. Oto przykład – przedstawiony tu fragment jest zakończeniem sceny bójki.

Ujęcie 456: Plan ogólny. Dziewczyna stoi na drodze, blisko skały. Obserwuje, jak czarny charakter (w pierwszym planie) powala bohatera na ziemię. Obaj padają. Czarny charakter zrywa się i biegnie w lewo, opuszczając kadr. Bohater podnosi się i biegnie w lewo, za nim. Kamera panoramuje w lewo, wypuszczając dziewczynę z kadru. Widzimy znowu, jak czarny charakter biegnie do podnóża skały. Bohater dogania go i dopada.

Ujęcie 457: Bliski plan. Dziewczyna patrzy w lewo, poza kadr.

Ujęcie 458: Plan ogólny. Bohater i czarny charakter walczą. Bohater pada po ciosie przeciwnika. Ten sięga po kamień.

Ujęcie 459: Plan średni. Dziewczyna idzie w przód i chwyta broń leżącą na ziemi. Kamera panoramuje za jej ruchem w dół i w górę.

Ujęcie 460: Plan ogólny. Samochód, z przyjacielem bohatera za kierownicą, pędzi do nas po drodze.

Ujęcie 461: Plan ogólny. Czarny charakter, trzymając kamień wysoko nad głową, zbliża się do bohatera.

Ujęcie 462: Zbliżenie. Dziewczyna strzela w kierunku kamery, kierując broń poza ekran, w lewo.

Ujęcie 463: Plan pełny. Bohater na ziemi powoli dochodzi do siebie. Czarny charakter z podniesionym kamieniem zostaje trafiony i pada w tył, poza kadr.

Ujęcie 464: Plan ogólny z góry, ze skały. Ciało napastnika wpada do morza, z głośnym pluskiem.

Ujęcie 465: Bohater wchodzi w kadr, ujęty z dołu w średnim planie. Patrzy w dół.

Ujęcie 466: Pełny plan. Przyjaciel bohatera wychodzi z samochodu i biegnie drogą w prawo. Kamera panoramuje za nim w tę stronę.

Ujęcie 467: Bliski plan bohatera wychodzącego z planu w prawo.

Ujęcie 468: Bliski plan dziewczyny. Opuszcza broń w dół, poza ramę ekranu, po czym idzie w przód do kamery wychodząc z planu w lewo.

Ujęcie 469: Pełny plan. Bohater idzie w prawo, do drogi, kamera panoramuje za nim.

Ujęcie 470: Średni plan. Przyjaciel idzie w przód po drodze i staje. Dziewczyna wchodzi z prawej, bohater z lewej. Obaj plecami do nas. Nagle wszyscy obracają się do kamery i patrzą w górę, w prawy róg, gdy słyszą eksplozję poza ekranem.

Ujęcie 471: Ogólny plan. Samotnie stojący na szczycie góry autobus wylatuje w powietrze.

    Każde ujęcie w tej sekwencji przedstawia inną część wydarzenia. Istnieją tu przemiennie na ekranie trzy główne linie akcji. Ponieważ każda akcja jest wizualnie niezależna od innych, możliwe jest dopasowanie czasu trwania ujęć do pożądanej długości. Jest to ważny czynnik, który pozwala reżyserowi na przyśpieszanie lub zwalnianie tempa jego filmu.

Przykład 4

Do przedstawienia jednego faktu widzom używa się pojedynczych ujęć. Każde takie ujęcie ma wartość frazy lub krótkiego oświadczenia. Ujęcia te bywają czasem łączone przenikaniami, które służą wskazywaniu upływu czasu. Przedstawimy tu przykład wzięty z filmu *Cowboy* Delmera Daves'a.

Rozjaśnienie. Ogólny plan pejzażu. Nad horyzont powoli wychodzi słońce.

Przenikanie. Bliski plan garnka z kawą nad ogniskiem obozu. Ręka wchodzi w kadr i zdejmuje pokrywkę. Wewnątrz widać gotującą się wodę.

Przenikanie. Pełny plan. Kowboje budzą się na dźwięk gongu patelni poza ekranem. Jeden z mężczyzn podnosi się blisko wozu, idzie w lewo. Kamera panoramuje za nim, ukazując pozostałych w grupie, i zatrzymuje się na zaspanej twarzy Jacka Lemmona w pierwszym planie.

Przenikanie. Bliski plan żelaznej kraty nad węglami ogniska. Pełno na niej powoli pieczących się plastrów mięsa. Wchodzi w plan ręka z widelcem i podnosi jeden z plastrów. Panorama w górę, widzimy kowboja rozdzielającego mięso swoim towarzyszom.

Przenikanie. Bliski plan ogniska. Ktoś wylewa zawartość garnka na gorące węgle, gasząc ognisko.

Przenikanie. Sznur wozów przejeżdża przed kamerą z lewej w prawo, w pełnym planie. Plan ogólny. Po lewej stronie, w tle widzimy wóz kowboja jadący do nas. Grupa Indian na koniach wchodzi w plan z prawej. Jadą w tle. Kowboje i Indianie przechodzą w różnych kierunkach przed kamerą. Panorama w prawo z Jackiem Lemmonem patrzącym na Indian.

Przenikanie. Karawana jedzie wijącą się w kształcie litery Z trasą z lewej w prawo, przed kamerą. Glenn Ford i jego meksykański nadzorca jadą na czele kolumny. Jack Lemmon nadjeżdża z tyłu, półśpiący w siodle.

Przenikanie. Zachód słońca. Glenn Ford na czele kolumny zatrzymuje konia i unosi ramię sygnalizując innym zatrzymanie.

Przenikanie. Dokoła nocnego ogniska zaczyna się nowa sekwencja, obejmująca wydarzenia dnia w marszu kolumny.

Każde ujęcie jest równoważne frazie literackiej. W sekwencji nie ma dialogów. Przekaz treści odbywa się wyłącznie obrazami.

Stapianie się różnych technik

Do montowania równoległego ujęć podstawowych i montowania sceny w kamerze bez wizualnych cięć można dodać trzecie źródło efektów, polegające na łącznym użyciu obu technik.

Kluczowe kombinacje, jakie da się osiągnąć, są następujące:
1) seria kolejnych ujęć montowanych w kamerze, po których następują dwa (lub więcej) ujęcia podstawowe montowane równolegle;
2) dwa (lub więcej) ujęć montowanych w kamerze, a wciętych w montaż równolegle.

Przykład 5

Każda indywidualna technika ma w sobie cały arsenał kombinacji, które zmieniają istotę ogólnego wzoru. Praktyczny przykład daje pojęcie o tym, jak wygląda taka kombinacja technik (rys. 27.2).

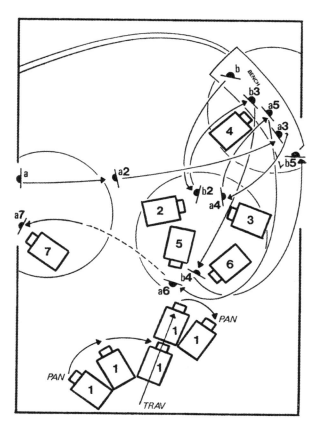

Rys. 27.2
Ten plan pokazuje szereg układów kamery użytych do objęcia sekwencji dialogowej. Ujęcie 1 jest długim podstawowym ujęciem obejmującym całą sekwencję. Inne ujęcia są wcinane albo jako przebitki, albo montowane równolegle z głównym ujęciem podstawowym. Tak więc dla objęcia całej sceny połączono ze sobą szereg technik montażowych.

Ujęcie 1: A wchodzi przez drzwi po lewej i dochodzi do swej pozycji A^2. Kamera panoramuje z nim. Z prawej, z dala widzimy siedzącego aktora B. A zdmuchuje świecę i przechodzi do swej pozycji A^3, teraz widziany w kompozycji $B-A^3$. Wtedy B podnosi się i podchodzi do kamery. Zatrzymuje się w pierwszym planie, w kompozycji B^2-A^3. Po kilku chwilach i po wymianie tekstów dialogu, A idzie w przód do swej pozycji A^4, tworząc na ekranie kompozycję B^2-A^4. Wykonawcy są teraz profilami do siebie, skadrowani w planie średnim.

Ujęcie 2: Zewnętrzny bliski plan B i A, faworyzujący B. Rozmowa trwa.

Ujęcie 3: Kontrplan zewnętrzny bliski B i A, faworyzujący B. Rozmowa trwa.

Ujęcie 2: Aktorzy w planie bliskim. Zaakcentowany A.

Ujęcie 3: Obaj aktorzy w planie bliskim, wizualnie dominuje B.

Ujęcie 1: Znowu B i A skadrowani w średnim planie, profilami do siebie. Kompozycja obrazowa identyczna, jak w zakończeniu pierwszego fragmentu tego zdjęcia. A przechodzi do tła i siada. Kompozycja staje się B^2-A^5. Wtedy B dołącza do A w tle. Dziewczyna siada obok niego. Teraz kompozycja jest B^3-A^5.

Ujęcie 4: Przebitka. Bliski plan siedzących B i A. Zdjęcie podkreśla frazę wymienioną między nimi. To ujęcie ma tę samą oś wizualną, jak ujęcie 1.

Ujęcie 1: Kompozycja ekranowa znowu staje się B^3-A^5. Aktor A wstaje i znowu podchodzi do pierwszego planu. Kamera panoramuje z nim w lewo. Aktor staje i odwraca się do tła w kompozycji A^5-B^3.

Ujęcie 5: Bliski plan A, widzianego z pozycji wewnętrznego kontrplanu. Słucha.

Ujęcie 1: Znowu powracamy do kompozycji A^6-B^3. Jest to plan średni. B w tle podnosi się i przechodzi do A (przedni plan). Gdy idzie do A kamera podjeżdża do aktorów by skadrować ich w bliskim planie, w kompozycji A^6-B^4. Rozmawiają.

Ujęcie 6: Zewnętrzny kontrplan A^6-B^4. Kompozycja ta faworyzuje aktora A.

Ujęcie 1: Bliski plan A^6-B^4. Kompozycja faworyzuje B.

Ujęcie 6: Zewnętrzny kontrplan A–B, faworyzując A.

Ujęcie 1: Bliski plan A–B. A wychodzi z planu w lewo. B zwraca głowę w lewo, śledząc jego ruch poza kadrem.

Ujęcie 7: Pełny plan drzwi w tle. Na początku zdjęcia A wchodzi w kadr z prawej, idzie do drzwi, staje, spogląda do tyłu. Mówi.

Ujęcie 1: Bliski plan B w lewym profilu. Słucha.

Ujęcie 7: A w pełnym planie blisko drzwi, otwiera je, wychodzi.

Ujęcie 1: Bliski plan B, która opuszcza głowę, po czym zwraca się plecami do kamery i odchodzi do tła. Panorama w prawo za nią. Aktorka siada na ławce, zmartwiona.

Sekwencja opisana powyżej, choć na początku nieco skomplikowana, zbudowana jest w prosty sposób, co wyjaśni poniższa analiza. Sekwencja składa się z następujących elementów.

Ujęcie 1: Długie ujęcie podstawowe, obejmujące scenę od początku do końca. Zastosowano tu technikę montażu wewnątrzkadrowego poprzez panoramowanie i wózkowanie w czasie zdjęcia wraz z ruchem aktorów w trzech strefach dekoracji. Do tego ujęcia wcina się ujęcia przewidziane, by objąć punkty widzenia inne, niż ujęcie podstawowe bądź potrzebne do zastąpienia wycinków samego ujęcia podstawowego.

Ujęcia 2 i 3: Para kontrplanów zewnętrznych. Ujęcie 1 działa jako wierzchołek trójkąta w formacji kamerowej w kształcie delta. Ujęcia 2 i 3 mieszczą się na podstawie tej figury geometrycznej.

Ujęcie 4: Jest to przebitka, która podkreśla kawałek dialogu. Chwilowo daje bliższy widok aktorów i umieszczona jest na tej samej osi wizualnej, jak ujęcie 1 w tej chwili.

Ujęcie 5: Ujęcie nieme reakcji obejmujące pozycję wewnętrznego kontrplanu, które daje widzom możliwość zobaczenia reakcji aktora będącego w ujęciu 1 plecami do kamery.

Ujęcie 6: To ujęcie montowane jest równolegle z podstawowym 1 i obejmuje pozycję zewnętrznego kontrplanu po drugiej stronie pary aktorskiej działającej w scenie.

Ujęcie 7: Ujęcie to, podobnie jak poprzednie montowane równolegle z ujęciem podstawowym 1, różni się tym od ujęcia 6, (które obejmowało aktorów w tej samej strefie dekoracji), że ujęcie 7 przeciwstawia pierwszą strefę w dekoracji drugiej, widzianej w ostatniej części ujęcia podstawowego 1.

Sekwencję można podzielić na cztery części, w których użyto różnych kombinacji (omówionych powyżej) podstawowych podejść.

1. Jak można zauważyć, ujęcie podstawowe 1 jest najpierw użyte samo, w ramach techniki montażu wewnątrzkadrowego. Widać, że aktorzy działają w trzech strefach dekoracji: jedna bliska kamery, inne pod kątami prostymi.

2. Ujęcie 1 jest przerywane, by dać miejsce parze ujęć montowanych równolegle, które podkreślają część dialogu.

3. Scena cofa się do ujęcia 1, które użyte jest znowu w technice montażu wewnątrzkadrowego. Dwie przebitki obejmują dalszą część sceny – jedna jest z dźwiękiem i druga z niemą reakcją.

4. W czwartej części sekwencji ujęcia 6 i 7 są montowane równolegle z samym ujęciem podstawowym. Ujęcie 6 zapewnia spojrzenie odwrotne na parę aktorską stojącą w drugiej strefie. Kiedy oboje aktorzy są w różnych strefach, ujęcie 7 przedstawia punkt widzenia aktora, który pozostaje w drugiej strefie, umożliwiając montowanie równoległe obu.

W tej sekwencji użyto trzech technik. Pierwsza jest połączeniem ustawienia podstawowego, zawierającego montaż wewnątrzkadrowy, z ciętymi równolegle statycznymi miejscami kamery. Następnie montowane są dwie przebitki do głównego ujęcia podstawowego. W trzeciej dwa ujęcia z nieruchomej kamery montowane są równolegle z głównym ujęciem podstawowym. Ważna jest druga z wymienionych technik. Ujęcia reakcji, nieme czy dźwiękowe, winny być wcinane w potrzebnych miejscach do ujęcia podstawowego (zawierającego montaż wewnątrzkadrowy), by skomentować wydarzenia czy wykonawców w tej chwili nie włączonych w ujęcie podstawowe. Mamy tu dwa ujęcia reakcji: przerywniki lub przebitki. Te ostatnie podkreślają akcję lub tekst dialogu bądź element czy osobę obecną w głównym ustawieniu podstawowym, do którego zostają wmontowane.

Przykład 6

Dwa ujęcia podstawowe, zawierające montaż wewnątrzkadrowy, mogą być montowane równolegle. Sposób jest całkiem prosty. Ostatnią część pierwszego ujęcia podstawowego montuje się z pierwszą częścią drugiego podstawowego. Zjawisko to przedstawia umieszczony poniżej przykład. Plan ruchów aktorów w scenie pokazuje rys. 27.3.

Ujęcie 1: Bliski plan pary aktorskiej. Ona stoi w pierwszym planie, tyłem do nas. On widoczny jest głębiej, z prawej, zwrócony do kobiety. Wtedy ona idzie w prawo, a kamera wózkuje za nią. Ona zatrzymuje się w drugiej strefie i zwraca się do partnera, obecnie będącego poza ekranem. Kamera zatrzymuje się, kadrując ją w zbliżeniu. Ona powraca do pierwszej strefy, po lewej stronie. Kamera znowu z nią wózkuje i zatrzymuje się przed mężczyzną *en face*, gdy dziewczyna przechodzi przed nim i wychodzi z kadru z lewej. Kamera trzyma bliski plan mężczyzny patrzącego poza ekran, w lewo.

Ujęcie 2: Średni plan dziewczyny. Ta, pośrodku ekranu, obraca się twarzą do kamery patrząc poza ekran, w prawo. Kamera trzyma ją mówiącą.

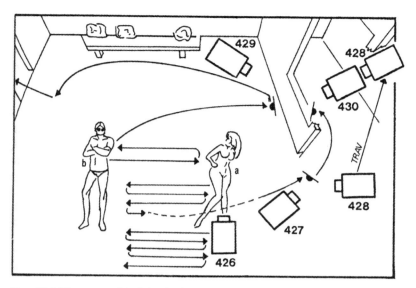

*Rys. 27.3 W tym przykładzie ujęcia zawierające montaż wewnątrzkadrowy
montowane są równolegle, wymagają bardziej złożonej techniki do objęcia
akcji sceny dialogowej.*

Ujęcie 1: Bliski plan mężczyzny, który idzie w lewo do trzeciej sfery. Kamera
    wózkuje z nim i staje, gdy ten dołącza do aktorki, kadrując oboje w bli-
    skim planie. Rozmawiają. On wychodzi z kadru w prawo, pozostawia-
    jąc dziewczynę samą na ekranie. Pozostajemy z nią chwilę.
Ujęcie 3: Bliski plan średni mężczyzny podchodzącego do bariery w tle.
    Kamera wózkuje za nim i staje, gdy aktor osiąga barierę i siada.
Ujęcie 4: Bliski plan dziewczyny. Mówi.
Ujęcie 3: Średni plan mężczyzny siedzącego pod barierą. Mężczyzna od-
    powiada.
Ujęcie 4: Bliski plan dziewczyny. Mówi.
Ujęcie 3: Bliski plan siedzącego mężczyzny. Mówi.
Ujęcie 4: Bliski plan dziewczyny. Ta mówi, następnie idzie w prawo
    czwartej strefy, gdzie znajduje się mężczyzna. Kamera śledzi ją wóz-
    kowaniem i panoramą, kadrując oboje razem w końcu ruchu wózka.
    Ona znajduje się w pierwszym planie z lewej, tyłem do kamery. On
    siedzi po prawej, twarzą do niej. Rozmawiają.
Ujęcie 5: Bliski plan dziewczyny Jest to wewnętrzny kontrplan wyod-
    rębniający dziewczynę.
Ujęcie 4: Średni plan obojga. Spojrzenie kamery faworyzuje jego.
Ujęcie 5: Ona w bliskim planie.

Ujęcie 4: Średni plan obojga. On odpowiada. Wtedy dziewczyna idzie w prawo, wychodząc z planu. Chwilę pozostajemy z nim.

Ujęcie 6: Pełny daleki plan. Z wysoka poprzez łuk w pierwszym planie widzimy dziewczynę pośrodku ekranu odchodzącą do tła. Na początku ujęcia poruszała się od jednej z kolumn do przestrzeni kadru.

W podanym przykładzie ujęciem podstawowym ilustrującym fabułę jest ujęcie 4. Ujęcie 3 jest wmontowane równolegle z początkiem ujęcia 4. Kamera w ujęciu 4 porusza się od trzeciej do czwartej strefy, gdzie ponownie staje się statyczna. Ta ostatnia część ujęcia 4 jest zmontowana równolegle z wewnętrznym kontrplanem dziewczyny (ujęcie 5). W tym przykładzie maksymalne możliwości otrzyma się z prostego ujęcia, jak ujęcie 4, przez powiązanie początkowe stref 1 i 3 i przez zapewnienie objęcia czwartej strefy kontrplanami.

Podsumowanie

Przytoczone przykłady pokazują jak różne techniki montażowe, same w sobie proste, mogą być stosowane łącznie. Zależnie od kontekstu sceny, do której się je stosuje, można uzyskiwać bardziej złożone wzory montażowe. Zawsze trzeba mieć na uwadze dwie motywacje:

1) żeby użyta technika służyła scenie, a nie odwrotnie,
2) żeby uzyskane rezultaty wydawały się na ekranie naturalne i wiarygodne.

28

INTERPUNKCJA FILMOWA

Interpunkcję filmową – odstępy między sekwencjami, pauzy w narracji, podkreślenie pasażu – uzyskuje się poprzez montaż, ruch kamery, ruch obiektów zdjęciowych. Opiszemy tutaj najbardziej znane sposoby stosowania interpunkcji filmowej.

Przejścia od sceny do sceny: rozjaśnienie–zaciemnienie

Ten sposób „zmieniania czasu" (gdy obraz ekranowy stopniowo zaciemnia się i zostaje zastąpiony innym obrazem, który pojawia się stopniowo lub nagle) jest normalnie wykonywany w laboratorium filmowym. Jeżeli do jego wykonania zabraknie w ujęciach metrażu, można wprowadzić „stop klatkę", a dopiero później rozjaśnienie czy też zaciemnienie.

Rozbielenia i rozjaśnienia przez użycie barwy

Alternatywą zwykłych zaciemnień jest rozjaśnienie do lub od białego ekranu. Aby uzyskać taki efekt, można również użyć dominanty barwnej. Obraz zabarwiamy coraz to mocniej, aż kolor zamazuje go całkowicie i pozostaje tylko zabarwiona płaszczyzna ekranu. W kierunku odwrotnym barwa ta blaknie, stopniowo ukazując nową scenę. W takich przypadkach potrzebne są dwie różne barwy. Jedna do zaciemniania, druga do rozjaśniania nowej sceny. Agnes Varda w swym filmie *Szczęście* użyła tej metody wielokrotnie, stosując pojedyncze barwy (czerwona, niebieska) lub ich zestawienia (niebieska–czerwona; zielona–fioletowa), sprzyjając stykom nastrojów w sekwencjach łączonych barwami.

Przenikanie

Przenikanie jest nałożeniem rozjaśnienia na zciemnienie. Przypuszcza się, że przenikania użył już w 1902 roku Georges Meliès w filmie *Podróż na księżyc*. Szybkie przenikanie daje względnie ostre przeniesienie od sceny do sceny. Powolne przenikanie może wiązać ze sobą nastroje dwóch scen. Jeżeli część nakładająca się obu scen jest wydłużona, wtedy przenikanie jest dłuższe i lepiej podkreśla nostalgię, czy nastrój poetycki.

Przenikanie może być efektem „zjawiania się" postaci na ekranie. Najpierw fotografuje się pustą dekorację, po czym nie ruszając z miejsca kamery, to samo wnętrze, lecz już z obecnością aktorów. Po laboratoryjnym wykonaniu przenikania aktor „zmaterializuje się z niczego" stając się postacią z krwi i kości. Nieruchome części sceny zachowują swoją stałą gęstość fotograficzną przez cały czas trwania ujęcia.

Zmazanie

Zmazanie jest efektem laboratoryjnym, w którym nowa scena zostaje wprowadzona na ekran wraz z usuwaniem w bok lub zmazywaniem poprzedzającego obrazu. Istnieją dwa rodzaje takiego zmazania. W pierwszym nowy obraz wchodzi z boku lub z góry i spycha dotychczasowy z ekranu. W drugim przez ekran przechodzi cienka linia gasząca jeden obraz i ujawniająca równocześnie nowy. W praktyce jako symbolu upływu czasu najczęściej używa się drugiego rodzaju zmazania lub ruchomej granicy.

Ruchoma linia może się poruszać w pionie, w poziomie, po skosie, z lewej w prawo lub odwrotnie. Bywają też zmazania o bardziej skomplikowanych kształtach jak spirale czy wielokrotne kwadraty. Ich zastosowanie ogranicza się najczęściej do reklamówek i zwiastunów filmów.

Iris

Efekt ten na przestrzeni lat podlegał wielu przemianom. Początkowo pojawiał się jako zmniejszające się kółko, które koncentrowało uwagę na oddzielnym obiekcie lub szczególe. Zrezygnowano z niego jako symbolu upływającego czasu, ponieważ był nadużywany. Taki efekt ukazuje się czasem w filmach rysunkowych. Należy jednak przypomnieć o zmienionym irisie, jaki pojawił się w serialu TV *Batman*: symbol nietoperza rośnie od środka ekranu, aż całkowicie prześlani obraz, po czym kurczy się zamieniając się w coraz to mniejsze kółko i odsłaniając równocześnie nowy obraz.

Użycie ciemnych przestrzeni

Inny rodzaj przejścia czasowego to panorama lub wózkowanie kamery na ciemną przestrzeń lub kształt, który wypełnia ekran, następnie cięcie na analogiczny początek następnej sceny. Jeżeli kamera porusza się w obu ujęciach w jednym kierunku, przejście będzie płynniejsze, niż miałoby to miejsce przy przeciwnych kierunkach. Aktor, idąc na kamerę lub od kamery, może również przesłonić swą postacią pole widzenia. Przy tylko jednej osobie efekt ten jest sztuczny, zdecydowanie lepszy przy dwóch aktorach, którzy zbliżają się do kamery i równocześnie do siebie, zaś rozdzielają się odchodząc od kamery w nowym miejscu i w innym czasie.

Napisy

Pozostałością epoki filmu niemego jest użycie napisów do rozdzielenia sekwencji. Dzisiaj napisy mogą określać miejsca, dokładny czas dnia bądź też rok, w którym ma miejsce akcja. Ukazują się wkopiowane w obraz lub na neutralnym tle.

W filmach dokumentalnych do oznaczenia nowych sekwencji używa się czasami napisów wkopiowanych.

Rekwizyty

Rekwizyty to symbole upływającego czasu. Ideą jest ukazanie działania czasu na przedmiotach. Rekwizyt taki można ukazać w przenikaniu od całego do zużytego czy zniszczonego. Takie rekwizyty, będące już dzisiaj komunałami, to palące się świece, papierosy, ogniska, kominki, zegary, kalendarze, daty w gazetach itp.

Zmiana światła

Symbolem upływu czasu może być zmiana oświetlenia sceny od efektu poranka do efektu wieczoru. Kamera może kadrować dekorację bez ruchu, na oczach widzów dokonuje się zmiana oświetlenia, wchodzą aktorzy i zaczyna się nowa sekwencja.

Pytanie i odpowiedź

Metoda ta polega na wspólnym temacie służącym do uzyskania przejścia czasowego. Na przykład, bohater filmu pyta: „Czy myślisz, że Pamela jest naprawdę piękna?" „Tak, jest piękna" – odpowiada inny aktor w innym miejscu, w innym czasie i do innej osoby stojącej obok niego. Pytający i osoba odpowiadająca nie są powiązane kierunkiem ich spojrzeń. Upływ czasu został przekazany tylko znaczeniem słów.

Ruch w jednym kierunku

Aktor siedzi w samochodzie wyścigowym przed frontem swego letniego domu, otoczony przyjaciółmi. Zapuszcza silnik i wyjeżdża z planu, w prawo. W następnym ujęciu wóz wjeżdża z lewej na tor wyścigowy i szybko odjeżdża. Użyto tego samego samochodu i ruchu w tym samym kierunku, z lewej w prawo, lecz miejsce, czas i nastrój są inne.

Zastąpienie przedmiotu innym

Ktoś trzyma kieliszek szampana. Reaguje na wydarzenie, które tu miało miejsce i zdenerwowany rzuca kieliszek poza plan. Następny plan, wprowadzony ostrym cięciem, zaczyna się szybą, którą rozbija kamień.

Za wybitą szybą zjawia się twarz patrząca w dół. Studenci bombardują kamieniami pomieszczenie dziekanatu. Łącznikiem między takimi sekwencjami jest ten sam dźwięk lub efekt dźwiękowy.

Powtórzenie słowa

Postać zamyka scenę mówiąc słowo w zbliżeniu. Następna scena zaczyna się innym aktorem, który powtarza to słowo w innym miejscu i w innym czasie. Słowo to można powtórzyć z podobną intonacją lub zamienić je w pytanie. Od tego zacznie rozwijać się nowa scena.

Mylące dopasowanie wizualne

Przy zmianie sceny, która polega na użyciu tego samego elementu na końcu jednej i na początku drugiej, element ten może w każdej ze scen grać inną rolę. Widz zostaje nakierowany tak, by uwierzył, że nowa scena jest częścią sekwencji, którą widział, lecz nagle uświadamia sobie, że jest to nowa sekwencja połączona symbolem upływu czasu.

Dla osiągnięcia tego efektu istnieją dwa sposoby: ujęcie reakcji i ciągłość ruchu. Sposób pierwszy skłania widzów do przewidywania ujęcia reakcji po danej akcji, lecz reakcja ta łączy się z tym, co nastąpi w sposób nieprzewidziany. Na przykład: w filmie Davida Leana *Most na rzece Kwai* widzimy scenę, w której Clipton (medyk) patrzy w niebo, skarżąc się na straszny upał. Następne ujęcie ukazuje zachodzące słońce. Jest to subiektywne spojrzenie medyka. Zamiast powrócić w montażu na Cliptona, trwa dalej ujęcie na słońce, nagle z dołu podnosi się postać Shearsa (amerykańskiego zbiega), który przesłania sobą słońce i stoi w kontrowym oświetleniu, skadrowany od dołu. Shears jest zaniedbany, ubranie w strzępach, włosy rozczochrane, o krok od pomieszania zmysłów. Kiedy rusza i sekwencja biegnie dalej, jesteśmy na innym miejscu i w innym czasie.

Dla takiego przejścia może być również użyty obiekt, którego widz nie jest w stanie rozszyfrować aż do chwili, gdy zostaje doń wprowadzony jako odnośnik – człowiek. Do takiego chwytu ucieka się Michelangelo Antonioni w filmie *Noc*. Główna postać w opowieści, pisarz, jest w swym mieszkaniu, oczekując na żonę. Kładzie się na sofie w bibliotece i patrzy poza ekran. Następne ujęcie ukazuje abstrakcyjny wzór. Wygląda to jak część ściany w jego pokoju, do chwili gdy mała postać kobieca wchodzi w kadr w dolnym rogu i obraz nabiera znaczenia. Abstrakcyjnym wzorem jest boczna ściana dużego budynku. Rozpoczęła się nowa sekwencja.

Aby osiągnąć bardziej dynamiczne przejście, można zwiększyć szok wizualny. W filmie *Wokół Caprice* Franka Tashlina, Doris Day i Ray Walston spotykają się w tajemnicy w samotnej górskiej okolicy w Alpach.

Richard Harris obserwuje ich z daleka i nakierowuje na nich swą ukrytą kamerę filmową. Nagle zostaje pokazane ich zbliżenie. Jest jakby naturalną kontynuacją sceny. Wtedy z dołu kadru widać podnoszącego się Jacka Kruschena, który swoją postacią przesłania obraz, okazujący się projekcją na nim. Obraz znika, pozostaje biały ekran i zaczyna się nowa scena w pomieszczeniu biura, gdzie film rzutowano na ekran. Jako przejście może być użyty ruch, który jest kontynuowany od jednego ujęcia do następnego nawet wtedy, gdy obiekt zostanie zastąpiony innym. Sam ruch kamery też może służyć jako przejście od sceny do sceny, w oparciu o chwilowe zamieszanie, jakie nastąpi np. przy nagłym bardzo bliskim planie na początku drugiego ujęcia, zanim ruch kamery odkryje prawdziwe powiązania rzeczy w nowym ujęciu. Przytoczymy tu przykład z *Przedziału morderców*, filmu w reżyserii Costa-Gavrasa (rys. 28.1).

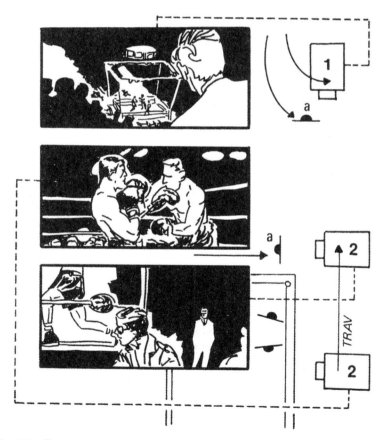

Rys. 28.1 Przejście czasowe uzyskane przez mylące zestawienie wizualne.

A schodzi po schodach widowni ringu bokserskiego. On i kamera zatrzymują się w pierwszym planie. On skadrowany tyłem do nas. W głębi, w dole bokserzy walczą na ringu. Cięcie na średni plan bokserów wymieniających ciosy, widzianych pośrodku ekranu. W chwilę po tym kamera wózkuje w prawo, ukazując A przechodzącego przez tłum, po czym siadającego w pierwszym planie. Drugie ujęcie wygląda, jakby było w stosunku do pierwszego wysunięciem w przód kamery po wspólnej osi wizualnej. Tak byłoby normalnie, ale zaskoczenie przychodzi w chwili, kiedy po ruchu kamery okazuje się, że nasza postać wiodąca jest już w pierwszym szeregu tłumu. Upływ czasu, w którym aktor zszedł na ring, został pominięty. Dla otrzymania upływu czasu w scenie można użyć zbliżenia, którego otoczenie nie daje się zidentyfikować. Michelangelo Antonioni, w swym filmie *Powiększenie*, do uzyskania takiegoż efektu – użył ruchu kamery. Na rys. 28.2 pokazano obie pozycje kamery.

Rys. 28.2 Inne przejście czasowe. Z zastosowaniem mylącego zestawienia wizualnego, jakiego użył Michelangelo Antonioni w filmie „Powiększenie".

Ujęcia są następujące:

Ujęcie 1: Młody fotograf klęczy w parku koło miejsca, które poprzedniej nocy zajmowało ciało martwego człowieka. Kamera widzi go od tyłu, patrzącego na gałązki drzewa.

Ujęcie 2: Bliski plan spod gałązek. Pozornie jest to jego punkt widzenia (pokazujący to, co on widzi). W chwilę później kamera panoramuje w dół, ukazując młodego człowieka wstającego w pobliżu krzaków.

Odkrycie to jest niespodzianką, ponieważ młody człowiek zajmował pozycję niezgodną z subiektywnym punktem widzenia narzuconym przez jego odniesienie do poprzedniego ujęcia. Innym wariantem byłoby montowanie ujęć dookoła głównej postaci. Zbliżenie osoby służy za pomost między dwiema sekwencjami, w których ta osoba jest widoczna. Kamera odjeżdża by pokazać nowej scenerię akcji. Zmianę maskuje się przez użycie w obu ujęciach neutralnego tła. Zbliżenie wygląda tak, jakby było częścią pierwszej sekwencji. W rzeczywistości należy ono do obu scen.

Na przykład:

Ujęcie 1: Chłopiec w łóżku, widziany nad lewym ramieniem jego ojca. Chłopiec mówi.

Ujęcie 2: Wewnętrzny kontrplan, ojciec widziany w zbliżeniu. Odpowiada na kwestię chłopca, stara się go uspokoić.

Ujęcie 1: Chłopiec i ojciec jak poprzednio. Chłopiec mówi dalej.

Ujęcie 3: Wewnętrzny kontrplan. Ojciec w zbliżeniu reaguje ze zmartwieniem na słowa syna, odwraca głowę w prawo. Kamera odjeżdża do tyłu, ukazując go siedzącego przy stoliku w jadłodajni. Dźwięk hałaśliwego tłumu towarzyszy scenie od chwili przejścia.

Scena ta (przedstawiona na rys. 28.3) wzięta jest z filmu reżysera Guy Greena *Zmowa milczenia*.

Podobny podstęp bywa użyty, gdy dialog służy wyzwoleniu wzruszenia, które służy idei odwrotnej do tej, jaka została wyrażona. Mężczyzna, w zbliżeniu, grozi dziewczynie: „Jeżeli nie będziesz współpracować, ja zabiję twoją siostrę". Następna scena, to zbliżenie jej siostry otwierającej usta do krzyku, gdy pada w tył. Kamera panoramuje za nią i wtedy widzimy, że dziewczyna jest w kostiumie kąpielowym i skacze do tyłu do basenu, w którym bawi się ze swoim towarzystwem.

Montowanie „dokoła" rekwizytu

Przedłużenie poprzedniego przykładu, z zastosowaniem rekwizytu, można przedstawić następująco: Człowiek rozmawiający z drugim prosi by przedstawiono go trzeciej osobie. Pokazuje swoją kartę wizytową, którą trzyma w ręku. Wizytówkę widzimy w zbliżeniu. Zbliżenie trzeciego

Rys. 28.3 Drugie ujęcie w tej sekwencji jest dwuznaczne. Należy ono do sceny poprzedzającej, a również do tej, która się po tamtej zaczyna. W tym drugim zdjęciu tłu jest neutralne w celu zintegrowania obu scen.

i drugiego człowieka. Trzeci trzyma wizytówkę, lecz miejsce, czas i jedna z postaci zmieniły się (rys. 28.4).

Analogiczna jest koncepcja ujęć dokoła zbliżenia, lecz sytuacja jest inna. Przerwa czasowa została szybko połączona jednym z filmowych sposobów.

Rys. 28.4
W tym przypadku by uzyskać
przejście od sceny do sceny
użyto zbliżenia przedmiotu.

Nagłe zbliżenie

Zbliżenie użyte jako wizualny pomost nie musi wiązać się z ujęciem, które po nim następuje. Może to być np. proste cięcie na obiekt lub osobę w zbliżeniu, widziane w następnym ujęciu w swym właściwym kontekście.

Oto przykład: Sekwencja kończy się we wnętrzu pokoju. Ujęcie, które ma nastąpić, to latarnia uliczna z czterema lampami. Trzecie ujęcie to pełny plan, w którym ta lampa widoczna jest jako element scenerii parku. Nowe postacie sceny umieszczone są w pierwszym planie. Zbliżenie w pierwszym ujęciu wiąże się z całym zespołem ujęć w przykładzie, który przytaczamy poniżej.

Przejście przez montowanie równoległe

Przykład z filmu Briana Huttona *Tylko dla orłów*, w którym użyto montażu równoległego do wprowadzenia retrospekcji na początku akcji. Richard Burton, w roli dowódcy grupy komandosów znajduje się w samolocie, którym lecą do wyznaczonego miejsca:

Ujęcie 1: Richard Burton, widziany w bliskim planie zauważa, że zaświecił się przerywany, zielony sygnał świetlny (samego sygnału nie widzimy, jedynie jego zielone błyski na postaci Burtona).

Ujęcie 2: Zbliżenie błyskającej, zielonej lampy sygnałowej na suficie.

Ujęcie 1: Bliski plan Burtona, jak poprzednio, z silnym efektem zielonego światła. Patrzy.

Ujęcie 2: Zbliżenie zielonej lampy na suficie. Kamera panoramuje w dół uwidaczniając, że lampa nie jest umieszczona w samolocie, lecz w podziemnej sali konferencyjnej sztabu.

Przez zmontowanie równoległe nawiązano do przeszłości w sposób wizualnie płynny. Podobnego chwytu, lecz przeskakując w przyszłość, użył Roger Corman w swym filmie *Podróż*. Przy obu tych okazjach tempo w montażu było powolne. Dennis Hopper użył podobnego efektu w filmie *Easy Rider*.

Sposób otwarcia sceny

Gdyby wszystkie sceny rozpoczynały się nagle, powodowałoby to niepotrzebne ich akcentowanie. Lepiej rozpoczynać scenę w sposób neutralny i dopiero po tym zbliżyć się do wiodącego wydarzenia lub postaci. Można posłużyć się w tym celu ruchem aktora lub kamery.

Aktor

Przesłania swym ciałem obiektyw kamery. Odchodzi, odsłaniając scenę. Jakiś przedmiot pierwszoplanowy (w ostrości) zostaje zabrany przez aktora. Ostrość zostaje przeniesiona wraz z odchodzącym aktorem, który wtedy czyni jakiś użytek z zabranego przedmiotu. Ktoś otwiera okna (kamera z zewnątrz) lub otwiera zamknięte drzwi (kamera wewnątrz) ukazując siebie i scenerię głębi.

Drzwi, żaluzje weneckie na oknach, kotary, oraz oświetlenie wnętrz (włączanie poszczególnych lamp, by rozświetlić stopniowo scenę) to rekwizyty używane często do otwarcia sceny.

Kamera

Przykład: Scena rozpoczyna się chwyceniem czegoś i odniesieniem w głąb. Kamera panoramuje lub wózkuje do nowego rejonu, w którym ma miejsce początek akcji wiodącej. Ten ruch odkrywania może być wykonany przez głównego aktora lub postać drugoplanową, która opuszcza pole widzenia, gdy tylko ukaże postacie wiodące.

Kamera kadruje przedmiot, który całkowicie (lub prawie) zaciemnia obraz, po czym przejeżdża w bok, ukazując całą scenę.

Kamera odjeżdża od dużego zbliżenia przedmiotu, ukazując miejsce, w jakim jest umieszczony. Rekwizyt taki może być częścią garderoby, jak np. biżuteria lub zegarek naręczny, i leżeć na jakimś meblu, bądź na podłodze. Użyty rekwizyt musi naturalnie mieć związek z treścią sceny.

Scena może rozpocząć się pustym fragmentem dekoracji, od którego panoramą, wózkiem lub kranem przenosimy się do wycinka, w którym działają aktorzy.

Scena rozpoczyna się bliskim planem osoby. Kamera odjeżdża i uprzytomniamy sobie, że początek zdjęcia odbywał się poprzez wykrój w przedmiocie, który teraz, w czasie odjazdu, jest w pełni widoczny. Następnie aktor przechodzi zza tego przedmiotu (parawan, ekran, etc.) do innego miejsca dekoracji.

Pretekstów do rozpoczęcia scen może być wiele. Obraz na ścianie, makata, fotografia w gazecie lub temu podobne. Fotografia, która ożywa lub odwrotnie, obraz zamiera na ekranie, kamera odjeżdża i teraz jest to część artykułu w gazecie, z tekstem i tytułem.

Całkiem nieruchomy początek, to jeszcze inny sposób rozpoczęcia sceny. Ujęcie zaczyna się pustym kadrem, a dopiero po kilku sekundach pojawiają się aktorzy, z boków kadru, przez drzwi w tle etc. i zaczyna się akcja. Chwytu tego użył szereg razy Stanley Kubrick w filmie *Mechaniczna pomarańcza*.

Opisane wyżej sposoby otwarcia scen nie symbolizują upływu czasu między scenami. Są to konwencjonalne drogi wprowadzenia w wydarzenie, o rozmaitym stopniu akcentowania.

Wprowadzenie subiektywnego punktu widzenia

Subiektywny punkt widzenia postaci przekazuje się najpierw jej bliskim planem, po czym zdjęciem sfotografowanym z pozycji tej osoby z wyłączeniem jej samej. Ten punkt widzenia można jeszcze podkreślić ruchem i spojrzeniami ludzi prosto w obiektyw kamery (rys. 28.5).

Młody człowiek wchodzi do biura. Kamera prowadzi go panoramą w prawo. Teraz, by uzyskać zdjęcie z jego pozycji, kamera wózkuje z prawej w lewo obok biurka, a dziewczyna przy nim spogląda w górę w obiektyw i śledzi kamerę spojrzeniem. Następuje cięcie na ujęcie statyczne mężczyzny i dziewczyny. Mężczyzna (z lewej) idzie do tła, dziewczyna patrzy na niego.

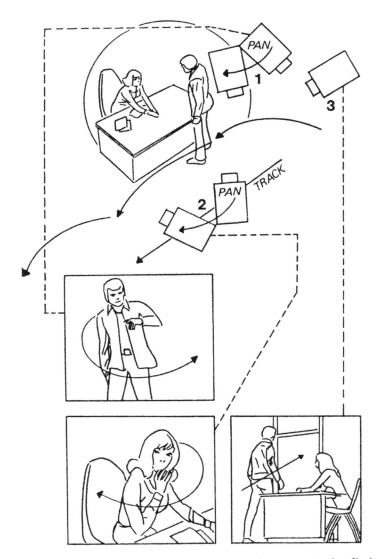

Rys. 28.5 Akcentowanie punktu spojrzenia postaci poprzez użycie zdjęcia subiektywnego.

Zdjęcie subiektywne, w którym kamera przedstawia obraz wiodącego aktora, jeszcze bardziej akcentuje sytuację. Ruchy kamery (panorama wraz z wózkowaniem) mogą symbolizować ruchy ciała postaci. Inna możliwość, to wprowadzenie statycznego ujęcia w trakcie ujęcia wózkowanego w celu ukazania postaci, której subiektywne spojrzenie właśnie zobaczyliśmy (rys. 28.6).

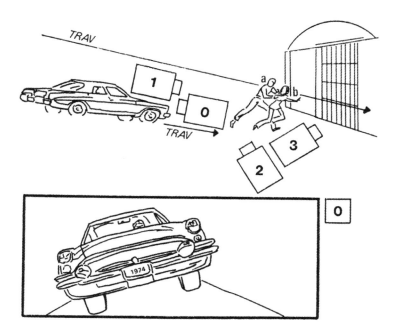

Rys. 28.6 Subiektywny punkt widzenia zostaje złamany by zaakcentować dramatyzm narracji.

Ujęcie 1: Kamera wózkuje do przodu. Aktor A (z prawej) odciąga B z drogi. Cięcie na...

Ujęcie 2: A i B stoją w pierwszym planie, z prawej. Samochód ukazuje się z lewej, przejeżdża i znika z prawej. Cięcie na...

Ujęcie 1: Kamera wózkuje dalej do ściany w tle. Wtedy cięcie na...

Ujęcie 3: Z jednego boku wjeżdża wóz, roztrzaskuje się na ścianie.

Wtedy ujęcie 3 jest tylko finałem dla całego wydarzenia. Ujęciem wiodącym jest pierwsze, subiektywne spojrzenie pasażerów samochodu jadącego w kierunku ściany. Wprowadzenie w krytycznej chwili ujęcia 2 ponownie lokalizuje jadący wóz i przy nagłym braku akcji, akcentuje widok z wnętrza wozu.

Czasami subiektywny punkt widzenia zostaje wprowadzony bez uprzedniej identyfikacji obserwatora. Pewne symbole można rozpoznać natychmiast, jak np. przedstawienie celownika armaty, podczas gdy obserwatora lub artylerzystę ukazujemy dopiero w następnym ujęciu.

Subiektywny punkt widzenia w obrazie można również symbolizować dominującą w nim barwą. Robert Aldrich w swym filmie *Parszywa dwunastka* w scenie ostatecznego ataku na niemiecki zamek nagle wprowa-

dza scenę sfotografowaną przez czerwony filtr, po czym następuje obraz snajpera pociągającego spust swojej broni. W następnym ujęciu pada martwy człowiek z oddziału atakującego. Drugi raz, gdy reżyser użył zabarwionego na czerwono obrazu, zidentyfikowaliśmy go natychmiast jako subiektywny punkt widzenia innego strzelca, lecz tym razem tylko słyszeliśmy strzał, zaś następna scena (w normalnej barwie) ukazuje atakującego żołnierza, blisko którego rykoszetuje pocisk.

W celu wprowadzenia subiektywnego punktu widzenia bez zidentyfikowania osoby istnieje jeszcze jeden sposób: ruch w pierwszym planie przy akompaniamencie przyciszonych głosów. Dla przykładu gałązkę z pierwszego planu odciąga w bok ręka spoza kadru, odsłaniając kolumnę żołnierzy maszerujących z dala przez las. Słyszymy komentarze różnych ludzi spoza ekranu omawiających, jak wziąć wroga z zaskoczenia. Gdy zostaje puszczona pierwszoplanowa gałązka, ponownie przesłaniająca obraz, odnosimy wrażenie, że ukryci atakujący żołnierze odchodzą.

Ostre cięcia użyte jako punktacja

Ostre cięcia, jak to wskazuje sama nazwa, są to cięcia wyraźnie widoczne na ekranie. Zwykle są to cięcia na tematach mniej lub bardziej statycznych, przy czym każde zdjęcie serii umieszczone jest na wspólnej osi wizualnej.

W filmie *Ptaki* jest scena, w której Alfred Hitchcock stosuje cięcia skokowe, by podkreślić makabryczne odkrycie. Kiedy matka Mitcha znajduje ciało farmera leżące koło jego łóżka z wydziobanymi przez ptaki oczami – trzy zdjęcia ukazują coraz bliższą twarz człowieka. Farmer jest tematem statycznym i te trzy zdjęcia na wspólnej osi wizualnej służą do wyrażenia szoku (rys. 28.8).

Za pomocą takiego efektu można również wprowadzić nowy wizualnie element. Michelangelo Antonioni w filmie *Czerwona pustynia* rozpoczyna scenę widokiem sztucznej wyspy, wznoszącej się z morza w pewnej odległości od brzegu. Trzy kolejne zdjęcia, coraz to bliższe, ukazują skokami konstrukcje budowlane wyspy stworzonej przez człowieka.

W filmach dokumentalnych stosuje się czasem cięcia skokowe by uwypuklić nowe tematy. Jako przykład można tu przytoczyć film Berta Haanstra *The Sea Was No More*, w którym użyto kilkakrotnie takich chwytów. Charakterystyczne są dwa ujęcia (Pierwsze z nich to bardzo odległe ujęcie, po którym następuje pełny plan na tej samej osi wizualnej), którym towarzyszy dźwięk muzyki perkusyjnej, podkreślającej skokowe cięcie montażowe. Przy innych okazjach efektu takiego można użyć jako pauzy przed nieprzewidzianą rewelacją. W końcowej sekwencji fil-

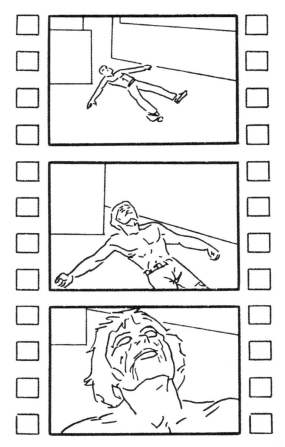

Rys. 28.8 Szybkie zmiany ujęć statycznych zastosowane do zaakcenowania sytuacji, przykład pochodzi z filmu Alfreda Hitchcoka „Ptaki".

mu *Żyje się tylko dwa razy* (James Bond, reżyser Lewis Gilbert) samolot wyrzuca tratwy ratunkowe, które padają na powierzchnię oceanu. Rozbitkowie z katastrofy płyną od wyspy w kierunku tratw. James Bond i młoda dziewczyna wdrapują się na jedną z tratw uprzyjemniając sobie długie oczekiwanie. Następują trzy ustawienia tratwy dryfującej na wodzie, kolejno coraz bliższe, lecz wszystkie dość długie. Po tym następuje bliski plan, na którym tratwa Bonda wznosi się na ekranie. Łódź podwodna, znajdująca się pod tratwą wypłynęła na powierzchnię i wyniosła tratwę z wody. W ten sposób można rozwiązywać sceny dialogowe. W filmie *Fahrenheit 451* Francois Truffaut stosuje go, gdy ktoś rozmawiający przez telefon otrzymuje ostrzeżenie. Efekt ten można również uzyskać w procesie laboratoryjnej obróbki filmu przez powiększenie pojedynczej klatki.

Film z serii szpiegowskiej *Szpieg w zielonym kapeluszu* z Robertem Vauqhnem w roli Napoleona Solo, zawiera wariant takiego chwytu w ujęciach napisów czołowych. Odwrotnością tej techniki jest przykład wzięty z filmu Johna Frankenheimera *Twarze na sprzedaż*. Mr. Hamilton oczekuje w swoim gabinecie na ważną rozmowę telefoniczną. Scena rozpoczyna się dużym zbliżeniem oczu aktora i serią skokowych cięć, po czym zamienia się w pełny plan pokoju, w którym aktor jest małą postacią siedzącą za biurkiem. Dzwoni telefon i reżyser przecina na ciasne zbliżenie Mr. Hamiltona chwytającego słuchawkę spoza kadru i unoszącego ją do ucha by zacząć rozmowę.

I jeszcze jeden przykład, z filmu dokumentalnego *Holland Today*, w którym reżyser Gerard J. Raucamp zastosował szereg ujęć po linii osi odchylającej się w lewo, by objąć progresję statycznych ujęć coraz to bliższych rafinerii ropy.

Cięcia montażowe jako symbol upływu czasu

Jeszcze jedną właściwością cięć skokowych jest to, że w pewnych okolicznościach mogą one być użyte dla symbolizowania upływu czasu od sceny do sceny lub wewnątrz tej samej sceny. Dla wyboru tej metody dla tak specyficznego celu trzeba się mocno zastanowić, gdyż nie każda sytuacja się do niej nadaje.

Film *Łowcy przygód* Roberta Enrico: pościg samochodowy ulicami Paryża. Kamera filmuje z przedniego siedzenia ścigającego wozu. Drugi wóz jest zawsze skadrowany pośrodku ekranu, lecz przy każdym cięciu zmienia się otoczenie. Sklejono ze sobą szereg ujęć w ruchu i uzyskano ideę długiego pościgu.

Skokowe cięcia pozwalają wyeliminować nieciekawe wycinki czasu.

Wybrane spiętrzenia akcji

Jak to poprzednio wspomnieliśmy, opowieść może biec płynnie, długimi odcinkami niezbyt ciekawej akcji równo rozłożonymi w sekwencji. W *Powiększeniu* fotograf opuszcza antykwariat i wsiada do swego wozu. Otwiera przedni schowek i wyjmuje z niego aparat fotograficzny. Zamyka schowek.

Podobną zasadę zastosowano w *Łowcach przygód*. Alain Delon przeprowadza próbę dwupłatowca mijając nim pewne przeszkody ustawione na lotnisku przez Lino Venturę. Po ukończeniu prób, Ventura jedzie do domu ciężarówką, której malowniczo towarzyszy samolot.

Cięcie na kontrplan. On, stojący na ulicy koło wozu, ze swym aparatem w poszukiwaniu odpowiedniego ujęcia tematu.

Przejście czasowe jest płynne, ponieważ ruch jest zawarty w pierwszym ujęciu, a także w drugim. Również fakt, że następuje radykalna zmiana ujęcia, kontrplan w tym przypadku, pomaga w płynności cięcia.

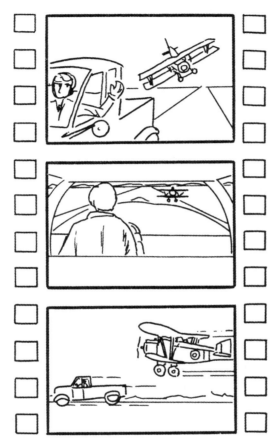

Rys. 28.9 Wycinek sekwencji ujęć z filmu Roberta Enrico „Łowcy przygód".

Oto wycinek tej sekwencji: kamera towarzyszy ciężarówce jadącej po lotnisku. Lino Ventura, widziany z lewej, patrzy w boczne lusterko samochodu. Spostrzega samolot zbliżający się od tła, z prawej, po czym wylatujący z kadru. Cięcie. Widok we wnętrzu ciężarówki, Ventura w pierwszym planie z lewej, tyłem do nas. Samolot, z prawej, leci na nas na małej wysokości w miarę, jak posuwamy się po drodze startowej, po czym wznosi się i wylatuje z planu w lewo, do góry. Cięcie. Panorama z prawej w lewo. Ciężarówka jedzie w lewo, samolot blisko za nią. Po czym samolot skręca, oddalając się.

Zwróćmy uwagę, jak bez poświęcania płynności przejść od ujęcia do ujęcia (cięcie następuje po każdorazowym wyjściu samolotu z kadru) pominięte zostają momenty nawrotów samolotu. Koncepcję tę zastosowano również do przejścia, gdzie w pierwszej scenie dwie rozmawiające ze sobą osoby widziane są oddzielnie. Blisko końca jedna z nich coś stwierdza, lecz zamiast wciąć ujęcie drugiej osoby reagującej, zrezygnowano z tego ostatniego ujęcia sceny, tnąc bezpośrednio na następną sekwencję.

Bezczynność jako punktacja

Jeżeli obraz filmowy jest pozbawiony ruchu na początku lub na końcu ujęcia, daje to możliwość łatwego przejścia między poprzedzającym (lub następującym), a omawianym ujęciem. Czyli przejście między ujęciami to widok statyczny.

Istnieją dwa sposoby takiego łączenia:
1) w zakończeniu ujęcia;
2) na początku ujęcia.

Plan statyczny może przyjąć kształt ujęcia normalnie stosowanego w scenie po opuszczeniu jej przez aktorów. Sceną może być pejzaż, gładka ściana, pusty budynek lub po prostu daleki plan pięknego widoku morza.

Pojedyncze ujęcia jako pauzy w narracji

W niektórych przypadkach zakończenie sceny może zostać zniszczone przez gwałtowną zmianę, szczególnie kiedy scena, która następuje, odznacza się całkowicie przeciwnym nastrojem. Zachodzi potrzeba wizualnego pomostu, czy to czarnego blanku między oboma sekwencjami, czy też poprzez przedłużenie ostatniego ujęcia w sekwencji poza jej szczyt dramaturgiczny, czy wreszcie przez zastosowanie innego, związanego lub niezwiązanego tematycznie ze sceną, ujęcia pomiędzy scenami. Przy pierwszym sposobie czarny ekran – doprowadza się widzów do całkowitej bezczynności emocjonalnej. Nie wolno nadużyć tego efektu, gdyż stałby się denerwujący. Następna scena wchodzi albo z rozjaśnienia, albo nagle. Michelangelo Antonioni użył tego efektu w swym filmie *Przyjaciółki*. Dziewczyna sprzecza się na ulicy ze swym kochankiem i scena zaciemnia się, a zaciemnienie zostaje utrzymane przez pewien czas. Nowa scena zaczyna się nagle i przedstawia ciało dziewczyny wyciągane z wody przez policję: popełniła samobójstwo. Czasami okresowi ciemności towarzyszy „kurtyna" muzyczna, której nasilenie zwiększa się, po czym słabnie wraz z rozjaśnieniem się następnej sceny.

Chwyt polegający na przedłużeniu ostatniego ujęcia sceny poza jego dramaturgiczne przesilenie, stosowany często przez Johna Forda, koresponduje ze zwolnieniem naszego napięcia uczuciowego i przekazuje nastrój melancholii. Następująca sekwencja rozpoczyna się zwykle planem pełnym lub ogólnym. Sposób kadrowania rozluźnia lub rozprasza naszą koncentrację, uspokaja naszą uwagę.

Trzeci sposób (z powyżej wspomnianych) stosowany jest najczęściej. Między scenami włączone zostaje ujęcie pośrednie (służące jako pauza) i albo wiąże się tematycznie z tym, co nastąpi, albo wnosi jedynie efekt emocjonalny, bez znaczenia narracyjnego. Przytoczymy tu przykład pierwszego przypadku. Peter Yates w swym filmie *Bullit* ma jedną sekwencję, w której bohater i jego dziewczyna na poboczu autostrady dyskutują o swych problemach po szczególnie gwałtownej scenie, w której zaduszono kobietę. Ta sekwencja rozpoczyna się ogólnym planem zagęszczonego ruchu kołowego na szosie. Po chwili ukazuje się biały sportowy wóz dziewczyny i jedzie na kamerę. Dziewczyna zjeżdża na bok, wychodzi z wozu, idąc do brzegu rzeki. W chwilę po tym dołącza do niej Bullitt. Rozpoczyna się rozmowa. Ona ma do niego pretensję o jego sposób życia i całkowitą obojętność wobec gwałtownej śmierci. Scena jest dla obu postaci odkrywcza i bolesna. W chwili, gdy oboje dochodzą do tymczasowego porozumienia i przestają mówić, następuje cięcie na ruch kołowy. Po czym następuje nowa scena. Ostatnie ujęcie przejeżdżających samochodów było w efekcie – pauzą. Reżyser użył ponownie tego samego efektu: mordercę spotkał smutny koniec na lotnisku, zaś ujęcie, jakie po tym nastąpiło, jest widokiem pustej ulicy w San Francisco. W kolejnym ujęciu Bullitt przyjeżdża do domu rankiem następnego dnia. Tu znowu pojedyncze ujęcie, tym razem wiążące się z następną sekwencją, użyte w charakterze pauzy między scenami.

Przy innych okazjach bywa, że ujęcie wcięte jako pauza wizualna między dwiema różnymi scenami nie wiąże się z sekwencjami, którymi służy jako pomost, a jest użyte tylko ze względu na zawartość emocjonalną obrazu.

W filmie *Dziewczyna na motocyklu* chwyt taki jest pomostem między dwiema scenami, które mają miejsce w tej samej scenerii i między tymi samymi wykonawcami, lecz w różnych nastrojach. Para aktorów wiodących Alain Delon i Marianne Faithfull leży w łóżku, w hotelu. On opowiada jej o swych doświadczeniach w jeździe na motocyklu. Nastrój sceny jest gwałtowny, porywczy, pełen radości. Po zakończeniu tej sceny, widzimy

transatlantyk w porcie o zmroku, z zapalonymi światłami, na tle zacho-
dzącego słońca w czasie, gdy na pierwszym planie przepływa mniejszy
statek. Nastrój tej sceny jest sielankowy, sugerujący spokój. Dalszy ciąg
to scena w hotelu. Kochankowie nadal w łóżku, lecz zmienił się nastrój.
Teraz są pełni wzajemnej czułości. Ujęcie łączące, którego użyto, nie do-
starczało wskazówki o nowym miejscu akcji, nie nawiązywało do żadnej
kulminacji w narracji. Jego wartość polegała tylko na walorach wizualnych.
Był to uczuciowy katalizator, przygotowujący nas do innego nastroju.

Cała sekwencja użyta jako pauza w narracji

Bywa, że pojedyncze ustawienie nie jest wystarczającą pauzą między
dwoma scenami o różniących się nastrojach. Tam, gdzie dwa kluczowe
punkty narracji nie konkurują z sobą, powinny być wyraźnie oddzielone
od siebie.

W filmie *Bullitt* Petera Yatesa, bohater, który jest policjantem, chro-
ni gangstera. Wyznacza mu opiekuna i udaje się na spotkanie z jego dziewczyną. Bierze ją na obiad do lokalu, po czym idą oboje do łóżka. Teraz
przybywają zabójcy, by pozbyć się gangstera.

Jak można zauważyć, działania Bullitta są nieistotne dla przebiegu
głównego wątku. Ważne jest to, że informator otrzymuje ochronę i że jego dawnym kolegom udaje się go zabić. Obie te sceny są mocnymi akcen-
tami w budowie opowieści, A gdyby je złożyć ze sobą, byłyby oglądane
w stanie uczuciowego nasycenia i nie troszczylibyśmy się o to, co się stało. Wszystko stałoby się zbyt gładkie. A więc, chcąc uwypuklić każdą z sekwencji i w pełni oddać jej znaczenie, wstawiamy pomiędzy obie mało
istotną scenę, która scena działa jako pauza w narracji i wiąże się również z postacią działającą, jest więc uzasadnienie by włączyć ją do opowieści, a równocześnie ukryć jej rolę w rozszyfrowaniu osobistego życia
bohatera. Uwaga widza nie koncentruje się na związku bohatera z dziewczyną. Reżyser potraktował całą sprawę jakby przypadkowo.

Taktyka kamuflażu bywa bardzo przydatna do budowania atmosfery
zagadki. Również wielokrotnie demonstrował to nam Hitchcock. W *Oknie
na podwórze* Grace Kelly weszła do apartamentu mężczyzny podejrzewa-
nego o morderstwo. Widać ją z punktu obserwacyjnego Jamesa Stewarta
(poprzez podwórze), jak chodzi po mieszkaniu, oglądając różne rzeczy.
Nagle Stewart skupia uwagę na kobiecie (znanej widzowi z wcześniejszej
akcji filmu), która, jak się wydaje, za chwilę popełni samobójstwo.
Koncentrując się na tym nowym wątku, przez chwilę tracimy Grace Kelly
i jej zadanie z pola widzenia, tak że gdy potem zabójca wchodzi do swego

mieszkania, jest to dla nas szokiem. Nie ma sposobu by ostrzec będącą w mieszkaniu dziewczynę. Gdyby nie skierowano naszej uwagi na ten drugorzędny wątek, przez cały czas oczekiwalibyśmy przybycia zabójcy. A gdyby tak się stało, nasze przewidywania zostałyby spełnione i stracilibyśmy zainteresowanie akcją.

Nieostrość jako punktacja

Efekt ten jest stosowany częściej w TV niż w filmach. Technika uzyskania go jest prosta i polega na wyostrzeniu konturów sceny, aż stanie się ona niepoznawalną masą. Po niej następuje inna, rozpoczynająca się również od całkowicie rozmytego obrazu, który stopniowo nabiera pełnej ostrości. Nowy obraz dzieje się w innym miejscu i w innym czasie.

Michelangelo Antonioni zastosował taki efekt w jeszcze innym wariancie. Na początku sceny widzimy w całkowitej nieostrości płonące i dymiące ognisko. Jest to zagadkowy wzór kolorów i nieokreślonych kształtów. Kilka chwil później w pierwszym planie zjawia się para bosych nóg kobiety w pełnej ostrości. Scena nabiera znaczenia. Wspomnianym tu sposobem można również kończyć sceny.

Dla przykładu postać pierwszoplanowa w pełnej ostrości opuszcza kadr, pozostawiając nieostry obraz tła, który chwilę pozostaje na ekranie (á propos: istnieje tendencja stosowania nieostrych obrazów jako tła dla napisów czołowych filmu).

Akcja w nieostrości bywa również stosowana dla podkreślenia fragmentu narracji. Na przykład w filmie *Ipcress File* Sidneya Furie bohater wstaje z łóżka w jednym obrazie (w ostrości) i wchodzi w następny jako rozmyta plama w tle, by otworzyć żaluzje okna.

Podobny efekt daje inna technika polegająca na tym, że w kadrze znajduje się w pełni ostra postać pierwszoplanowa, zaś druga, w tle, jest całkowicie rozmyta. Ta druga postać w pewnej chwili dołącza do pierwszoplanowej, równocześnie wchodząc w płaszczyznę ostrości. Wspomniany tu efekt wykorzystano w filmie *Moulin Rouge* Johna Hustona: Toulouse-Lautrec pokłócił się ze swoją dziewczyną i ta odeszła, zatrzaskując za sobą drzwi. Następne ujęcie ukazuje strapionego Lautreca w pierwszym planie, twarzą do kamery. Po chwili, w całkowicie nieostrym tle, z tyłu otwierają się drzwi i wchodzi dziewczyna, idąc w kierunku pierwszego planu do stojącego malarza staje się coraz ostrzejsza.

Pełna ostrość może być również w tylnym planie tła. Dwoje kochanków widzianych w ostrości. Całują się i zbliżając się do kamery stają się całkowicie rozmytymi ruchomymi plamami.

Reżyserzy chcąc zasugerować widzowi, że bohater traci przytomność, często stosują stopniowo wyostrzone obrazy. I odwrotnie, gdy postać powraca do świadomości, mamy zmianę od rozmytych plam do pełnej ostrości.

Również symbolem wskazującym na zły stan wzroku osoby może być zmienna ostrość obrazu, w ujęciu subiektywnego punktu widzenia postaci. Jak już wspomnieliśmy poprzednio (omawiając warianty manewrowania płaszczyzną i głębią ostrości) istnieje powszechnie akceptowana tendencja do utrzymywania w ostrości osoby pierwszoplanowej (wraz z odwróceniem przez nią głowy) i przemieszczania ostrości na dalszy plan, tak że pierwszoplanowa osoba staje się całkiem rozmyta. Mike Nichols użył takiego sposobu w filmie *Absolwent*: Ben daje Elaine do zrozumienia, że osobą, z którą miał stosunek, jest jej matka. Dziewczyna stoi w półotwartych drzwiach sypialni, w pierwszym planie. Z tyłu ukazuje się matka. Elaine odwraca się do niej, a równocześnie ostrość obrazu zostaje przesunięta na matkę mokrą od deszczu, jak i Ben. Matka odchodzi i Elaine zwraca głowę do kamery, lecz pozostaje pewien czas w nieostrości, po czym obraz jej nabiera stopniowo ostrości równocześnie z jej pełną złości reakcją na to, co się stało. Jej proces myślowy (gdy próbuje w pełni zrozumieć zaistniałą sytuację) został przekazany widzom poprzez opóźniony powrót ostrości obrazu.

Ciemny ekran jako punktacja

Można go użyć z powodzeniem przy pojedynczych ujęciach lub scenach. Daje to efekt całkowitego oddzielenia, przy którym każda kolejna scena jest dla widza niespodzianką i wywołuje silne emocje. Spójrzmy na przykład wzięty z argentyńskiego filmu, zatytułowanego *Czas Ovenów*, a reżyserowanego przez Fernanda Solansa i Octavio Getino w 1968 roku:

Ciemny ekran. Słychać dźwięk bębna. Nagle na ekranie ukazuje się ręka z latarką. Krótka panorama towarzysząca ręce biegnącego człowieka. Znowu ciemność. Dalej bicie w bęben. Pośrodku nocnej ulicy zjawia się grupa biegnących policjantów z pistoletami maszynowymi. Krótka panorama za nimi. Znowu ciemny ekran. Cywil rzuca butelkę z płynem zapalającym w okno wystawowe które wybucha płomieniami. Znowu ciemny ekran. Cywil biegnie ulicą z prawej w lewo, kamera prowadzi go panoramą. Policjant wali go pałką w plecy i człowiek pada na kolana. Drugi policjant nadbiega z lewej i kopie go w nerki. Gdy ten skręca się w bólu, ciągle na kolanach, wpada trzeci policjant, bestialsko kopie ofiarę butem w twarz, odrzucając go w tył. Ciemny ekran.

Poszczególne ujęcia użyte w tej sekwencji wzięto z materiałów kroniki filmowej o niepokojach w Buenos Aires. Cały film jest gorzkim i tragicznym oskarżeniem, obrazem ówczesnej sytuacji politycznej w tym kraju, jaki widzieli ci dwaj filmowcy. Początkowa sekwencja filmu robi duże potężne wrażenie dzięki wmontowanym tam odcinkom czarnego blanku. Jedności całej sekwencji dodaje ciągły dźwięk. W tym przykładzie perkusyjny motyw wzmacnia jeszcze wrażenie wizualne.

Niekiedy stosuje się ciemny ekran na początku, a równocześnie słychać dźwięk, którego uzasadnienie przynosi dopiero nagle pojawiający się obraz. Bert Haanstra, w swym filmie dokumentalnym *The Rival World*, zaczyna scenę czarnym ekranem z równoczesnym brzęczeniem muchy. Nagle na ekranie ukazuje się obraz – zbliżenie człowieka, który otwiera oczy i zdaje sobie sprawę z tego, że na czubku nosa siedzi mu mucha.

Punktacja ruchem kamery

Najeżdżająca lub odjeżdżająca kamera może podkreślać lub oddzielać postać lub sytuację na ekranie.

Przykład 1

Ruch kamery, który poprzedza kwestię mówioną przez aktora, podkreśla tę kwestię, lecz jeśli ten ruch przychodzi po wypowiedzianej frazie, wtedy podkreślona zostaje reakcja aktora. Jeżeli w czasie trwania długiej kwestii wiodącej postaci kamera podjeżdża, uzyskuje się uczucie intymności. Jeżeli odjeżdża, aktor zostaje jakby pominięty, zaś otaczająca go sceneria, lub też jej brak – stają się ważne.

Przykład 2

Ruch aktora można łączyć z punktującym działaniem kamery by nadać scenie dodatkowe walory wizualne. Dla przykładu: ktoś zostaje sprowokowany i w ujęciu, które następuje, kamera jedzie w przód do grupy ludzi. W miarę zbliżania się do nich, jeden z uczestników odwraca się, odsłaniając sprowokowaną osobę. Kamera zatrzymuje się, kadrując tę postać w zbliżeniu. Można również użyć opóźnionego ruchu kamery. Na przykład postać skadrowana w bliskim planie pozostaje tak kilka sekund, po czym odchodzi w głąb, do pełnego planu. Postać zatrzymuje się, odwraca, a kamera szybko podjeżdża, kadrując ją znowu w bliskim planie.

Przykład 3

Stosując takie punktowanie za pomocą kamery, zdjęcie zaczyna się przeważnie nieruchomą kamerą, po czym w miarę rozwoju akcji kamera jest w ruchu, by wraz z zakończeniem stać się znowu nieruchomą.

Wariantem powyższego może być rozpoczęcie zdjęcia ruchem. Wraz z jego zakończeniem należy przeprowadzić cięcie na kompozycję statyczną, analogiczną do tej, jaka była na początku poprzedzającego ujęcia w ruchu. Na przykład, scena rozpoczyna się bliskim planem człowieka siedzącego w końcu długiego stołu. Kamera odjeżdża nad stołem, ukazując dwa szeregi siedzących osób. Po osiągnięciu całej kompozycji kamera staje i następuje cięcie na bliski plan człowieka widzianego już na początku poprzedniego ujęcia. Rozwiązania tego typu są korzystne np. w filmach muzycznych: para tancerzy w pełnym planie rozpoczyna ujęcie, a kamera równocześnie odjeżdża od nich i do góry. W dalszym ciągu ujęcia kamera, kadrując całość w planie ogólnym, schodzi w dół do wysokości tancerzy i zatrzymuje się. Następuje cięcie na pełny plan, znowu po osi wizualnej i cały ruch zostaje wykonany ponownie.

Przykład 4

Ruch podjazdu lub odjeżdżania kamery można powtarzać kolejno dwa, trzy lub więcej razy, lecz przy zdjęciu pojedynczej osoby efekt ten bardzo przyciąga uwagę.

We włoskim filmie *Agostino* w reżyserii Mauro Bolognini postać wiodąca, chłopiec którego imię jest tytułem filmu, jest świadkiem aktu płciowego odbytego poza polem widzenia kamery przez dwóch innych chłopców. Odkrycie to jest dla niego wstrząsem. Wizualnie scenę tę przedstawiono jako serię ruchów kamery w przód, sześć lub siedem razy, kamera porusza się od średniego planu do zbliżenia i nagłe cięcie następuje znowu na średni plan, po tej samej osi wizualnej, ponownie wolno dojeżdżając.

Analogiczne użycie powtarzającego się ruchu kamery w przód zauważymy w filmie Alain Resnaisa *Zeszłego roku w Marienbadzie*. Tam dodano jeszcze laboratoryjnie efekt prześwietlenia obrazu: dziewczyna wybiega z pokoju na szeroki taras i zatrzymuje się, otwierając w radości ramiona. Kamera podjeżdża do niej kilka razy, z dodaniem statycznej pauzy przed każdym ruchem kamery.

W innym przykładzie z *Hamleta* Laurence Oliviera, król i brat Ofelii spiskują przeciwko Hamletowi. Scena rozpoczyna się średnim planem obu aktorów. Kamera odjeżdża w tył i do góry, aż ujmuje ich jako małe postacie w dole. Następuje cięcie na inne ustawienie w trójkątnym schemacie miejsc kamery dokoła obu aktorów i widać ich w średnim planie. Kamera powtórnie odbywa ruch jak poprzednio. Następuje cięcie na kontrplan średni obu aktorów. Kamera trzyma ich chwilę i ponownie zaczyna identyczny ruch w tył i w górę. W ten sposób podkreślono nastrój konspiracji.

Przykład 5
Powtarzający się ruch kamer do lub od pojedynczego aktora można montować równolegle ze scenami, jakie ta postać zapamiętała. Oto wycinek takiej sekwencji:
Kamera wózkuje w przód do młodego człowieka, siedzącego plecami do relingu na pokładzie transatlantyku Ruch kamery zmienia kadr od planu pełnego do średniego. Następuje cięcie.
Kobieta otwiera drzwi, twarzą do kamery i coś mówi. Jest to scena poprzednio widziana w filmie, w jednej z wcześniejszych sekwencji. Kamera dojeżdża do średniego planu siedzącego do zbliżenia. W czasie podjazdu cięcie.
Młody człowiek w pełnym planie spaceruje z dziewczyną w parku. Rozmawiają.
Młody człowiek w pokoju, tyłem do kamery w pierwszym planie, po lewej. Z prawej inny człowiek zbliża się do niego i staje, by mu powiedzieć kilka ostrych słów.
Młody człowiek. Wózkowanie od średniego do bliskiego planu, na statku. Dziewczyna odwraca się do nas i idzie do tła.
Teraz jesteśmy w pokoju. Dziewczyna odwraca się do nas i mówi kilka kwestii.
Młody człowiek na pokładzie statku. Kamera wózkuje od bliskiego planu do dużego zbliżenia i zatrzymuje się, utrzymując frontalny obraz twarzy.
Wszystkie ujęcia, sklejone równolegle z powtarzającym się ruchem do przodu, wiążą się z obrazami już użytymi w poprzednich sekwencjach i prezentują powrót w przeszłość. Cięcia następują w chwili, gdy kamera jest w ruchu, z wyjątkiem samego zakończenia. W zakończeniu kamera zwalnia i wózkowanie zatrzymuje się.
Opisana tu metoda przyda się również do podkreślenia jednej z dwóch równoczesnych akcji. Na przykład:
W pierwszym planie siedzi człowiek tyłem do nas. Czyta książkę. Dziewczyna w głębi, twarzą zwrócona do niego, odwraca się i odchodzi w głąb. Kontrplan. Człowiek czyta książkę. Kamera podjeżdża do niego od pełnego planu do bliskiego. Cięcie następuje w czasie ruchu kamery.

Dziewczyna wchodzi w plan, staje, obraca się i spogląda poza ekran, po czym zwraca się w stronę tła i wychodzi przez drzwi. Kamera jedzie w przód, od średniego do bliskiego planu mężczyzny, ciągle zagłębionego w książce. Powtarzające się podjazdy do mężczyzny podkreślają jego obojętność w stosunku do dziewczyny.

Przykład 6

Ruchy kamery w przód z dwóch odwrotnych pozycji można montować równolegle (rys. 28.10).

Rys. 28.10 Zaakcentowanie sytuacji podjazdami kamery z pozycji kontrplanów.

Mężczyzna idzie w kierunku samochodu, w którym oczekuje go dziewczyna. Pierwsza pozycja kamery jest wózkowaniem za jego plecami, gdy zbliża się do wozu. Druga pozycja jest za wozem i jest również wózkowaniem w przód, gdy mężczyzna zbliża się do nas. Te dwa ujęcia kończą się kompozycjami obu aktorów w bliskich planach i mogą być montowane równolegle w ruchu do statycznego celu (dziewczyna w samochodzie) lub kiedy obie pozycje kamery same stają się statyczne. Równoległy montaż tych obu przeciwstawnych ruchów kamery przyczynia się do dynamicznej prezentacji sceny.

Przykład 7

Ruchy wózkowania w przód, montowane równolegle, można zastosować do dwóch postaci patrzących na siebie lub mówiących do siebie. Szybkość ruchu kamery może być różna, co wpłynie na efekt emocjonalny sekwencji. Ideą takiego układu jest nie pojedynczy dojazd do każdej postaci, a potem równoległy montaż, lecz coraz to bliższe zakresy dojazdów do nich. Trasy podjazdów lekko się zazębiają, tak że zakres widzenia w każdym zakończeniu jest znów użyty na początku następnego (rys. 28.11).

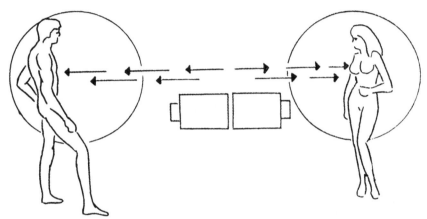

Rys. 28.11 Zazębiające się ruchy kamery, w następstwie montowane równolegle by skoncentrować uwagę na aktorach.

Dwa ostatnie zdjęcia serii (jedno dla każdego aktora) są zakończeniem wózkowania, doprowadzając do zatrzymania obrazu aktora.

Przykład 8

Dalszy wariant dwóch ruchów kamery w równoległym montażu (przy czym każda pozycja kamery obejmuje jednego aktora) można osiągnąć przez wprowadzenie odwrócenia ruchu w końcu sekwencji.

Oto przykład:

Ujęcie 1: Kamera szybko podjeżdża do aktora A, zwalniając w miarę zbliżania się. Cięcie na...

Ujęcie 2: Kamera wózkuje z tą samą szybkością jak poprzednio w kierunku B; zwalnia.

Ujęcie 3: Bliski plan A. Kamera szybko odjeżdża i zwalnia do zupełnego zatrzymania w pełnym planie.

Ta nagła zmiana kierunku ruchu kamery daje jeszcze jeden przykład punktowania akcji za pomocą zdjęć ruchomą kamerą.

Przykład 9

Dwa ujęcia, w których kamera porusza się w przeciwnych kierunkach, do jednego aktora i od drugiego, mogą być montowane równolegle. W ten sposób ważność jednego z aktorów jest umniejszona, zaś drugiego wizualnie podkreślona. Tak w tym przypadku, jak i we wszystkich poprzednich, obiekty zdjęcia pozostają statyczne, zaś wszelki ruch wykonany jest kamerą.

Przykład 10

Ruchy kamery w połączeniu z ruchem wewnątrzkadrowym mogą być stosowane do podkreślenia nagłego wypadku lub katastrofy. Poniżej przytaczamy przykład, w którym punktacja wizualna poprzedza katastrofę.

Kamera podjeżdża szybko do osoby, która wygląda na zdziwioną. Druga osoba wkracza do kadru, z prawej.

Kamera szybko podjeżdża do trzeciej osoby. Kamera szybko oddala się od grupy.

Kamera szybko dojeżdża do osoby. Osoba ta, gdy kamera jest już blisko, nagle schyla się.

Szereg kolejnych wybuchów wstrząsa pomieszczeniem.

Zauważmy, że od zdjęcia do zdjęcia następowało odwrócenie kierunku ruchu kamery. Ruchy te są krótkie i szybkie, natomiast ujęcie z wybuchami dłuższe.

Drugi przykład odnosi się do reakcji kilku postaci na nagłą katastrofę.

Wybuch widziany w planie ogólnym.

Zbliżenie kobiety; odwraca głowę w lewo.

Zbliżenie mężczyzny; odwraca głowę w prawo.

Zbliżenie mężczyzny; podnosi się w kadr, patrząc w prawo.

Zbliżenie mężczyzny; zbliża się po przekątnej z prawej w lewo.

Skutki eksplozji widziane w planie ogólnym.

Tutaj ruchy punktujące wykonane są przez aktorów, a nie kamerę. By wizualnie wypunktować sytuację najczęściej używa się nagłego zwrotu głowy. Szereg kolejnych zbliżeń odwracających się głów może podkreślać przybycie wiodącej postaci. Mogą się te ruchy nakładać lub powtarzać. Obie możliwości przedstawia rys. 28.12.

Wszystkie ruchy są powolne. Przy nakładających się obrotach trzy postacie obracają się w jednej trzeciej kręgu. Przy kolejnych postaciach w trakcie odwracania się ich ruchy od ujęcia do ujęcia muszą być dopasowane precyzyjnymi cięciami.

Druga możliwość polega na powtarzaniu ruchu w tym samym wycinku ekranu i kierunku. Powolne, kontrastujące wózkowania lub panoramy

Rys. 28.12 Wypunktowanie ruchem aktorów, poprzedzające wprowadzenie na ekran ważnej akcji.

obejmujące tematy statyczne mogą przyczynić się do uzyskania intymnego, zagęszczonego nastroju lub do podkreślenia wstępnych czynności zadania, przygotowywanego przez protagonistów. Wielu reżyserów starało się ulepszyć wspomnianą tu technikę, szczególnie filmowiec brytyjski J. Lee Thompson, który dopracował ją w swych filmach *Królowie słońca*, *Powrót z popiołów* i *Oko diabła*.

Punktacja pionowa

Istnieją sytuacje, w których akcja główna odbywa się po poziomych trasach i dlatego nagły rozwój sytuacji nie da wyraźnego napięcia wizualnego, jeżeli nie wprowadzimy ruchu w pionie by zaakcentować to nagłe wydarzenie. Przykład, wzięty z filmu *Most na rzece Kwai*, wyjaśnia to zagadnienie. W walce, poprzedzającej wysadzenie w powietrze mostu, zostają zabite dwie wiodące postaci: Joyce i Shears. Oto wyjątki z sekwencji:

Ujęcie 105: Pełny plan Nicholsona i Joyce'a szamocących się obok przewodów, prowadzących do detonatora.
Joyce: „Ty nie rozumiesz!"
Czołgają się wgłąb kadru (20 sekund 20 klatek).

Ujęcie 106: Środkowy plan. Yai i Shears za pniem zwalonego drzewa.
Shears podnosi się i krzyczy w prawo poza kadr.
Shears: „Zabij go, zabij go!"
W prawej ręce trzyma nóż (3 sekundy 22 klatki).

Ujęcie 107: Tak sam, jak ujęcie 105. Joyce szamoce się w kierunku detonatora w tle, przeszkadza mu Nicholson, który go trzyma za nogi (47 klatek).

Ujęcie 108: Pełny plan. Shears stoi po prawej. Yai przykucnięty z lewej. Shears podejmuje decyzję, skacze do przodu nad pniem drzewa i pada po lewej (2 sekundy 3 klatki).

Ujęcie 109: Pełny plan. W głębi most. Z lewej, w pierwszym planie pada Shears i zaczyna biec w prawo. Kamera prowadzi go, gdy ten przedziera się do rzeki. Wychodzi z kadru z prawej. W tle czterej japońscy żołnierze schodzą na przeciwległy brzeg rzeki, blisko mostu (4 sekundy 7 klatek).

Ujęcie 110: Średni plan. Shears płynie przez ekran w prawo. Panorama za nim. Ten krzyczy:
Shears: „Zabij go!" (3 sekundy 23 klatki).

Ujęcie 111: Średni plan. Nicholson i Joyce w pierwszym planie. Czołgają się, tarając się przedostać na prawo. W tle posuwają się w przód dwie grupy japońskich żołnierzy. Strzelają. Joyce trafiony przewraca się na plecy, przewalając się w stronę kamery (3 sekundy 1 klatka).

Ujęcie 112: Bliski plan. Piękna młoda tajska dziewczyna schodzi patrząc w prawo (39 klatek).
Ujęcie 113: Tak, jak 111. Nicholson obraca Joyce'a twarzą do góry na ziemi i widzi krew na piersi chłopca. Nicholson odwraca głowę w głąb kadru, by spojrzeć na japońskiego żołnierza (8 sekund 12 klatek).

Zauważmy, że czołganie się Nicholsona z Joyce'm oraz bieganie i pływanie Shearsa są ruchami poziomymi. Śmierć Joyce'a byłaby niezaakcentowana, z wyjątkiem nagle wciętego ujęcia 112, w którym dziewczyna, przypuszczalnie na grani z widokiem na rzekę, schodzi w dół. Nie wnosi to niczego do opowieści, z wyjątkiem mocnego pionowego ruchu po nagłym i nieprzewidzianym wydarzeniu. Jej działanie kieruje uwagę widza na śmierć Joyce'a. Takiego chwytu użyto ponownie, gdy zostaje trafiony Shears. Oto fragment tej sceny.
Ujęcie 116: Pełny plan. Nicholson przy leżącym ciele Joyce'a. Żołnierze japońscy w tle patrzą w kierunku środka rzeki. Otwierają ogień. Nicholson obraca się w lewo, by spojrzeć na rzekę. Panorama, by ukazać Shearsa w planie ogólnym, płynącego do nas (3 sekundy 12 klatek).
Ujęcie 117: Jak w ujęciu 110. Średni plan Shearsa płynącego w prawo (3 sekundy 10 klatek).
Ujęcie 118: Średni plan. Nicholson z niskiego ujęcia. Patrzy, nie dowierzając, w lewo. Podchodzi do kamery, do zbliżenia (3 sekundy 9 klatek).
Ujęcie 119: Pełny plan. Shears w rzece, przedziera się do nas. Nagle zostaje trafiony i pada (4 sekundy 4 klatki).
Ujęcie 120: Bliski plan. Inna tajska dziewczyna, w ruchu z dołu w górę kadru, patrzy poza ekran (33 klatki).

Ruch pionowy (do góry w tym przypadku) zostaje wprowadzony po to, by skierować uwagę na akcję, która go poprzedzała. Chwyt jest prosty, nie narzucający się i skuteczny, gdy potrzebne jest wypunktowanie przeważającej akcji poziomej.
W powyższych przykładach stosuje się pionowy ruch wewnątrzkadrowy. Temu samemu celowi może służyć wyraźny ruch pionowy kamery. We wspomnianym filmie znajdzie się sporo podobnych przykładów. Gdy ptaki zostają poderwane do lotu strzelaniną, ich ruch jest na ekranie poziomy, lecz w czasie zdjęcia kamera gwałtownie panoramuje w dół, ukazując cienie tych ptaków na zieleni dżungli.

Stop klatka

Dzięki technice stop klatki czas zamiera w ruchu na ekranie. Wiele filmów kończy się nagłym zatrzymaniem obrazu, przerywając wszelki ruch. Inni reżyserzy stosują taki efekt do zakończenia sekwencji: obraz zatrzymuje się i po chwili następuje zaciemnienie. Czasami w środku sekwencji koniec ujęcia zamiera, by skierować uwagę na jakiś fakt lub na postać.

Pojedyncze ujęcie można na krótko zatrzymywać raz lub kilka razy. Stosował to Bob Fosse w filmie *Sweet Charity*: zatrzymanie ruchu, by podkreślić reakcję postaci lub też, wielokrotnie w czasie sceny muzycznej, by złamać jej bogaty rytm. Stosował też zmiany kolorów na stop klatce. Uzyskano to barwnymi filtrami w procesie efektu wykonywanego kopiarką optyczną. Pierwowzór tej techniki można było prześledzić w filmie Stanleya Donena *Zabawna buzia*, gdy obraz Audrey Hepburn (w czasie trwania numeru muzycznego prezentującej różne stroje) zamierał na ekranie i zmieniał barwy wiele razy przechodząc w następny. Określenie, jak długo stop klatka powinna pozostawać na ekranie, wymaga wnikliwej oceny. Dźwięk można przy tym przerywać, zwalniać lub wzmacniać, uzyskując kontrast lub harmonię z nastrojem sceny.

Na zakończenie

Bogactwo języka filmowego, którego tak wiele aspektów omawialiśmy w poprzednich rozdziałach, nie wyczerpuje oczywiście w żadnym sensie możliwości wyrazowych filmu. Obok aspektów czysto estetycznych próbowaliśmy stworzyć podstawową strukturę fizyczną przydatna do interpretowania idei i emocji kina. W filmie, tak jak w innych rodzajach twórczości, najlepszą drogą do opanowania i rozwijania własnej techniki jest studiowanie mistrzów danej sztuki.

Oczywiste byłoby zalecenie, żeby oglądać tyle filmów, ile się da. Najwięcej jednak daje projekcja ich kopii na stole montażowym. Uczymy się analizując interesujące nas sceny i zapamiętując, jak zostały zmontowane. Badane w ten sposób filmy (lub pojedyncze sceny) otworzą swoje tajemnice i zapewnią natchnienie w przyszłych pracach filmowych.

INDEKS